U0573334

18

青铜之道

张远山作品集

北京出版集团
北京出版社

本书说明

　　《青铜之道》是《伏羲之道》、《玉器之道》的续书，写于2017年8月至2020年11月，期间于2018年10月做青铜之道考察，寻访夏商周相关遗址。主要解密中古夏商周两千年（前2070—前221）的青铜图法，探索其天文历法初义和宗教神话内涵。

　　全书九章和两篇绪论，连载于《社会科学论坛》2019年第4期至2021年第5期。

　　《张远山作品集》之前，《青铜之道》仅有一个版本：天地出版社2022年12月版。本次收入《张远山作品集》，订正了初版讹误，另增《青铜之道》备忘录（见第十九卷末《伏羲学四书备忘录》）。

目

录

上编 "饕餮纹"图法解密：天帝乘龙巡天图

下编 青铜图法的商周之变：窃曲纹、蟠螭纹、蟠虺纹

"饕餮纹"天帝是华夏图像的终极密码

人类早期史，分为三大时代：旧石器时代、新石器时代、青铜时代。新石器时代出现了陶器、玉器，青铜时代出现了青铜器。

旧石器时代和新石器时代早期，均无系统化的图像，所以也没有图法；新石器时代中期以后的陶器时代、玉器时代、铜器时代，均有系统化的图像，所以产生了图法。由于系统化的图像是系统化的文字之前身，所以图法也是文法之前身。图法建立了图像体系，文法建立了文字体系。图像体系有图法，正如文字体系有文法。先有图像体系，后有文字体系。先有图像体系之图法，后有文字体系之文法。

华夏区域以符号记录知识的文化史，约为八千年，大致中分为两大阶段。新石器时代中期至青铜时代的四千年（前6000—前2000），是以纹样记录知识的图像时代。青铜时代至今的四千年（前2000—2000），是以文字记录知识的文字时代。其间两千年（前2000—前221），是图、文并用时代。

我的伏羲学三书，分别解密上古至中古华夏全境陶器纹样之图法、玉器纹样之图法、铜器纹样之图法。《伏羲之道》系统解密新石器时代中期至晚期华夏全境陶器纹样之图法，《玉器之道》系统解密新石器时代中期至晚期华夏全境玉器纹样之图法，《青铜之道》系统解密青铜时代华夏全境铜器纹样之图法。三书系统解密上古至中古六千年的华夏图像史主要纹样，尝试建立作为华夏文字学之前身和源头的华夏图像学，亦即伏羲学。

伏羲学的研究范围是六千年华夏图像史，从新石器时代中期的上古，延至青铜时代的中古，分为两大阶段。

第一阶段是上古四千年，分为三大时代：先仰韶时代（前6000—前5000），仰韶时代（前5000—前3000），龙山时代（前3000—前2000）。这是以陶器、玉器为主的图像时代。

第二阶段是中古两千年，分为三大王朝：夏代（前2070—前1600），商代（前1600—前1046），周代（前1046—前256）。这是以青铜器为主的图像时代。

20世纪20年代对商代晚期遗址河南安阳殷墟的科学发掘，标志着中国考古学的诞生。来自殷墟的两大名词，从此成为公共知识：一是属于华夏文字系统的"甲骨文"，二是属于华夏图像系统的"饕餮纹"。然而甲骨文的研究者极多，成果辉煌，"饕餮纹"的研究者极少，乏善可陈。大众仅知"饕餮纹"之名，不知"饕餮纹"的精确内涵。

殷墟发掘的主持者、中国考古学之父李济，并未投身于甲骨文研究，而是独具慧眼地专注于"饕餮纹"研究，著有《殷墟青铜器研究》，认为"饕餮纹"是错误命名，倡导改用《山海经》所言"肥遗纹"，采信者少，影响甚微。容庚是唯一同时研究甲骨文和"饕餮纹"的大家，著有专门研究"饕餮纹"的《商周彝器通考》和《殷周青铜器通论》，也认为"饕餮纹"是错误命名，但是没有提出新名，仍然沿用"饕餮纹"。马承源是李济、容庚之后"饕餮纹"研究的大家，也认为"饕餮纹"是错误命名，倡导改用"兽面纹"，采信者众，影响巨大。然而这一新名比"饕餮纹"更为错误，因为"饕餮纹"并非"兽面"，而是"神面"。总体而言，李、容、马三氏的"饕餮纹"研究虽有拓荒之功，但是尚未揭示"饕餮纹"的真正奥秘。

同样是20世纪20年代，瑞典学者安特生发现了黄河流域的仰韶文化、马家窑文化，于是中国文明的史前史也进入了公众视野。此后百年，是中国考古学的黄金百年。尤其是1978年改革开放以后的四十多年，中国成为全球最大的建筑工地和房地产开发地，华夏全境被掘地三尺挖了一遍，深埋地下的无数宝藏浮出地表，中国考古学走向鼎盛。甘肃的大地湾文化

（旧称老官台文化），中原的仰韶文化和龙山文化，内蒙古东、辽宁以西的红山文化，山东、安徽的大汶口文化和凌家滩文化，江浙的良渚文化，湖北的石家河文化，湖南的高庙文化，山西的陶寺文化，陕北的石峁先夏文化等等上古遗存，夏代早期的河南新砦文化，夏代晚期的河南二里头文化，与夏代平行的内蒙古夏家店下层先商文化，商代早期的河南二里岗文化，与商代平行的四川三星堆文化、湖北盘龙城文化、江西吴城文化等等中古遗存，逐渐进入大众视野。上古四千年的华夏文化谱系和中古两千年的夏商周文化谱系日益完整，上古至中古的六千年华夏图像史日益清晰，精确解密"饕餮纹"的条件已经基本成熟。

学者们发现，很多上古陶器、上古玉器的天帝造型或神像造型，酷似商周铜器的"饕餮纹"。比如湖南高庙文化、内蒙古红山文化、江浙良渚文化、湖北石家河文化、陕北石峁先夏文化、内蒙古夏家店下层先商文化，均有酷似"饕餮纹"的神徽，都是夏商周"饕餮纹"的雏形或源头。于是张光直、俞伟超等学者逐渐倾向于认为：商周"饕餮纹"不是兽面纹，而是神面纹、天帝纹。但是论证尚不系统，有待补充完善。

本书绪论，分为两篇。绪论一《"饕餮纹"天帝的两千年正名史》，梳理北宋至今的"饕餮纹"研究史，辨析前人的研究得失，把"饕餮纹"正名为"天帝纹"。绪论二《"饕餮纹"天帝的六千年演变史》，总览上古至中古六千年的天帝造型演变史，作为解密"饕餮纹"的背景。

本书正编，分为三编。上编三章，解密商周"饕餮纹"的图法，论证商周"饕餮纹"是"天帝乘龙巡天图"，即《山海经》所言"天帝乘两龙"。中编三章，解密商周"饕餮纹"衍生纹样的图法。下编三章，解密商周青铜图法之变以及西周窃曲纹之图法，解密春秋青铜图法之变以及春秋蟠螭纹之图法，解密战国青铜图法之变以及战国蟠虺纹之图法。

全书解密了上古陶器、上古玉器之天帝纹演变为商周铜器之"饕餮纹"的全过程，论证了商周铜器的"饕餮纹"植根于华夏天文三大要素（北极帝星、北斗七星、苍龙七宿），是华夏宗教三大神像（北极天帝、北斗星君、东方龙神）的复合图像，是源于华夏万舞舞姿的"天帝乘龙巡天图"，亦即《山海经》所言"天帝乘两龙"。

上古至中古的"饕餮纹"天帝是华夏天文体系、华夏宗教体系、华夏神话体系、华夏祭祀体系、华夏万舞体系的最高结晶，也是上古至中古六千年华夏图像学的终极密码。

2020年11月18日

"饕餮纹"天帝的两千年正名史

弁言　青铜纹样研究被错误命名引入歧途

　　商周青铜器的主体纹样，战国至今两千多年未能正确命名。主要的错误命名有四，即战国的"饕餮纹"，汉代的"蚩尤纹"，北宋的"饕餮—兽面纹"，现代的"兽面纹"。这些错误命名把青铜纹样研究引向歧途，遮蔽了华夏图像学的终极密码，导致了华夏图像学的难以建立。

　　本书在《伏羲之道》、《玉器之道》解密上古陶器玉器纹样的基础上，进一步解密中古铜器纹样。先以两篇绪论，宏观梳理背景：绪论一"循名"，列举文献证据，论证中古铜器的主体纹样"饕餮纹"是天帝纹。绪论二"责实"，列举考古证据，概览上古陶器、上古玉器、中古铜器的"饕餮纹"天帝。再以正编九章，微观解密"饕餮纹"天帝的构件细节及其衍生纹样的天文历法内涵和宗教神话内涵。

　　本文是绪论一，宏观梳理战国至今"饕餮纹"天帝的两千年正名史。首先勾勒华夏青铜器简史，然后辨析商周青铜器的主体纹样被错误命名为"饕餮纹"、"蚩尤纹"、"饕餮—兽面纹"、"兽面纹"的致误原因，最后论证商周青铜器的主体纹样是"天帝纹"。

一 华夏青铜器简史

人类铜器史始于新石器时代早期（前7000），当时的铜器均非冶炼铜，均为天然铜块锻打而成。到了新石器时代中期（前4500），早期人类经过数千年陶器发展，烧陶的窑温超过了青铜的熔点，于是当时的西亚区域和华夏区域几乎同时出现了人为加入其他金属成分的冶炼铜合金，包括含砷的砷铜、含镍的白铜、含锌的黄铜等等，最后出现了含锡的青铜。西方学者认为，华夏区域的铜合金冶炼工艺和青铜器铸造工艺均从华夏境外传入。但有中国学者认为，华夏境内的铜合金冶炼时间并不晚于华夏境外。

1. 上古起源期："蚩尤"作兵

刘远晴《中国早期铜器研究》认为，中国早期铜器可以分为两大时期和五大区域。第一时期是仰韶—龙山时代，第二时期是二里头文化期。五大区域是：新疆中西部区，东天山与河西走廊区，黄河上游的河湟区，黄河中下游的中原海岱区，长城以北的北方区（图01-1）。

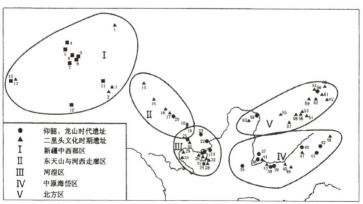

1.克尔木齐 2.小河 3.古墓沟 4~9.安德罗诺沃类遗存 10.阿克塔拉 11.新增拉 12.尼雅 13.疏附苏俄琥巴俄 14.哈密天山北路墓地 15.安西鹰窝树 16.玉门火烧沟 17.酒泉干骨崖 18.山丹四坝滩 19.民乐西灰山、东灰山 20.丰乐高昌葡地、熙壁滩 21.东乡林家 22.永登蒋家坪 23.武威皇娘娘台、海藏寺 24.永靖大何庄、秦魏家 25.互助总塞 26.积石山新庄坪 27.广河齐家坪、西坪 28.峨县杏林 29.贵南朵马台 30.西宁沈那 31.临夏魏家咀 32.康乐商罐地 33.阔油宗日 34.临潭磨沟 35.临潼姜寨 36.榆次源涡镇 37.襄汾陶寺 38.登封王城岗 39.新密新砦 40.偃师二里头 41.夏县东下冯 42.垣曲古城东关 43.杞县鹿台岗 44.夏邑清凉山 45.酒水尹家城 46.牟平赵格庄 47.淮格尔二里半 48.放汉白 49.准格尔二里半 50.放汉大甸子 51.放汉大甸子 52.凌源牛河梁 53.翁县张家园、图坊沟 54.唐山小官庄、大城山、古冶 55.蔚县三关 56.大厂大坨头 57.易县下岳各庄 58.房山琉璃河 59.宁城小榆树林子 60.库伦南泡子墓 61.北票康家屯 62.锦县水手营子 63.伊金霍洛旗朱开沟

图01-1 华夏早期铜器分布图（据刘远晴《中国早期铜器研究》原图简化）

白云翔《中国的早期铜器与青铜器的起源》认为："中国公元前16世纪以前的早期铜器已在50多个地点发现了500多件，主要分布在四个地区，其年代最早者为公元前4500年。早期铜器的发展，经历了公元前4500—前2500年尝试冶炼各种原始铜合金的发生期，公元前2500—前2000年以红铜为主的发展期和公元前2000—前1600年以青铜为主的成熟期。中国古代青铜器分别起源于西北地区和中原地区，青铜时代开始于公元前2000年前后。"[1]

综合大量学者的研究，本书认为华夏铜器史至迟始于新石器时代中期（前4500），可以分为三大阶段：仰韶早期至龙山中期（前4500—前2500），是铜器起源时期。龙山中期至龙山末期（前2500—前2000），是铜石并用时期。夏商周三代（前2070—前256），是青铜时代。

为了便于青铜器纹样研究，本书把华夏青铜器的纹样分为三大阶段（异于青铜器分期）：仰韶早期至龙山末期（前4500—前2000）是青铜器纹样的起源期，夏代（前2070—前1600）是青铜器纹样的发展期，商周两代（前1600—前256）是青铜器纹样的鼎盛期。

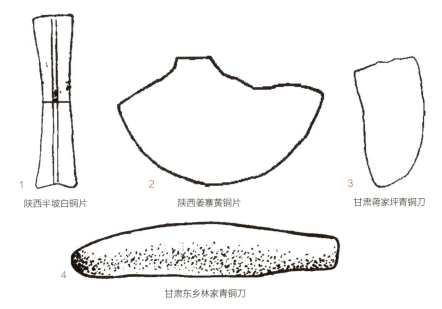

1 陕西半坡白铜片　　　　　2 陕西姜寨黄铜片　　　　　3 甘肃蒋家坪青铜刀

4 甘肃东乡林家青铜刀

图 01-2　上古华夏早期铜器（一）：陕西仰韶文化、甘肃马家窑文化铜器

---

[1]　白云翔：《中国的早期铜器与青铜器的起源》，《东南文化》2002年7期。

目前发现的华夏境内最早铜器，属于仰韶早期（前4500年）的陕西伏羲族。1956年陕西西安半坡的仰韶文化遗址出土了一件含镍20%的白铜片（图01-2.1），1973年陕西临潼姜寨的仰韶文化遗址出土了一件含锌25%的黄铜片（图01-2.2）。

2012年，中科院王昌燧教授研究发现，姜寨黄铜片用固体还原工艺制成，年代比西亚最早的人工冶炼金属砷铜略早，提出中国冶金工艺为本土起源。[1]

目前发现的华夏境内最早青铜器，属于仰韶、龙山之交（前3000年）的甘肃伏羲族。1975年甘肃永登蒋家坪的马家窑文化遗址出土了一件铜锡合金的青铜刀残件（图01-2.3），1977年甘肃东乡林家的马家窑文化遗址出土了一件铜锡合金的青铜刀（图01-2.4）。

先秦文献多言"蚩尤作兵"，比如《吕氏春秋·荡兵》："蚩尤作兵。未有蚩尤之时，民固剥林木以战矣。"（此为撮引。本书引用文献多类此，下文不再说明。）《世本·作篇》："蚩尤作五兵：戈、矛、戟、酋矛、夷矛。"（《太平御览》卷二七〇引）《管子》佚文："蚩尤受卢山之金而作五兵。"（《史记·五帝本纪》索隐引）《尚书》佚文："黄帝之时，以玉为兵；蚩尤之时，炼金为兵，割革为甲，始制五兵，建旗帜，树夔鼓。"（《太平御览》卷三三九引）《山海经·大荒北经》："蚩尤作兵伐黄帝，黄帝遂杀蚩尤。"众多考古实物证明，先秦文献记载不误，因为"蚩尤"正是上古晚期的伏羲族首领。上古、中古之交的"炎黄之战"，长城以北的黄帝族南下黄河流域，征服了以"蚩尤"为首的农耕三族，开启了黄帝族统治农耕三族的夏商周三代。

杜廼松《中国青铜器发展史》认为："我国青铜器的制作，很可能起源于甘青地区。"[2]华夏青铜器之所以起源于甘青伏羲族，是因为甘青伏羲族烧制彩陶的窑温为华夏境内乃至全球范围最高，达到了1050°，远远超过了青铜熔点850°。

---

[1] 《光明日报》2012年5月12日，记者齐芳：《我国科学家最新研究显示：中国冶金工艺起源本土》；《科技日报》2012年5月14日，记者李大庆：《我科学家证明中国冶金工艺起源本土》。

[2] 杜廼松：《中国青铜器发展史》8页，紫禁城出版社1995。

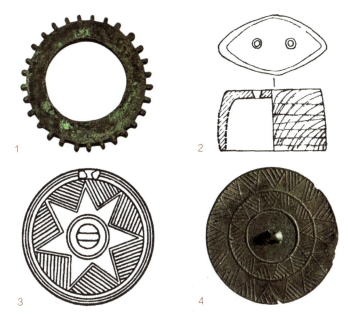

图01-3　上古华夏早期铜器（二）：山西陶寺文化、甘青齐家文化铜器

　　龙山中期至龙山末期（前2500—前2000），华夏青铜冶炼技术逐渐成熟，华夏区域进入铜石并用时期。

　　这一时期的代表性华夏青铜器，见于龙山中期山西伏羲族的陶寺文化和龙山晚期甘青伏羲族的齐家文化。

　　山西陶寺龙山文化遗址出土的一件青铜环（图01-3.1），有29齿，可能是标示神农归藏历的小月29日。

　　山西陶寺龙山文化遗址出土的一件青铜铃（图01-3.2），光素无纹，是采用合范法制作的华夏最早青铜礼器[1]，铸造技术有所提高。

　　甘青齐家文化遗址出土的两件华夏最早青铜镜，一是青海贵南尕马台出土的七连山青铜镜（图01-3.3），二是甘肃广河齐家坪出土的分至纹青铜镜（图01-3.4），镜背都是伏羲连山历纹样。

---

[1]　杜廼松：《古代青铜器》25页，文物出版社2005。

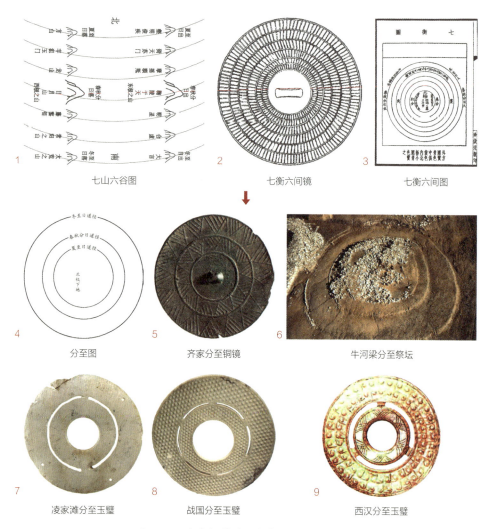

1 七山六谷图　　2 七衡六间镜　　3 七衡六间图

4 分至图　　5 齐家分至铜镜　　6 牛河梁分至祭坛

7 凌家滩分至玉璧　　8 战国分至玉璧　　9 西汉分至玉璧

图 01-4　齐家铜镜的天文内涵：二分二至图

　　伏羲连山历是距今八千年的华夏最早历法，以东七山、西七山为坐标，形成了七山六谷图（图01-4.1）：太阳东升西落的连线，上半年六个月由南至北经过六谷，下半年六个月由北至南经过六谷[1]。其完整表达，见于商代安阳妇好墓出土的七衡六间青铜镜（图01-4.2），又见于周代《周髀算经》的七衡六间图（图01-4.3）。

[1]　详见张远山:《伏羲之道》第一章，岳麓书社2015。

青海尕马台的青铜镜（图01-3.3），仅以七连山表达伏羲连山历。七连山纹，并非少画一角的八角星，不宜混淆。

甘肃齐家坪的青铜镜（图01-4.5），既以连山纹表达伏羲连山历的七山六谷，又以分至纹表达伏羲连山历的七衡六间：内圈是夏至的太阳轨道，外圈是冬至的太阳轨道，中圈是春分、秋分的太阳轨道（图01-4.4）。

伏羲连山历的分至纹东传，于是上古黄帝族出现了辽宁牛河梁的分至纹祭坛（图01-4.6），上古东夷族出现了安徽凌家滩的分至纹玉璧（图01-4.7）[1]。直到战国、西汉，仍有分至纹玉璧（图01-4.8、9）。

齐家文化青铜镜的连山纹、分至纹，证明华夏最早的青铜器纹样，承袭上古的陶器纹样、玉器纹样，基本纹样是天文历法纹样。

2. 夏代发展期："大禹"铸鼎

上古、中古之交的"炎黄之战"，长城以北的黄帝族南下黄河流域，伐灭了陶寺神农国（即"蚩尤"国）和黄河两岸、长江北岸的诸多农耕三族文化，华夏时空进入了黄帝族统治农耕三族的中古夏商周。

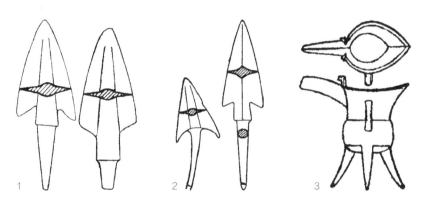

图 01-5　夏县东下冯无纹青铜器：1、2 镞，3 爵

夏代早期的山西夏县东下冯遗址，既出土了箭镞等青铜武器（图01-5.1、2），也出土了青铜爵等青铜礼器（图01-5.3），全都光素无纹。

---

[1]　详见张远山：《玉器之道》375页，中华书局2018。作品集第十七卷347页。

夏代中期的河南新密新砦遗址，也出土了红铜容器、红铜刀的残片。

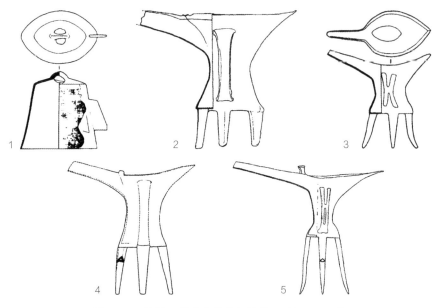

图 01-6　偃师二里头无纹青铜礼器：1 铃，2—5 爵

夏代晚期的河南偃师二里头遗址，出土了鼎、斝、爵、钺、铃、盘、牌等上百件青铜礼器，大多无纹，少量有纹。

二里头遗址出土的无纹青铜礼器，包括青铜铃（图01-6.1）、青铜爵（图01-6.2—5）等，是山西陶寺青铜铃、山西东下冯青铜爵的发展。

二里头遗址出土的有纹青铜礼器，分为四类。

第一类，青铜鼎。目前仅出土一件（图01-7.1），与先秦文献记载的"禹铸九鼎"传说颇有距离。此鼎腹部的交午纹（旧称"网格纹"），继承了上古伏羲族彩陶的交午纹。

第二类，青铜斝。出土多件，其中一件（图01-7.2）的星宿纹（旧称"联珠纹"），继承了上古伏羲族彩陶的星宿纹。

第三类，镶嵌绿松石的青铜盘。目前仅出土一件（图01-7.3），用绿松石镶嵌的三圈纹样，不仅是分至纹，而且标出了精确的历数：

外圈61个阳爻纹，61×6=366，标示《尚书·尧典》所言"期三百有

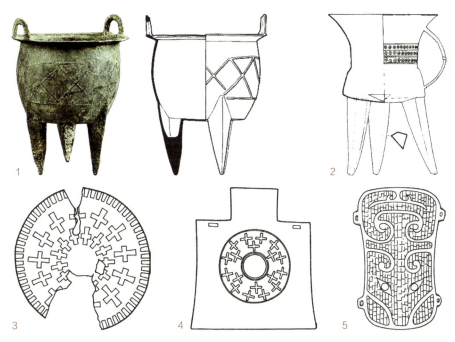

图 01-7　偃师二里头有纹青铜礼器：1 鼎，2 斝，3 盘，4 钺，5 牌

六旬有六日，以闰月定四时成岁"，即夏代《连山》历的一年日数。夏代《连山》历是继承神农归藏历的阴阳合历，仍以伏羲六十四卦分卦值日。

中圈13个亞字纹和内圈12个亞字纹，标示夏代《连山》历的闰年十三月和平年十二月；承袭陶寺肥遗盘的外身13黑斑和内身12黑斑，标示神农归藏历的闰年十三月和平年十二月。[1]

上博藏夏代晚期二里头文化的镶嵌绿松石青铜钺（图01-7.4），也用绿松石镶嵌的亞字纹标示历法月数：外圈12个亞字纹，标示夏代《连山》历的平年十二月。内圈6个亞字纹，标示计算历数的伏羲六十四卦之六爻。中国音乐以十二律对应十二月，又细分为阳六律、阴六吕，正是对应伏羲连山历的七山六谷、七衡六间和伏羲六十四卦的阴阳六爻。[2]

---

[1]　详见张远山：《伏羲之道》100页，岳麓书社2015。作品集第十六卷105页。

[2]　参看冯时对二里头青铜盘和上博藏二里头青铜钺的研究：《中国天文考古学》162—163页，社会科学文献出版社2001。

亚字纹是上古伏羲族天文台"昆仑台"的专用符号。"亚"字中心的双钩"十"字，分指东南西北四方，所以《说文解字》曰："十，数之具也。'一'为东西，'丨'为南北。"甲骨文十天干之首的"甲"，即"十"。亚、十、甲三字同形，全都源于天文历法。

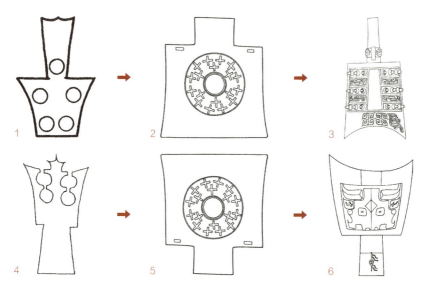

图 01-8　大汶口北斗符→夏代斗形钺→商周斗形钟、斗形铙

需要补充的是，上古农耕三族的玉钺均为横置，直到龙山末期陕北石峁文化的先夏黄帝族玉钺才改为竖置[1]。上博藏二里头文化夏代晚期黄帝族的青铜钺，以及商周黄帝族的一切青铜钺，全都承袭陕北石峁文化的先夏黄帝族玉钺，均为竖置，并且仿拟大汶口东夷族的北斗符号。

大汶口东夷族的北斗符号，分为两种：斗在下，柄在上（图01-8.1），标示冬至，亦即《鹖冠子·环流》所言"斗柄指北，天下皆冬"。斗在上，柄在下（图01-8.4），标示夏至，亦即《鹖冠子·环流》所言"斗柄指南，天下皆夏"。两者分别合于夏商周青铜钺的正置（图01-8.2）、倒置（图01-8.5），又分别合于商周青铜钟（图01-8.3）、青铜铙（图01-8.6）的外形。

---

[1]　详见张远山：《玉器之道》199页，中华书局2018。作品集第十七卷184页。

第四类，镶嵌绿松石的青铜牌。出土多件，纹样都是对应帝星、龙星的龙面"饕餮纹"天帝（图01-7.5）。

综上所言，夏代晚期二里头文化的有纹青铜礼器，或有星宿纹、交午纹、亞字纹等天文历法纹样，或有天象神话化的龙面"饕餮纹"等宗教神话纹样。

不管华夏青铜器的铸造技术是本土起源、境外传入或两者结合，华夏青铜礼器的主体纹样均属本土起源。主体纹样的基本母题，首先是华夏天文历法纹样，其次是植根华夏天文历法纹样的华夏宗教神话纹样，所以迥异于华夏境外的青铜纹样，在全球范围内独一无二。

3. 商周鼎盛期："饕餮"来袭

上古四千年是陶器、玉器时代，天文历法纹样和宗教神话纹样见于陶制礼器和玉制礼器。

龙山中期至夏代是铜石并用时期，大量的陶制礼器、玉制礼器，既有结构简单的天文历法纹样，也有结构繁复的宗教神话纹样；少量的青铜礼器，因为铸造技术较为初级，只有结构简单的天文历法纹样或宗教神话纹样。

商周进入青铜器全盛时代，铸造技术不断进步，青铜礼器的天文历法纹样保持结构简单且数量渐少，宗教神话纹样趋于结构繁复且数量渐多。

夏代晚期青铜牌的龙面"饕餮纹"（图01-9.1），结构较为简单。

商周两代的经典"饕餮纹"，结构渐趋繁复，见于上博藏"饕餮纹"尊（图01-9.2），故宫藏"饕餮纹"铙（图01-9.3）等无数铜器。周代青铜礼器的经典"饕餮纹"，见于陕西郿县出土的天亡簋（图01-9.4），陕西临潼出土的利簋（图01-9.5），陕西宝鸡出土的何尊（图01-9.6）等无数铜器。

商周青铜礼器的主体纹样，是植根于华夏天文历法纹样的华夏宗教神话纹样，但是战国以降两千多年未能正确命名、正确阐释。

第一个错误命名，是战国晚期《吕氏春秋》的"饕餮纹"。

第二个错误命名，是汉代纬书《龙鱼河图》的"蚩尤纹"。

第三个错误命名，是北宋金石学家的"饕餮—兽面纹"。

第四个错误命名，是现代学者的"兽面纹"。

1　夏代铜牌　　　2　商代铜尊　　　3　商代铜铙

4　西周天亡簋　　5　西周利簋　　6　西周何尊

图 01-9　夏商周经典"饕餮纹"

　　这些错误命名，不仅没有商周官方文献的依据，而且缺乏华夏天文历法内涵和华夏宗教神话内涵。于是引发一个重大疑问：既然上古华夏的陶制礼器、玉制礼器遍布天文历法纹样和宗教神话纹样，为什么中古夏商周的青铜礼器却是与天文历法纹样和宗教神话纹样无关的奇怪纹样？

　　理论上有两种可能。

　　第一种可能，夏商周青铜纹样没有继承上古陶器、上古玉器的天文历法纹样和宗教神话纹样，华夏图像传统在青铜时代发生了重大断裂。

　　答案是否定的。

　　华夏上古四千年（夏代以前）至华夏中古两千年（夏商周）的陶器、玉器、铜器纹样，前后相续。华夏近古两千年（秦汉以后）的漆器、金器、银器、瓷器纹样，仍然继承华夏上古至华夏中古的纹样传统，前后相续。概而言之，华夏八千年图像传统，一以贯之，从未断裂。

　　第二种可能，夏商周铜器纹样继承了上古陶器、上古玉器的天文历法纹样和宗教神话纹样，但是春秋战国的礼崩乐坏和秦汉时期的历史改道，导致先秦文献大量失传，所以战国至今两千年未能正确命名、正确阐释。

答案正是如此。

二　青铜器纹样四大错误命名

本节辨析战国至今两千多年对青铜器主体纹样的四个主要错误命名的具体错误及其致误原因。

1. 战国错误命名："饕餮纹"

第一个错误命名"饕餮纹"，见于战国晚期的民间著述《吕氏春秋·先识》：

> 周鼎著饕餮，有首无身，食人未咽，害及其身，以言报更也。

《吕氏春秋》是战国晚期秦相吕不韦主编的杂家著作，撰者是吕不韦的众多门客。此段文字的撰者并不了解夏商周官方对青铜纹样的正确命名、正确阐释，而是根据民间流传的"饕餮"神话做出了错误命名、错误阐释，可谓字字皆错。

其一，"周鼎"是错误断代。周鼎纹样继承了商鼎纹样，商鼎纹样继承了夏鼎纹样。

杨伯峻《春秋左传注》认为："所谓周鼎，当即此所谓夏鼎。"[1]意为《吕氏春秋》所言"周鼎"，不宜直解为周代之鼎，而宜理解为《左传》所言夏灭传商、商灭传周的"夏鼎"。然而现代考古业已澄清：禹铸九鼎、夏灭传商、商灭传周并非史实，仅是商周两代为其王权提供合法性解释的官方说教。

其二，"饕餮"是错误命名。青铜礼器用于国家祭祀，祭祀对象只能是

---

[1]　杨伯峻：《春秋左传注》670页，中华书局1981。

善神"上帝",不可能是恶神"饕餮"。

刘敦愿《〈吕氏春秋〉'周鼎著饕餮'说质疑》认为:"兽面纹样起源古远,运用普遍,应该是一种人们所尊崇所信赖的善灵,而不应是一种人们所憎恶所畏惧的恶煞。对于后者,古代仍然也要加以安抚,不能得罪,'敬鬼神而远之'地把它们放在次要的或附属的地位,不能像商周铜器装饰那样,居于主要部位,反复运用。……怎么可以想象,在作为国家'重器'的鼎彝,以及进行战争的兵器甲胄上面,以饕餮这种恶灵作为主要纹饰,违背自己的信念和情欲,而念念不忘地警惕自己'戒之在贪'呢?"[1]

杭春晓《商周青铜器饕餮纹研究》赞成刘敦愿的观点,认为"饕餮纹"构成了"名实上的一种矛盾:善与恶的对抗与交织"[2]。

其三,"有首无身"是错误描述。青铜礼器主体纹样的完整图式都有首有身,简化图式才"有首无身"。

朱凤瀚《中国青铜器综论》说:"现世学者多有异议,认为在被称为饕餮纹的纹饰中,有一些确是有首无身,但只是在其简略形式中出现,而绝大多数此类纹饰有首有身。"[3]

其四,"食人未咽,害及其身,以言报更也"是错误阐释,是以"有首无身"为错误前提的错误发挥,意为无身则所食之人无法下咽入腹,故而害及己身。前提既然错误,阐释必然错误。

2. 汉代错误命名:"蚩尤纹"

汉代错误命名"蚩尤纹",源于战国错误命名"饕餮纹",即还原"饕餮纹"的历史背景。把贪虐凶兽"饕餮"还原为贪虐凶人"蚩尤"固然不误,但是认为商周青铜礼器的主体纹样是"蚩尤纹"仍然错误。

"黄帝杀蚩尤",是"炎黄之战"的尾声,屡见先秦文献。

[1] 刘敦愿:《〈吕氏春秋〉'周鼎著饕餮'说质疑》,原刊《考古与文物》1982年3期。收入刘敦愿:《美术考古与古代文明》,改题《饕餮(兽面)纹样的起源与含义问题》,94—95页,人民美术出版社2007。

[2] 杭春晓:《商周青铜器饕餮纹研究》52页,文化艺术出版社2009。

[3] 朱凤瀚:《中国青铜器综论》541页,上海古籍出版社2009。

商代《归藏·启筮》：

蚩尤出自羊水，八肱八趾疏首，登九淖以伐空桑，黄帝杀之于青丘。（《初学记》卷九引，严可均《全上古三代文》卷十五辑）

西周《尚书·吕刑》：

若古有训，蚩尤惟始作乱，延及于平民，罔不寇贼，鸱义奸宄，夺攘矫虔。苗民弗用灵，制以刑，惟作五虐之刑曰法，杀戮无辜。（郑玄注：蚩尤霸天下，黄帝所伐者。）

战国《山海经·大荒北经》：

蚩尤作兵伐黄帝，黄帝乃令应龙攻之冀州之野。应龙畜水，蚩尤请风伯雨师，纵大风雨。黄帝乃下天女曰魃，雨止，遂杀蚩尤。

西汉《史记·五帝本纪》综述先秦文献：

黄帝者，少典之子，姓公孙，名曰轩辕。……轩辕之时，神农氏世衰，诸侯相侵伐，暴虐百姓，而神农氏弗能征。……而蚩尤最为暴，莫能伐。……轩辕乃修德振兵，……以与炎帝战于阪泉之野，三战然后得其志。蚩尤作乱，不用帝命。于是黄帝乃征师诸侯，与蚩尤战于涿鹿之野，遂禽杀蚩尤。而诸侯咸尊轩辕为天子，代神农氏，是为黄帝。

商代《归藏》、西周《吕刑》、战国《山海经》、西汉《史记》仅言"黄帝杀蚩尤"，未言"黄帝画蚩尤"。后者始见于汉代纬书《龙鱼河图》：

黄帝摄政前，有蚩尤兄弟八十一人，并兽身人语，铜头铁额，食沙石子，造立兵仗刀戟大弩，威振天下，诛杀无道，不仁不慈。万民欲令黄帝行天子事。黄帝仁义，不能禁止蚩尤，遂不敌，乃仰天而叹。天遣玄女下，授黄帝兵信神符，制伏蚩尤，以制八方。

蚩尤没后，天下复扰乱不宁，黄帝遂画蚩尤形象以威天下。天下咸谓蚩尤不死，八方万邦皆为殄伏。[1]

第一节所言"黄帝杀蚩尤"，屡见先秦文献。第二节所言"黄帝画蚩尤"，不见先秦文献。

汉代《龙鱼河图》未言"黄帝"把"蚩尤"画于何处，答案见于南宋罗泌《路史》卷十三《蚩尤传》："蚩尤，姜姓，炎帝之裔也。后代圣人著其像于尊彝，以为贪戒。"罗泌之子罗苹注：

蚩尤天符之神，状类不常，三代彝器多著蚩尤之像，为贪虐者之戒。其状率为兽形，傅以肉翅，盖始于黄帝。《龙鱼河图》云："黄帝之初有蚩尤氏。"……《龙鱼河图》至谓尤乱，黄帝仁义不能禁。尤殁，天下复扰，帝乃画尤像以威天下，天下咸谓尤不死，乃服。[2]

罗泌父子认为商周青铜礼器的主体纹样，正是《龙鱼河图》所言"黄帝画蚩尤"之"蚩尤"。至此水落石出：贪虐凶人"蚩尤"与贪虐凶兽"饕餮"，异名同实。

《吕氏春秋》采用神话叙事"黄帝御饕餮"阐释青铜礼器主体纹样，认为"周鼎著饕餮，食人未咽，害及其身"。由于神话叙事符合青铜礼器的宗教功能，所以战国错误命名"饕餮纹"盛行两千年。

《龙鱼河图》采用历史叙事"黄帝战蚩尤"阐释青铜礼器主体纹样，所以

[1] ［日］安居香山、中村璋八：《纬书集成》1149页，河北人民出版社1994。
[2] ［宋］罗泌《路史》，北京图书馆出版社2003。

罗泌父子认为"三代彝器多著蚩尤之像，为贪虐者之戒"。由于历史叙事不符合青铜礼器的宗教功能，所以汉代错误命名"蚩尤纹"沉入历史忘川，直到20世纪才被孙作云、张光直等学者重新打捞出来，又沿着错误方向走得更远。

孙作云除了接受罗泌父子的观点，又以秦汉祭祀"蚩尤"为据，妄言夏商周也曾祭祀"蚩尤"。[1]

秦汉祭祀"蚩尤"，见于《史记·封禅书》：

> 始皇之上泰山，……遂东游海上，行礼祠名山大川及八神……三曰兵主，祠蚩尤。
>
> 汉兴，高祖之微时，尝杀大蛇。……为沛公，则祠蚩尤，衅鼓旗。……后四岁，天下已定，诏御史，令丰谨治枌榆社，常以四时春以羊彘祠之。令祝官立蚩尤之祠于长安。

夏商周黄帝族从未祭祀在"炎黄之战"中反抗"黄帝"的"三苗"（农耕三族的苗裔）首领"蚩尤"，而是进行了长达两千年的污名化：先用历史叙事污名为贪虐凶人"蚩尤"，再用神话叙事污名为贪虐凶兽"饕餮"。

"炎黄之战"以后的中原神农族，尽管被夏商周黄帝族统治两千年，但是仍把"伏羲女娲"奉为民族始祖，又把反抗"黄帝"的"蚩尤"视为民族英雄。"炎黄之战"以后从黄河流域南撤到长江以南的"三苗"后裔（亦即今日的南方少数民族），居于夏商周黄帝族统治范围之外，不仅把反抗"黄帝"的"蚩尤"视为民族英雄，而且把反抗"黄帝"的"蚩尤"尊为民族始祖。所以秦汉终结夏商周黄帝族统治之后，立刻祭祀两千年前反抗"黄帝"的"蚩尤"，为其平反昭雪，恢复名誉。

与之相关的拨乱反正，还有很多。比如汉武帝以汉景帝时"黄龙见成纪"（成纪即伏羲族祖地甘肃天水）为由，废弃了秦代的"颛顼历"，颁布

---

[1] 孙作云：《中国的第一位战神——蚩尤》,《蚩尤考——中国古代蛇氏族之研究·夏史新探》,《孙作云文集·第3卷·中国古代神话传说研究》上册140、174页，河南大学出版社2003。

了沿用至今的"太初历",恢复了"蚩尤"时期的神农归藏历之"正月建寅"[1]。汉代又大量出现了纪念伏羲族神话始祖的"伏羲女娲交尾图"。

孙作云只能举出秦汉祭祀"蚩尤"的多条史证,却举不出夏商周祭祀"蚩尤"的一条史证,不得不承认:"此蚩尤在后代祀为战神之证,乃蚩尤传说中之下一半也。"然而孙作云并未发现用秦汉祭祀"蚩尤"逆推夏商周祭祀"蚩尤"是以后例前的无效论证,反而通过任意训诂,认为"大禹"和"蚩尤"都是"虫",两者同族,"蚩尤"是夏代的祖先和图腾,所以商周青铜器的"饕餮纹"是"蚩尤纹"。

孙作云把反抗"黄帝"的伏羲族"蚩尤",视为夏代黄帝族的祖先,可谓荒谬绝伦。张光直却接受了孙作云的荒谬观点,也认为商周青铜器的"饕餮纹"是"蚩尤纹"。

孙作云、张光直等学者对"蚩尤纹"的打捞,由于荒谬而影响甚微,但是仍然严重误导了上古玉器纹样的研究。比如有些学者发现了良渚玉器的主体纹样与商周铜器的主体纹样颇为相似,于是借用孙作云、张光直的观点,把良渚玉器的主体纹样错误命名为"蚩尤纹",把良渚玉琯、良渚玉琮、良渚玉镯错误命名为"蚩尤环"。

然而良渚文化的始年(约前3300),早于"蚩尤"(约前2100)一千多年,所以良渚玉器的主体纹样与商周铜器的主体纹样尽管颇为相似,却不能证明良渚玉器的主体纹样是"蚩尤纹",只能证明商周铜器的主体纹样不是"蚩尤纹"。

3. 北宋错误命名:"饕餮—兽面纹"

秦汉时期的历史改道,导致华夏图像传统逐渐弱化,先秦有图之书亡佚殆尽。两汉纬书中的大量有图之书,保留了先秦有图之书的部分真义。有图的纬书,常与"图谶"搅在一起,合称"谶纬"。汉后历次改朝换代的反叛旧朝者,又多采用"图谶"暗示前朝"天命已移",即以隐语进行社会动员,所以隋唐官方严禁"谶纬"之学,导致两汉有图之书也亡佚殆尽。

---

[1]　详见张远山:《伏羲之道》220页,岳麓书社2015。作品集第十六卷232页。

五代道士陈抟重新公布的伏羲先天八卦太极图，成为华夏图像传统复兴的火种，于是北宋金石学应运而生。北宋金石学家尽管更加关注商周铜器铭文，但是商周铜器纹样也随之进入了研究视野。

北宋学者吕大临在其金石学著作《考古图》（约元祐七年，1092年成书）中，引用了李伯时（即李公麟）之言："癸鼎文作龙虎，中有兽面，盖饕餮之象。《吕氏春秋》曰：'周鼎著饕餮，有首无身，食人未咽，害及其身。'"[1]

北宋画家李公麟的职业敏感，导致其对商周铜器的关注重心并非铭文而是纹样，但他接受了战国《吕氏春秋》的错误命名"饕餮纹"，没有接受汉代《龙鱼河图》的错误命名"蚩尤纹"。可能原因有二，一是《吕氏春秋》早于《龙鱼河图》，二是《龙鱼河图》已佚，李公麟未见。

李公麟不仅接受了《吕氏春秋》的错误命名"饕餮"，而且进一步把"饕餮"错误定义为"兽面"，经由吕大临引述而广为传播。此后王黼也在金石学著作《宣和博古图》（约宣和五年，1123年成书）中，沿用了"饕餮纹"[2]。于是错误命名"饕餮纹"北宋以降沿用千年。

现代学者普遍认为"饕餮纹"是错误命名，但又不知正确命名，不得不继续沿用此名。

容庚一方面认为"饕餮之名是后人的附会传说，不足取信"[3]，一方面继续沿用此名。

李济认为"有首无身"的青铜纹样才是"饕餮纹"，有首有身的青铜纹样应该根据《山海经》而改名"肥遗纹"[4]。其实"肥遗纹"是不同于"饕餮纹"的另一类纹样（详见本书第五章），不仅有身，而且"一首两身"，李学勤称为"双身蛇纹"，马承源称为"双体龙纹"，朱凤瀚称为"单首双身

[1] ［宋］吕大临：《考古图》卷一，癸鼎。《考古图·续考古图·考古图释文》，吕大临、赵九成撰，中华书局1987。

[2] ［宋］王黼：《宣和博古图》，上海书店出版社2017。

[3] 容庚、张维持：《殷周青铜器通论》112页，文物出版社1984。

[4] 李济：《殷墟出土青铜礼器之总检讨》，《殷墟青铜器研究》542—543页，上海人民出版社2008。又见于《李济文集》卷四455页，上海人民出版社2006。原刊《中研院历史语言研究所集刊》四十七本四分册，1976年12月。

龙纹"。[1]李济的"肥遗纹"属于张冠李戴，仅有少数学者认为"有一定道理"，多数学者认为"这一命名是失败的"[2]，因此"肥遗纹"未能代替"饕餮纹"。

4. 现代错误命名："兽面纹"

20世纪以前，商周青铜器的主体纹样共有三种错误命名：战国的"饕餮纹"，汉代的"蚩尤纹"，北宋的"饕餮—兽面纹"。但是秦汉以后文字中心主义不断强化，导致学者们对青铜器的关注重心并非纹样而是铭文。直到20世纪20年代，作为商代晚期都城的河南安阳殷墟出土了大量青铜器，青铜纹样研究才渐成显学。

研究青铜纹样的现代学者，普遍不认可战国的错误命名"饕餮纹"，又普遍不了解汉代的错误命名"蚩尤纹"，于是从北宋的错误命名"饕餮—兽面纹"中提取后者，选用了错误命名"兽面纹"。

1941年容庚出版专著《商周彝器通考》，成为现代学者研究青铜纹样的开山之作，已经兼用"饕餮纹"和"兽面纹"，比如"兽面蟠螭纹"等。[3]

1954年陈梦家发表论文《殷代铜器》，宣布用"兽面纹"代替"饕餮纹"："自宋以来所称为'饕餮纹'的，我们称为'兽面纹'。"[4]

1981年李泽厚出版专著《美的历程》，也用"兽面纹"代替"饕餮纹"："饕餮究竟是什么呢？这迄今尚无定论。唯一可以肯定的是，它是兽面纹。"[5]

1984年《商周青铜器纹饰》出版，马承源序文《商周青铜器纹饰综述》

[1] 李学勤：《异形兽面纹卣论析》，《保利藏金》358页，岭南美术出版社1999。马承源：《商周青铜器纹饰综述》，《商周青铜器纹饰》8页，文物出版社1984。朱凤瀚：《中国青铜器综论》581页，上海古籍出版社2009。

[2] 中国社会科学院考古研究所：《殷墟青铜器》50页，文物出版社1985。段勇：《商周青铜器幻想动物纹研究》12页，上海古籍出版社2003。

[3] 容庚：《商周彝器通考》100页、149页，中华书局2011。

[4] 陈梦家：《殷代铜器》，《考古学报》1954年7期。

[5] 李泽厚：《美的历程》36页，文物出版社1981。

也用"兽面纹"代替"饕餮纹"[1]。此书成为青铜纹样研究的权威著作，此后"兽面纹"全面代替了"饕餮纹"。然而"兽面纹"代替"饕餮纹"并非学术进步，而是学术退步，不仅没把青铜纹样研究引入正途，反而进一步误入歧途，所以招致了比"饕餮纹"更为严厉的批评。

其一，"兽面纹"比"饕餮纹"更无文献依据。

"饕餮纹"尽管错误，毕竟出自先秦文献。"兽面纹"不仅错误，而且出自北宋著作。

20世纪50年代孙作云撰写了研究"饕餮纹"的多篇论文，批评北宋金石学家和现代学者把"饕餮"错误定义为"兽面"："饕餮纹虽然表面上像兽头，但其实不是兽头，它兼有为人像、蛇纹的两层性格，不能一概地称为兽纹。"[2]"饕餮形象有时作人面，有时作兽面……整体地说起来，人的成分多于其他的成分。"[3]

1984年日本学者林巳奈夫发表论文《所谓饕餮纹表现的是什么》，批评马承源用"兽面纹"代替"饕餮纹"，认为"兽面纹"这一新名，"会让人联想起与要讨论的图像不相干的东西"。[4]

2014年黄厚明出版专著《商周青铜器纹样的图式与功能：以饕餮纹为中心》，批评学术界普遍采用"兽面纹"代替"饕餮纹"："先入为主地将饕餮纹视为'兽面'……这种做法是不可取的。因为在饕餮纹是不是'兽面'还存有很大疑问的前提下，把现代人的视觉经验诉之于饕餮纹型式分类之中，难免要犯张冠李戴式的错误。"[5]

[1] 上海博物馆青铜器研究组：《商周青铜器纹饰》，序言是马承源《商周青铜器纹饰综述》，文物出版社1984。

[2] 孙作云：《说饕餮——旧作〈饕餮考〉的总结及补遗》(1950—1952年作)，《孙作云文集·第3卷·中国古代神话传说研究》上册343页，河南大学出版社2003。

[3] 孙作云：《饕餮形象与饕餮传说的综合研究》，《孙作云文集·第3卷·中国古代神话传说研究》上册349页，河南大学出版社2003。

[4] [日] 林巳奈夫：《所谓饕餮纹表现的是什么》，日本京都《东方学报》第56册，1984年。

[5] 黄厚明：《商周青铜器纹样的图式与功能：以饕餮纹为中心》54页，方志出版社2014。

其二，"兽面纹"比"饕餮纹"更加违背纹样。

北宋李公麟错误依据《吕氏春秋》，把"有首无身"的"饕餮"错误定义为"兽面"，"兽面"二字已把错误事实"有首无身"内在化，违背了此类纹样有首有身的基本事实。

2017年美国学者艾兰发表论文《商代饕餮纹及相关纹饰的意义》，指出"兽面纹"没能涵盖"饕餮纹"的身躯："许多中国学者也认识到'饕餮'一词的不准确性，建议使用'兽面'来代替。但饕餮纹并不仅只包括面部，它通常还有身躯的部分。"[1]

其三，"兽面纹"比"饕餮纹"更加空泛虚化。

容庚、陈梦家等人仅仅袭用李公麟的错误定义"兽面纹"，未对"兽面纹"另下定义，大概认为字面易解，无须定义。马承源不仅力主用"兽面纹"代替"饕餮纹"，而且对"兽面纹"下了定义："所谓兽面纹，实际上是各种幻想动物的集合体。"[2]这一空泛定义既没有文献依据，也没有天文历法内涵和宗教神话内涵。而且马承源没能回答如下疑问：为什么商周青铜礼器不铸作为祭祀对象的天神、地祇、人祖，却铸并非祭祀对象的幻想动物？

其四，"饕餮纹"属于宗教神话范畴，"兽面纹"不属宗教神话范畴。

"饕餮纹"尽管不具神性，却有与神性对立的魔性，仍是高于人类的存在，尚属宗教神话范畴，错得不太离谱。"兽面纹"又进一步丧失了与神性对立的魔性，降为低于人类的存在，不属宗教神话范畴，错得更加离谱。

综上所言，战国的"饕餮纹"，汉代的"蚩尤纹"，北宋的"饕餮—兽面纹"，现代的"兽面纹"，两千多年来对青铜器主体纹样的四大命名及其阐释，均属错误命名和错误阐释。

---

[1] ［美］艾兰：《商代饕餮纹及相关纹饰的意义》，《甲骨文与殷商史（第七辑）》319页，上海古籍出版社2017。

[2] 马承源：《商周青铜器纹饰综述》，《商周青铜器纹饰》3页，文物出版社1984。

三 "饕餮"神话演变与"饕餮纹"致误原因

想要找到商周青铜器主体纹样的正确命名，必须回到错误命名的第一源头《吕氏春秋》，辨明其致误原因。

《吕氏春秋·先识》所言"饕餮"，源于"饕餮"神话，而先秦"饕餮"神话的演变过程十分曲折。大致而言，第一源头是"炎黄之战"的"尧舜罚四罪"史事。第二源头是"尧舜罚四罪"史事衍生的"四帝御四凶"神话；由于"四凶"之一是"饕餮"，又浓缩为"黄帝御饕餮"神话。第三源头是商周青铜方鼎表达"四帝御四凶"神话或其浓缩版"黄帝御饕餮"神话，于是转化为蕴涵"饕餮"但不表达"饕餮"的"黄帝四面"神话。

1. "饕餮"神话源于"尧舜罚四罪"史事

"饕餮"神话的终极源头，是《尚书·尧典》所言"尧舜罚四罪"史事：

> （尧舜）流共工于幽州，放驩兜于崇山，窜三苗于三危，殛鲧于羽山，四罪而天下咸服。

《尧典》所言"炎黄之战"的"尧舜罚四罪"史事，"四罪"涉及四大罪人和四大方位。

其一，四大罪人。

"共工"是黄河上游的伏羲族祖族，对应的考古学文化是甘肃、青海的大地湾文化—马家窑文化—齐家文化。

"驩兜"是黄河中游的东扩伏羲支族"神农族"，对应的考古学文化是陕西、山西、河南的仰韶文化—龙山文化—陶寺文化。陶寺中期大城被黄帝族伐灭，陶寺后期小城成为尧都（不少学者误以陶寺中期大城为尧都）。

"三苗"即黄河下游的农耕三族之苗裔，对应的考古学文化是神农族的龙山文化、东夷族的大汶口文化、南蛮族的良渚文化和石家河文化。"三苗"分支众多，又称"九黎"。"三苗九黎"的共同首领，是神农族的末代"炎帝"榆罔，反抗失败以后，被黄帝族恶谥为"蚩尤"（详见皇甫谧《帝王世纪》和罗泌《路史》）。"伐三苗"始于尧（以山西陶寺后期小城为都），继于舜（死于"三苗"南撤之地湖北苍梧），终于禹（在良渚文化之地浙江会稽大会诸侯，杀其首领"防风氏"）。

"夏鲧"是大禹之父，是黄帝族东西两支权力斗争的失败者。其子大禹则是黄帝族东西两支权力斗争的胜利者，因此大禹之子夏后启建立了黄帝族第一王朝夏朝。

其二，四大方位。

流放"共工"的"幽州"，位于华夏北方。流放"驩兜"的"崇山"，位于华夏南方。流放"三苗"的"三危"，位于华夏西方。诛杀"夏鲧"的"羽山"，位于华夏东方。证见《大戴礼记·五帝德》："流共工于幽州，以变北狄；放驩兜于崇山，以变南蛮；杀三苗于三危，以变西戎；殛鲧于羽山，以变东夷。"故曰"四罪而天下咸服"，亦即"炎黄之战"以黄帝族征服农耕三族，伐灭农耕三族相关文化，建立夏朝而告终。

这是"饕餮"神话产生的历史背景，但是"饕餮"神话尚未产生。

2. "尧舜罚四罪"史事衍生"黄帝御饕餮（蚩尤）"神话

《尚书·尧典》所言"尧舜罚四罪"史事，衍生出《左传》所言"四帝御四凶"神话，"四凶"之一即为"饕餮"。

《左传》文公十八年（前609年），鲁国史官太史克曰：

> 昔帝鸿氏有不才子，掩义隐贼，好行凶德；丑类恶物。顽嚚不友，是与比周，天下之民谓之浑敦。少皞氏有不才子，毁信废忠，崇饰恶言；靖谮庸回，服谗搜慝，以诬盛德，天下之民谓之穷奇。颛顼氏有不才子，不可教训，不知话言；告之则顽，舍之则嚚，傲很明德，以乱天常，天下之民谓之梼杌。此三族也，世

济其凶，增其恶名，以至于尧，尧不能去。缙云氏有不才子，贪于饮食，冒于货贿，侵欲崇侈，不可盈厌，聚敛积实，不知纪极，不分孤寡，不恤穷匮，天下之民以比三凶，谓之**饕餮**。舜臣尧，宾于四门，流四凶族，浑敦、穷奇、梼杌、饕餮，投诸四裔，以御**魑魅**。

《左传》此节，先言"四帝"帝鸿氏、少皞氏、颛顼氏、缙云氏，再言"四凶"浑敦、穷奇、梼杌、饕餮。最后一句"（四帝）以御魑魅"，是"（四帝）以御魑魅魍魉"的略语，"魑魅魍魉"是对"四凶"的合称："四凶"分言即浑敦、穷奇、梼杌、饕餮，"四凶"合言即魑魅魍魉。所以"（四帝）以御魑魅"的完整表述是"四帝以御魑魅魍魉"，等价于"四帝以御四凶"。

杨伯峻等学者认为，《尚书》"尧舜罚四罪"史事是《左传》"四帝御四凶"神话的源头，所以《尚书》"四罪人"是《左传》"四凶兽"的原型："共工"神话化即"穷奇"，"驩兜"神话化即"浑敦"，"三苗"神话化即"梼杌"（所以楚国史书即名《梼杌》），"夏鲧"神话化即"饕餮"。[1]

杨伯峻等把《左传》"四凶兽"神话叙事，对位于《尚书》"四罪人"历史叙事，堪称卓见。不过前三凶对位的三罪人无误，最后一凶"饕餮"对位的罪人有误。因为《尚书》的"四罪人"历史叙事较早，尚未"为贤者讳"。《左传》的"四凶兽"神话叙事较晚，已经"为贤者讳"。后者对前者的加工痕迹非常明显，也非常不合理。

《左传》先言前三凶，并予总括："此三族也，世济其凶，增其恶名，以至于尧，尧不能去。"最后再言"饕餮"，强调其"比三凶"。但是"饕餮"的贪虐恶行与"夏鲧"的治河失败无关，证明"饕餮"对应的罪人并非大禹之父"夏鲧"，而是反抗"黄帝"的"三苗"首领"蚩尤"。然而前三凶"穷奇（＝共工）、浑敦（＝驩兜）、梼杌（＝三苗）"已经隐含"三苗"，为什么又叠床架屋地新增"三苗"首领"蚩尤（＝饕餮）"？因为必须用反抗黄帝族的伏羲族元凶"蚩尤"换掉黄帝族罪臣"夏鲧"，并以象征贪虐凶人"蚩

[1]　杨伯峻：《春秋左传注》638—641页，中华书局1981。

尤"的贪虐凶兽"饕餮"作为"比三凶"的"四凶"总象征，无暇顾及加工调整的不合理。

《左传》经过"为贤者讳"的加工调整，"四帝"均为黄帝族，可用"仁义"的善神"黄帝"作为总象征，"四凶"均为农耕族，可用"贪虐"的恶神"饕餮（蚩尤）"作为总象征，于是"四帝御四凶"神话浓缩为"黄帝御饕餮（蚩尤）"神话。

3."黄帝御饕餮（蚩尤）"神话转化为"黄帝四面"神话

源于"炎黄之战"史事的"四帝御四凶"神话，及其浓缩版"黄帝御饕餮（蚩尤）"神话，夏代可能已经产生。但是夏代青铜技术简陋，只能铸造三足圆鼎，鼎象不能表达这一神话。商周青铜技术进步，已能铸造四足方鼎，鼎象可以表达这一神话。

湖南宁乡出土的商代晚期大禾人面方鼎（图01-10.1），河南安阳出土

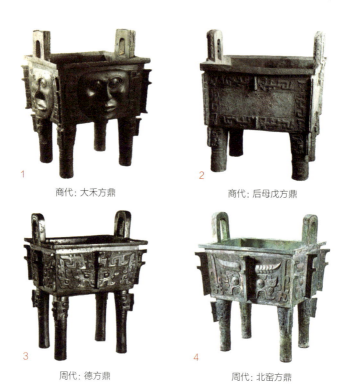

1　商代：大禾方鼎

2　商代：后母戊方鼎

3　周代：德方鼎

4　周代：北窑方鼎

图01-10　商周方鼎表达"黄帝四面"神话

的商代晚期后母戊方鼎（曾称司母戊方鼎）（图01-10.2），上博藏西周早期德方鼎（图01-10.3），洛阳北窑出土的西周早期方鼎（图01-10.4），以及一切商周方鼎的鼎象，正是表达"四帝御四凶"神话，亦即其浓缩版"黄帝御饕餮（蚩尤）"神话。但是作为祭祀礼器的商周方鼎，鼎象只能出现祭祀对象"黄帝"，不能出现非祭祀对象"饕餮（蚩尤）"，于是商周方鼎的鼎象把"黄帝御饕餮（蚩尤）"神话转化为"黄帝四面"神话。

文献证据，至少有三。

其一，见于战国晚期鲁人尸佼所著《尸子》：

> 子贡曰："古者黄帝四面，信乎？"
> 孔子曰："黄帝取合己者四人，使治四方，不计而耦，不约而成，此之谓四面。"（《太平御览》卷七九引）

孔子"不语怪力乱神"，所以把"黄帝四面"神话予以人文化、历史化。其实"黄帝四面"是指商周方鼎四面的"黄帝"，亦即"四帝御四凶"神话之"四帝"，"黄帝御饕餮（蚩尤）"神话之"黄帝"。

其二，见于战国晚期的《吕氏春秋·本味》：

> 黄帝立四面，尧舜得伯阳、续耳，然后成。

所言"黄帝立四面"，即"黄帝"立于方鼎四面。这是用"黄帝四面"神话，直接阐释商周方鼎的四面纹样。

《吕氏春秋》的不同章节，由吕不韦的不同门客各据所闻分别撰写。某甲撰写的《吕氏春秋·本味》，把鼎象准确描述为"黄帝立四面"，后世多未重视。某乙撰写的《吕氏春秋·先识》，把鼎象错误描述为"饕餮（立四面）"，误导后世两千年。

其三，见于战国帛书《十大经·立命》（马王堆汉墓出土）：

> 昔者黄宗质始好信，作自为象，方四面，傅一心，四达自

中，前参后参，左参右参，践立履参，是以能为天下宗。[1]

所言"黄宗作自为象，方四面"，也是用"黄帝四面"神话，直接阐释商周方鼎的四面纹样。"黄宗"即黄帝，因为"黄帝"并非实有的历史人物，而是黄帝族神话的宗神，所以战国帛书《十大经·立命》称为"黄宗"，商代易书《归藏》、汉代纬书《河图握矩纪》称为"黄神"。[2]

至此可明，商周方鼎的鼎象是表达"四帝御四凶"神话，亦即表达"黄帝御饕餮"神话，但是作为祭祀礼器的商周方鼎，只能出现作为祭祀对象的善神"黄帝"，不能出现并非祭祀对象的恶神"饕餮"，于是产生了阐释方鼎鼎象的"黄帝四面"神话。

由于阐释方鼎鼎象的"黄帝四面"神话，源于"四帝御四凶"神话、"黄帝御饕餮"神话，所以鼎象尽管没有"饕餮"，但是鼎象指涉的神话背景仍然蕴涵"饕餮"，于是春秋战国的礼崩乐坏，导致民间传说把鼎象所铸"黄帝"的"庄严肃穆"表情，误读为"贪虐凶暴"表情，误视鼎象为贪虐凶兽"饕餮"。于是战国晚期民间著作《吕氏春秋》的撰者之一，错误表述为"周鼎著饕餮"，误导了北宋李公麟、吕大临、王黼和大量现代学者。汉代纬书《龙鱼河图》和南宋罗泌《路史》，又沿着《吕氏春秋》的错误方向，把"饕餮"还原为"蚩尤"，错误表述为"三代彝器多著蚩尤之像"，误导了孙作云、张光直等少数现代学者。

综上所述，商周方鼎表达的是"黄帝御饕餮（蚩尤）"神话，但是祭祀礼器只能出现作为祭祀对象的善神"黄帝"，不能出现并非祭祀对象的恶神"饕餮（蚩尤）"，所以主体纹样是善神"黄帝（上帝）"，而非恶神"饕餮（蚩尤）"。其他一切商周青铜礼器的主体纹样，同样是善神"黄帝（上帝）"，而非恶神"饕餮（蚩尤）"，无一例外。

---

[1] 裘锡圭主编：《长沙马王堆汉墓简帛集成》，中华书局2014。

[2] 马国翰辑《归藏·郑母经》十一（《太平御览》七九引）："黄神与炎神争斗涿鹿之野。"严可均辑《归藏·郑母经》（《路史》之《前纪三》、《后纪四》注引）："黄神与炎帝战于涿鹿。"1993年湖北荆州王家台出土《归藏·同人》："黄啻与炎啻战于涿鹿之野。"汉代纬书《河图握矩纪》："黄帝名轩［辕］，北斗黄神之精。"

四 夏商周"铸鼎象物"的官方命名：上帝鬼神

越来越多的现代学者认为，根据《左传》宣公三年王孙满之言，商周青铜礼器主体纹样的官方命名并非"食人未咽，害及其身"的"饕餮"，而是"协于上下，以承天休"的"上帝鬼神"。

1. 东周对"铸鼎象物"的官方命名：上帝鬼神

商周青铜礼器用于宗教祭祀典礼，而商周宗教的祭祀对象是上帝鬼神，所以《史记·封禅书》说："禹收九牧之金，铸九鼎，皆尝亨鬺上帝鬼神。遭圣则兴，鼎迁于夏商。"

封禅是华夏宗教祭祀天帝的最高仪式，所以司马迁在《封禅书》中，用"禹铸九鼎"和"九鼎迁于夏商周"传说，言简意赅地点明了青铜礼器的祭祀对象是"上帝鬼神"。

《史记·封禅书》尽管不是商周王官之书，但以商周王官之书为据，只是司马迁所据商周王官之书汉后基本亡佚。而《左传》宣公三年的记载足以证明《史记·封禅书》所言不误，不仅提到了《史记·封禅书》所言的"禹铸九鼎"和"九鼎迁于夏商周"，而且提到了《史记·封禅书》未言的"铸鼎象物"，亦即东周官方对商周青铜礼器主体纹样的官方命名和官方阐释。

首先交待一下此事的背景：西周（前1046—前771）灭亡，进入东周（前770—前256），周室衰落。春秋早期，楚武王（前740—前690在位）率先叛周称王。春秋中期的楚庄王（前613—前591在位），于鲁宣公三年（前606，即周定王元年、楚庄王八年），领兵征伐陆浑戎，凯旋之时路过东周王都河南洛邑，向刚刚即位的周定王炫耀武力。周定王不得已派遣大夫王孙满作为官方使者劳军。这段关于商周青铜礼器主体纹样的官方问答，足以证明民间著述《吕氏春秋》的"饕餮"是错误命名。

楚庄王毫不掩饰代周为王的野心，于是向王孙满询问周室所藏夏传商、商传周的禹铸九鼎之轻重，成为重要典故"问鼎中原"的出处。

王孙满代表东周官方答曰：

> 在德不在鼎。
>
> 昔夏之方有德也，远方图物，贡金九牧，铸鼎象物，百物而为之备，使民知神奸。故民入川泽山林，不逢不若；魑魅魍魉，莫能逢之。用能协于上下，以承天休。
>
> 桀有昏德，鼎迁于商，载祀六百。商纣暴虐，鼎迁于周。德之休明，虽小，重也；其奸回昏乱，虽大，轻也。天祚明德，有所厎止。成王定鼎于郏鄏，卜世三十，卜年七百，天所命也。周德虽衰，天命未改。鼎之轻重，未可问也。（《左传》宣公三年）

王孙满批评了楚庄王问鼎中原、代周为王的野心，其言分为三节。

第一节，只有一句"在德不在鼎"，提出论点。

第三节，讲述禹铸九鼎，夏德衰而迁商，商德衰而迁周，提出史证，即《史记·封禅书》所言"鼎迁于夏商周"。

第二节，是对夏商周"铸鼎象物"的官方阐释。"铸鼎象物"专指青铜礼器的主体纹样，亦即杜预所注："象所图物，著之于鼎。"参看《楚辞·天问》王逸序："屈原放逐，彷徨山泽，见楚有先王之庙，及公卿祠堂，图画天地山川神灵，琦玮僪佹，及古贤圣怪物行事。"

"铸鼎象物"的目的，是"使民知神奸"。"神/奸"并提，一如"上帝/魔鬼"并提，但是一切中外正教仅祭上帝，不祭魔鬼，因此用于祭祀的青铜礼器所象之物只可能是"神"（上帝鬼神），不可能是"奸"（饕餮），亦即下文所言"魑魅魍魉"。假如青铜礼器所象之物是"魑魅魍魉"（饕餮），就与"魑魅魍魉，莫能逢之"抵牾。唯有青铜礼器所象之物是"上帝鬼神"，而非"魑魅魍魉"（饕餮），才能"协于上下，以承天休"。

顺便一说，《左传》宣公三年王孙满所言"魑魅魍魉，莫能逢之"，证实了《左传》文公十八年太史克所言"（四帝）以御魑魅"，"魑魅"正是"魑魅魍魉"的略语。

尽管《左传》《史记》所言"禹铸九鼎"和"九鼎迁于夏商周"并非信史，仅是夏商周"神道设教"的官方说教，但是蕴涵了两项真实信息：

其一，夏商周青铜礼器的唯一功能，是祭祀"上帝鬼神"，而非祭祀"饕餮"或"蚩尤"。

其二，夏商周铸鼎所象之物，是其祭祀的"上帝鬼神"，而非不祭祀的"饕餮"或"蚩尤"。

以上两项真实信息，正是商周甲骨卜辞"贞"字即"鼎"字的谜底。因为必须先用铜鼎祭祀鼎象所铸的"上帝鬼神"，再用甲骨卜问鼎象所铸的"上帝鬼神"，所以鼎象所铸的只可能是作为祭祀对象、卜问对象的"上帝鬼神"，不可能是并非祭祀对象、并非卜问对象的"饕餮"或"蚩尤"。

王孙满所言"铸鼎象物，百物而为之备"，"百物"是"百物之神"的略语，证见《周礼·地官司徒》："凡祭祀百物之神，鼓兵舞、帗舞者。""百物之神"，又作"上帝百神"，证见西周㝬钟铭文："唯皇上帝百神，保余小子。"[1]

为什么王孙满仅言"百物"，不言"百物之神"或"上帝百神"？或有两种可能。

第一种可能，由于商人崇鬼神，周人崇人文，所以周人王孙满只愿略言"百物"，不愿明言"百物之神"或"上帝百神"。

第二种可能，王孙满所言原本正是"铸鼎象物，百物之神而为之备"，但是《左传》遵循孔子"不语怪力乱神"的教导，把王孙满所言"百物之神"简化为"百物"。

1987年俞伟超发表论文《先秦两汉美术考古材料中所见世界观的变化》，准确解释了王孙满所言"百物"即"百神"：

　　这里所谓的"物"，指鬼神而言。王孙满当然知道三代铜器图案的含义。全文之义当为：供奉了"百物"，便能抵御鬼怪侵扰，使得"魑魅魍魉，莫能逢之"。夏鼎上的图像既然是驱散"魑

[1]　陈梦家：《殷虚卜辞综述》第十七章《宗教》579页，中华书局1988。

魅魍魉”的诸神，三代铜器上习见的神化动物形象，当然就是种种神灵的象征。[1]

1996年俞伟超又发表论文《楚文化中的神与人》，更为深入地解读了王孙满之言：

> 就夏商周而言，最具文化特点的是大量青铜礼器。这主要是沟通神灵与人世的祭祀用物，上面铸出的种种图案，应该主要是崇拜的神灵。《春秋》宣公三年所载王孙满的一段话，说明了这一点。……转译成今天的话，就是："从前夏代施行德政，远方之地皆献上各地所信仰的神灵的图像，九州之地并进贡铜料，用来铸造上有各种鬼神形态的大鼎。"王孙满是春秋时的周大夫，非常熟悉使用各种青铜礼器进行祭祀活动的礼仪，当然了解三代铜器上各种图案的涵义。……既然夏鼎上的"百物"图像是可以驱赶鬼怪的神灵，商周青铜器上习见的神化动物形象，当然也就是各种神灵的象征。[2]

俞伟超对王孙满之言的正确解读，使他成了把"饕餮纹"正名为"天帝纹"的主将。

2.孔子对"铸鼎象物"的正确阐释：鼎象鬼神

孔子尽管不语"怪力乱神"，但也认为铸鼎所象之物是上帝鬼神。其证有三。

其一，《礼记·仲尼燕居》所记孔子之言："量鼎得其象，鬼神得其飨。"概括言之，即为"鼎象鬼神"。

---

[1] 俞伟超：《先秦两汉美术考古材料中所见世界观的变化》，《古史的考古学探索》52页，文物出版社2002。

[2] 俞伟超：《楚文化中的神与人》，《古史的考古学探索》158页，文物出版社2002。

其二，《论语·八佾》所记孔子之言："祭神，如神在。""神"不可见，"在"于何处？远"在"天边，近"在"眼前，正是鼎象。

其三，《大戴礼记·五帝德》所引孔子之言，不仅涉及了祭祀要义，而且涉及了鼎象表达的"天帝乘龙巡天"神话：

> 孔子曰：颛顼，黄帝之孙，昌意之子也，曰高阳。洪渊以有谋，疏通而知事，养财以任地，履时以象天，依鬼神以制义，治气以教民，洁诚以祭祀，乘龙而至四海，北至于幽陵，南至于交趾，西济于流沙，东至于蟠木，动静之物，大小之神，日月所照，莫不砥砺。

孔言"履时以象天，依鬼神以制义"，前句揭示了青铜礼器的主体纹样源于天文，后句揭示了青铜礼器的上帝鬼神源于天文。

孔言"洁诚以祭祀，乘龙而至四海"，前句揭示了青铜礼器的上帝鬼神用于祭祀，后句揭示了青铜礼器的主体纹样是"天帝乘龙巡天图"。

东汉王充《论衡·乱龙篇》也认为，铸鼎所象之物是上帝鬼神："禹铸金鼎象百物，以入山林，亦辟凶殃。论者以为非实，然而上古久远，周鼎之神，不可无也。"

综上所言，夏商周的国家祭祀，与古今中外一切正教一样，只祭"神"（上帝），不祭"奸"（饕餮），所以鼎象只有"神"（上帝），没有"奸"（饕餮）。假如鼎祭为"神"（上帝），鼎象为"奸"（饕餮），就会构成致命矛盾，无法实现敬神祈福的愿望，只会带来渎神招祸的恶果。

五 "饕餮纹"正名为"天帝纹"的艰难历程

尽管错误命名"饕餮纹"已经盛行两千年，但是仍有很多现代学者不被《吕氏春秋》误导，长期致力于把"饕餮纹"正名为"天帝纹"。早期的正名仅限于理论探索，近期的正名又得到了实证支持。

1."饕餮纹"正名为"天帝纹"的理论探索

致力于把"饕餮纹"或"兽面纹"正名为"天帝纹"的中外学者很多，难以尽举，仅举若干较重要者。

1981年张光直发表论文《商周青铜器上的动物纹样》，一方面接受南宋罗泌、今人孙作云的观点，认为"饕餮纹"即"蚩尤纹"；另一方面却认为"饕餮纹在商代青铜器中传达的意义是'上帝'，其形象就是战神蚩尤"，"黄帝乃是'上帝'"[1]。然而"黄帝"与"蚩尤"是不共戴天的异族仇敌，夏商周黄帝族不可能用"饕餮纹"同时象征本族善神"黄帝（上帝）"和异族恶神"蚩尤（饕餮）"。

1984年马承源发表论文《商周青铜器纹饰综述》，尽管错误提倡以"兽面纹"代替"饕餮纹"，但是正确解读了《左传》王孙满之言，认为商周铜器纹样是"以上帝为中心"的"天神地祇"。其言曰：

> 商代青铜器上装饰种种自然神的形象，其作用可以从《左传》宣公三年王孙满对楚庄王问九鼎的答复中见其仿佛。……虽然所讲的是夏的九鼎，但商代青铜器纹饰"铸鼎象物"这一点上却与之非常相似。……商代青铜器上各种复杂的自然神形象，当然也是鬼神大显身手之形，舍此不可能有别的解释。
>
> 以上帝为中心的天命论对于这种情形的产生有深刻影响。如果说，我们在甲骨卜辞中看到的是无休无止的卜问上帝鬼神和先公先王所降的休咎，则青铜器纹饰所体现的天神地祇的形象，也是同一思想范畴的产物。[2]

1984年日本学者林巳奈夫发表论文《所谓饕餮纹表现的是什么》，除

---

[1] 张光直：《商周青铜器上的动物纹样》，《考古与文物》1981年2期。张光直：《中国青铜时代》254页，生活·读书·新知三联书店1983。

[2] 上海博物馆青铜器研究组：《商周青铜器纹饰》31—32页，文物出版社1984。

了批评马承源用"兽面纹"代替"饕餮纹",又提出"饕餮纹"就是甲骨文中"帝"的形象[1],但是论证尚不充分。

1987年俞伟超发表论文《先秦两汉美术考古材料中所见世界观的变化》,不同意马承源的"天神地祇"说,认为饕餮纹是"祖神"。其言曰:

> 商代或商时期铜器中的某些神化动物图像,放在当时的信仰环境中来考虑,至少有的是在表现铜器主人的祖神。即使有一些并非象征祖神,亦应是崇拜的鬼神。[2]

马承源、俞伟超各言部分真实,天神、地祇、祖神正是华夏宗教的三大崇拜,也是"饕餮纹"的三大分类(详见本书上编)。

1991年李学勤发表论文《良渚文化玉器与饕餮纹的演变》,又在马承源、俞伟超的正确方向上,探索商周"饕餮纹"的上古源头,认为上古至商周的"饕餮纹"都是与宗教信仰和神话传说有关的宗教神话形象。其言曰:

> 商代继承了史前时期的饕餮纹,这不仅是沿用了一种艺术传统,而且是传承了信仰和神话。[3]

1989年苏联学者列·谢·瓦西里耶夫出版专著《中国文明的起源问题》,综合了中国学者的合理探索,点破"饕餮纹就是至尊神上帝的画像"。其言曰:

> 对于饕餮之谜,中国艺术史和宗教史的专家们作过多年讨论,但不知为什么谁也没有按逻辑推想到底,因而没有把饕餮同

---

[1] 〔日〕林巳奈夫:《所谓饕餮纹表现的是什么》,日本京都《东方学报》第56册,1984年。

[2] 俞伟超:《古史的考古学探索》51页,文物出版社2002。

[3] 李学勤:《良渚文化玉器与饕餮纹的演变》,《东南文化》1991年5期。收入李学勤:《走出疑古时代》95页,辽宁大学出版社1994。

殷人的至尊神上帝（帝）相比。然而，许多考虑却有力地说明，饕餮纹恰恰是这个神（殷人视为传说中的始祖）的画像。……如果注意到这一点，那么解决饕餮纹的意义问题就是揭示殷代浮雕装饰的母题和象征符号这整个复杂世界的钥匙。而如果同意饕餮纹就是上帝的画像这一论据，许多事情就有头绪了。[1]

但是瓦氏不熟悉先秦文献和先秦图像，未能充分论证其卓越直觉。

2003年段勇出版专著《商周青铜器幻想动物纹研究》，一方面采纳马承源的"兽面纹"，另一方面采纳林巳奈夫的观点，认为"饕餮纹"属于神祇，"终极象征应该是'帝（上帝）'"。其言曰：

> 兽面纹昂首怒目，张牙舞爪，坚角竖耳，伸体展翅，雄踞于青铜礼器上，在其他各类纹饰衬托下，显出唯我独尊的气势。当人们在祭祀仪式上面对礼器祭告祖先、神祇时，直接承受人们膜拜的，正是这些青铜礼器、器上以兽面纹为主体的百物纹饰及器内的祭牲。
>
> 在隆重威严的商周祭祀仪式中，最主要的祭祀对象当然不是牛、羊、豕等祭牲，而是祖先和神祇。因此兽面纹的终极象征也应是"帝（上帝）"。[2]

2009年杭春晓出版专著《商周青铜器之饕餮纹研究》，采纳俞伟超的观点，认为"饕餮纹不是饕餮"，而是帝神、祖神。其言曰：

> 在商人的神灵世界中，帝神与祖神都是源于生殖崇拜的神祇，其中帝神由生殖崇拜演化为观念中抽象的至上神，它在商人眼中更多的只是概念上的意义；而同源于生殖崇拜的祖神则演化为商人生活中一种直接的、可以形状的神祇，并因为它在血缘

[1] ［苏］列·谢·瓦西里耶夫：《中国文明的起源问题》325页，文物出版社1989。
[2] 段勇：《商周青铜器幻想动物纹研究》153—155页，上海古籍出版社2003。

上的亲近感，对殷人便显得更为重要、更为具体可感，从而成为巫术祭祀的主要对象，但这并不是说殷人抛弃了帝神。实际上帝神与祖神的关系相对于商人既是二元对立的，又是一元统一的。……比如饕餮纹作为祖神存在于祭器之上，当其众多的形象变异发生分裂而影响到其神性的发挥时，帝神的统一概念则无疑会起到一种同化的作用，从而保证其文化功能得以顺利的实行。[1]

2014年黄厚明出版专著《商周青铜器纹样的图式与功能：以饕餮纹为中心》，吸收诸家观点，认为"饕餮纹"兼容了帝神（天神）、自然神（地祇）、祖神。其言曰：

> 对于殷商王朝统治阶级来说，青铜器作为世俗权力象征物，其功能的实现是通过宗教神权活动而加以推行的。从商代卜辞可知，殷人信仰体系已经形成一个相对有序的神的谱系。他们祭祀的神谱除了祖神之外，还有帝神和各种自然神。[2]

2017年美国学者艾兰发表论文《商代饕餮纹及相关纹饰的意义》，也认为"饕餮纹"与信仰体系、祭祀仪式有关。其言曰：

> 理解饕餮纹的意义，需要了解饕餮纹发挥功能的信仰体系。……青铜器和其他礼器正是在这些祭祀仪式中发挥功能。[3]

综上所言，中外学者已经无限接近"饕餮纹"的真实内涵，距离"饕餮纹"正名为"天帝纹"仅有一步之遥。不足之处，大致有三。

---

[1] 杭春晓：《商周青铜器之饕餮纹研究》123—124页，文化艺术出版社2009。
[2] 黄厚明：《商周青铜器纹样的图式与功能：以饕餮纹为中心》38页，方志出版社2014。
[3] ［美］艾兰：《商代饕餮纹及相关纹饰的意义》，《甲骨文与殷商史（第七辑）》320、322页，上海古籍出版社2017。

其一，每人仅言某一方面，均不全面。

其二，局限于文献阐释和学理推测，无法落实到铜器纹样。

其三，难以解释"凶恶狞厉"的"饕餮纹"为什么是"天帝"，所以信心不足，下语游移，因此这些正名努力未能得到广泛认同和普遍采纳，错误命名"饕餮纹"或"兽面纹"依然盛行。

2."饕餮纹"正名为"天帝纹"的最强实证

"饕餮纹"的"凶恶狞厉"，是正名为"天帝纹"的重大心理障碍，所以中外学者只能把"饕餮纹"含糊正名为天神、地祇、祖神，无法一步到位地正名为"天帝纹"。

这一重大心理障碍，又与1981年李泽厚在《美的历程》中对"饕餮纹"的负面描述有关：

> （饕餮纹）实际是原始祭祀礼仪的符号标记。这符号在幻想中含有巨大的原始力量，从而是神秘、恐怖、威吓的象征，它可能就是上述巫、尹、史们的幻想杰作。所以，各式各样的饕餮纹样及以它为主体的整个青铜器其他纹饰和造型，特征都在突出这种指向一种无限深渊的原始力量，突出在这种神秘威吓面前的畏怖、恐惧、残酷和凶狠。……它们完全是变形了的、风格化了的、幻想的、可怖的动物形象。它们呈现给你的感受是一种神秘的威力和狞厉的美。
>
> 《吕氏春秋·先识览》说："周鼎著饕餮，有首无身，食人未咽，害及其身。"神话失传，意已难解。但"吃人"这一基本含义，却是完全符合凶怪恐怖的饕餮形象的。[1]

李泽厚也被《吕氏春秋》误导，认为"饕餮纹"狞厉、凶狠、恐怖、残酷，这些负面描述加剧了学者们把"饕餮纹"正名为"天帝纹"的心理障碍。直到一件特殊青铜器的出现，才消除了部分学者的心理障碍。

---

[1]　李泽厚：《美的历程》36—38页，文物出版社1981。

保利藏西周神面纹卣

纽约私家藏西周神面纹簋

国博藏西周利簋

图 01-11　一切"饕餮纹"、"兽面纹"都是神面纹

　　20世纪90年代后期，保利博物馆在香港收购了一件西周铜卣（图01-11.1），邀请相关学者鉴定。马承源、李学勤、俞伟超撰写的鉴定专文，成为"饕餮纹"正名为"天帝纹"的里程碑。

　　马承源的鉴定专文《关于神面纹卣》，放弃了自己长期提倡的"兽面纹"，改称"神面纹"。其言曰：

　　　　主题纹样器和盖一致，为近似人面形的神。
　　　神面纹的双目则似人目，上下眼睑裹住眼球，和兽面纹通常表现为整体突出的形状很不相同，改变了兽面纹的狰狞情态，显得有些祥和。鼻宽而有翼，器体纹样的上唇并刻有两条短道以示人中，盖上的纹样上也刻有一道人中。动物的上唇自鼻端作人字分开，没有直条的人中。……虽然纹样的口中仍是呲牙咧嘴，但设计师的意图要将人的形貌与神的威力结合起来，并且凸显人的象征，则是比较清楚的。

商和西周青铜器上的兽面纹，大都是神的图像。它们所配置的各种物象，是上古神话中诸神所特有的征记。人们畏惧自然力而想象出来的各种神像，都是威猛的兽形或半兽半人的物像。具有部分人形的神，使世俗的人看了多少具有亲和感。神面纹卣的装饰，就是人创造神过程中某种愿望的反映，因而是古神话难得的实物例证。

保利艺术博物馆能够得到这件罕见的神面纹卣，真是一大奇迹。[1]

马承源又特别指出保利神面纹卣并非孤证，他在纽约见过一件西周青铜簋（图01–11.2），也有类似的"神面纹"。可惜马承源仅仅承认保利卣、纽约簋的纹样是"神面纹"，没有承认"兽面纹"是错误命名。同时为了照顾自己长期提倡的"兽面纹"，又有所保留地说"兽面纹大都是神的图像"，不愿说"兽面纹全部是神的图像"。其实只要对比一下其他商周青铜礼器的"饕餮纹"（图01–11.3），就能明白一切"饕餮纹"、"兽面纹"都是神面纹。

李学勤的鉴定专文《异形兽面纹卣论析》，称为"异形兽面纹"。其言曰：

这里所讨论的是一件极为瑰丽珍奇的西周早期青铜卣。……兽面纹形态新异，十分罕见，拟称之为异形兽面纹卣。

兽面的宽阔大鼻，极似人鼻，端下还做出鼻孔和唇上的人中（用两条纵沟表示）。这种鼻形可参看湖南宁乡发现的大禾人面方鼎。两相比照，还不难看到，卣上兽面的C字形双耳，其实也是人耳。[2]

李学勤用"人鼻"、"人中"、"人面"、"人耳"，含蓄否定了"兽面纹"，可惜仅仅修正为"异形兽面纹"，没有提出"人面纹"或"神面纹"。

俞伟超的鉴定专文《"神面卣"上的人格化"天帝"图像》，除了采纳

[1] 马承源：《关于神面纹卣》，《保利藏金》355—356页，岭南美术出版社1999。
[2] 李学勤：《异形兽面纹卣论析》，《保利藏金》358—359页，岭南美术出版社1999。

马承源的"神面纹",又一步到位地把"神面纹"正名为"人格化天帝",认为一切商周青铜器的"饕餮纹"或"兽面纹"都是"神面纹"即"人格化天帝"。其言曰:

> 保利艺术博物馆最近从香港收购一件西周早期的青铜"神面卣",器盖和器腹铸有和蔼喜人的"神面"图像,一反商周青铜器上习见那种兽面纹的神秘、严肃甚至狰狞的面目。此卣刚在北京露面,青铜专家立刻叹为前所未见。在成千上万的商周青铜器中,给人如此可爱的感觉,还是第一次出现。
>
> 十年以前,我曾提出商周铜器上的各种动物形图像是神祇。现在,持有相似看法的人愈来愈多,以至于当这件铜卣刚到北京后,就被人定名为"神面卣",并得到很多人的赞同。这个纹饰所以会迅速被认作神面,相当重要的原因就是它酷似人面。
>
> 这个神面(即人面纹)本来就是通常所谓的兽面纹(即饕餮纹)。由此得到的启示是,如果这种人面纹很容易被当作神面纹来看待,那种兽面纹(即饕餮纹)不是也应该看作是神面纹吗?
>
> 这件神面卣不仅因其动人心魄的超凡艺术性而成为商周青铜器中的罕见杰作,而且还解开了兽面——饕餮纹之谜。[1]

马承源、俞伟超改称"神面纹",李学勤改称"异形兽面纹",共同原因有二。

一是普通"饕餮纹""凶恶狰厉",符合现代人对恶神"魔鬼"的主观想象;而保利神面纹一反"凶恶狰厉","有些祥和"(马承源),"和蔼喜人"(俞伟超),符合现代人对善神"上帝"的主观想象。

二是普通"饕餮纹"均有兽面特征,不符合现代人主观想象的"人格

---

[1] 俞伟超:《"神面卣"上的人格化"天帝"图像》,《保利藏金》349—352页,岭南美术出版社1999。收入俞伟超:《古史的考古学探索》144—150页,文物出版社2002。另见中国历史博物馆馆刊《古代文明研究通讯》第4辑。

神"；而保利神面纹"凸显人的象征"（马承源），"酷似人面"（俞伟超），具有"人鼻"、"人耳"、"人中"等"人面"特征（李学勤），符合现代人对"人格神"的主观想象。

然而现代人的以上两种主观想象，均不符合古代宗教神话的史实。

首先，认为古代宗教神话的善神"上帝"应该"和蔼喜人"，古代宗教神话的恶神"魔鬼"应该"凶恶狞厉"，仅是现代人的主观想象，不符合人类宗教神话的普遍史实。古埃及、古印度、古希腊宗教神话的上帝造型，大多"庄重威严"，极少"和蔼喜人"，古中国也不例外。因为只有"庄重威严"的天帝，才能主宰天地万物，才能抵御"魑魅魍魉"，包括抵御"饕餮"或"蚩尤"。因此把商周铜器所铸上帝鬼神的"庄重威严"错误解读为"凶恶狞厉"，是错误命名"饕餮纹"导致的错误阐释。

其次，认为古代宗教神话的"人格神"应该具有人形，"魔鬼"才可以具有兽形，也是现代人的主观想象，也不符合人类宗教神话的普遍史实。古埃及、古印度、古希腊宗教神话的"人格神"大多具有兽形、兽首、兽面，古中国也不例外。因此把商周铜器所铸上帝鬼神的兽形、兽首、兽面错误解读为"幻想动物"，是错误命名"兽面纹"导致的错误推论。

无论"饕餮纹"的表情被现代人解读为"凶恶狞厉"还是"和蔼喜人"，无论"兽面纹"的特征被现代人解读为"幻想动物"还是"人面特征"，都不影响其为华夏宗教神话的"人格神"。商周青铜礼器的一切"饕餮纹—兽面纹"，无一例外都是"天帝纹"。

综上所言，横空出世的保利神面纹卣，彻底颠覆了"饕餮纹"或"兽面纹"的错误命名，也彻底颠覆了"凶恶狞厉"之类的错误描述，商周青铜礼器的主体纹样终于迎来了正名为"天帝纹"的历史时刻。

结语　夏商周青铜器的主体纹样是"天帝纹"

本文已证，商周青铜礼器的主体纹样，《左传》、《史记》等权威文献的官方命名是"上帝鬼神"，官方阐释是"协于上下，以承天休"。但是春秋战国的礼崩乐坏和秦汉时期的历史改道，导致了王官之书的大量亡佚，于是战国晚期的民间著作《吕氏春秋》错误命名为"饕餮"，汉代《龙鱼河图》错误还原为"蚩尤纹"，北宋金石学家错误命名为"饕餮—兽面纹"，现代学者错误命名为"兽面纹"。四大错误命名的核心错误，是把青铜礼器的主体纹样错误判断为"凶恶狞厉"，于是把善神"上帝"错误解读为恶神"饕餮"或"蚩尤"。

中外学者按照古代宗教神话的一般规律，长期致力于把"饕餮纹"等错误命名正名为"天帝纹"，但是难以克服善神不应该"凶恶狞厉"的心理障碍，导致正名难以落实。直到保利神面纹卣的可爱"饕餮纹"出现，这一心理障碍才被最终突破，于是力主"兽面纹"代替"饕餮纹"的马承源不得不放弃"兽面纹"而改称"神面纹"，俞伟超又进一步认定一切"饕餮纹"或"神面纹"都是"神面纹"，亦即"人格化天帝"。

困扰中国学界两千多年的"饕餮纹"公案，至此得以拨乱反正。然而因循守旧的学界积习，继续纠缠着很多学者。在容庚、李济否定"饕餮纹"之后的半个世纪，仍有很多学者继续沿用错误命名"饕餮纹"。在马承源、俞伟超放弃"兽面纹"改称"神面纹"的最近二十多年，仍有很多学者继续沿用错误命名"兽面纹"。因为谬误的纠正和真知的普及，是一个漫长过程。

尽管我主张把"饕餮纹"正名为"天帝纹"，但是为了避免读者误以为"天帝纹"是不同于"饕餮纹"的其他纹样，我把商周青铜礼器的主体纹样命名为"饕餮纹"天帝，并将详尽论证商周青铜器的主体纹样是《山海经》所言"天帝乘两龙"，亦即"天帝乘龙巡天图"。

"饕餮纹"天帝的六千年演变史

弁言　陶玉铜天帝，六千年一贯

　　百年中国考古，华夏全境的无数新石器时代遗址出土了大量的上古陶器和大量的上古玉器，其中包含大量的上古神像。很多学者发现：上古陶器、上古玉器的大量上古神像，都是中古铜器主体纹样的源头或雏形。这一发现，导致大量学者把中古铜器主体纹样的错误命名"饕餮纹"、"蚩尤纹"、"饕餮—兽面纹"、"兽面纹"，移用于上古陶器、上古玉器的上古神像。于是这些错误命名在把中古铜器的纹样研究引入歧途之后，又把上古陶器、上古玉器的纹样研究引入歧途。

　　在绪论一《"饕餮纹"天帝的两千年正名史》的基础上，绪论二《"饕餮纹"天帝的六千年演变史》，概览上古四千年陶器、玉器的"饕餮纹"天帝"前世"和夏商周两千年铜器的"饕餮纹"天帝"今生"，以观秦汉以前六千年的天帝造型演变史。

一　上古四千年："饕餮纹"天帝的前世

　　夏代以前的上古四千年（前6000—前2000），仰韶伏羲族、红山黄帝族、良渚南蛮族、大汶口东夷族已有很多天帝造型，均为"饕餮纹"天帝的源头或雏形。

1. 伏羲族天帝造型：大地湾文化—仰韶文化

上古伏羲族的祖地是黄河上游区域，先仰韶时代（前6000—前5000）发轫于甘肃天水的大地湾文化（前6000—前2800），后来发展为甘肃青海的马家窑文化（前3300—前2100）。东扩伏羲支族（神农族）到达黄河中下游区域以后，又形成了仰韶文化（前5000—前3000）、龙山文化（前3000—前2000），与东夷族的山东大汶口文化（前4500—前2500）、安徽凌家滩文化（前3800—前2000）交接；南扩到达长江上中游区域以后，又形成了湖南高庙文化（前5800—前4500）、四川大溪文化（前4500—前

北极天象连线　　　　　伏羲族陶文"帝"　　　　商代甲骨文"帝"

伏羲族北极天帝（北极天象拟形）

商周北极天帝（北极天象拟形）

图 02-1　伏羲族北极天帝"帝俊"

3300），与西扩南蛮支族的湖北屈家岭文化（前3300—前2600）、湖北石家河文化（前2600—前2200）交接。

上古伏羲族根据北极天象的连线（图02-1.1），创造了至高神"北极天帝"（图02-1.4—6）和陶文"帝"字（图02-1.2）。

三者对华夏文化产生了深远影响，略举其三。

其一，《山海经》记载的华夏宗教至高神"帝俊"，源于伏羲族的北极天帝造型，因为"俊"通"踆"，训"蹲"。

其二，秦汉以前六千年华夏宗教祭祀"帝俊"的万舞第一舞姿，正是模仿伏羲族"帝俊"的造型：双手曲肘上举，双腿屈膝下蹲（图02-1.7—9）。[1]

其三，商代甲骨文的"帝"字（图02-1.3），同于伏羲族的北极天象连线、北极天帝造型、陶文"帝"字。

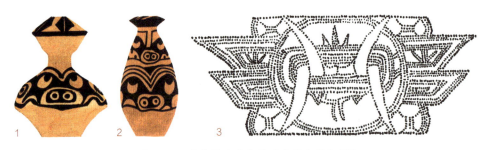

图 02-2　伏羲族北斗猪神（北斗七星拟形）

上古伏羲族又把围绕北极帝星旋转的北斗七星拟形为次高神"北斗猪神"，因为猪的眼鼻四孔呈倒梯形，天然对应北斗七星之斗魁四星的倒梯形。所举三例伏羲族的"北斗猪神"（图02-2），分别出土于伏羲祖族的甘肃天水王家阴洼遗址、东扩伏羲支族的陕西临潼姜寨遗址、南扩伏羲支族的湖南高庙文化遗址。

伏羲族的"北斗猪神"东传上古玉器三族，再传中古夏商周，导致上古玉器三族和中古夏商周均以"北斗猪神"为次高神。

---

[1]　参看张远山：《玉器之道》第七万舞章，中华书局2018。

伏羲族的天文历法和源于天文历法的宗教神话，是华夏八千年文化的总基因（详见《伏羲之道》）。伏羲族的宗教神话及其天帝造型，全面影响了上古玉器三族和中古夏商周的天帝造型（详见《玉器之道》）。

2.黄帝族天帝造型：红山文化—石峁文化

上古黄帝族的祖地是内蒙古东部、辽宁西部的西辽河流域，先仰韶时代形成了兴隆洼文化（前6200—前5400），仰韶时代发展为赵宝沟文化（前5200—前4400）、红山文化（前4700—前3000），龙山时代发展为小河沿文化（前3000—前2500），一般统称为"红山文化"。夏代时期，发展为夏家店下层文化（前2200—前1400），成为商代黄帝族开国之前的先商文化。

西扩黄帝支族在仰韶中晚期到达内蒙古中部的包头周边，发展为海生不浪文化（前3700—前3000）、阿善文化（前2500—前2300）；在龙山晚期到达内蒙古中南部的鄂尔多斯周边，发展为朱开沟文化（前2300—前1500）；又从朱开沟区域南下，到达陕西北部的河套地区，发展为龙山晚期的石峁文化（前2300—前2000），成为夏代黄帝族开国之前的先夏文化。

以下分述上古黄帝族东西两支的天帝造型。

其一，红山黄帝祖族的天帝造型。

红山黄帝祖族的天帝造型，分为早期、晚期两大系统。

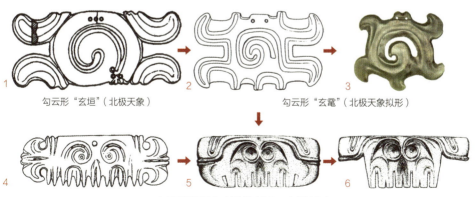

勾云形"玄垣"（北极天象）　　　　勾云形"玄鼋"（北极天象拟形）

勾云形北极天帝"轩辕"（北极天象神格化）

图02-3　红山黄帝族：早期天帝

红山黄帝祖族的早期天帝，源于拟形四季北斗围绕北极帝星旋转的"玄垣"（图02-3.1），旧称"勾云形器"。"玄垣"首先拟形为"玄鼋"（图02-3.2、3），所以周代黄帝族自称"我姬氏出自天鼋"（《国语·周语》）；然后神格化为北极天帝"轩辕"（图02-3.4—6），即红山黄帝祖族的早期天帝，所以夏商周黄帝族均以"轩辕黄帝"为神话始祖。

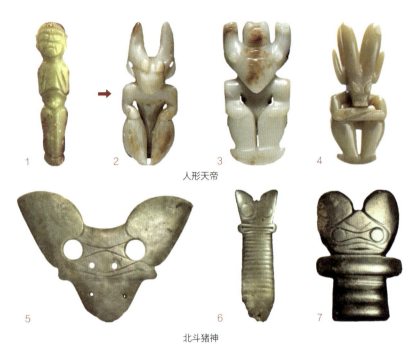

人形天帝

北斗猪神

图 02-4 红山黄帝族：晚期天帝

红山黄帝祖族的晚期天帝，变成了人格化天帝，初形双腿直立（图02-4.1），后来受到伏羲族天帝"帝俊"的影响，变成了双腿下蹲的蹲式天帝（图02-4.2—4）。

红山黄帝祖族的北斗之神（图02-4.5—7），也与伏羲族一样拟形为猪。

其二，石峁黄帝支族（先夏黄帝族）的天帝造型。

龙山晚期陕北石峁文化的先夏黄帝族，全面继承了红山黄帝祖族的早期天帝和晚期天帝，又有进一步发展。

红山黄帝祖族的勾云形天帝完整式（图02-5.1），被石峁文化的先夏

1

红山文化勾云形天帝完整式

2

3

石峁文化横式天帝完整式

4

红山文化勾云形天帝简化式

5

石峁文化横式天帝简化式

图 02-5　石峁文化先夏黄帝族：横式天帝

黄帝族发展为横式天帝完整式：中间是羊角帝面，左右是卷尾两龙。卷尾两龙均为侧面，龙首或者冲外（图 02-5.2），或者冲内（图 02-5.3）。这是目前考古所见《山海经》所言"天帝乘两龙"的最早实例，实为"天帝乘龙巡天图"。其天文内涵是：以苍龙七宿为代表的二十八宿（即全部星空），围绕北极帝星旋转。

红山黄帝祖族的勾云形天帝简化式（图 02-5.4），被石峁文化的先夏黄帝族发展为横式天帝简化式（图 02-5.5）：仅存中间的羊角帝面，省略左右的卷尾两龙。

石峁先夏黄帝族的横式天帝完整式、简化式，奠定了夏商周"饕餮纹"天帝的基本图式。

石峁先夏黄帝族又把红山黄帝祖族的晚期天帝即蹲式天帝（图 02-

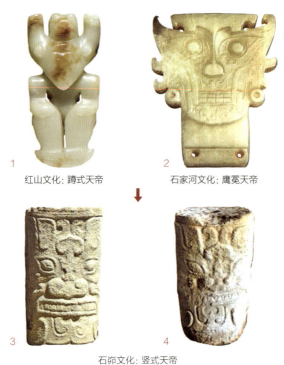

红山文化：蹲式天帝 1　　　　2 石家河文化：鹰冕天帝

石峁文化：竖式天帝 3　　　　4

图 02-6　石峁文化先夏黄帝族：竖式天帝

6.1），石家河文化的鹰冕天帝（图02-6.2），综合为竖式天帝（图02-6.3、4），省略了左右两龙。

由于石峁先夏文化的竖式天帝省略了左右两龙，不符合夏商周"饕餮纹"天帝的基本图式"天帝乘两龙"，所以夏商周的"饕餮纹"天帝多为横式天帝，少有竖式天帝。

3. 东夷族天帝造型：大汶口文化—凌家滩文化

上古东夷族的祖地是黄河下游区域和淮河流域，先仰韶时代形成了后李文化（前6500—前5500），仰韶时代发展为北辛文化（前5500—前4500）、山东大汶口文化（前4500—前2500），龙山时代发展为安徽凌家滩文化（前3800—前2000）。东与大海相邻，北与红山黄帝族交接，西与东扩伏羲支族交接，南与良渚南蛮族交接，处于三大外族向外扩张的丁字路口，也受到三大外族的综合影响。

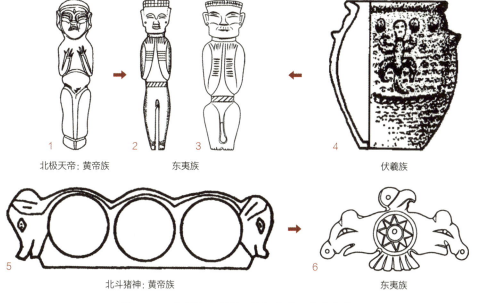

1 北极天帝：黄帝族　　　2　3 东夷族　　　　　4 伏羲族

5 北斗猪神：黄帝族　　　　　　　　　　　　　6 东夷族

图 02-7　凌家滩东夷族：北极天帝、北斗猪神

凌家滩东夷族的北极天帝造型，先是双腿直立（图 02-7.2），源于红山黄帝族的北极天帝造型（图02-7.1）；后来变成了双腿下蹲（图02-7.3），源于伏羲族的北极天帝"帝俊"（图02-7.4）。

凌家滩东夷族的北斗猪神造型（图02-7.6），源于红山黄帝族的北斗猪神造型（图02-7.5），即《山海经·海外西经》所言"其状如彘，前后皆有首"的"并封"。

由于东夷族的天帝造型大多接受外族影响，原创性较低，所以对中古夏商周的"饕餮纹"天帝影响较小。

4. 南蛮族天帝造型：良渚文化—石家河文化

上古南蛮族的祖地是长江下游的钱塘江流域，新石器时代早期形成了上山文化（前9000—前7000），先仰韶时代发展为跨湖桥文化（前6000—前5000），仰韶时代发展为河姆渡文化（前5000—前3000）、马家浜文化（前5000—前4000）、崧泽文化（前4000—前3300），龙山时代在太湖流域发展为良渚文化（前3300—前2200）。

西扩南蛮支族在仰韶时代晚期到达长江中游的洞庭湖流域，形成了湖北屈家岭文化（前3300—前2600），龙山时代中期发展为湖北石家河文化（前2600—前2200）。屈家岭文化与南扩伏羲支族的湖南高庙文化（前5800—前4500）、四川大溪文化（前4500—前3300）接触并受其影响，石家河文化与东扩伏羲支族的龙山文化（前3000　前2000）接触并受其影响。

以下分述良渚南蛮祖族和石家河南蛮支族的天帝造型。

其一，良渚南蛮族的天帝造型。

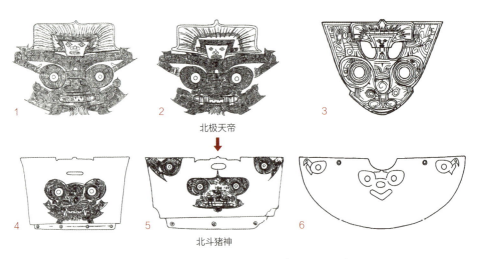

图 02-8　良渚南蛮族：北极天帝、北斗猪神

良渚南蛮族的至高神"北极天帝"（图02-8.1—3），即良渚神徽"天帝骑猪巡天图"。受到伏羲族"帝俊"的影响，也是蹲式天帝。

良渚南蛮族的次高神"北斗猪神"（图02-8.4—6），从良渚神徽下部抽取出来，成为独立造型。

良渚南蛮族和夏商周黄帝族的"饕餮纹"天帝，整体结构和对应天象全都不同。

良渚南蛮族的"饕餮纹"天帝是上下结构的"天帝骑猪巡天图"，上部是北极天帝，下部是北斗猪神；对应中央天区的北极天象：北斗七星围绕北极帝星旋转，尚未融入上古伏羲族创造的二十八宿体系。

夏商周黄帝族的"饕餮纹"天帝是左右结构的"天帝乘龙巡天图"，中间是北极天帝，左右是卷尾两龙；对应五大天区的全部天象：苍龙七宿（领衔四方天区的二十八宿）围绕北极帝星（和北斗七星）旋转，已经融入上古伏羲族创造的二十八宿体系。

可见夏商周黄帝族的"饕餮纹"天帝"天帝乘龙巡天图"，直接源头是石峁黄帝族的"饕餮纹"天帝"天帝乘龙巡天图"，整体结构和对应天象全同；间接源头是良渚南蛮族的"饕餮纹"天帝"天帝骑猪巡天图"，因为整体结构和对应天象不同。李学勤等学者认为良渚神徽是夏商周"饕餮纹"的直接源头，不太精确。

其二，石家河南蛮支族的天帝造型。

高庙文化：北斗猪神   良渚文化：北极天帝

石家河文化：鹰冕天帝

商周玉器：鹰冕天帝

图 02-9 　石家河鹰冕天帝：极斗合一至高神

石家河南蛮支族把南扩伏羲支族的湖南高庙文化北斗猪神（图02-9.1、2），与良渚南蛮祖族的北极天帝（图02-9.3），综合为极斗合一的鹰冕天帝（图02-9.4—6）。商周玉器仍有极斗合一的鹰冕天帝（图02-9.7—10），所举四例分别出土于江西新干大洋洲商墓、山西曲沃羊舌村西周墓、陕西丰镐西周墓、陕西岐山凤雏村西周宗庙基址。

石家河鹰冕天帝既有上古四族共有的星形眼，又首创了拟形人眼的臣字眼，两种眼型均被商周"饕餮纹"天帝继承。

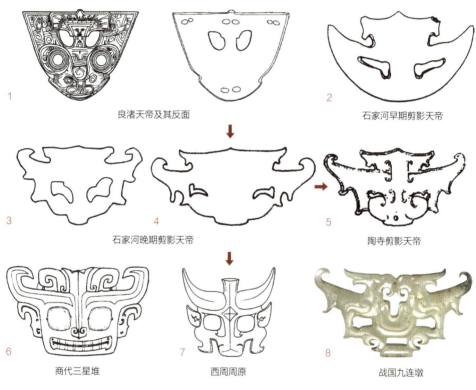

1　良渚天帝及其反面　　　　　　2　石家河早期剪影天帝

3　　　　4　石家河晚期剪影天帝　　　5　陶寺剪影天帝

6　商代三星堆　　　7　西周周原　　　8　战国九连墩

图 02-10　石家河剪影天帝：横式

石家河剪影天帝的源头，是良渚天帝玉佩的反面（图02-10.1），首先变形为剪影天帝的早期图式（图02-10.2），然后定型为剪影天帝的后期图式（图02-10.3、4）。后期图式北传龙山晚期的山西陶寺神农国（图02-10.5），影响了夏商周"饕餮纹"天帝的造型（图02-10.6—8）。

良渚南蛮祖族和石家河南蛮支族的天帝造型，都对夏商周的"饕餮纹"天帝产生了重要影响。

综上所言，上古华夏四族的文化，具有广泛的多边交流和深入的相互影响。其中上古伏羲族的天文历法最为先进，是上古华夏的文化总基因和最大影响源。

上古黄帝族东西两支的天帝造型，既有独创性，也受到了上古伏羲族天帝造型的重要影响，较少受到上古南蛮族、上古东夷族天帝造型的影响。

夏商周黄帝族的天帝造型，一方面继承了上古黄帝族的天帝造型，另一方面吸收了上古伏羲族、上古南蛮族之天帝造型的大量元素。

二　夏商周两千年："饕餮纹"天帝的今生

上古四千年，华夏四族在黄河流域（伏羲族）、淮河流域（东夷族）、长江流域（南蛮族）、西辽河流域（黄帝族）等华夏境内的不同区域独立发展，四方扩张，冲突融合，相互影响，初步形成了全球最大的文化共同体。经过上古、中古之交的"炎黄之战"，形成了以黄河中游的中原地区为核心区域、辐射中原周边四裔的夏商周文明。

中古两千年，夏商周国家的统治族群都是从今长城以北南下中原的黄帝族，被统治族群都是中原地区的农耕三族：主体是黄河中下游的伏羲—神农族，另含黄河下游、淮河流域的大部分东夷族（沿海岛屿除外），以及长江中游北岸的一部分南蛮族。

"炎黄之战"以后南撤到长江南岸和珠江流域的农耕三族苗裔即"三苗"（秦汉以后称为"西南夷"或"苗蛮"），长期不属夏商周国家的统治范围，秦汉以后才逐渐成为中央王朝的边陲。

1. 夏代天帝造型：新砦文化—二里头文化

上古西扩黄帝支族，从内蒙古东部红山文化区域的黄帝族祖地向西扩张，到达内蒙古中西部和陕西北部的河套地区，形成了先夏时期的石峁文化（前2300—前2000），即《山海经》所言华夏西北的黄帝族。随后经过"炎黄之战"南下、东进，伐灭山西陶寺神农国；再经黄帝族部落联盟的三大首领尧、舜、禹，南下到达长江中游北岸的石家河文化区域和长江下游的良渚文化区域，取得"伐三苗"胜利，由禹之子夏后启在山西南部、河南西部建立黄帝族第　工朝夏朝。

夏代早期的文化遗址，有河南登封王城岗二期城址（前2050—前1935）[1]，山西夏县东下冯遗址（前1900—前1500），河南新密新砦遗址（前1870—前1720）等，青铜器较少。夏代晚期的二里头文化（前1735—前1530），见于河南偃师二里头遗址、河南淅川下王岗遗址等，已有大量青铜器。

夏代早期的河南新砦文化和夏代晚期的河南二里头文化，全都承袭了陕北石峁文化先夏黄帝族的横式天帝和竖式天帝。

其一，新砦文化、二里头文化的横式天帝。

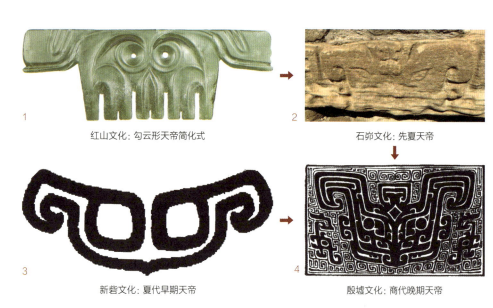

1　红山文化：勾云形天帝简化式

2　石峁文化：先夏天帝

3　新砦文化：夏代早期天帝

4　殷墟文化：商代晚期天帝

图 02-11　夏代早期新砦文化：横式天帝

夏代早期新砦文化陶器的横式天帝（图02-11.3），近源是陕西石峁先夏

---

[1]　《登封王城岗与阳城》322页，文物出版社1992。

文化的横式天帝（图02-11.2），远源是红山黄帝祖族的勾云形天帝简化式（图02-11.1）。后来影响了商代晚期殷墟青铜器的羊角天帝造型（图02-11.4）。

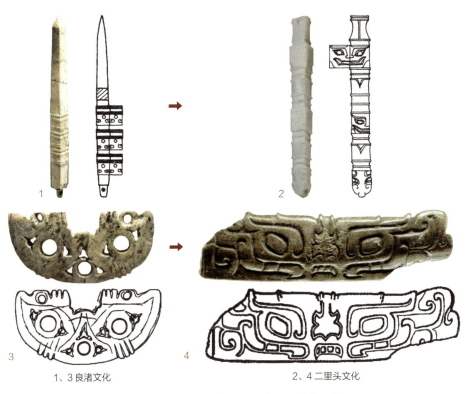

1、3 良渚文化　　　　　　　　　　　　2、4 二里头文化

图 02-12　夏代晚期二里头文化：横式天帝

夏代晚期二里头文化玉器、骨器的横式天帝，源于良渚文化。

二里头文化玉制权柄的北斗猪神（图02-12.2），源于良渚文化玉制权柄的北斗猪神（图02-12.1）。上古权柄和中古权柄均饰北斗猪神，是因为君王对位北斗，"斗为人君之象，号令之主也"（《晋书·天文志》）[1]。

二里头文化骨匕柄部的"饕餮纹"天帝（图02-12.4），源于良渚文化璜式玉佩的北斗猪神（图02-12.3）。

其二，新砦文化、二里头文化的竖式天帝。

---

[1] 君主对位北斗的更多文献证据，详见张远山：《玉器之道》403页，中华书局2018。作品集第十七卷373页。

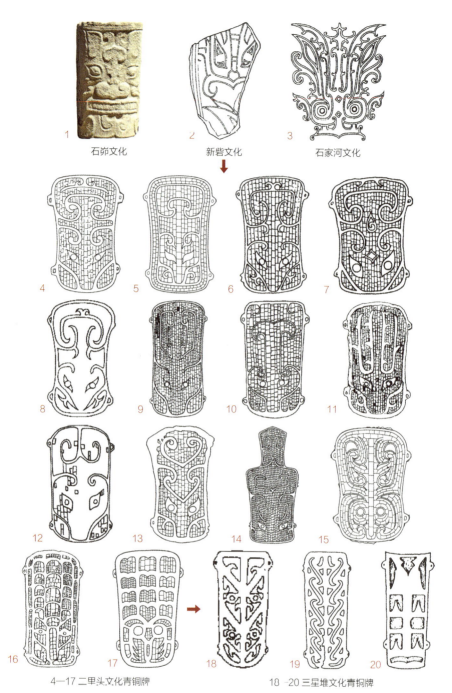

石峁文化　　　　　　新砦文化　　　　　石家河文化

4—17 二里头文化青铜牌　　　　　　18—20 三星堆文化青铜牌

图 02-13　夏代晚期二里头文化青铜牌：龙面"饕餮纹"

夏代晚期二里头文化有大量的镶嵌绿松石青铜牌（图02-13.4—17），尽管局部细节略有不同，但是整体造型均为龙面"饕餮纹"天帝。其直接源头是陕西石峁先夏文化的竖式天帝（图02-13.1）和夏代早期新砦文化的竖式天帝（图02-13.2），又吸收了石家河文化的竖式天帝（图02-13.3），尤其是吸收了印堂部位的菱形帝星纹（图02-13.3、7）。

李学勤《论二里头文化的饕餮纹铜饰》认为："二里头文化铜饰的花纹是龙山和商代饕餮纹的中间链环，已经是很清楚的了。"[1]

商周时期的四川三星堆，也有镶嵌绿松石青铜牌（图02-13.18—20），继承了二里头青铜牌的外形，只是纹样逐渐抽象化。

综上所言，夏代石器、陶器、玉器、骨器上的"饕餮纹"天帝，已经非常接近商周青铜器的"饕餮纹"天帝。但是直到夏代晚期，青铜技术仍未成熟，所以二里头青铜牌只能表达较为简单的龙面"饕餮纹"。商周时期的青铜器技术大为发展以后，扬弃了二里头青铜牌的龙面"饕餮纹"，发展为更加繁复的"天帝乘两龙"式"饕餮纹"天帝。

2. 商代早期天帝造型：夏家店下层文化—二里岗文化

"炎黄之战"以后，上古红山文化的黄帝祖族继续存在于华夏东北，发展为与夏代平行的夏家店下层文化（前2200—前1400）。内蒙古东部赤峰地区的夏家店下层文化是商代之前的先商文化，正如陕西北部的石峁文化是夏代之前的先夏文化。

内蒙古赤峰市的夏家店下层文化大甸子遗址，青铜铸造技术初级而无法表达"饕餮纹"天帝，但其陶器彩绘有大量的"饕餮纹"天帝（图02-14.3—10），把红山文化的勾云形天帝（图02-14.1、2）进一步神格化，深刻影响了商代早期二里岗文化青铜器的"饕餮纹"天帝。

---

[1] 李学勤《论二里头文化的饕餮纹铜饰》，《走出疑古时代》149—152页，辽宁大学出版社1994。

1　　　　红山文化勾云形天帝：完整式　　　　2　　　　简化式

夏家店下层先商文化："饕餮纹"天帝

图 02-14　夏家店下层先商文化的"饕餮纹"天帝

　　商代早期前段的二里岗下层文化，把直系祖先的红山文化勾云形天帝
（图 02-15.1），与旁系祖先的石峁先夏文化"天帝乘两龙巡天图"（图 02-
15.2），综合为商代"饕餮纹"天帝的早期图式，既见于商代早期的河南郑
州二里岗（图 02-15.3、4），又见于商代中期的湖北盘龙城（图 02-15.5、6）、
商代中期的江西大洋洲（图 02-15.7、8），直到商代晚期的河南殷墟仍有
余响（图 02-15.9、10）。

　　商代早期前段二里岗下层文化的"饕餮纹"天帝，与石峁先夏文化的
"饕餮纹"天帝有同有异。

　　所同之处是，两者均为"天帝乘龙巡天图"（图 02-15.2—10），而且左
右两龙的龙尾，全都分叉为上下两部分，酷似红山文化的勾云形天帝（图
02-15.1）。

　　所异之处是，石峁先夏文化的"饕餮纹"天帝（图 02-15.2），左右的
勾云形两龙和中间的帝面各自独立，尚未融合。二里岗下层文化的"饕餮

红山文化: 勾云形天帝

石峁先夏文化: 勾云形天帝乘两龙巡天

商代早期河南二里岗下层: 勾云形"饕餮纹"天帝

商代中期湖北盘龙城: 勾云形"饕餮纹"天帝

商代中期江西大洋洲: 勾云形"饕餮纹"天帝

商代晚期河南殷墟: 勾云形"饕餮纹"天帝

商代早期二里岗文化: 勾云形两龙

图02-15　二里岗下层文化: 勾云形"饕餮纹"天帝

纹"天帝（图02-15.3—10），左右的勾云形两龙和中间的帝面均不独立，已经融合，亦即两龙的侧面龙首合为帝面。证明其融合的铁证是，二里岗下层文化的"饕餮纹"天帝即使拆分为独立的勾云形两龙（图02-15.11、12），仍然酷似二里岗文化的"饕餮纹"天帝。

杜岭方鼎　　　　　　向阳食品厂方鼎　　　　　　朱开沟圆鼎

图 02-16　二里岗式勾云形"饕餮纹"天帝北传朱开沟

商代早期二里岗文化青铜技术成熟的一大标志，就是能够铸造夏代不能铸造的四足方鼎，也为"黄帝四面"神话的出现创造了技术条件。

郑州杜岭和郑州向阳食品厂出土的方鼎（图02-16.1、2），四面各有一个勾云形"饕餮纹"天帝，周围配以星宿纹（旧称"联珠纹"），内涵是天帝主宰星空的旋转循环、四季的寒暑循环、万物的生死循环。

与商代二里岗文化同期的内蒙古朱开沟遗址出土的三足圆鼎（图02-16.3），也有二里岗式勾云形"饕餮纹"天帝。这不仅是二里岗文化向长城以北传播的重要证据，也是长城以北的中古黄帝族与商代黄帝族属于同族的重要证据，所以朱开沟黄帝族复制商代黄帝族的勾云形"饕餮纹"天帝毫无心理障碍，因为上古红山黄帝族的勾云形天帝是朱开沟黄帝族和商代黄帝族共有的文化基因和族史记忆。

商代早期后段二里岗上层文化的"饕餮纹"天帝（图02-17.3—8），又吸收了红山文化的勾云形天帝简化式（图02-17.1）和夏家店下层先商文化的"饕餮纹"天帝（图02-17.2），即把左右两龙原本上下分卷的龙尾，简化其下部变成龙足，强化其上部变成羽冠，但是源于红山文化勾云形天帝的基因仍在。

商代早期后段的二里岗上层文化，又借鉴了石家河文化的羽冠天帝（图02-18.1），进一步强化勾云形"饕餮纹"天帝变体的羽冠，创造了羽冠式"饕餮纹"天帝（图02-18.2—4），源于红山文化勾云形天帝的基因，已经难以辨识。

1

红山文化：勾云形天帝简化式

2

夏家店下层先商文化："饕餮纹"天帝

3

4

5

6

7

8

二里岗上层文化：勾云形"饕餮纹"天帝变体

图 02-17　二里岗上层文化：勾云形"饕餮纹"天帝变体

1

石家河文化

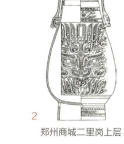

2

郑州商城二里岗上层

3

郑州小双桥二里岗上层

4

上博藏二里岗上层

图 02-18　二里岗上层文化：羽冠式"饕餮纹"天帝

1　良渚文化：人形天帝骑猪巡天图　　　　2　二里岗文化：人形天帝乘龙巡天图

图 02-19　商代早期二里岗文化的人形天帝乘龙巡天图

商代早期二里岗文化的一件陶簋残片复原图（图02-19.2），尽管与"饕餮纹"天帝的视觉差异很大，但与"饕餮纹"天帝的构成要素全同：中间是人形天帝，左右是卷尾两龙。再次证明"饕餮纹"天帝的内涵是《山海经》所言"天帝乘两龙"，亦即"天帝乘龙巡天图"。

值得特别注意的是，这一商代早期的"天帝乘龙巡天图"，酷似良渚文化的"天帝骑猪巡天图"（图02-19.1），尤其是控驭坐骑的天帝双手，下按姿势完全相同，只不过良渚天帝是骑猪（北斗七星拟形）巡天，尚未融入上古伏羲族首创的二十八宿体系；二里岗天帝是乘龙（苍龙七宿拟形）巡天，已经融入了上古伏羲族首创的二十八宿体系。

美国学者艾兰正确辨识出了二里岗陶簋纹样与商周"饕餮纹"的关系："熟悉饕餮纹的人一眼就能认出这种表现形式和饕餮纹是一样的，但饕餮纹的身躯，未曾用人身表现。"[1]

综上所言，商代早期二里岗文化下层、上层的"饕餮纹"天帝，直接继承了红山文化的勾云形天帝和夏家店下层先商文化的"饕餮纹"天帝，又借鉴了石峁先夏文化的勾云形天帝，吸收了良渚文化的"天帝骑猪巡天图"，成为"天帝乘龙巡天图"，亦即《山海经》所言"天帝乘两龙"。

商代早期二里岗文化的"饕餮纹"天帝，已为商代晚期殷墟文化和西周早期周原文化的"饕餮纹"天帝确立了基本图式，后者仅是前者的升级发展，亦即图法不变，图式升级。

---

[1]　［美］艾兰：《商代饕餮纹及相关纹饰的意义》，《甲骨文与殷商史（第七辑）》339页，上海古籍出版社2017。

3. 商晚周早天帝造型：殷墟文化—周原文化

商代早期的二里岗文化，尽管青铜铸造技术远胜夏代，但仍然只能表现红山文化勾云形天帝的简单造型，无法充分表现夏家店下层先商文化"饕餮纹"天帝的繁缛造型，直到商代晚期的殷墟文化，青铜器铸造技术再次升级，才能充分表现夏家店下层先商文化"饕餮纹"天帝的繁缛造型，形成了填满青铜器表面的满花式"饕餮纹"天帝。

夏家店下层先商文化陶器

商代晚期殷墟文化铜器

图 02-20　夏家店下层先商文化—商代晚期殷墟文化："饕餮纹"天帝

商代晚期的"饕餮纹"天帝（图02-20.4—6），固然是上古华夏四族天帝造型和夏代天帝造型的集大成，但其满花式装饰风格源于夏家店下层先商文化的"饕餮纹"天帝（图02-20.1—3）。

商代晚期至西周时期、春秋时期、战国时期的"饕餮纹"天帝，除了满花式繁缛造型，另有或繁缛、或简洁、或完整、或简化的无数造型。此处仅举商代晚期、西周时期、春秋时期、战国时期各一例（图02-21.1—4），以见一切商周"饕餮纹"天帝都是《山海经》所言"天帝乘两龙"，亦即"天帝乘龙巡天图"。更多图例及其"图法"解密，详见本书正编各章。

1 商代晚期

2 西周时期

3 春秋时期

4 战国时期

图 02-21　商周"饕餮纹"天帝：天帝乘龙巡天图

4. 华夏图法传承：夏灭传商，商灭传周

以上对上古华夏至中古夏商周"饕餮纹"天帝之家族性相似的宏观概览，属于"图像志"范畴。本书正编对商晚周早经典"饕餮纹"的微观解密，属于"图像学"范畴。"图像志"是图像研究的初级阶段，尚未系统化、理论化，尚未提炼出图像的范式、要素、构件，无法对图像进行拆解、拼接、还原。"图像学"是图像研究的高级阶段，已经系统化、理论化，并且提炼出图像的范式、要素、构件，可以对图像进行拆解、拼接、还原。

华夏图像学，先秦文献称为"图法"。"图法"兼有二义：第一义是理论层面上的图像法则，第二义是实践层面上的图像法式。我把第一义称为"图法"，而把第二义称为"图式"。

上古华夏尚未进入国家阶段，也未产生用于国家治理的系统文字，也未产生国家制度强力推行的成文"图法"，但是伏羲族的陶器图法、玉器三族的玉器图法已经客观存在（详见《伏羲之道》、《玉器之道》）。中古夏商周进入国家阶段，也产生了用于国家治理的系统文字，于是产生了国家制度强力推行的成文"图法"。

"炎黄之战"以后，夏代黄帝族建立了黄帝族第一王朝，于是以上古四千年的陶器图法、玉器图法为基础，创制了蕴涵天文历法、宗教神话最高知识的夏代"图法"，作为一切图像的法则和法式，用于管理一切器物的制作，并且应用于"神道设教"的实际统治。同时按照夏代黄帝族远祖"颛顼"确立的"绝地天通"政策，蕴涵天文历法、宗教神话最高知识的"图法"严禁外传，仅由极少数巫史家族世袭执掌。[1]"绝地天通"政策贯彻夏商周两千年，夏代"图法"则从夏传商、从商传周，始终由极少数巫史家族世袭执掌，严禁外传，所以夏商周时代的绝大多数人不了解"图法"，也不了解这些神圣图像蕴涵的天文历法知识、宗教神话知识。因为"绝地天通"的目的，是使黄帝族的统治权神秘化、神圣化、永恒化，所以"民可使由之，不可使知之"。

《左传》《史记》等书所言"禹铸九鼎，夏灭传商，商灭传周"，正是夏商周黄帝族使其统治权神秘化、神圣化、永恒化的"神道设教"，尽管这一"神道设教"已被考古发掘证伪，但是华夏图像具有六千年一贯的家族性相似，确是客观事实。所以夏商周"神道设教"的"禹铸九鼎，夏灭传商，商灭传周"，真实内涵是"华夏图法，夏灭传商，商灭传周"。

这一真实内涵，见于《吕氏春秋·先识》"周鼎著饕餮"一节的上文：

> 夏太史令终古出其图法，执而泣之。夏桀迷惑，暴乱愈甚，太史令终古乃出奔如商。汤喜而告诸侯曰："夏王无道，暴虐百姓，穷其父兄，耻其功臣，轻其贤良，弃义听谗，众庶咸怨。守法之臣，自归于商。"
>
> 殷内史向挚见纣之愈乱迷惑也，于是载其图法，出亡之周。武王大说，以告诸侯曰："商王大乱，沉于酒德，辟远箕子，爱近姑与息。妲己为政，赏罚无方，不用法式，杀三不辜，民大不服。守法之臣，出奔周国。"
>
> （中略。）
>
> 周鼎著饕餮，有首无身，食人未咽，害及其身，以言报更也。

《吕氏春秋·先识》所言"守法之臣"，正是按照"绝地天通"政策，

---

[1] 详见张远山：《玉器之道》第六章，中华书局2018。

世袭执守"图法"的巫史。关于"图法"夏灭传商、商灭传周的记载，记在"周鼎铸饕餮"一节之前，证明了两者的逻辑关联，所以"周鼎铸饕餮"云云的真实内涵是：华夏图法，夏灭传商，商灭传周。

陈奇猷《吕氏春秋新校释》认为："所谓'图法'，实即《汉志天文类》所列《图书秘记》一类之书。"[1]堪称卓见！《图书秘记》被《汉书·艺文志》归于"天文类"，是因为"图法"正是蕴涵天文历法、宗教神话最高知识的图像法式。

《汉书·艺文志》著录的《图书秘记》，当属上古至中古华夏图法的集大成之作，可惜今已亡佚。但其书名表明，"图法"是史官专掌、严禁外传的秘法。所以夏代末年的王室史官携带夏代"图法"奔商，商代末年的王室史官携带商代"图法"奔周，商汤、周武王才会大喜，因为"图法"是蕴涵天文历法、宗教神话最高知识的图像法式，"图法归商"即"天命归商"，"图法归周"即"天命归周"。

假如新朝不能获得严禁外传的前朝"图法"，就无法举行新朝的开国大典、祭天大典，无法建造新朝的宫室、宗庙，无法制作新朝的冠冕、服饰、车马、旗帜、仪仗、玉器、铜器等等一切必不可少的实用器物，也就无法顺利取代前朝。因为新朝的一切实用器物，整体造型和具体细节必须严格符合蕴涵天文历法、宗教神话最高知识的华夏图法，才能证明"天命归商"或"天命归周"，才能证明新朝是华夏文化的合法继承者，才能赢得黄帝族"君子"和农耕三族"小人"的普遍拥戴。任何违背华夏图法及其天文历法、宗教神话最高知识的造型错误、细节错误、纹样错误，都会动摇新朝政权的合法性。新朝政权的合法性，首先奠基于一切器物合于"图法"，因为"图法"就是当时的"宪法"。

不仅新朝开国的一切器物必须严格符合华夏"图法"的"法式"，而且新朝维持统治的一切治理也必须严格符合华夏"图法"的"法式"，所以周武王动员天下诸侯伐纣的理由是商纣"赏罚无方，不用法式"。

正因《吕氏春秋·先识》的撰者没见过严禁外传的夏商周"图法"，所

---

[1]　陈奇猷：《吕氏春秋新校释》957页，注1，上海古籍出版社2002。

以不知夏商周青铜器主体纹样的官方命名和官方阐释，于是根据民间传说，把夏商周青铜器的主体纹样错误命名为"饕餮"。

夏商周青铜图法的微观解密，详见本书正编各章。

三　夏商周统治者分属黄帝族东西两支

在微观解密夏商周的青铜图法之前，尚需论证夏商周统治者均为黄帝族，这是伏羲学解密上古至中古六千年陶玉铜图法的重要前提。

《伏羲之道》解密上古伏羲族的陶器图法之时，《玉器之道》解密上古玉器三族的玉器图法之时，均已提及夏商周统治者的共同祖先是长城以北的上古黄帝族，但是无暇详证，本节略予补证。

1. 夏、商统治者源于上古黄帝族东、西两支

作为夏代统治族群的夏代黄帝族，源于华夏西北的西扩黄帝支族。对应于《山海经·西山经》和《山海经·大荒西经》所言华夏西北的"轩辕之丘"、"轩辕之台"、"轩辕之国"，在中古黄帝族的族史叙事中，属于"黄帝次子昌意"一系。

作为商代统治族群的商代黄帝族，源于华夏东北的红山黄帝祖族。对应于《山海经·北山经》所言华夏东北的"轩辕之山"，在中古黄帝族的族史叙事中，属于"黄帝长子玄嚣"一系。

《大戴礼记·帝系》如此叙述上古至中古黄帝族东西两支的世系：

> 少典产轩辕，是为黄帝。
>
> 黄帝产玄嚣，玄嚣产蟜极，蟜极产高辛，是为帝喾。帝喾产放勋，是为帝尧。
>
> 黄帝产昌意，昌意产高阳，是为帝颛顼。
>
> 颛顼产穷蝉，穷蝉产敬康，敬康产句芒，句芒产蟜牛，蟜牛产瞽瞍，瞽瞍产重华，是为帝舜，及产象敖。

颛顼产鲧，鲧产文命，是为禹。

根据《左传》文公十八年所言首位黄帝"帝鸿氏"，以及《山海经·大荒东经》所言"帝俊生帝鸿"，可知：北极天帝"帝俊"的历史化叙事即"少典"，北斗星君"黄帝"的历史化叙事即"帝鸿"。因此《大戴礼记·帝系》所述上古至中古黄帝族东西两支的世系，可以精确对位于考古文化，见于下表。

表02-1　夏商周黄帝族与考古文化对位表

神话鼻祖	帝俊（少典＝北极天帝）			
神话始祖	黄帝（轩辕＝北斗星君）			
先仰韶—仰韶时代	昌意（黄帝次子）＝华夏西北的石峁支族			玄嚣（黄帝长子）＝华夏东北的红山祖族
龙山时代	帝颛顼（高阳，昌意之子）		蟜极（玄嚣之子）	
		穷蝉（颛顼长子）	帝喾（高辛，蟜极之子）	
		敬康（穷蝉之子）		
		句芒（敬康之子）		
		蟜牛（句芒之子）		
炎黄之战		瞽瞍（蟜牛之子）	帝尧（放勋，帝喾嫡子）	
	鲧（颛顼次子后裔）	帝舜（重华，瞽瞍之子）	商祖契（帝喾之子）	
	夏祖大禹（文命，鲧之子）	秦祖大费（颛顼后裔）	周祖弃（帝喾之子）	
备注	夏、秦出于西支		商、周出于东支	

观表可知，华夏东北黄帝祖族的红山文化世系"黄帝—玄嚣—蟜极—帝喾—帝尧"，较为简略；华夏西北黄帝支族的石峁文化世系"黄帝—昌意—颛顼……（瞽瞍—帝舜）……鲧—禹"，较为详尽。因为"炎黄之战"以后的中古黄帝族第一王朝夏代，源于华夏西北黄帝支族的石峁文化世系，亦即"颛顼—鲧—禹"一系，所以夏代黄帝族追述西支较详，追述东支较略。

商代黄帝族出于黄帝族东支，灭夏以后，无法改变夏代黄帝族以黄帝族西支为主的叙事框架，只能在夏代叙事中补入商族所属黄帝族东支的少量上古叙事，重点是补入商族在"炎黄之战"时期的叙事（真伪不论）。

周代黄帝族同样出于黄帝族东支，灭商以后，也无法改变商代黄帝族兼及黄帝族东西两支的叙事框架，只能在商代叙事中补入周族在"炎黄之战"时期的叙事（真伪不论）。

正因商周黄帝族均出东支，又无法改变黄帝族西支开创第一王朝夏代的史实，因此商周黄帝族从黄帝族东西两支之中，挑出五位重要的上古远祖，套入"五行"模式，成为商周黄帝族的"五帝"叙事：黄帝—帝颛顼—帝喾—帝尧—帝舜。

"五帝"第一位"黄帝"，是上古黄帝族的神话始祖，北极天帝"帝俊"之子，对位北斗之神。证见《河图始开图》："黄帝名轩辕，北斗神也。"《河图握矩纪》："黄帝名轩辕，北斗黄神之精。"

"五帝"第二位"帝颛顼"，是中古黄帝族西支夏族的远祖。证见《礼记·祭法》："夏后氏禘黄帝而郊鲧，祖颛顼而宗禹。"

"五帝"第三位"帝喾"，是中古黄帝族东支商族的远祖。证见《礼记·祭法》："殷人禘喾而郊冥，祖契而宗汤。"

"五帝"第四位"帝尧"，是"炎黄之战"时期黄帝族部落联盟的第一位首领，出于东支，从无异议。

"五帝"第五位"帝舜"，是"炎黄之战"时期黄帝族部落联盟的第二位首领，《大戴礼记·帝系》认为出于西支，《礼记·祭法》认为出于东支，原因可能是舜出身寒微，父祖不显，难以认祖归宗。所以《礼记·祭法》曰："有虞氏禘黄帝而郊喾，祖颛顼而宗尧。"《国语·鲁语》则有异辞："有虞氏禘黄帝而祖颛顼，郊尧而宗舜。"

"大禹"是"炎黄之战"时期黄帝族部落联盟的第三位首领，出于西支，从无异议。大禹取得了始于尧舜的"伐三苗"胜利（后期叙事改为"治水成功"，意在淡化"炎黄之战"），终结了"炎黄之战"。由于大禹是黄帝族西支夏代黄帝族的始祖，所以同属黄帝族东支的商周黄帝族不愿将其列入"五帝"。

周代黄帝族与商代黄帝族一样，也以黄帝族东支的"帝喾"为远祖，所以《礼记·祭法》和《国语·鲁语》均言："周人禘喾而郊稷，祖文王而宗武王。"但是周代黄帝族为了提供周灭商的合法性，不仅声称商族、周族均为"帝喾"后裔，而且声称与尧舜禹同时的周族始祖后稷（即弃）是"帝喾"元妃姜原所生嫡子，而商族始祖契是"帝喾"次妃简狄所生庶子——这很可能是周代废除商代君主"兄终弟及"继位法，确立周代君主"嫡长子"继位法的重要原因。然而周祖弃是"帝喾"元妃所生嫡子，商祖契是"帝喾"次妃所生庶子，仅是周代黄帝族编造的胜利者伪史。

周代黄帝族又不满足于仅仅编造周祖弃是嫡兄，商祖契是庶弟，进一步把周祖弃尊为"后稷"，视为与"黄帝"平起平坐的北极天帝"帝俊"之子，此即《山海经·大荒西经》所言"西周之国，帝俊生后稷"。这是彻底抹去夏商黄帝族、自封黄帝族始祖的伪史。

1933年傅斯年所撰重要论文《夷夏东西说》，是现代学者论证夏族属于黄帝族西支、商族属于黄帝族东支的开山之作，但其不足是把商代黄帝族误归于东夷。其实傅斯年十分明白商族并非东夷族，却又强辩说："商人虽非夷，然曾抚有夷方之人，并用其文化，凭此人民以伐夏而灭之，实际上可说夷人胜夏。"[1] 如此明知故犯地混淆族属，实难服人。所以傅斯年"夷夏东西说"的合理内核，其实是"夏商东西说"。

秦灭周后，也声称与尧舜禹同时代的秦族始祖大费（又称"柏翳"或"伯益"）出于黄帝族西支，也奉"黄帝"为神话始祖，自称"颛顼后裔"。秦始皇灭六国后颁布的秦历，也称"颛顼历"。

2. 夏商周的黄帝族诸侯均称"诸夏"

傅斯年《夷夏东西说》另有一段发人深省："所谓夏后氏者，其名称甚怪，氏是族类，后为王号，何以于殷曰殷人，于周曰周人，独于夏曰夏后？意者诸夏之部落本甚多，而有一族为诸夏之盟长，此族遂号为夏后氏。"[2]

傅斯年敏锐地注意到，夏商周三代的黄帝族诸侯均称"诸夏"。

这一现象大量见于先秦文献和汉后文献，略举其要。

> 惟乃丕显考文王……用肇造我区夏，越我一二邦，以修我西土。

[1] 傅斯年：《夷夏东西说》，《傅斯年全集·第三卷》213页，湖南教育出版社2003。
[2] 同上，200页。

（《尚书·周书·康诰》，不言"区周"）

夷狄之有君，不如诸夏之亡也。（《论语·八佾》，不言"诸周"）

诸夏亲昵，不可弃也。（《左传·闵公元年》，不言"诸周"）

以服事诸夏。（《左传·僖公二十一年》，不言"诸周"）

昔楚灵王不君……不修方城之内，逾诸夏而图东国。（《国语·吴语》，不言"诸周"）

君子居楚而楚，居夏而夏。（《荀子·儒效》，楚夏对言，而非楚周对言）

灭国十五有余，独先诸夏。鲁晋俱诸夏也。（《春秋繁露·观德》）

然后增周旧，修洛邑，翩翩巍巍，显显翼翼，光汉京于诸夏，总八方而为之极。（《后汉书·班固传下》）

以孙皓之虚名，足以惊动诸夏，每一小出，虽圣心知其垂亡，然中国辄怀惶怖。（《晋书·秦秀传》）

夏商周黄帝族征服、统治之地均称"诸夏"，夏商周黄帝族未征服、未统治之地均称"夷狄"。夏代诸侯称为"诸夏"容易理解，为什么商代诸侯不称"诸商"，仍称"诸夏"？为什么周代诸侯也不称"诸周"，仍称"诸夏"？因为夏商周的统治者均为黄帝族，夏代以后均称"夏族"，正如汉代以后中国人均称"汉族"，唐代中国人、宋代中国人并不改称"唐族"、"宋族"。

夏代黄帝族开国以后，"天下共主"是夏代王室，即"夏后"，夏代黄帝族各支族（诸侯），即"诸夏"。商代黄帝族开国以后，尽管"天下共主"变成了商代王室，即"商后"（盘庚迁殷前）或"殷王"（盘庚迁殷后），但是商代黄帝族各支族（诸侯）仍称"诸夏"，不称"诸商"。周代黄帝族开国以后，尽管"天下共主"变成了周代王室，即"周王"，但是周代黄帝族各支族（诸侯）仍称"诸夏"，不称"诸周"。正因夏商周三代是黄帝族三大宗族先后成为"天下共主"，所以夏商周的绝大多数诸侯永远都是黄帝族"诸夏"，只有极少数异族功臣所封诸侯不是黄帝族，比如西周所封齐国诸侯是神农族姜氏。

秦汉终结黄帝族统治以后，《后汉书》《晋书》等史书所言"诸夏"，已无先秦的族属内涵，转指王朝的统治疆域；正如夏商周的"君子"指黄帝族，"小人"指农耕三族，秦汉以后已无先秦的族属内涵，转指个体的道德品行。

关于夏商周诸侯均属"诸夏"，另可补充二证。

其一，楚国在东周时期北进中原，方城之北通向中原之路，不称"周路"，而称"夏路"。证见《史记·越世家》："夏路以左，不足以备秦。"《索隐》曰："楚适诸夏，路出方城，人向北行，以西为左，故云'夏路以左'。"

其二，《诗经》之《小雅》、《大雅》，"雅"训"夏"。孔子所谓"雅言"，即"夏言"，亦即黄帝族"诸夏"的"君子"之言；而农耕三族的"小人"方言，则非"雅言"或"夏言"。"雅"又训"正"，亦即黄帝族"诸夏"的"雅言"读音为正音，农耕三族的"方言"读音非正音。所以先秦的《尔雅》，记录黄帝族"君子"的"雅言"；汉代扬雄的《方言》，记录农耕三族"小人"的"方言"。

以上简述上古至中古黄帝族东西两支之大要，并与考古文化、夏商周始祖和"五帝"叙事挂钩，便于读者理解夏商周黄帝族与上古黄帝族东西两支的关系，进而理解夏商周黄帝族之不同天帝造型的不同来源。

结语 "饕餮纹"天帝是华夏天文历法 宗教神话的终极图像

美国汉学家吉德纬《商史材料》说："你如果不懂饕餮纹，就无法了解商代文化。"又认为"饕餮纹"是"甲骨文卜辞无法解答的一个巨大谜团"。[1] 不懂"饕餮纹"，不仅无法了解商代文化，也无法了解商代以前的夏代文化和商代以后的周代文化，更无法了解夏代以前的上古文化。简而言之，不懂"饕餮纹"就无法了解上古至中古六千年的华夏文化。

---

[1] 转引自艾兰《早期中国历史、思想与文化》211页，辽宁教育出版社1999。

前著《伏羲之道》和《玉器之道》分别梳理论证了伏羲族的彩陶纹样和玉器三族的玉器纹样均为天文历法纹样，同时梳理论证了天文历法纹样衍生的宗教神话纹样，因为"天神"正是天象的神格化。天象体系的神格化，即为天神谱系，祭祀天神即为祭祀天象。所以天象体系衍生神话体系，神话体系衍生宗教体系，宗教体系衍生祭祀体系。

夏商周黄帝族吸收了上古四千年华夏四族的天帝造型，融合为"饕餮纹"天帝，亦即"天帝乘龙巡天图"，画、刻、铸于夏商周黄帝族的陶玉铜礼器。

夏商周黄帝族的青铜礼器，是夏商周天象体系、神话体系、宗教体系、祭祀体系的最高礼器，主体纹样只能是至高神"北极天帝"，即古代文献所言"皇天上帝"、"昊天上帝"、"太一上帝"、"紫微大帝"。

夏商周黄帝族把至高神"北极天帝"铸于青铜礼器，意在通过"神道设教"，一方面自诩黄帝族"君子"是上应星宿的命定统治者，比如君王是对应北斗七星或苍龙七宿的"天帝之子"，诸侯是对应二十八宿的"龙子龙孙"，以此论证黄帝族是"天神下凡"，其统治权是"君权神授"；另一方面宣布农耕三族"小人"是不应星宿的命定被统治者，而且黄帝族"君子"统治农耕三族"小人"的人间秩序忠实仿效了天道秩序，所以"天不变道亦不变"，以此教化农耕三族"小人"服从黄帝族"君子"的神圣统治。

上古至中古六千年华夏天象体系，神格化以后，即为华夏天神谱系。华夏天神谱系的最高结晶，即为"饕餮纹"天帝。"饕餮纹"天帝是华夏天文历法宗教神话的终极图像，也是夏商周黄帝族"神道设教"的终极密码。

『饕餮纹』图法解密：天帝乘龙巡天图

第一章

"饕餮纹"鼻部图法解密：鼻祖纹

内容提要　本章根据考古、文献双重证据，论证商周"饕餮纹"的鼻部纹样是帝星纹，具有精确的天文对位和宗教定位，对应华夏天文第一要素：北极帝星。

关键词　北极帝星；上古帝星纹；"帝"形天帝纹；菱形帝星纹；陶文"帝"字；甲骨文"帝"字；终极帝星纹；鼻祖纹。

弁言　华夏天文第一要素：北极帝星

华夏天文体系，发轫于距今八千年的新石器时代中期。

晚亚洲人七万年前从非洲出发，六万年前到达东亚，经过旧石器时代的数万年繁衍生息，在新石器时代形成了上古华夏四族：上古伏羲族居于华夏西部，父系Y染色体O3，是彩陶族（详见伏羲学第一书《伏羲之道》）。上古黄帝族、上古东夷族、上古南蛮族居于东部沿海，父系Y染色体O1、O2，是玉器三族（详见伏羲学第二书《玉器之道》）。

人类认知个别天象，比如认知昼夜交替、太阳位移、月亮圆缺，以及辨识若干亮星，始于旧石器时代。人类认知天象运行的总体规律和周期变化，比如认知昼夜长短的周期变化，太阳位移的周期变化，月亮圆缺的周期变化，星象旋转的周期变化，编织主要亮星的动态体系，理解全部天象的相互关系，始于新石器时代。而认知天象运行的总体规律和周期变化，始于发现天象旋转的中心——天心，又称"天枢"。

上古华夏四族经过旧石器时代至新石器时代早期的数万年观察，于新石器时代中期发现了地球自转轴的北端，指向永居天心不动的帝星，也同时发现了围绕帝星旋转的北斗七星。

玉器三族的天文学，基本止于中央天区的帝星和围绕帝星旋转的北斗七星（详见《玉器之道》）。

伏羲族的天文学，并未止于中央天区的帝星和围绕帝星旋转的北斗七星，又进一步扩大到中央天区之外的四方天区，于是建构了二十八宿体系（详见《伏羲之道》）。

伏羲族和玉器三族的天文学，是上古华夏区域的两大天文体系。先仰韶一千年（前6000—前5000），是两大体系的发轫期；仰韶两千年（前5000—前3000），是两大体系的发展期；龙山一千年（前3000—前2000），是两大体系的融合期。

中古夏商周两千年（前2070—前256），上古两大天文体系进一步融合为一，于是北极帝星、北斗七星、二十八宿成为夏商周的三大天文要素。商周青铜器的主体纹样"饕餮纹"天帝，正是表达华夏天文三大要素及其宗教神话的终极图像。

本书首先解密大家熟知的商周"饕餮纹"之天文构成，然后论证商周"饕餮纹"天帝是上古天帝造型之集大成。

一　北极天象成因和北极帝星来历

由于地球的自转（图1-1），导致在地球观测者眼中，地球自转轴北端所指北极天枢附近的某颗亮星不动，其他星象围绕这一亮星旋转。但是地球自转轴又以25800年为周期，发生陀螺式摇摆，北极天枢每过几千年会有明显位移。比如新石器时代早期，北极天枢位于天龙座。新石器时代中

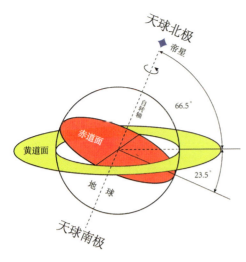

图1-1　北极天象成因图

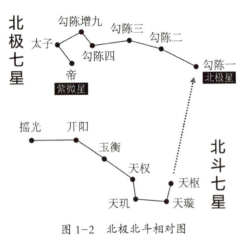

图1-2　北极北斗相对图

期，北极天枢移向小熊座的帝星（小熊座β）。新石器时代晚期以后，北极天枢又逐渐移向勾陈一（小熊座α，今之北极星）。

新石器时代中期的华夏先民，把小熊座β视为北极天枢的标志星，命名为"帝星"（图1-2）。

帝星仅是一颗二等星，并非夜空最亮之星。定位并标示帝星，必须对相邻亮星予以编组，构成容易辨识的特殊图形。

新石器时代中期的华夏先民，仿照最易辨识的"北斗七星"的形状，把与帝星相邻的七颗亮星，编组为"北极七星"。亦即：勾陈一（现在的北极星，小熊座α），勾陈二，勾陈三，勾陈四，勾陈增九，太子星，帝星（新石器时代中期的北极星，小熊座β）。

古籍多见"北斗七星"，少见"北极七星"。唐僧一行《北斗七星护摩法》开篇即言："至心奉启，北极七星。"暗示北极七星是仿照了北斗七星的编组。古籍少见"北极七星"的原因之一是，古籍多称其别名"勾陈七星"，比如《四库全书》所收清梅文鼎《中西经星同异考》："帝星最明太子次，连极五星作斜势。勾陈七星中甚明，离极三度认最易。"

由于"北极七星"别名"勾陈七星"，所以道教神谱有"勾陈大帝"。由于"北极帝星"别名"紫微星"，所以道教神谱有"紫微大帝"。两者都是源于北极天象的华夏至高神。

尽管新石器时代中期以后的几千年，北极天枢逐渐离开紫微星，靠近勾陈一，但是始于新石器时代中期的华夏宗教神话，其至高神永远是对应紫微星的"紫微大帝"，所以明清皇宫仍称"紫禁城"。

《史记·天官书》把"北极七星"称为"中宫天极星"，把"北斗七星"称为"中宫拱极星"，两者均属五大天区的中央天区。上古伏羲族的陶器纹样和上古玉器三族的玉器纹样，根据中央天区的北极天象，创造了各自的专用帝星纹，均被中古夏商周的青铜纹样全面继承、吸收、改造、融合，成为贯通上古四千年、中古两千年的陶、玉、铜第一纹样。

二　上古伏羲族的帝星纹、天帝纹

新石器时代中期的上古伏羲族，先后创造了两种帝星纹：早期是圆点帝星纹，晚期是"帝"形天帝纹。

1. 早期伏羲族：圆点帝星纹

甘肃天水大地湾二期（前4500）的伏羲祖族，根据北极帝星与北斗七星的连线（图1-3.1），创造了北极天帝"帝俊"的造型（图1-3.2、3）：天帝胸部的圆点，标示帝星；圆点之外的圆圈，标示一切天体围绕帝星旋转。

2. 晚期伏羲族："帝"形天帝纹

仰韶中期（前4000）的仰韶伏羲族，进一步完善了北极天帝"帝俊"的造型，创造了"帝"形天帝纹（图1-3.4、5）：天帝一手举日，一手举月，标示北极天帝主宰日月繁星的运行。中古以后的大量天帝造型、伏羲造型、方相氏造型，都是一手举日、一手举月（详见《玉器之道》第七万舞章）。

仰韶伏羲族又根据北极天象的连线和北极天帝的造型，创造了陶文"帝"字（图1-3.6），被商代甲骨文"帝"字承袭（图1-3.7）。

圆点可以标示一切星象，并非表达帝星的专用符号。"帝"形天帝纹和陶文"帝"字，才是表达帝星的专用符号。

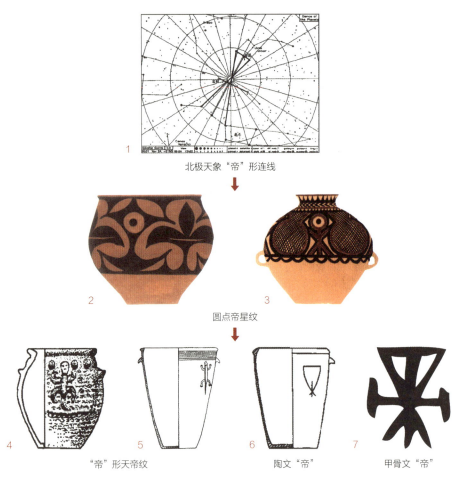

图 1-3 上古伏羲族：圆点帝星纹，"帝"形天帝纹

从天帝造型到陶文"帝"字、甲骨文"帝"字的演变过程，充分证明上古图像先于中古文字，中古文字源于上古图像。

三 上古玉器族的帝星纹

新石器时代中期的上古玉器三族，先后创造了两种帝星纹：早期是圆孔帝星纹，晚期是菱形帝星纹。

1. 早期玉器族: 圆孔帝星纹

玉器三族表达帝星, 同样需要参照物。由于玉器三族以北斗七星为天文核心, 又把斗魁四星拟形为猪的眼鼻四孔, 所以帝星常与北斗七星、北斗猪神共同表达。

河姆渡南蛮族的双凤象牙板 (图1-4.1), 共有七孔。中心的圆孔, 标示帝星。上面四孔、下面二孔和中心圆孔, 合为对应北斗七星、北极七星的七孔。所以上古南蛮族表达帝星, 与上古伏羲族一样, 以北斗七星、北极七星为参照系。

1	2	3
河姆渡南蛮族	凌家滩东夷族	红山黄帝族

图 1-4 玉器三族: 圆孔帝星纹

凌家滩东夷族的猪翅鹰 (图1-4.2), 中心的圆孔, 标示帝星。圆孔外是昆仑台 (天文台) 的符号: 八角星。八角星外的圆圈, 标示天象围绕帝星旋转。上为天鹰之首, 左右双翅是根据北斗七星拟形的北斗猪神。所以上古东夷族表达帝星, 也以北斗七星为参照系。

红山黄帝族的 "玄鼋" (轩辕) 天帝 (图1-4.3), 印堂的圆孔, 标示帝星。天帝的双眼, 分别标示天球的顺时针旋转和地球的逆时针旋转。由于 "玄鼋" 天帝源于 "玄垣" (旧称 "勾云形器"), 而 "玄垣" 的功能是标示四季北斗, 所以上古黄帝族表达帝星, 也以北斗七星为参照系。

2. 晚期玉器族: 菱形帝星纹

上古玉器三族玉器上的圆孔, 与上古伏羲族陶器上的圆点一样, 可以标示一切星象，并非表达帝星的专用符号。为了摆脱这一困境，良渚南蛮族创造了菱形帝星纹，作为表达帝星的专用符号。

良渚琮王（反山 M12：98）　　　　　菱形帝星纹玉琮（台北故宫博物院）

图 1-5　良渚南蛮族：菱形帝星纹

良渚琮王的神徽"天帝骑猪巡天图"（图 1-5.1），包含两大神像：琮王四面正中的北极天帝，对应北极七星（帝星）。琮王四个角部的北斗猪神，对应北斗七星。

良渚神徽的图式结构非常繁复，只能刻于体量较大的良渚琮王等低矮玉琮。良渚高大玉琮的图式结构，完全仿造良渚琮王的图式结构，但是每节空间有限，所以必须对琮王的图式结构予以简化：

琮王四个角部的北斗猪神，被简化为高大玉琮四角的小眼北斗猪神：上为双眼，下为含双鼻孔的猪鼻。

琮王四面正中的北极天帝，难以简化，于是在高大玉琮四面正中应刻良渚神徽的位置，用一个菱形符号代替良渚神徽（图 1-5.2），作为表达帝星的专用符号：菱形的四尖，指向东南西北，标示北极帝星光芒四射，北极天帝主宰四季。

菱形帝星纹作为帝星的专用符号，见于大量良渚玉器。

瑶山 M10 出土的六神玉琯（图 1-6.1），刻有六个北斗猪神：十二猪眼，标示一年十二月。东南西北各刻纵排三眼，标示一季三月。由于空间狭小，无法雕刻北极天帝，于是在猪眼、猪鼻之间，加刻十二个菱形帝星纹，标示北斗七星围绕北极帝星的一年旋转。

良渚南蛮族的玉琯、玉璜、玉镯（图 1-6.2—4），常常雕刻两个或四个北斗猪神，猪眼、猪鼻之间加刻四个菱形帝星纹，标示北斗七星围绕北

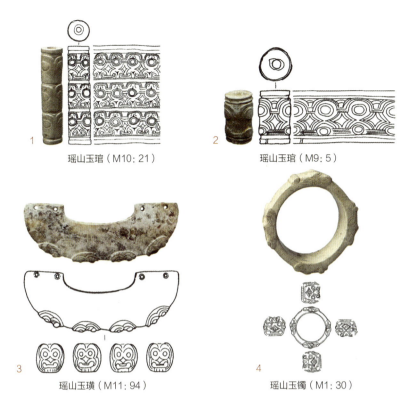

1　瑶山玉琯（M10：21）　　2　瑶山玉琯（M9：5）

3　瑶山玉璜（M11：94）　　4　瑶山玉镯（M1：30）

图 1-6　良渚玉器：菱形帝星纹

极帝星循环旋转。凡猪的猪眼、猪鼻之间，没有菱形的器官，所以菱形符号是代替良渚神徽、象征北极天帝、专指北极帝星的"帝星纹"。

良渚南蛮族的菱形帝星纹，解决了圆孔并非帝星专用符号的难题，于是迅速传播到良渚文化圈之外。

菱形帝星纹西传长江中游的石家河南蛮支族，见于天津博物馆收藏的石家河北极天鹰玉佩的胸部（图1-7.1）。又见于台北故宫博物院收藏的石家河玉圭（图1-7.2）：北极天帝的印堂、鼻尖刻有两个菱形符号，分别标示北极帝星和北斗七星。因为石家河文化只有极斗合一的北极天帝，没有独立的北斗猪神（详见《玉器之道》龙山章）。

菱形帝星纹北传西辽河流域的红山黄帝族，见于内蒙古赤峰市出土的"北斗猪神仰望星空"彩陶罐：红山黄帝族按照良渚北斗猪神口部的菱形帝星纹（图1-8.1），把北斗猪神口部做成了菱形帝星纹（图1-8.2）。

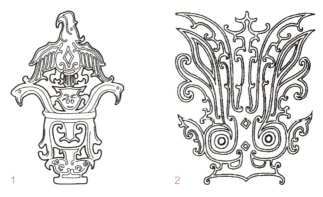

图 1-7　石家河南蛮支族：菱形帝星纹

良渚文化玉器　　　　　　　红山文化陶器

图 1-8　红山黄帝族：菱形帝星纹

　　良渚南蛮族首创的菱形帝星纹，遂成上古玉器三族共享的专用帝星纹。

　　综上所言，上古伏羲族和上古玉器族各有两种帝星纹。早期伏羲族的圆点帝星纹，早期玉器族的圆孔帝星纹，均可表达一切星象，均非表达帝星的专用符号，于是晚期伏羲族创造了表达帝星的"帝"形天帝纹，晚期玉器族创造了表达帝星的菱形帝星纹。

四　夏商周继承上古帝星纹、天帝纹

　　上古伏羲族和上古玉器族的两种专用帝星纹，被中古夏商周继承，分别见于图像系统、文字系统，即图、书系统。

1. 夏代继承上古伏羲族的"帝"形天帝纹

上古伏羲族的"帝"形天帝纹（图1-9.1），见于夏代晚期二里头骨匕（图1-9.2），位于北极天帝鼻部。

上古伏羲族的"帝"形天帝纹，又见于夏家店下层先商文化彩陶，也位于北极天帝的鼻部或印堂（图1-9.3、4）。

两者都是商周"饕餮纹"鼻部之鼻祖纹天帝的源头和雏形。

伏羲族"帝"形天帝纹（陕西铜川前茆）

二里头骨匕　　　　　　　　　　　夏家店下层先商文化

图 1-9　夏代二里头、夏家店下层："帝"形天帝纹

2. 商代甲骨文继承上古伏羲族陶文"帝"字

上古图、书未分，所以上古伏羲族的"帝"形天帝纹，也是具有文字功能的陶文"帝"字（图1-10.2）。

中古图、书已分，于是伏羲族的"帝"形天帝纹和陶文"帝"字，变成了商代甲骨文的"帝"字（图1-10.3）。

上古伏羲族的陶文"帝"字，中古黄帝族的甲骨文"帝"字，全都源于北极天象的连线（图1-10.1）。

由于上古图、书未分，所以上古伏羲族的"帝"形天帝纹和上古玉器族的菱形帝星纹，均属图像系统。

由于中古图、书已分，所以上古的两种专用帝星纹分别进入了中古的

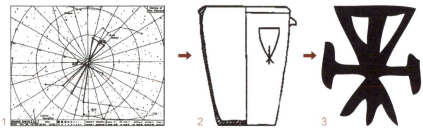

图 1-10　北极天象连线→陶文"帝"→甲骨文"帝"

图、书系统：上古伏羲族的"帝"形天帝纹，进入了中古黄帝族的文字系统；上古玉器族的菱形帝星纹，进入了中古黄帝族的图像系统。

与"帝"字相关的商代甲骨文"昊"字，则把上古伏羲族和上古玉器族的两种帝星纹融合为一。

陶文"帝"　　　　　　　陶文"昊"　　　甲骨文"昊"

图 1-11　陶文与甲骨文

上古伏羲族的天帝造型（1-11.1），被其两大支族"太昊族""少昊族"用作族徽（1-11.2、3），同时也是伏羲族陶文的"昊"字。商代甲骨文继承了"昊"字（1-11.4），但是伏羲族陶文"昊"字的圆点帝星纹，却被玉器族的菱形帝星纹替代。所以甲骨文的"昊"字，融合了上古伏羲族和上古玉器族的两种专用帝星纹。

甲骨文"帝""昊"二字，不仅全都继承了上古伏羲族的陶文，而且全都可以表达天文概念"北极帝星"和宗教观念"北极天帝"，所以合词为"昊天上帝"。

上举各例证明：上古图像系统，是中古文字系统的直接源头。中古文字系统，大量继承了上古图像系统的天文概念和宗教观念。

3. 夏商周继承上古玉器族的菱形帝星纹

上古伏羲族是黄河流域的主体族群，上古伏羲族文化是黄河流域的主体文化。所以黄河流域的中古夏商周黄帝族的图像系统，继承了上古伏羲族的"帝"形天帝纹；中古夏商周黄帝族的文字系统，继承了上古伏羲族的陶文"帝"字。

中古夏商周的黄帝族，又是上古玉器三族之一黄帝族的后裔，所以中古夏商周黄帝族也继承了上古玉器族的菱形帝星纹，见于夏（图1-12.1—4）、商（图1-12.5—8）、周（图1-12.9—12）的大量陶器、铜器。

商周陶器、铜器的"饕餮纹"，尽管构图方式繁复多变，细节要素此有彼无，时代特色判然有别，区域风格截然不同，但是无论差别多大，"饕餮

1　2　3　4
夏：河南二里头　　　　夏家店下层先商文化

5　6　7　8
商：郑州小双桥　　新干大洋洲　　滕州前掌大　　广汉三星堆

9　10　11　12
周：岐山贺家村　　洛阳北窑　　鹿邑太清宫　　四川竹瓦街

图1-12　夏商周：菱形帝星纹

纹"的帝面中心多为菱形帝星纹。

菱形帝星纹见于无数的上古玉器和中古铜器，放射着照彻古今的永恒星光，但是仅被极少数学者注意到。

李学勤《论二里头文化的饕餮纹铜饰》说："这些铜饰上的饕餮纹的面部，很像二里头出土的一件陶片（本书作者按：即图1–12.1）上刻成的双身龙纹的头部。陶片上的龙无角，有棱形目，尖喙，额间有菱形。"[1]

美国学者艾兰《商代饕餮纹及相关纹饰的意义》说："菱形纹饰在商代饕餮纹的前额上经常出现。许多蛇（包括毒蛇）背部都有菱形纹，它们也常在商代艺术中得到表现，但笔者尚不能确定哪种蛇在前额有菱形。菱形纹饰在商代艺术中长时期存在，并常出现在饕餮以及与饕餮相关动物的前额上（如虎），但目前很难确定它究竟来自哪种动物。"[2]

为什么古今学者极少注意到触目皆是的菱形纹，即使注意到也不知其内涵？

原因很多，至少有三。

其一，良渚南蛮族首创的菱形帝星纹，上古时代深藏在良渚玉器的繁复纹样之中，中古时代又深藏在商周青铜器的繁复纹样之中，由于上古玉器和中古铜器的繁复纹样均被后人视为没有确切内涵的装饰纹样，因而在对上古玉器纹样和中古铜器纹样予以科学认知、分类辨析、天文对位、宗教定位之前，菱形帝星纹不大可能被单独拈出、精确辨识、正确命名。

其二，宋代金石学家根据《吕氏春秋·先识》"周鼎著饕餮，食人未咽，害及己身"，把商周青铜器的主体纹样错误命名为"食人未咽"的恶兽"饕餮"，所以宋代金石学家以及被其误导的后世学者不大可能想到居于"饕餮"中心位置的菱形是北极帝星的专用符号。

其三，商周两代的青铜铸造技术不断提高，越来越多的青铜器使用多块陶范拼合浇铸，于是大量的菱形帝星纹被两块陶范接缝处的扉棱分隔为左右两个三角形，导致学者们对菱形帝星纹视而不见，遑论拈出、辨识、命名。

---

[1] 李学勤：《论二里头文化的饕餮纹铜饰》，《走出疑古时代》152页，辽宁大学出版社1994。

[2] ［美］艾兰：《商代饕餮纹及相关纹饰的意义》，《甲骨文与殷商史（第七辑）》333页，上海古籍出版社2017。

五 商晚周早的"帝"形天帝纹：鼻祖纹

商周青铜器的"饕餮纹"天帝造型，融合了上古伏羲族陶器和上古玉器族玉器的两种天帝造型。

商周青铜器的"饕餮纹"天帝之鼻部纹样，融合了上古伏羲族陶器和上古玉器族玉器的两种帝星纹造型。不过融合过程并非一蹴而就，大致经历了三大阶段。

1.夏晚商早：鼻祖纹雏形

第一阶段是夏代晚期至商代早期，两种上古帝星纹从各自独立走向初步融合。

1 夏早花地嘴
2 3 夏家店下层先商文化
4 夏晚二里头
5 夏晚二里头
6 7 夏家店下层先商文化
8 商早二里岗

图1-13 夏晚商早：两种上古帝星纹初步融合

夏代早期新砦文化的河南巩义花地嘴陶器的"饕餮纹"雏形（图1-13.1），鼻部是一种特殊的"帝"形天帝纹。

夏家店下层先商文化的彩陶，"帝"形天帝纹有两种造型。第一种造型

（图1-13.2），被夏代晚期二里头文化的"饕餮纹"雏形（图1-13.5）吸收。第二种造型（图1-13.3），被商代早期二里岗文化的"饕餮纹"雏形（图1-13.8）吸收。而夏家店下层先商文化的彩陶，又把第二种造型发展为另一种"饕餮纹"雏形（图1-13.6、7）。

夏代晚期至商代早期，两种上古帝星纹逐渐融合，于是夏代晚期二里头文化、夏家店下层先商文化、商代早期二里岗文化的"饕餮纹"雏形（图1-13.5—8），额部均有"帝"形天帝纹，印堂均有菱形帝星纹。

2. 商晚周早：鼻祖纹两型

夏代晚期至商代早期，两种上古帝星纹的融合趋于定型，产生了终极帝星纹：鼻祖纹天帝（下文简称"鼻祖纹"），主要有A、B两型。

其一，商晚周早的鼻祖纹A型。

上古石家河南蛮族的天帝鼻部（图1-14.1），夏家店下层先商文化的天帝额部（图1-14.2），已有商代晚期鼻祖纹的最早源头。

商代早期二里岗文化郑州小双桥青铜建筑构件的"饕餮纹"雏形（图1-14.3），鼻部纹样上承石家河文化、夏家店下层先商文化，已是鼻祖纹A型的雏形，但与"饕餮纹"帝面融合为一，尚未成为独立纹样。

商代晚期殷墟文化经典"饕餮纹"（图1-14.6—8）的鼻部，已把二里岗天帝的鼻祖纹雏形独立出来，成为鼻祖纹A型；其腰间纹样，源于良渚文化"天帝骑猪巡天图"（图1-14.4）和二里岗文化"天帝乘龙巡天图"（图1-14.5）的天帝双手。

商代晚期的三星堆"饕餮纹"（图1-14.9），同于商代晚期的中原"饕餮纹"（图1-14.8），证明三星堆的青铜图法源于中原。

西周早期的"饕餮纹"鼻部（图1-14.10、11），承袭商代晚期的鼻祖纹A型。

据此可知，商晚周早鼻祖纹A型的造型细节是：上为天帝头部，中为天帝双手。下为天帝双足，因其位于"饕餮纹"的鼻翼，所以图形双关：既像鼻翼，又像天帝足踩祥云。

鼻祖纹A型大都取消了菱形帝星纹，可能原因是：鼻祖纹A型是辨识

<table>
<tr><td>1
石家河天帝</td><td>2
夏家店下层先商天帝</td><td>3
商早二里岗天帝</td></tr>
</table>

4
良渚文化：天帝骑猪巡天图

5
商早二里岗：天帝乘龙巡天图

6

7

8

9

商晚 A 型：6—8 殷墟文化　　　　　四川三星堆

10

11

周早 A 型：陕西宝鸡纸坊头　　　　陕西宝鸡弓魚国墓地

图 1-14　商晚周早：鼻祖纹 A 型

度很高的人格化天帝造型，不必另加菱形帝星纹。

其二，商晚周早的鼻祖纹 B 型。

商晚周早的鼻祖纹 A 型，又演变出商晚周早的鼻祖纹 B 型（图 1-15）。

商晚周早鼻祖纹 B 型的造型细节是：上为天帝头部，下为天帝双足，此与 A 型相同。中间的天帝双手之上，添加天帝双肩，此与 A 型小异。

商晚周早的鼻祖纹 A、B 两型，共有三大差别。

其一，A、B 两型轮廓不同。

A 型是商代晚期的创新造型，B 型是商代晚期以 A 型为基础的复古造型。

所以B型更加接近上古伏羲族、夏代二里头的"帝"形天帝纹和商代甲骨文"帝"字。

其二，A型常无菱形帝星纹，B型常有菱形帝星纹。

A型是商代晚期的创新造型，所以经常取消此前流行千年的菱形帝星纹。B型是商代晚期以A型为基础的复古造型，综合吸收了上古伏羲族、夏代二里头、夏家店下层的天帝造型（图1–15.1—3），所以常有菱形帝星纹（图1–15.4、5）。但是西周早期的B型，也常取消菱形帝星纹（图1–15.6、7）。

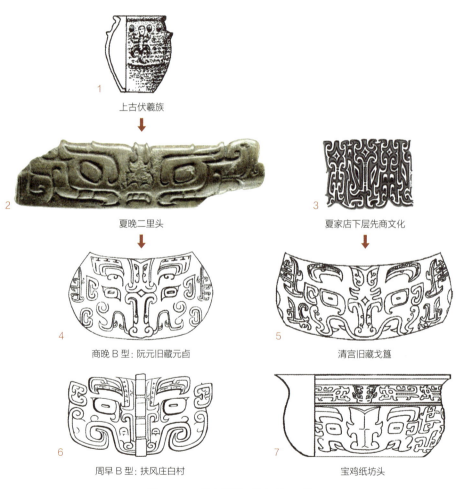

图 1–15　商晚周早：鼻祖纹 B 型

其三，A型较少线刻纹样，B型较多线刻纹样。

B型的线刻纹样，是鼻祖纹A型的简化纹样，见于头部和身部。有时头部纹样、身部纹样一致（图1-15.4）。有时头部纹样、身部纹样小异（图1-15.5）。

综上所言，经过上古至中古的数千年演变，综合了各时期、各区域多种文化的不同影响，商晚周早出现了终极帝星纹：鼻祖纹天帝（图1-16）。

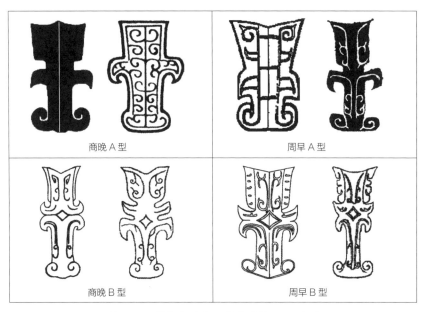

图1-16　鼻祖纹天帝：商晚周早A、B两型

商周"饕餮纹"鼻部的特殊纹样，曾经引起少量学者注意。李济命名为"鼻形纹"，个别学者沿用；日本学者林巳奈夫命名为诸侯的旗帜"蕤"，因其荒谬无人采纳。[1]李济、林巳奈夫无法解释：为什么"鼻形纹"、"蕤"形纹可以脱离"饕餮纹"，成为独立纹样？为什么各种神兽从不跪拜"饕餮纹"的眼睛、耳朵，仅仅跪拜"饕餮纹"的鼻子？

合理的解释是："饕餮纹"鼻部的纹样，既不是李济所言"鼻形纹"，

---

[1]　李济：《殷墟青铜器研究》，上海人民出版社2008。林巳奈夫：《神与兽的纹样学：中国古代诸神》8页，常耀华等译，生活·读书·新知三联书店2009。

也不是林氏所言"蓏"形纹，而是对应北极帝星的终极帝星纹，同时也是作为人格神的天帝纹。

上古玉器三族的天文核心，就是发现了北斗七星围绕北极帝星旋转。所以上古玉器三族的酋长，包括红山黄帝族的酋长、良渚南蛮族的酋长、大汶口东夷族的酋长，以及中古夏商周的黄帝族天子，天文对位都是北斗七星，宗教定位都是北斗之神，亦即自封北极天帝"帝俊"之子（详见《玉器之道》）。所以从上古黄帝族酋长到中古黄帝族天子，都把北极天帝"帝俊"视为黄帝族神话始祖"黄帝轩辕氏"之父，亦即黄帝族的终极始祖——鼻祖。所以商周"饕餮纹"的鼻部纹样，其天文历法命名应为"终极帝星纹"，其宗教神话命名应为"鼻祖纹天帝"。

正因鼻祖纹是天帝纹，因此可以脱离"饕餮纹"，成为独立纹样，接受天下万物跪拜（图1-17）。

1 山东益都苏埠屯神面钺

2 陕西岐山外叔鼎（鼎耳）

3 河南平顶山应国墓（舆饰）

4 陕西岐山贺家村铜鼎（颈部）

5 陕西扶风史墙盘（口沿）

6 陕西扶风大克鼎（口沿）

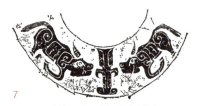

7 四川彭县竹瓦街铜罍（肩部）

8 陕西泾阳高家堡戈国墓铜卣（腹部）

图1-17 天下万物跪拜鼻祖纹天帝

商周鼻祖纹不仅可以脱离商周"饕餮纹"成为独立纹样,而且可以置于万舞天帝的头顶充当冠饰。河南安阳殷墟出土的商代晚期天帝玉佩(图1-18.1),日本泉屋博古馆收藏的商代晚期青铜双鸟鼍鼓的鼓身(图1-18.2),都是万舞舞者扮演的天帝造型,其头顶的冠饰,正是从商周"饕餮纹"鼻部独立出来的纹样,进一步证明商周"饕餮纹"的鼻部纹样并非"鼻形纹",而是鼻祖纹天帝。

3. 商周"饕餮纹"鼻部之鼻祖纹三型六式

作为独立纹样的商周鼻祖纹,仅有A、B两型。但是商周"饕餮纹"鼻部的鼻祖纹,却有A、B、C三型,每型各有二式,合计三型六式。

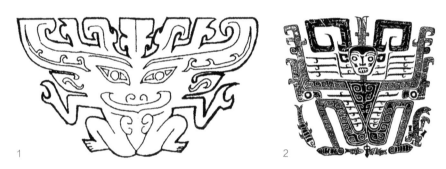

图1-18 商代万舞天帝头顶的鼻祖纹冠饰

其一,"饕餮纹"鼻部的鼻祖纹A型二式。

A型独立式(图1-19.1、2),与"饕餮纹"面部的其他纹样并不相连。

A型融入式(图1-19.3—6),与"饕餮纹"面部的其他纹样融为一体。

其二,"饕餮纹"鼻部的鼻祖纹B型二式。

B型独立式(图1-20.1、2),与"饕餮纹"面部的其他纹样并不相连。

B型融入式(图1-20.3—6),与"饕餮纹"面部的其他纹样融为一体。

其三,"饕餮纹"鼻部的鼻祖纹C型二式。

C型高鼻式(图1-21.1、3),鼻顶高于角部。

C型低鼻式(图1-21.2、4),鼻顶低于角部。

C型是A、B两型融入式的简化型,所以没有独立纹样,也不具有A、B

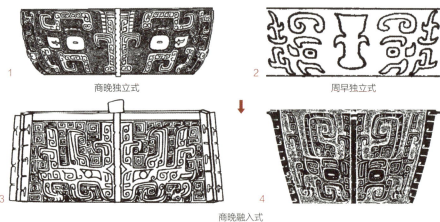

1　商晚独立式　　　　　　　　2　周早独立式

3　　　　　　　　　　　　　　　4

商晚融入式

5　　　　　　　　　　　　　　　6

周早融入式

图 1-19　鼻祖纹 A 型：1、2 独立式，3—6 融入式

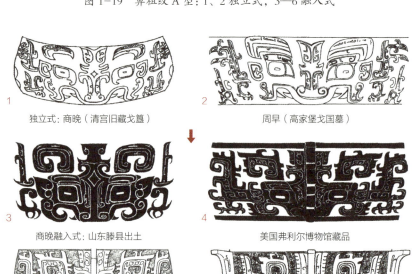

1　独立式：商晚（清宫旧藏戈簋）　　　2　周早（高家堡戈国墓）

3　商晚融入式：山东滕县出土　　　　　4　美国弗利尔博物馆藏品

5　周早融入式：陕西扶风庄白村出土　　6　山西曲沃晋侯墓出土

图 1-20　鼻祖纹 B 型：1、2 独立式，3—6 融入式

1
商晚：妇好大方尊

2
上博藏殷墟铜鼎

3
周早：洛阳北窑方鼎

4
岐山贺家村圆鼎

图 1-21　鼻祖纹 C 型：1、3 高鼻式，2、4 低鼻式

两型的轮廓，仅在鼻梁两侧保留 A 型的线刻（极简图式则无），印堂也常有菱形帝星纹（极简图式则无）。

　　具有鼻祖纹 C 型的"饕餮纹"，数量远远超过具有鼻祖纹 A 型、B 型的"饕餮纹"。假如不明白鼻祖纹 C 型是鼻祖纹 A、B 两型的简化型，就会根据数量多寡而把具有鼻祖纹 C 型的"饕餮纹"错误视为标本，"饕餮纹"研究就会误入歧途。

4. 商周鼻祖纹之强化型、拆分型

　　鼻祖纹 A 型、B 型融入"饕餮纹"以后，尤其是出现了作为简化型的鼻祖纹 C 型以后，鼻祖纹的辨识度大大降低，于是又出现了提高鼻祖纹辨识度的强化型。

　　鼻祖纹的立体强化型，见于商晚周早的青铜爵（图 1-22.1、2）。因为青铜爵的鋬部挡住了鼻祖纹，为了避免在"饕餮纹"全图中居于至尊地位的鼻祖纹被遮蔽，于是在鋬部前端加铸一个缩微版"饕餮纹"。

　　鼻祖纹的浮雕强化型，见于商晚周早的青铜簋（图 1-22.3、4）。原本位于青铜爵鋬部的缩微版"饕餮纹"，移至鼻祖纹的头部，做成浮雕。

　　鼻祖纹的立体强化型和浮雕强化型，意在强调鼻祖纹在"饕餮纹"全图中的至尊地位和独特内涵。假如不能充分理解鼻祖纹在"饕餮纹"全图

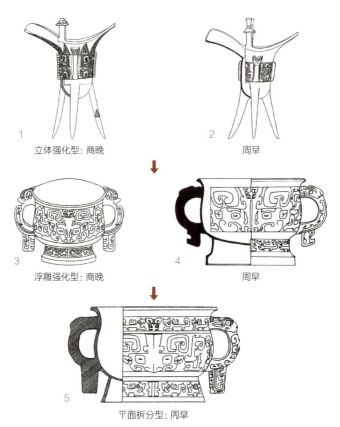

1　立体强化型：商晚　　2　周早

3　浮雕强化型：商晚　　4　周早

5　平面拆分型：周早

图 1-22　鼻祖纹的强化型、拆分型

中的至尊地位和独特内涵，也就难以理解"饕餮纹"的印堂位置为什么叠床架屋地另加一个微型"饕餮纹"。

鼻祖纹的简化型和强化型，都是鼻祖纹 A 型、B 型的衍生型。由于简化型的数量极多，而且改变了鼻祖纹的轮廓，所以简化型可以单独列为一型。但是强化型的数量极少，而且没有改变鼻祖纹的轮廓，所以强化型不宜单独列为一型。

鼻祖纹的强化型出现以后，可能是考虑到强化型确有叠床架屋之嫌，于是又把强化型予以拆分（图 1-22.5），形成了三层纹样：

其一，器腹是主纹，即鼻祖纹融入式的"饕餮纹"。而"饕餮纹"的帝面，由侧面两龙的龙首合成（详见第二章）。

其二，器颈的微型"饕餮纹"（原本位于器腹的鼻祖纹强化型头部，现在拆分移至器颈，仍为浮雕），是解释主纹的副纹：左右配两龙，解释器腹的"饕餮纹"帝面由侧面两龙的龙首合成。

其三，器足的鼻祖纹独立纹样（原本位于器腹的"饕餮纹"鼻部，现在拆分移至足部），也是解释主纹的副纹：左右配两龙，仍然解释器腹的"饕餮纹"帝面由侧面两龙的龙首合成。

鼻祖纹强化型的重要功能是：强调"饕餮纹"的鼻部并非"鼻形纹"，而是"天帝纹"。

鼻祖纹拆分型的重要功能是：既强调"饕餮纹"的鼻部是天帝纹，又强调"饕餮纹"的帝面由侧面两龙的龙首合成。总体内涵，就是《山海经》所言"天帝乘两龙"，亦即"天帝乘龙巡天图"（详见第三章）。

结语　菱形帝星纹和鼻祖纹天帝的宗教功能

北极帝星是新石器时代中期的华夏天文核心，与之对应的北极天帝"帝俊"是新石器时代中期至夏商周的华夏宗教核心，所以帝星纹是上古至中古的陶、玉、铜第一天文图像。商周青铜器的"饕餮纹"，则是源于帝星纹的第一宗教图像。由于天文是宗教的源头，天文崇拜是宗教崇拜的源头，所以商周"饕餮纹"的中心位置均有帝星纹。

上古伏羲族的"帝"形天帝纹和上古玉器族的菱形帝星纹融合而成的终极帝星纹，功能是标示商周宗教的至高神北极天帝"帝俊"，因而置于"饕餮纹"的中心位置亦即鼻部，故称"鼻祖纹天帝"，简称"鼻祖纹"。

鼻祖纹可以作为独立纹样，受到各种神兽以及天下万物跪拜，所以不能简单化地视为"饕餮纹"的鼻子，而是北极天帝"帝俊"的造型。

"饕餮纹"的鼻部纹样源于华夏天文第一要素北极帝星，已如本章所论。"饕餮纹"的角部纹样源于华夏天文第二要素北斗七星，"饕餮纹"的面部纹样源于华夏天文第三要素苍龙七宿，详见下章。

三型		鼻祖纹天帝	"饕餮纹"天帝：天帝乘龙巡天图	
A型二式	商晚		 A型第一式：鼻祖独立式	 A型第二式：鼻祖纹融入式
	周早		 A型第一式：鼻祖纹独立式	 A型第二式：鼻祖纹融入式
B型二式	商晚		 B型第一式：鼻祖纹独立式	 B型第二式：鼻祖纹融入式
	周早		 B型第一式：鼻祖纹独立式	 B型第二式：鼻祖纹融入式
C型二式	商晚	无独立纹样	 C型第一式：高鼻式	 C型第二式：低鼻式
	周早	无独立纹样	 C型第一式：高鼻式	 C型第二式：低鼻式

第二章

"饕餮纹"角部面部图法解密：两龙纹

内容提要 本章根据考古、文献双重证据，论证商周"饕餮纹"的角部主纹是北斗纹，对应华夏天文第二要素：北斗七星；面部纹样是两龙纹，对应华夏天文第三要素：领衔二十八宿的苍龙七宿。"饕餮纹"的角部、面部纹样具有精确的天文对位和宗教定位。

关键词 苍龙七宿；上古龙纹；甲金文"龙"字严格符合苍龙七宿连线；夏商周卷尾龙严格符合苍龙七宿连线；北斗七星；北斗角；"饕餮纹""有首无身"之谜；"饕餮纹""没有下颚"之谜。

弁言　华夏天文第二第三要素：北斗七星，苍龙七宿

华夏天文第一要素北极帝星，第二要素北斗七星，均属中央天区。中央天区之外，是东南西北四方天区。每方天区各有七宿，合为二十八宿，是华夏天文第三要素。

商周"饕餮纹"的鼻部纹样，对应华夏天文第一要素北极帝星（详见第一章）。商周"饕餮纹"的角部纹样，对应华夏天文第二要素北斗七星，由于斗形较为简单，难以拟形为独立的人格神造型，于是附于龙角，成为龙角的第一造型：北斗角。商周"饕餮纹"的面部纹样，对应华夏天文第

三要素二十八宿，由于面部空间有限，无法表达全部二十八宿，于是仅仅表达领衔二十八宿的苍龙七宿：两龙纹。

一　中国龙是源于苍龙七宿的天文神兽

中国龙是源于苍龙七宿的天文神兽，产生于新石器时代中期，是上古伏羲族二十八宿体系的第一天文神兽。尽管新石器时代中期以后的中国人为龙追加了无数的象征意义和附加意义，但是龙的天文初义，是龙的一切象征意义、一切附加意义的唯一源头。

1. 苍龙七宿的特殊地位：领衔二十八宿

新石器时代中期的华夏主体民族伏羲族创立的华夏天文体系，把全部天空分为东西南北中五大天区（神话表述称为"天宫"），即中央天区和四方天区。

地球自转轴北端的延长线，指向中央天区的中心"北极帝星"，即"中宫天极星"。中央天区围绕"北极帝星"旋转的"北斗七星"，是"中宫拱极星"（《史记·天官书》）。

北斗七星的斗柄指向苍龙七宿的第一宿角宿，亦即《史记·天官书》所言"北斗七星，杓携龙角"，所以北斗七星又以"杓携龙角"为标志，携带二十八宿和一切天象，围绕北极帝星旋转。于是角宿成了领衔二十八宿的第一宿，苍龙七宿成了领衔四方天宫的第一宫，神龙成了领衔四方天文神兽的第一天文神兽。

2. 中国龙源于苍龙七宿的上古硬证：北斗龙虎图

仰韶文化是上古伏羲族的文化，仰韶文化早期（前4500）的河南濮阳西水坡45号墓，有一幅蚌壳堆塑的北斗龙虎图（图2-1）。

蚌塑图以龙形标示苍龙七宿，以虎形标示白虎七宿，以斗形标示北斗七星，斗柄指向龙角，完全符合《史记·天官书》所言"北斗七星，杓携龙角"。

这是上古伏羲族在新石器时代中期创造华夏二十八宿体系的硬证，也是中国龙源于苍龙七宿的硬证。

3. 甲金文"龙"字严格符合苍龙七宿连线

从上古伏羲族到中古夏商周，中国龙的造型，全都源于苍龙七宿连线。

上古没有文字，龙的造型或是平面的图像，或是立体的雕塑，为

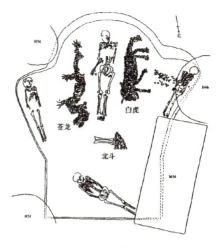

图 2-1　西水坡北斗龙虎图：苍龙七宿的静态表达

使平面龙、立体龙栩栩如生，先民又放飞想象，添加了很多造型细节，所以上古神龙造型并不严格符合苍龙七宿的连线。

中古有了文字，"龙"字是表达苍龙七宿二维分布的简笔画，所以严格符合苍龙七宿的连线。

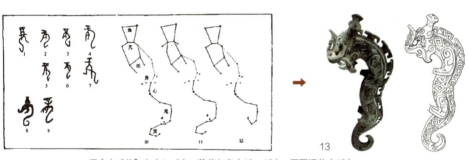

甲金文"龙"字（1—9）＝苍龙七宿（10—12）＝西周铜龙（13）

图 2-2　龙字、龙形的源头：苍龙七宿

天文考古学家冯时已经证明：甲骨文、金文的一切"龙"字（图2-2.1—9），严格符合苍龙七宿的连线（图2-2. 10—12）。

冯时认为，苍龙七宿"无论选用什么样的连缀方式，其所呈现的形象都与甲骨文及金文'龙'字的形象完全相同。这种一致性所暗示的事实是清楚的，不仅商周古文字的'龙'字取象于东宫七宿，甚至龙的形象也源

自于此。……甲骨文及金文的'龙'字，本身就是一幅星图"[1]。

除了甲骨文、金文的"龙"字严格符合苍龙七宿的连线，夏商周的平面龙和立体龙也严格符合苍龙七宿的连线，比如1992年陕西扶风海家村西周墓出土的一件铜龙（图2-2.13），就是"龙"字的立体化。

为了便于辨识、指认、记忆、传授，新石器时代全球不同地区的先民都会划分天区，把相邻亮星编组、连线，拟形为天文神兽，仅是分区、编组、连线各不相同，拟形的天文神兽也不相同。比如西方天文学的天蝎座（图2-3.1），把苍龙七宿的房、心、尾三宿予以编组、连线，拟形为蝎子：房宿拟形为蝎首，心宿拟形为蝎心，尾宿拟形为蝎尾。所以天蝎座的卷尾，酷似中国龙的卷尾（图2-3.2）。仅是卷尾方向相反，因为中国龙的尾宿之后，另有箕宿。

图2-3　天蝎座卷尾酷似中国龙卷尾

4. 夏商周卷尾龙严格符合苍龙七宿连线

夏商周陶玉铜的大量龙形，全都严格符合苍龙七宿的连线。限于篇幅，略举数例（图2-4）。

目前考古所见严格符合苍龙七宿连线的卷尾龙，第一例是陕北石峁先夏文化的石雕龙（图2-4.1），第二例是夏代晚期二里头文化的绿松石龙（图2-4.2），其后见于无数商周青铜器（图2-4.3—9）。

---

[1]　冯时：《中国天文考古学》306—308页，社会科学文献出版社2001。

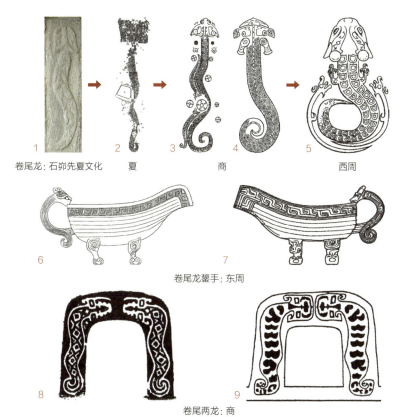

卷尾龙：石峁先夏文化　　夏　　　　　商　　　　　　　西周

卷尾龙鋬手：东周

卷尾两龙：商

图2-4　上古至夏商周：卷尾龙、卷尾两龙

　　甲骨文、金文的"龙"字（图2-2.1—9），均有两种写法：或呈S形，或呈反S形。商周青铜器的独体卷尾龙（图2-4.1—7），也有两种造型：或呈S形，或呈反S形。龙首相对的卷尾两龙（图2-4.8、9），同样如此：左龙呈S形，右龙呈反S形。可见S形、反S形的配对两龙，既非为了对称，亦非为了美观，而是标示天球、地球的相对旋转，亦即古籍常言"天左旋（天球顺时针旋转），地右旋（地球逆时针旋转）"：S形的左龙，正是标示"天左旋"的天盘龙；反S形的右龙，正是标示"地右旋"的地盘龙。

　　出于同样原因，太极图也有两种：标示"天左旋"的天盘太极图（图2-5.1），标示"地右旋"的地盘太极图（图2-5.2）。北斗之形，以及作为"四季北斗合成符"的万字符，也都各有两种：标示"天左旋"的天盘北斗（图2-5.3）、天盘万字符（图2-5.5），标示"地右旋"的地盘北斗图（图

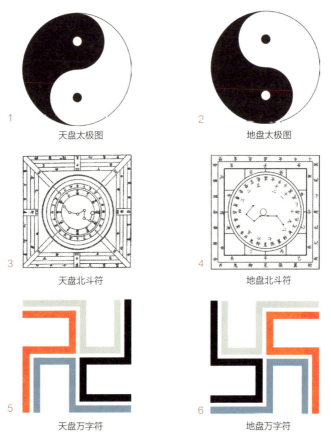

图 2-5 太极图、北斗符、万字符均有天盘符、地盘符

图 2-6 龙星、鱼星、龟星组合：1—3 商，4—6 周

2–5.4）、地盘万字符（图2–5.6）。所以《淮南子·天文训》说："北斗之神有雌雄，雄左行，雌右行。"

商周青铜器的龙形，整体造型共有两类四种：第一类是卷尾龙，是苍龙七宿的静态表达，分为S形的天盘龙和反S形的地盘龙。第二类是衔尾龙（旧名"蟠龙"），是苍龙七宿的动态表达，分为顺时针的天盘龙和逆时针的地盘龙。

无论是卷尾龙，还是衔尾龙，常常伴有鱼纹（图2–6.1、3—5）、龟纹（图2–6.2、6）。按照天地对位的分野学说，尾宿、箕宿对位九江，尾宿旁边的星体被命名为天江星、鱼星、龟星，所以作为龙纹重要配角的鱼纹、龟纹，非装饰纹样，也是天象符号。这是中国龙源于苍龙七宿连线的重要旁证。

5. 古人已知中国龙源于苍龙七宿连线

中国龙起源于苍龙七宿，除了考古证据，另有文献证据。

首先，文献证据证明，古人早已知道，四方神兽是源于二十八宿四宫连线的天文神兽：

> 四方皆有七宿，可成一形。东方成龙形，西方成虎形，皆南首而北尾；南方成鸟形，北方成龟形，皆西首而东尾。
>
> （《尚书·尧典》孔颖达疏）

其次，文献证据证明，古人早已知道，苍龙七宿每一宿的宿名严格符合龙体的各个部位：

> 东方七宿，角、亢、氐、房、心、尾、箕，共为苍龙之体。南首北尾，角即龙角，尾即龙尾。
>
> （《左传·昭公二十九年》孔颖达疏）

孔颖达所言"南首北尾"，提示我们：龙首龙尾有固定方向。

孔颖达所言"角即龙角，尾即龙尾"，又提示我们：苍龙七宿的宿名，严格对应龙体的各个部位。

其一，角宿，拟形为龙角，所以宿名为"角"。

其二，亢宿，拟形为龙嘴，所以宿名为"亢"。《尔雅·释鸟》郭璞注："亢即咽。"《一切经音义》卷二〇引《苍颉篇》："亢，咽也。"

其三，氐宿，拟形为龙首，所以宿名为"氐"，言其为天象之根柢。《尔雅·释天》："天根，氐也。"孙炎曰："角、亢下系于氐，若木之有根。"

其四，房宿，拟形为龙腹，所以宿名为"房"。《石氏星经》："东方苍龙七宿，房为腹。"

其五，心宿，拟形为龙心，所以宿名为"心"。

其六，尾宿，拟形为龙尾，所以宿名为"尾"。《左传·僖公五年》："龙尾伏辰"，杜预注："龙尾，尾星也。"

其七，箕宿，拟形为龙的卷尾，其状如箕，所以宿名为"箕"。《尔雅·释天》郭璞注："箕，龙尾。"[1]

综上所言，甲骨文、金文的"龙"字严格符合苍龙七宿的连线，卷尾龙的整体造型也严格符合苍龙七宿的连线，苍龙七宿的每一宿名严格对应龙体的每一部位，考古证据和文献证据共同证明：中国龙是源于苍龙七宿连线的天文神兽。

6. 后人为何不知中国龙源于苍龙七宿

既然考古证据和文献证据全都证明古人早已知道中国龙的源头是苍龙七宿，为什么大多数后人很少知道？极少数后人即使知道也很少相信？

首先，汉字的字体演变，导致后世的"龙"字不再严格符合苍龙七宿的连线。

尽管甲骨文、金文的"龙"字严格符合苍龙七宿的连线，但是商代甲骨文和刻有金文的商周青铜器，都是最近百年的考古发现，在此之前的司马迁、许慎、段玉裁等人，全都没有见过。随着大篆、小篆、隶书、楷书、

---

[1]　参看冯时：《中国天文考古学》307页，社会科学文献出版社2001。

行书、草书、简体等等字体的演变，秦汉以后的"龙"字，逐渐远离了甲骨文、金文的"龙"字，不再严格符合苍龙七宿的连线。所以两千年来，中国龙起源于苍龙七宿的第一硬证，即甲骨文"龙"字源于苍龙七宿的连线，完全无人知晓。

其次，夏商周实行"绝地天通"政策，天文知识、天文图像仅由极少数史官执掌，普通人包括士大夫基本不知苍龙七宿的二维分布，因此他们即使在青铜器上经常看见卷尾龙，也不知道其严格符合苍龙七宿的连线，而是熟视无睹地视为审美造型。尤其是秦汉以后，字义解释权归于儒家士大夫阶层，而儒家出于礼官，不熟悉天文知识、天文图像，不了解"龙"字源于苍龙七宿、龙造型象征苍龙七宿。

其三，夏商周把天上的神龙，视为天子的象征物。

中国天子的至高权威，导致大部分人无条件接受官方教条，相信龙是天子的象征物。由于关于天子的一切，全都不可追问，因此臣民只许知道龙象征天子，不许追问为什么。即使有人追问，也没人告诉你：龙之所以象征天子，是因为苍龙七宿领衔二十八宿。于是龙的象征新义和附加新义，遮蔽了龙的天文初义。

最后，不知神龙源于天象的人们，热衷于为天上神龙寻找对应的人间凡兽，遮蔽了龙的天文起源。

中国的四大神兽，源于二十八宿的四方天象连线，其中的朱雀、白虎、玄武（龟蛇合形）都能找到对应的人间凡兽，只有苍龙找不到对应的人间凡兽。但是龙在中国文化中的独一无二地位，导致很多人热衷于让天上神龙落地生根，产生了随意比附的种种猜测，诸如龙起源于蟒、起源于蛇、起源于鲵（娃娃鱼）、起源于鳄等等。这些猜测尽管缺乏说服力，但比"龙形起源于苍龙七宿连线"更具迷惑性。

以上众多原因的综合作用，导致大多数人只相信龙的象征新义和附加新义，不相信的天文初义。即使极少数人知道古代文献曾经记载中国龙的天文起源，也视为个别古人的一家之言或主观臆测。于是"龙象征天子"，"龙是虚构的神话动物"，"龙是各种动物的合体"之类传统说法，以及"龙起源于蟒"，"起源于蛇"，"起源于鲵"，"起源于鳄"之类现代猜测，成了人云亦云、将信将疑的"大众常识"。

现代考古通过发现甲骨文、金文的"龙"字严格符合苍龙七宿的连线，夏商周陶、玉、铜的卷尾龙也全都严格符合苍龙七宿的连线，彻底证实了中国龙起源于苍龙七宿。

二　商周神龙纹的造型细节

商周青铜器的神龙，除了照搬苍龙七宿的卷尾，还有龙角、龙耳、龙牙、龙爪、龙鳞等等造型细节，也都各有精确的天文内涵。

1. 龙角造型：北斗角、角宿角、螺蛳角、心宿角

龙角共有四种造型：北斗角、角宿角、螺蛳角、心宿角。

其一，北斗角。

图 2-7　龙角 A 型：北斗角

长有北斗角的龙，见于著名的后母戊方鼎等商代铜器（图2-7.1—3），也见于西周玉器、铜器（图2-7.4—6）。

北斗角取象于北斗七星，意在揭示北斗七星与苍龙七宿的直接联系：

北斗七星的斗柄，指向苍龙七宿的第一宿角宿，亦即"北斗七星，杓携龙角"（《史记·天官书》）。

其二，角宿角。其三，螺蛳角。

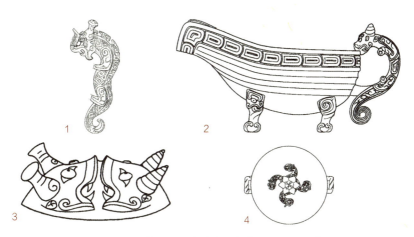

图 2-8　龙角 B 型：角宿角；龙角 C 型：螺蛳角

长有角宿角的龙，是商周神龙的标准形。

角宿角（图2-8.1），取象于角宿二星、亢宿二星的倒梯形连线（图2-2.10—12）。马承源错误命名为"长颈鹿角"，然而长颈鹿为非洲独有，中国龙不可能有一对长颈鹿角。

螺蛳角（图2-8.2），取象于螺蛳，亦即取象于地，区别于角宿角之取象于天。林巳奈夫称为"笋贝角"，意为既像笋形，又像贝形，贝形意近螺蛳。

角宿角、螺蛳角常常同时使用（图2-8.3、4），分别标示天盘龙和地盘龙。两者的不同内涵，见于《山海经》：

> 钟山之神，名曰烛阴，视为昼，瞑为夜。（《海外北经》）
> 有神，人面蛇身而赤，直目正乘，其瞑乃晦，其视乃明，不食不寝不息，风雨是谒。是烛九阴，是为烛龙。（《大荒北经》）

烛龙为天盘龙，角形取自角宿二星、亢宿二星的倒梯形连线，立体化为角宿角。

烛阴为地盘龙，角形取自水中的螺蛳，立体化为螺蛳角。

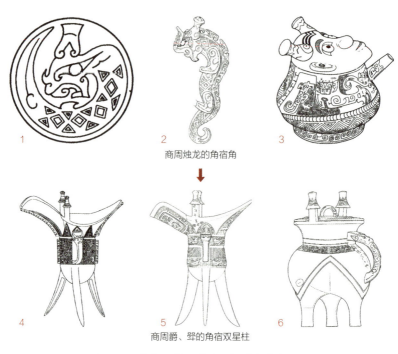

商周烛龙的角宿角

商周爵、斝的角宿双星柱

图 2-9　夏商周爵、斝的双柱对应角宿双星

尽管区分天盘龙"烛龙"、地盘龙"烛阴"之时必须分别使用角宿角、螺蛳角，但是商周铜器最常表现的是天盘龙"烛龙"，所以取象于角宿二星、亢宿二星连线的角宿角更为常见。比如河南安阳侯家庄西北冈 M1004 出土铜胄上的商代卷尾龙（图 2-9.1），陕西扶风海家村出土的西周卷尾龙（图 2-9.2），以及美国华盛顿弗利尔美术馆藏商代烛龙神（图 2-9.3），均为角宿角。

不仅如此，夏代晚期二里头的青铜爵、青铜斝已有表现角宿双星的双柱，仅是双柱顶部呈伞状，尚非角宿角；而且当时范铸技术非常初级，鋬手尚未铸成龙形。商晚周早角宿角定型以后，青铜爵、青铜斝的双柱顶部均为角宿角（图 2-9.4—6），而且鋬手铸成龙形，证明双柱顶部的角宿角，正是鋬手烛龙的角宿角。所以双柱之形、鋬手之形不能分开，必须合观。

夏商周青铜爵、青铜斝为何会有奇怪的双柱，是一个长期困扰学术界的千古之谜。根据爵、斝双柱顶部的角宿角，实为爵、斝鋬手烛龙的角宿角，本书认为夏商周青铜爵、青铜斝的双柱对应角宿双星，功能是祭祀烛龙。

其四，心宿角。

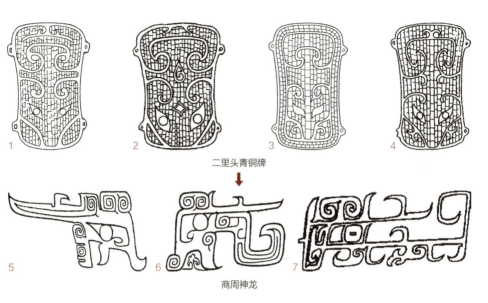

图 2-10　龙角 D 型：心宿角

心宿角（图2-10），取象于心宿二，即大火星。大火星是一颗红巨星，也是苍龙七宿的最亮之星。龙山时代的上古伏羲族创立了以大火星为标志星的火历，并以大火星纹为火历的标志。

夏代沿用大火星纹，同时用作龙角造型（图2-10.1—4），商周承之（图2-10.5—7）。大火星纹也是龙身的两大纹样之一，详见下文"龙身纹样"。

以上四种龙角造型，各有不同功能。北斗角取象于天文层级高于苍龙七宿的北斗七星，表达"杓携龙角"的天文关系。角宿角取象于角宿而标示天盘龙，螺蛳角取象于螺蛳而标示地盘龙，两者配对，分别标示烛龙、烛阴。心宿角取象于苍龙七宿的标志星心宿二，是火历的符号。

四种龙角中的三种造型取象于天，仅有一种造型取象于地，证明龙角造型与龙身造型一样，全都对应天文。

商周神龙另有两种角形，即牛角、羊角。但是独体的龙纹从来没有牛角、羊角，只有从属于"饕餮纹"面部的两龙，才有牛角、羊角。所以牛角、羊角并非商周神龙自有的天文角形，而是外加的祭祀角形（详见第三节）。

2. 龙眼造型：星形眼、臣字眼

龙眼共有两种造型：一是星形眼，二是臣字眼。

上古伏羲族、玉器族的北斗猪神、北极天帝，普遍都是星形眼。

上古是猪神时代，北斗猪神的眼睛都是星形眼（图2-11.1—3）。石家河北极天帝的眼睛第一造型，也是星形眼（图2-11.4—6）。

夏商周从猪神时代转入龙神时代，龙神的第一眼型也是星形眼（图2-11.7—9）。

上古北斗猪神、北极天帝和中古龙神，都是星象的拟人化，所以第一眼型都是浑圆如星，不加眼眶。

石家河北极天帝的第二眼型，又进一步拟人化，为浑圆如星的双目，另增取象于人眼的眼眶，于是星形眼变成了臣字眼（图2-12.1—3）。

商周龙眼的第二造型，也是臣字眼（图2-12.4、5）。

作为独立纹样的一对臣字眼，既可以代表天帝，也可以代表两龙（图2-12.6）。

甲骨文"臣"字，正是人眼之形，其他动物没有这样的眼形。石家河玉帝和商周神龙的臣字眼，证明其为人格化的天神。

3. 龙耳造型：取象于猪耳

龙耳的造型，取象于象征北斗猪神的猪耳。功能与北斗角相同，仍是标示"北斗七星，杓携龙角"。北斗角是天文造型，猪耳是宗教造型。

商周青铜器的豕卣（图2-13.1、2），都有非常写实的树叶形猪耳。商周神龙的树叶形龙耳，正是取象于树叶形猪耳。

商周神龙的树叶形龙耳，也有A、B两型。

A型（图2-13.3、4），造型如同树叶，中间有叶茎，左右有叶脉。意

1　上古北斗猪神的星形眼: 甘青伏羲族

2　红山黄帝族

3　良渚南蛮族

4

5　上古北极天帝的星形眼: 石家河南蛮族

6

7　夏商周神龙的星形眼: 夏

8　商

9　周

图 2-11　龙眼 A 型: 星形眼

1

2　石家河玉帝第二眼型: 臣字眼

3

4

5　商周神龙

6

图 2-12　龙眼 B 型: 臣字眼

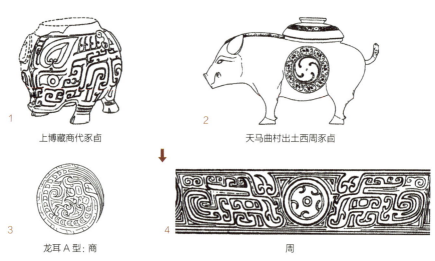

1	2
上博藏商代豕卣	天马曲村出土西周豕卣

3	4
龙耳 A 型: 商	周

5	6
龙耳 B 型: 商	周

图 2-13　树叶形龙耳: 取象于猪耳

在祈求天行有常, 四季分明, 农业丰收。

　　B 型 (图 2-13.5、6), 是铜器边角的变形, 叶形被拉长、压扁。

　　由于龙耳、龙角的位置相近, 商周神龙常常仅有其一。极少数正面龙有角有耳 (如图 2-4.4, 图 2-6.1、3, 图 2-11.8, 图 2-17.3), 大多数侧面龙或者有耳无角, 或者有角无耳。

4. 龙牙造型: 取象于蛇牙

　　龙牙的造型, 取象于蛇牙。地蛇是天龙的落地化。

商	周

图 2-14　龙牙造型: 取象于蛇牙

龙牙不见于正面龙，仅见于侧面龙。通常是上颚一牙，下颚一牙（图2-14）。

商周青铜器的腹部、外底等等空间较大之处，侧面龙经常有牙。

商周青铜器的肩部、底座等等空间较小之处，侧面龙经常无牙。

5. 龙爪造型：取象于鹰爪

龙爪的造型，取象于鹰爪，因为龙为天象，"飞龙在天"（《周易·乾卦》）。

商周神龙的龙爪，有五趾爪、四趾爪、三趾爪。造型与鹰爪一样，一趾上翘，数趾下抓。

夏代晚期的二里头陶龙（图2-15.1），商代晚期的殷墟小屯龙纹石磬（图2-15.2），均为五趾爪，是拟人型。

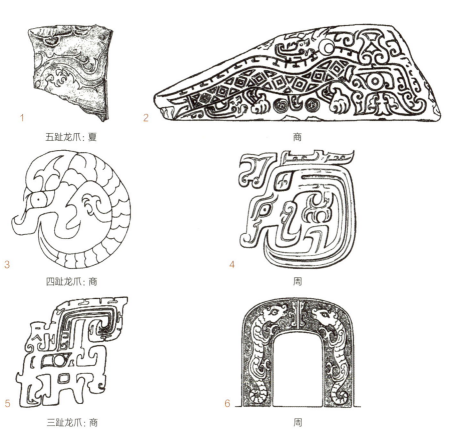

1

五趾龙爪：夏

2

商

3

四趾龙爪：商

4

周

5

三趾龙爪：商

6

周

图 2-15　龙爪造型：取象于鹰爪

商周龙爪的主型是四趾爪（图2-15.3、4），象征四季。

商周龙爪的副型是三趾爪（图2-15.5、6），是简化型。

秦汉以后，皇帝龙袍为五趾龙爪，大臣蟒袍为四趾蟒爪（其实蟒蛇无爪），已与天象无关，仅是区分等级。

6.龙身纹样：龙星纹、龙鳞纹（蟒皮纹）

龙身纹样，共有两型。

A型:1　　　　　　　　　　　　　　　　B型:2

图2-16　龙身纹样两型

一是龙星纹（图2-16.1），二是龙鳞纹（图2-16.2），前者是天龙的龙身纹，后者是地龙的龙身纹。

龙星纹（图2-17），是龙身纹样的主型，与心宿角一样，也是取象于大火星纹。大火星又称龙星，故称"龙星纹"。龙星纹也是中国龙源于苍龙七宿的重要旁证。龙星纹共有四型，详见第六龙星纹章。

龙鳞纹（图2-18），是龙身纹样的副型。龙是天文神兽，并非实有动物，然而人们希望天龙落地，于是把蟒皮、蛇皮的鳞片，作为龙皮的鳞片。

龙牙取象于蛇牙，龙鳞取象于蟒皮、蛇皮的鳞片，都是天龙落地为地蛇，所以龙蛇一体，蛇为小龙（参看第八蟠螭纹章、第九蟠虺纹章）。

商晚：1   2   3

周早：4   5   6

图 2-17　龙身纹样 A 型：龙星纹

1   2

蟒皮、蛇皮鳞片

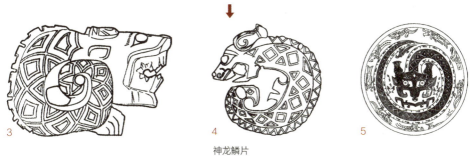

3   4   5

神龙鳞片

图 2-18　龙身纹样 B 型：龙鳞纹（蟒皮纹）

7. 三停九似：商周神龙、后世神龙的造型对比

上文所言商周神龙的造型细节，可与宋代罗愿《尔雅翼》所言后世神龙的造型细节对比：

> 俗画龙之状，有三停九似之说。谓自首至膊，膊至腰，腰至尾，皆相停也。九似者，角似鹿，头似驼，眼似鬼，项似蛇，腹似蜃，鳞似鲤，爪似鹰，掌似虎，耳似牛。

宋代郭若虚《图画见闻志》所言"九似"略同，仅有"鳞似鱼"小异。

"三停"所言神龙的整体造型，源于苍龙七宿连线，或为天盘龙的S形，或为地盘龙的反S形。

第一停，自首至膊，对应角宿、亢宿、氐宿。

第二停，自膊至腰，对应房宿、心宿。

第三停，自腰至尾，对应尾宿、箕宿。

后世神龙的整体造型，源于商周神龙的天文造型。

"九似"所言神龙造型，大部分细节合于商周神龙，极少数细节有所变异。

其一"角似鹿"，即角宿角，是商周龙角的主型。后世的简化口诀，省略了商周龙角的其他造型。

其二"头似驼"，是后世的比附，其实商周龙首并非取象于骆驼。

其三"眼似鬼"，即臣字眼，是商周龙眼的主型。人死为鬼，所以鬼眼同于人眼。

其四"项似蛇"，即三停的第一停，龙蛇一体，龙蛇同颈。

其五"腹似蜃"，即三停的第二停，汉后神话认为龙生于海，故言似蜃。

其六"鳞似鱼"，鱼鳞近于蛇鳞，是商周龙鳞的主型。汉后神话认为龙生于海，于是蛇鳞改为鱼鳞。

其七"爪似鹰"，即鹰式爪，是商周龙爪的主型。

其八"掌似虎"，是后世的增入。商周神龙只有龙爪，没有龙掌。

其九"耳似牛"，是后世的误解，商周龙耳实为猪耳。

上节辨析商周神龙的整体造型，是为了论证商周卷尾龙源于苍龙七宿的连线。本节辨析商周神龙的造型细节，则是为了论证商周"饕餮纹"由两龙纹合成。

正因商周"饕餮纹"由两龙纹合成，所以下文所举商周"饕餮纹"的角部、面部，均有这些神龙专用的造型细节。

三　商周"饕餮纹"的合成原理

商周青铜器的龙纹，按其从尾至首的旋转方向，分为顺时针旋转的天盘龙，逆时针旋转的地盘龙。两者经常成对出现，即侧面两龙纹。侧面两龙纹的龙首、龙尾、龙嘴，有各种不同方向，但是只有龙嘴向下的侧面两龙纹与鼻祖纹结合，才能合成"饕餮纹"。

1. 侧面两龙纹的四种图式：龙首、龙尾、龙嘴的不同方向

商周青铜器的侧面两龙纹，共有两类四种图式结构：第一类两种是竖置侧面两龙，第二类两种是横置侧面两龙。

其一，竖置侧面两龙的两种图式结构：上首下尾或上尾下首。

竖置侧面两龙，是植根天象的天文图式，根据苍龙七宿的"南首北尾"，即可判定其南北方位。

竖置侧面两龙第一图式：上首下尾。多见于青铜鼎的耳部、足部等处（图2-19），都是卷尾龙，采用黄帝族方位"上南下北"。

竖置侧面两龙第二图式：上尾下首。多见于商晚周早青铜戈的柄部，既有卷尾两龙（图2-20.1—4），也有宗祖纹两龙（图2-20.8—11），采用伏羲族方位"上北下南"。

卷尾两龙是天文图式，既可用于上首下尾的竖置两龙，也可用于上尾下首的竖置两龙。

宗祖纹两龙是宗教图式，只能用于上尾下首的竖置两龙，不能用于上首下尾的竖置两龙。

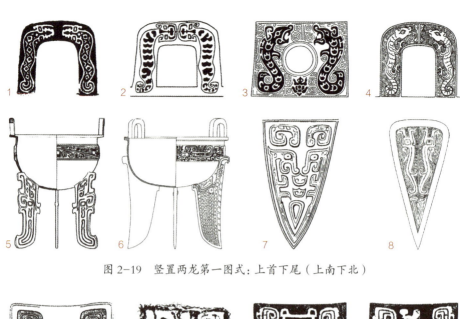

图 2-19　竖置两龙第一图式：上首下尾（上南下北）

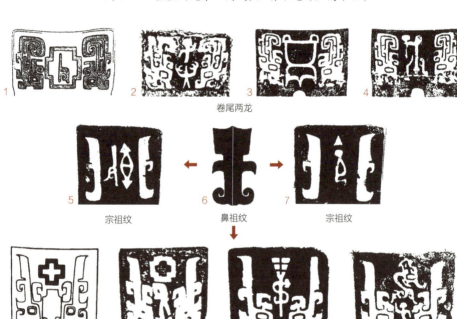

卷尾两龙

宗祖纹　　　鼻祖纹　　　宗祖纹

宗祖纹两龙

图 2-20　竖置两龙第二图式：上尾下首（上北下南）

　　宗祖纹两龙的龙身，是拆分鼻祖纹（图2-20.6），即宗祖纹（图2-20.5、7，详见第四宗祖纹章）。宗祖纹两龙常被误视为"饕餮纹"，其实并非"饕餮纹"，因为中间没有鼻祖纹。

其二，横置侧面两龙的两种图式结构：龙嘴向下或龙嘴向前。

横置侧面两龙，是植根天象的宗教图式，表达《山海经》所言华夏神话母题"天帝乘两龙（巡天）"。

龙嘴向下的横置侧面两龙（图2-21.1、2），可以合成"饕餮纹"的角部、面部，中间加上鼻祖纹天帝，即为酷似"饕餮纹"的拆分"饕餮纹"，表达《山海经》所言华夏神话母题"天帝乘两龙（巡天）"。

龙嘴向下：殷墟大司空铜簋（腹部）

龙嘴向下：陕西扶风凡尊（腹部）

龙嘴向前的横置侧面两龙（图2-21.3、4），不能合成"饕餮纹"的角部、面部，中间加上鼻祖纹天帝，并不酷似"饕餮纹"，仍然表达《山海经》所言华夏神话母题"天帝乘两龙（巡天）"。

龙嘴向前：妇好三联甗（甑颈部）

龙嘴向前：安阳殷墟郭家庄铜觚（局部）

图 2-21　横置两龙的两种图式

2. 商代早期"饕餮纹"的合成原理：鼻祖纹雏形＋勾云形两龙

商代早期二里岗文化的勾云形"饕餮纹"，构成要素是：龙嘴向下的勾云形侧面两龙纹，中间加入一个正面的鼻祖纹雏形。

龙嘴向下的勾云形侧面两龙纹，见于河南新郑望京楼出土铜罍錾侧（图2-22.1）；中间加入鼻祖纹雏形，即为鼻祖纹、两龙纹各自独立的勾云形"饕餮纹"（图2-22.2）；鼻祖纹、两龙纹融为一体，即为常见的勾云形"饕餮纹"（图2-22.3、4），"饕餮纹"面部由两龙的侧面龙首合成。

可见商代早期二里岗文化的勾云形"饕餮纹"之合成原理是：鼻祖纹雏形＋龙嘴向下的勾云形侧面两龙。

1　商代早期河南郑州二里岗：勾云形两龙　　2　勾云形两龙＋鼻祖纹雏形

3　　　　　　　　　　　　　　　　　4

商代早期河南郑州二里岗：勾云形"饕餮纹"天帝

5　　　　　　　　　　　　　　　　　6

商代晚期河南安阳殷墟：勾云形"饕餮纹"天帝

图 2-22　商代早期勾云形"饕餮纹"的合成原理

商代晚期殷墟文化的少量青铜礼器，仍有二里岗式勾云形"饕餮纹"（图2-22.5、6），构成要素不增不减，合成原理保持不变。

3. 商晚周早"饕餮纹"的合成原理：正面鼻祖纹＋侧面两龙纹

商代晚期殷墟文化的大量青铜礼器，不再是二里岗式勾云形"饕餮纹"，而是发展为举世闻名的经典"饕餮纹"，构成要素是：龙嘴向下的卷尾形侧面两龙纹中间，加入一个正面的鼻祖纹天帝。

龙嘴向下的卷尾形侧面两龙纹，见于河南安阳殷墟出土的铜鼎（图2-23.1）；中间加入鼻祖纹天帝（图2-23.2），即为鼻祖纹、两龙纹各自独立的经典"饕餮纹"（图2-23.3）；鼻祖纹、两龙纹融为一体，即为常见的经典"饕餮纹"（图2-23.4），"饕餮纹"面部由两龙的侧面龙首合成。

可见商晚周早的经典"饕餮纹"之合成原理是：鼻祖纹天帝＋龙嘴向下的卷尾形侧面两龙。

综上所言，从商代早期的勾云形"饕餮纹"，到商晚周早的经典"饕餮

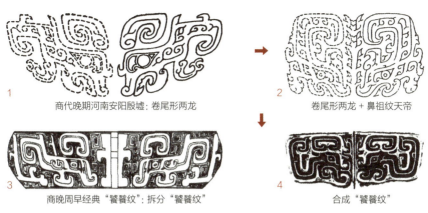

1 商代晚期河南安阳殷墟：卷尾形两龙

2 卷尾形两龙＋鼻祖纹天帝

3 商晚周早经典"饕餮纹"：拆分"饕餮纹"

4 合成"饕餮纹"

图 2-23　商晚周早经典"饕餮纹"的合成原理

纹"，尽管风格差异很大，但是构成要素不增不减，合成原理始终不变：中间是鼻祖纹天帝，左右是龙嘴向下的侧面两龙纹，"饕餮纹"面部由两龙的侧面龙首合成。

四　商周"饕餮纹"的图式结构

解密商晚周早经典"饕餮纹"的合成原理之后，就能进一步解密商晚周早经典"饕餮纹"的不同类型，以及不同类型的不同天文内涵和不同祭祀功能。

根据第一章、第二章对商晚周早经典"饕餮纹"的解析，商晚周早经典"饕餮纹"共有三大构件，分别对应华夏天文的三大要素：

商晚周早经典"饕餮纹"的鼻部是鼻祖纹天帝，对应华夏天文第一要素北极帝星；"饕餮纹"的面部由侧面两龙纹合成，对应华夏天文第三要素苍龙七宿。以上两大要素永远不变。

商晚周早经典"饕餮纹"的角部主型是北斗角，对应华夏天文第二要素北斗七星。根据祭祀对象的不同或祭祀等级的高低，角部改为其他角形，因此角形是商周"饕餮纹"三大要素的唯一变量。

根据合成"饕餮纹"面部之侧面两龙纹的不同角形，商晚周早经典"饕餮纹"的图式结构，共有三类六型：

第一类图式结构，仅有一型。由正面的鼻祖纹天帝和侧面的北斗角两龙合成，即北斗角"饕餮纹"。

第二类图式结构，共有二型。第一型由正面的鼻祖纹天帝和侧面的角宿角两龙合成，即角宿角"饕餮纹"。第二型由正面的鼻祖纹天帝和侧面的心宿角两龙合成，即心宿角"饕餮纹"。

第三类图式结构，共有三型。第一型由正面的鼻祖纹天帝和侧面的牛角两龙合成，即牛角"饕餮纹"。第二型由正面的鼻祖纹天帝和侧面的羊角两龙合成，即羊角"饕餮纹"。第三型由正面的鼻祖纹天帝和侧面的无角两龙合成，即无角"饕餮纹"。

每一型的图式结构，又分为连身式、分身式，所以商晚周早经典"饕餮纹"的图式结构，共有三类六型十二式。

1. 第一类一型：北斗角"饕餮纹"

商晚周早第一类经典"饕餮纹"：北斗角"饕餮纹"。

1 殷墟妇好墓　　　2 上博藏殷墟弓形器　　　3 河南平顶山西周墓

图 2-24　商晚周早：北斗角人面天帝

北斗角"饕餮纹"，源于北斗角人面天帝（图2-24）。

图式结构：中间是正面的鼻祖纹天帝，左右是侧面的北斗角两龙。

连身式北斗角"饕餮纹"（图2-25.3—5），由正面的鼻祖纹天帝（图2-25.1）和侧面的北斗角两龙（图2-25.2）合成：鼻部是正面的鼻祖纹天帝，面部是北斗角两龙的侧面龙首，龙首与龙身相连。

北斗角有三种亚型：北
斗角（图2-25.3），饰边北斗
角（图2-25.4），斗形龙角（图
2-25.5）。

分身式北斗角"饕餮纹"
（图2-26）：鼻部是正面的鼻祖
纹天帝，面部是北斗角两龙的
侧面龙首，龙首与龙身分开。

北斗角也有三种亚型：北
斗角（图2-26.1—4），饰边
北斗角（图2-26.5、6），斗
形龙角（图2-26.7、8）。

面部两侧的两龙，又有
两种亚型。

第一亚型（图2-26左列），
面部两侧的两龙没有龙首，
因为龙首已经合为"饕餮纹"
的面部。面部两侧的两龙，
上部是龙身，下部是龙爪。

第二亚型（图2-26右列），
由于两龙的龙首已经合为"饕
餮纹"的面部，所以左右另补
完整两龙，更为清晰地表达
《山海经》所言华夏神话母题
"天帝乘两龙（巡天）"。

商晚周早的第一类"饕
餮纹"，北斗角"饕餮纹"：
鼻部的鼻祖纹对应北极帝星，
角部的北斗角对应北斗七星，

1

鼻祖纹天帝

+

2

北斗角两龙（殷墟中期）

3

北斗角"饕餮纹"（殷墟晚期）

4

饰边北斗角"饕餮纹"（殷墟晚期）

5

斗形龙角"饕餮纹"（殷墟晚期）

图 2-25 连身式北斗角"饕餮纹"

1　殷墟大司空 M303 铜爵

2　上博藏西周铜鼎

3　国博藏西周大盂鼎

4　高家堡戈国墓西周铜鼎

5　高家堡戈国墓西周铜鼎

6　上博藏西周德方鼎

7　殷墟晚期铜鼎

8　殷墟小屯 M238 方彝

图 2-26　分身式北斗角"饕餮纹"

面部的两龙纹对应苍龙七宿。表达华夏神话母题"天帝驾斗乘龙巡天",正确命名应为"天帝驾斗乘龙巡天图"。

2. 第二类二型:角宿角、心宿角"饕餮纹"

商晚周早第二类经典"饕餮纹"之第一型:角宿角"饕餮纹"。

图式结构:中间是正面的鼻祖纹天帝,左右是侧面的角宿角两龙。

连身式角宿角"饕餮纹"(图2-27.3—7),由正面的鼻祖纹天帝(图2-27.1)和侧面的角宿角两龙(图2-27.2)合成:鼻部是正面的鼻祖纹天帝,面部是角宿角两龙的侧面龙首,龙首与龙身相连。

分身式角宿角"饕餮纹"(图2-27.8):鼻部是正面的鼻祖纹天帝,面部是角宿角两龙的侧面龙首,左右另补完整两龙。

1
鼻祖纹天帝

+

2
角宿角两龙（故宫藏万庚爵，商晚）

3
殷墟方彝（上博藏，腹部）

4
殷墟軛饰（小屯 M20）

5
西周从簋足部（上博藏）

6
西周四耳簋底座（纸坊头）

7
西周陕西淳化大鼎

8
殷墟车饰（郭家庄）

图 2-27　角宿角"饕餮纹"：1—7 连身式，8 分身式

1

辉县琉璃阁铜盘（耳部）

2

新郑郑韩故城铜壶（辅首）

图 2-28　螺蛳角天帝

螺蛳角两龙合成的"饕餮纹"（图2-28），数量极少，不宜单独列为一型，附及于此。角宿角龙、螺蛳角龙分别象征天盘龙"烛龙"和地盘龙"烛阴"，上文已言。

商晚周早第二类经典"饕餮纹"之第二型：心宿角"饕餮纹"。

图式结构：中间是正面的鼻祖纹天帝，左右是侧面的心宿角两龙。

1

商代早期：藁城台西铜器

2

罗山蟒张后李铜觚

3

商代晚期：殷墟铜觚

4

殷墟铜爵

5

西周早期：高家堡戈国墓铜簋

6

图 2-29　心宿角"饕餮纹"：1—5 连身式，6 分身式

连身式心宿角"饕餮纹"（图2-29.1—5），由正面的鼻祖纹天帝和侧面的心宿角两龙合成：鼻部是正面的鼻祖纹天帝，面部是心宿角两龙的侧面龙首，龙首与龙身相连。上下常配圆点星宿纹（图2-29.2、5），旧称"联珠纹"。

分身式心宿角"饕餮纹"（图2-29.6）：鼻部是正面的鼻祖纹天帝，面部是心宿角两龙的侧面龙首，左右另补完整两龙。

商晚周早的第二类"饕餮纹"，角宿角"饕餮纹"、心宿角"饕餮纹"：鼻部的鼻祖纹对应北极帝星，角部的角宿角、心宿角对应苍龙七宿之角宿、心宿，面部的两龙纹对应苍龙七宿。表达华夏神话母题"天帝乘龙巡天"，正确命名应为"天帝乘龙巡天图"。

3. 第三类三型：牛角、羊角、无角（猪耳）"饕餮纹"

商晚周早第三类经典"饕餮纹"之第一型：牛角"饕餮纹"。

图式结构：中间是正面的鼻祖纹天帝，左右是侧面的牛角两龙。

牛角有两种亚型，一是黄牛角，二是水牛角。

1　商晚：妇好方壶圈足

2　上博藏铜方罍

3　周早：高家堡戈国墓铜器

4　四川彭县竹瓦街铜器

图2-30　连身式黄牛角"饕餮纹"

黄牛角"饕餮纹"多为连身式（图2-30），少有分身式。可能原因是黄牛角较小，连身式较易造型，分身式不易造型。

水牛角"饕餮纹"多为分身式（图2-31），少有连身式。可能原因是水牛角较大，分身式较易造型，连身式不易造型。

1 商晚：卜博藏古父己卣

2 周早：洛阳北窑铜鼎

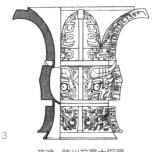

3 商晚：滕州前掌大铜爵

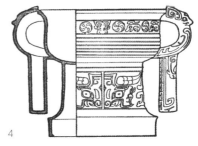

4 周早：宝鸡纸坊头铜簋

图 2-31　分身式水牛角"饕餮纹"

商晚周早第三类经典"饕餮纹"之第二型：羊角"饕餮纹"。

图式结构：中间是正面的鼻祖纹天帝，左右是侧面的羊角两龙。

羊角"饕餮纹"既有连身式（图2-32.1—4），也有分身式（图2-32.5—10）。可能原因是羊角大于黄牛角，小于水牛角，连身式、分身式均易造型。

值得注意的是，2018年陕北石峁先夏文化遗址出土了多件分身式羊角"饕餮纹"的石雕（图2-32.5、6）：中间是正面的羊角天帝，左右的卷尾两龙，或为正面，或为侧面，两龙的龙首或者冲外，或者冲内，中间的天帝并非左右两龙的侧面龙首合成。而商周"饕餮纹"的面部均由左右两龙的侧面龙首合成，所以都是龙首冲内、龙嘴向下的侧面两龙。

石峁先夏石雕的分身式羊角"饕餮纹"，是商周青铜器的分身式羊角"饕餮纹"的源头和雏形。石峁遗址尚未发现牛角"饕餮纹"，可能原因是石峁先夏黄帝族只牧羊不牧牛，祭祀天帝也只用羊不用牛。

石峁先夏石雕的"饕餮纹"，商周青铜器的"饕餮纹"，都是表达华夏神话母题"天帝乘两龙（巡天）"，所以图式结构基本相同，后者仅是更为精妙的升级图式，并且随着祭祀体系的发展，增加了不同的祭祀角形。

1
　　　商代铜簋

2
　　　商代铜器

3
　　　西周铜尊

4
　　　西周铜觥

5

6

陕北石峁先夏文化石雕

7
　　　商代铜鼎

8
　　　商代铜尊

9
　　　西周铜卣

10
　　　西周铜尊

图 2-32　羊角"饕餮纹"：1—4 连身式，5—10 分身式

商晚周早第三类经典"饕餮纹"之第三型：无角"饕餮纹"，亦即猪耳"饕餮纹"。

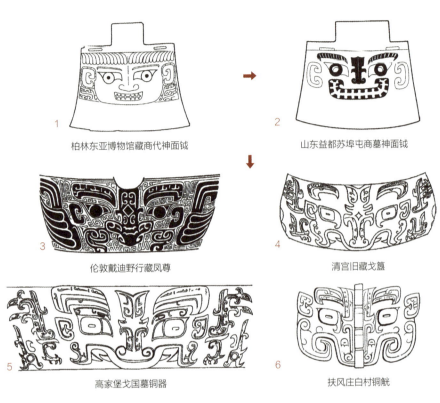

1 柏林东亚博物馆藏商代神面钺

2 山东益都苏埠屯商墓神面钺

3 伦敦戴迪野行藏凤尊

4 清宫旧藏戈簋

5 高家堡戈国墓铜器

6 扶风庄白村铜觥

图 2-33　1、2 人面天帝，3—6 无角"饕餮纹"

无角"饕餮纹"，源于无角人面天帝（图 2-33.1、2）。

图式结构：中间是正面的鼻祖纹天帝，左右是侧面的无角两龙。

无角"饕餮纹"多为分身式（图 2-33.3—6），少有连身式。可能原因是眉毛的宽度接近水牛角的宽度，分身式较易造型，连身式不易造型。

无角"饕餮纹"与其他角形的"饕餮纹"一样，均有眉梢下勾的下勾眉。

商晚周早的一切"饕餮纹"，面部均由侧面两龙的龙首合成，所以"饕餮纹"的角形、眼形、耳形、牙形、爪形、鳞形，无不源于侧面两龙的造型细节。只有眉毛是"饕餮纹"独有的造型细节，并非源于侧面两龙的造型细节，因为独体的商周龙纹均无眉毛。

商代早期的"饕餮纹"雏形，虽由鼻祖纹雏形和两龙纹雏形合成，但是均无眉毛，直到商代晚期的经典"饕餮纹"才出现眉毛。经典"饕餮纹"均有人类独有的眉毛，证明"饕餮纹"是商周宗教的人格化天神。因此"饕餮纹"不能改称"兽面纹"，只能改称"神面纹"（详见绪论一）。

顺便一说，容庚的《商周彝器通考》和《殷周青铜器通论》是研究青铜纹样的早期名著，但他无视"饕餮纹"既有角又有眉，而把"饕餮纹"的双角错误地视为双眉，又把角形错误地视为眉型。[1]

由于合成无角"饕餮纹"面部的无角侧面两龙，均有取象于猪耳的龙耳，所以无角"饕餮纹"实为猪耳"饕餮纹"。

古人把青铜鼎分为牛鼎、羊鼎、豕鼎，对应第三类"饕餮纹"的三种角形。比如西汉刘安九位门客所著《淮南道训》曰："牛鼎受一斛，羊鼎五斗，豕鼎三斗。"[2]再如北宋王黼《宣和博古图》曰："牛鼎、羊鼎、豕鼎，又各取其象而饰焉。"各取之象，正是牛角"饕餮纹"、羊角"饕餮纹"、猪耳"饕餮纹"（无角"饕餮纹"）。

段勇《商周青铜器幻想动物纹研究》也认为："商周青铜器上兽面纹的角（耳）形主要分为三大类：牛角类、羊角类、豕耳类。""大概与商周时期祭牲以牛、羊为主而豕为次有关。"段勇统计，三大类各占"饕餮纹"总数的30%、50%、15%，与甲骨文记载牺牛、牺羊、牺豕的比例和考古出土牛骨、羊骨、豕骨的比例也大致吻合。[3]进一步证明了第三类"饕餮纹"分为牛角、羊角、猪耳的合理性，但是段勇遗漏了占"饕餮纹"总数5%的第一类"饕餮纹"（北斗角"饕餮纹"）和第二类"饕餮纹"（角宿角、心宿角"饕餮纹"）。

商晚周早的第三类"饕餮纹"，牛角、羊角、无角（猪耳）"饕餮纹"：鼻部的鼻祖纹对应北极帝星，角部的牛角、羊角、猪耳对应商周祭祀体系

---

[1] 孙作云1944年作《饕餮考——中国铜器花纹中图腾遗痕之研究》，已经指出容庚错误，认为容庚所言"饕餮纹"之眉"是角非眉"。详见《孙作云文集（第3卷）：中国古代神话传说研究》上册302页注2，河南大学出版社2003。

[2] 引自《黄氏逸书考》之《九家易集注》注《周易》鼎卦，《续修四库全书》1206卷676页，上海古籍出版社2002。《九家易》，又称《九师易》，即西汉淮南王刘安九位门客注释《周易》之书《淮南道训》，久佚。

[3] 段勇：《商周青铜器幻想动物纹研究》148、151页，上海古籍出版社2003。

的祭祀三牲：牺牛、牺羊、牺猪，面部的两龙纹对应苍龙七宿。表达华夏神话母题"天帝乘龙巡天"，正确命名应为"天帝乘龙巡天图"。

综上所言，商晚周早的"饕餮纹"完整图式全都有首有身，证明宋代金石学家根据《吕氏春秋·先识》所言"周鼎著饕餮，有首无身"而命名为"饕餮纹"完全错误。商晚周早的一切"饕餮纹"均有人类独有的眉毛，证明现代学者把"饕餮纹"改名为"兽面纹"完全错误。商晚周早的一切"饕餮纹"均有精确的天文对位、宗教定位、神话内涵、祭祀功能，既不是食人恶兽"饕餮"，也不是害人恶神"蚩尤"，更不是普通野兽，而是"天象之神"，简称"天神"。

商晚周早的"饕餮纹"分为三类六型的原因，可以参考《礼记·祭法》和《国语·鲁语》对祭祀等级和祭祀对象的记载。

《礼记·祭法》曰："祭法：有虞氏禘黄帝而郊喾，祖颛顼而宗尧；夏后氏亦禘黄帝而郊鲧，祖颛顼而宗禹；殷人禘喾而郊冥，祖契而宗汤；周人禘喾而郊稷，祖文王而宗武王。"

《国语·鲁语》曰："夫祀，国之大节也；……故慎制祀，以为国典。……非是族也，不在祀典。……故有虞氏禘黄帝而祖颛顼，郊尧而宗舜；夏后氏禘黄帝而祖颛顼，郊鲧而宗禹；商人禘舜而祖契，郊冥而宗汤；周人禘喾而郊稷，祖文王而宗武王。"

两者大同小异，但其小异不可不辨。

王国维等学者根据《礼记·祭法》"殷人禘喾"，《国语·鲁语》"商人禘舜"，认为"帝喾"即"帝舜"。其实"帝喾"是商周黄帝族追认的上古黄帝族东支之远祖，不可能是"炎黄之战"时期黄帝族部落联盟的第二位首领"帝舜"。《国语·鲁语》"商人禘舜"，可能是盘庚迁殷前"禘祭"的对象是舜；《礼记·祭法》"殷人禘喾"，可能是盘庚迁殷后"禘祭"的对象是喾。

袁珂等学者根据《史记·五帝本纪》索隐引《帝王世纪》"帝喾生而神灵，自言其名曰夋"，认为"帝喾"即"帝俊"。其实"帝俊"是上古伏羲族开创、《山海经》记载的华夏宗教至高神。上古黄帝族接受了伏羲族的至高神"帝俊"，并且视为黄帝族的神话鼻祖，不属商周黄帝族的"五帝"系统。所以"帝俊"不可能是商周黄帝族追认的上古黄帝族东支之远祖"帝喾"（参看绪论二）。帝喾自命"帝俊"下凡，不可视为即"帝俊"。

又《礼记·祭法》《国语·鲁语》"有虞氏禘黄帝而祖颛顼"相同，但是《礼记·祭法》"有虞氏郊喾而宗尧"，不同于《国语·鲁语》"有虞氏郊尧而宗舜"，可能舜在位时"郊喾而宗尧"，而虞舜后裔的封国陈国"郊尧而宗舜"。

表2-1　虞夏商周的祭祀等级和对应纹样

天象	北极天帝	北斗星君	二十八宿（列祖列宗）		
祭祀	王室禘祭	王室郊祭	王室祖祭	王室宗祭	支族庙祭
有虞	黄帝	帝喾	颛顼	唐尧	每支不同
夏代	黄帝	后鲧	颛顼	大禹	每支不同
商代	帝喾	后冥	后契	商汤	每支不同
周代	帝喾	后稷	文王	武王	每支不同
饕餮纹	北斗角	角宿角、心宿角	牛角	羊角	无角（猪耳）
	第一类一型	第二类二型	第三类三型		

根据《礼记·祭法》和《国语·鲁语》所言虞、夏、商、周的不同祭祀等级和不同祭祀对象，可知青铜礼器"饕餮纹"的三类六型，对应中古黄帝族祭祀体系的不同祭祀等级和不同祭祀对象，以及相应的对应祭品、对应牺牲、对应纹样。

《礼记·祭法》和《国语·鲁语》仅言虞、夏、商、周的王室"禘祭"、王室"郊祭"、王室"祖祭"、王室"宗祭"及其祭祀对象，未言夏商周王室之支族即贵族、诸侯的"庙祭"及其祭祀对象，因为每一支族的始祖不同，比如周代鲁国的开国始祖周公旦，燕国的开国始祖召公奭，齐国的开国始祖太公尚等等，上表补入"支族庙祭"一栏。

第一类一型：北斗角"饕餮纹"，角形取象于北斗七星，表达北斗七星、苍龙七宿（代表二十八宿）围绕北极帝星旋转。根据三大天文元素构图，是第一等级的"北极天帝驾斗乘龙巡天图",《山海经》的神话表述是"天帝（鼻祖纹）珥两蛇（北斗角）乘两龙（两龙纹）"。

祭祀对象是夏商周宗教的至高神"北极天帝"（虞夏王室对位于黄帝族神话始祖"黄帝"，商周王室对位于黄帝族东支远祖"帝喾"），采用祭神最高等级"禘祭"：祭品为玉，牺牲为人（商代以前，西周以后渐少），采用北斗角"饕餮纹"礼器。

第二类两型，角宿角、心宿角"饕餮纹"，角形取象于苍龙七宿之角宿、心宿，对应天盘龙、地盘龙，表达苍龙七宿（领衔二十八宿）围绕北斗七星旋转。根据两大天文元素构图，是第二等级的"北斗星君乘龙巡天图"，《山海经》的神话表述是"天帝（鼻祖纹）乘两龙（两龙纹）"。

祭祀对象是夏商周宗教的次高神"北斗星君"（有虞氏对位于黄帝族东支远祖"帝喾"，夏代对位于开国之君夏后启之祖、大禹之父"鲧"，商代对位于开国之君商汤的八世祖"冥"，周代对位于本族远祖"稷"），采用祭神次高等级"郊祭"：祭品为玉，牺牲为人（商代以前，西周以后渐少），采用角宿角"饕餮纹"礼器或心宿角"饕餮纹"礼器。

第三类三型，牛角、羊角、无角（猪耳）"饕餮纹"，角形、耳形取象于祭祀三牲牛、羊、猪，对应祖族、宗族、支族之祖神，《山海经》的神话表述是"天帝（鼻祖纹）乘两龙（两龙纹）"。

祭祀对象是夏商周黄帝族的祖族祖神、宗族宗神、支族庙神，分别采用祀祖第一等级"祖祭"、祀祖第二等级"宗祭"、祀祖第三等级"庙祭"：祭品为帛，牺牲为牛、羊、猪，采用牛角"饕餮纹"礼器、羊角"饕餮纹"礼器、无角（猪耳）"饕餮纹"礼器。

有虞氏部落的"祖祭"对象是"炎黄之战"时期的黄帝族部落联盟首领"颛顼"，采用牛角"饕餮纹"礼器。"宗祭"对象是有虞氏的部落首领"尧"，采用羊角"饕餮纹"礼器。"庙祭"对象每支不同，采用无角（猪耳）"饕餮纹"礼器。

夏代王室的"祖祭"对象是夏代黄帝族的远祖"颛顼"，采用牛角"饕餮纹"礼器。"宗祭"对象是开国之君夏后启之父"禹"，采用羊角"饕餮纹"礼器。"庙祭"对象每支不同，采用无角（猪耳）"饕餮纹"礼器。

商代王室的"祖祭"对象是商代黄帝族的远祖"契"，采用牛角"饕餮纹"礼器。"宗祭"对象是开国之君"商汤"，采用羊角"饕餮纹"礼器。"庙祭"对象每支不同，采用无角（猪耳）"饕餮纹"礼器。

周代王室的"祖祭"对象是开国之君周武王之父"周文王"，采用牛角"饕餮纹"礼器。"宗祭"对象是周代开国之君"周武王"，采用羊角"饕餮纹"礼器。"庙祭"对象每支不同，采用无角（猪耳）"饕餮纹"礼器。

五　不同角形"饕餮纹"见于一器的祭祀功能

上文已言，不同角形的商周"饕餮纹"，对应不同的祭祀等级和不同的祭祀对象。但是一件青铜礼器，尤其是一套青铜礼器，不可能仅用于一种祭祀等级和一种祭祀对象，而是必须适用于一切祭祀等级和一切祭祀对象。所以商周"饕餮纹"的三类六型，常常见于一套青铜礼器的不同器物，甚至见于一件青铜礼器的不同层位。今以两件商代青铜礼器、两件西周青铜礼器为例，说明商周"饕餮纹"三类六型的组合形态。

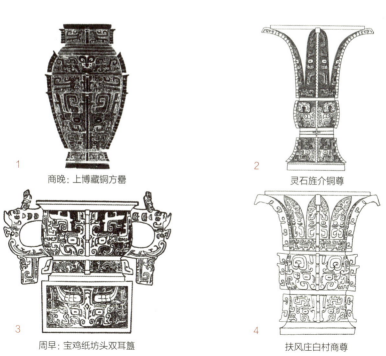

1　商晚：上博藏铜方罍

2　灵石旌介铜尊

3　周早：宝鸡纸坊头双耳簋

4　扶风庄白村商尊

图 2-34　不同角形"饕餮纹"见于一器

商代一例，上博藏商代晚期铜方罍（图2-34.1），自上而下，纹样共有七层。

第一层器颈，是黄牛角双凤。

第三层器肩，中间是分身式羊角"饕餮纹"的简化图式，左右是北斗角两龙。

第四层器腹上部，中间是鼻祖纹天帝A型，左右是黄牛角双凤。

第五层器腹中部，是连身式黄牛角"饕餮纹"，即全器主纹。

第六层器腹下部，是分身式羊角"饕餮纹"的简化图式，即全器副纹。

第七层器座，是黄牛角双凤。

商代另一例，山西灵石旌介商墓出土铜尊（图2-34.2），自上而下，共有四层纹样。

第一层器颈，是分身式牛角"饕餮纹"的简化图式。纹样倒置，呈蕉叶形，旧称"蕉叶纹"。

第二层器肩，是黄牛角两龙。

第三层器腹，是连身式羊角"饕餮纹"，即全器主纹。

第四层器座，是连身式黄牛角"饕餮纹"，即全器副纹。

西周一例，陕西宝鸡纸坊头出土方座双耳簋（图2-34.3），自上而下，纹样三层。

第一层簋腹，是连身式北斗角"饕餮纹"，即全器主纹。

第二层簋足，是连身式角宿角"饕餮纹"。

第三层方座，是分身式水牛角"饕餮纹"，即全器副纹。

西周另一例，陕西扶风庄白村出土商尊（图2-34.4），自上而下，纹样四层。

第一层器颈，是分身式黄牛角"饕餮纹"的简化图式。纹样倒置，呈蕉叶形，旧称"蕉叶纹"。

第二层器肩，是黄牛角四龙。

第三层器腹，是分身式羊角"饕餮纹"，即全器主纹。

第四层器座，是分身式北斗角"饕餮纹"，即全器副纹。

由此可见，每件青铜礼器，都会根据器型特点，在主纹位置、副纹位置、边角位置，放置角形不同、繁简不同的多种类型"饕餮纹"。一套青铜礼器，足以囊括"饕餮纹"的完整类型，对应商周宗教的完整神谱，适用于一切祭祀等级和一切祭祀对象。

六 "饕餮纹"研究的三大误区

春秋战国的礼崩乐坏和秦汉时期的历史改道，商周文献的大量亡佚，导致战国末年的《吕氏春秋》把商周青铜器的"天帝驾斗乘龙巡天图"（北斗角"饕餮纹"）和"天帝乘龙巡天图"（非北斗角"饕餮纹"），错误命名为恶兽或恶神"饕餮"。宋代金石学家重新开始研究商周青铜器，又错误借用了《吕氏春秋》的错误命名。因此战国至今两千多年的青铜纹样研究，彻底误入歧途，产生了诸多误解。本节根据第三节解密的"饕餮纹"合成原理和第四节解密的"饕餮纹"图式结构，辨析"饕餮纹"研究三大误区的成因。

1."有首无身"误区：分身式"饕餮纹"的简化图式

商晚周早的三类经典"饕餮纹"，或是既有连身式，又有分身式；或是连身式多，分身式少；或是连身式少，分身式多：总之全都有首有身。为什么《吕氏春秋·先识》会说"周鼎著饕餮，有首无身"？为什么宋代金石学家又会轻信《吕氏春秋》？为什么《吕氏春秋》撰者和宋代金石学家全都看不见"有身"？

第一原因是分身式"饕餮纹"的简化图式确实"无身"，第二原因是《吕氏春秋·先识》撰者和宋代金石学家不知"无身""饕餮纹"是分身式"饕餮纹"的简化图式。

今以洛阳北窑西周墓出土的方鼎（M686：1）为例，证明"无身""饕餮纹"是分身式"饕餮纹"的简化图式。

鼎腹正面（图2-35.1），是分身式牛角"饕餮纹"的完整图式：中间是牛角两龙之侧面龙首合成的"饕餮纹"面部，"饕餮纹"面部左右是两龙。

鼎腹正面：完整图式

鼎腹侧面：简化图式 A

鼎足膝部：简化图式 B

图 2-35　分身式"饕餮纹"：1 完整图式，2、3 简化图式

鼎腹侧面（图2-35.2），是分身式牛角"饕餮纹"的简化图式。鼎足膝部（图2-35.3），是分身式羊角"饕餮纹"的简化图式。全都只有侧面龙首合成的"饕餮纹"面部，"饕餮纹"面部左右没有两龙。

研究"饕餮纹"，必须以"饕餮纹"的完整图式为标本，不能以"饕餮纹"的简化图式为标本。《吕氏春秋·先识》撰者误认分身式"饕餮纹"的简化图式为标本，才会说"周鼎著饕餮，有首无身"。宋代金石学家同样误认分身式"饕餮纹"的简化图式为标本，才会接受《吕氏春秋·先识》的错误命名。

为什么《吕氏春秋·先识》撰者和宋代金石学家全都误认分身式"饕餮纹"的简化图式为标本？因为分身式"饕餮纹"的简化图式，数量远远超过分身式"饕餮纹"的完整图式。

仍以北窑方鼎为例：分身式"饕餮纹"的完整图式仅有两个，见于鼎腹的正面、反面。分身式"饕餮纹"的简化图式却有六个，见于鼎腹的左右侧面，鼎足的四个膝部。

何况北窑方鼎仅是数量较少的大型青铜器，可以同时承载分身式"饕餮纹"的完整图式和简化图式。数量极多的小型青铜器，无法承载分身式"饕餮纹"的完整图式，只能承载分身式"饕餮纹"的简化图式，所以分身式"饕餮纹"的简化图式是数量最多的"饕餮纹"。

与分身式"饕餮纹"的完整图式相比，连身式"饕餮纹"所需空间更大，因而数量更少。所以连身式"饕餮纹"和分身式"饕餮纹"完整图式的总和，数量也远远少于分身式"饕餮纹"的简化图式。

《吕氏春秋·先识》撰者和宋代金石学家全然不知"饕餮纹"的图式结构，于是根据数量多寡，把分身式"饕餮纹"的简化图式错误视为"饕餮纹"的标本。后世学者又被《吕氏春秋·先识》撰者和宋代金石学家误导，仍然根据数量多寡把错误标本作为标本，于是"饕餮纹"研究误入歧途。

现代人的身份证和护照只有头像的照片，并非人类"有首无身"，而是用头像代表全身。"饕餮纹"简化版的有首无身，同样不是"饕餮纹""有首无身"的证据。根据"饕餮纹"简化版的"有首无身"而主观猜测的"饕餮纹"内涵，均非"饕餮纹"的真正内涵。

2."没有下颚"误区：分身式"饕餮纹"的极简图式

误将分身式"饕餮纹"的简化图式视为标本，导致了"饕餮纹"的错误命名。误将分身式"饕餮纹"的极简图式视为标本，又导致了对商周"饕餮纹"的重大误解：一切"饕餮纹"，全都没有下颚。

美国学者艾兰《早期中国历史思想与文化》认为，"饕餮纹""一般有角、鼻子、眉毛、上颚和耳朵"，"一般都有嘴，但却经常缺乏下颚"。[1]

可能是考虑到"说有易，说无难"，艾兰的表述留有余地，仅说"饕餮纹""经常缺乏下颚"。其实一切"饕餮纹"无一例外全都"没有正面的下颚"。因为"饕餮纹"的"上颚"，由龙嘴向下的侧面两龙之上颚、下颚合成，所以"饕餮纹"不可能有正面的"下颚"。

法国学者列维–斯特劳斯《结构人类学：巫术·宗教·艺术·神话》

[1]　［美］艾兰：《早期中国历史思想与文化》215、217页，辽宁教育出版社1999。

连身式"饕餮纹":两龙连身，面部两颊各有上下颚、上下牙

↓

分身式"饕餮纹"完整图式：两龙分身，面部两颊各有上下颚、上下牙

↓

分身式"饕餮纹"简化图式：省略龙身，面部两颊各有上下颚、上下牙

↓

分身式"饕餮纹"极简图式：省略龙身、龙牙，面部两颊各有上下颚

图 2-36 商周"饕餮纹"的完整图式、简化图式、极简图式

引用 W. P. 耶茨的《安阳：回顾》，也认为"饕餮纹没有下颌"。[1]

外国学者之所以普遍产生"饕餮纹没有下颚"的错觉，一是全然不知"饕餮纹"的图式结构，二是把"饕餮纹"的极简图式错误视为标本。

由于"饕餮纹"由鼻祖纹天帝和侧面两龙纹合成，所以无论是连身式"饕餮纹"（图2-36.1），还是分身式"饕餮纹"的完整图式（图2-36.2），甚至是分身式"饕餮纹"的简化图式（图2-36.3—5），合为"饕餮纹"面部的龙嘴向下侧面两龙龙首，全都各有左右相对的上下颚，全都各有左右对咬的上下牙。不仅有下颚，而且有两个下颚，亦即两龙的下颚。

只有分身式"饕餮纹"的极简图式（图2-36.6—8），合为"饕餮纹"面部的龙嘴向下正面两龙龙首，才会仅剩左右相对的上下颚，没有左右对咬的上下牙。由于极简图式省略了左右相对的两龙上下牙，不易辨识左右相对的两龙上下颚，于是产生了"没有下颚"的错觉。

"饕餮纹"并非简单的拟人化神面，而是蕴涵华夏天文三大要素的复合神面，是"天帝驾斗乘龙巡天图"或"天帝乘龙巡天图"。所以不能简单化地以正面人面为标准模型，视为没有下颚。

"饕餮纹"既非人面，亦非兽面，而是神面。表面上没有人面应有的"下颚"，才会显得诡异、怪诞、威严、神圣，才会具有强烈的视觉冲击力和精神震撼力，这正是"饕餮纹"的图式结构想要达到的造神效果。

3."一剖为二"误区："整体展开法"还是"天帝乘两龙"

1937年，美国汉学家顾立雅（1905—1994）初步发现了"饕餮纹"的合成原理和图式结构："饕餮的特征是，它把兽头表现为好像被从中一剖为二，两半各向一边展开，又在鼻子中央合一。……如果将两半合起来看，便是一个十分完整的饕餮；而从正面看，其两眼、两耳、两角和下颌表现了两次。让我们用手遮住右边那一半图案，左边的这一部分便是一口龙的

---

[1] ［法］列维–斯特劳斯：《结构人类学：巫术·宗教·艺术·神话》85页，文化艺术
　　出版社1989。

侧影。"[1]

1941年容庚出版专著《商周彝器通考》，也发现了"饕餮纹"的合成原理和图式结构："合观之则为饕餮纹，分观之则为夔纹。"[2]

1944年孙作云发表论文《饕餮考——中国铜器花纹中图腾遗痕之研究》，引用并支持容庚发现的"饕餮纹"合成原理和图式结构，而且说得更加明确："古代宫廷铸器之大匠，其构图之精巧，有非后人所能想象者。……除有首无身之饕餮纹外，凡有身者，其图皆可视为两个夔纹之合体。夔纹为侧身形，合两夔纹，即成一正视形之饕餮纹。"[3]

顾立雅、容庚、孙作云的卓越发现，已经无限逼近"饕餮纹"的解密时刻，然而此后接连不断的抗战、二战、冷战，把"饕餮纹"的解密时刻推迟了半个世纪。

1983年华裔美国学者张光直的《中国青铜时代》中译本在中国出版，其中的《商周青铜器上的动物纹样》一文，介绍并评论了顾立雅、容庚、孙作云等人的卓越发现：

> 为什么若干动物纹样中人头的左右各有一条神兽？这是与动物纹样的基本构成设想有关的一个问题，即铜器上的兽面究竟是一个兽中剖为二左右展开成为两兽的，还是左右两兽在面中央相接而化为一兽的？主张前者的学者很多，可以葛利欧（H.G.Creel，按即顾立雅）为代表：
>
> 饕餮的特征是它表现兽头的方式是好像将它分剖为二，将剖开的两半在两边放平，而在鼻子中央一线结合。下颌表现两次，每侧一

---

[1] 转引自黄厚明《商周青铜器纹样的图式与功能：以饕餮纹为中心》61页，方志出版社2014。参看张光直：《商周青铜器上的动物纹样》，《中国青铜时代》338—339页，生活·读书·新知三联书店1983。

[2] 容庚：《商周彝器通考》103页，中华书局2012。

[3] 孙作云：《饕餮考——中国铜器花纹中图腾遗痕之研究》，1942年作，1944年发表，《孙作云文集·第3卷·中国古代神话传说研究（上）》308页，河南大学出版社2003。

次。……我们如将两半合起来看，它们表现一个十分完整的饕餮，从前面看，其两眼、两耳、两角和下颌表现两次。

照这种说法，则商周铜器中动物纹样成对成双的现象，乃是平面表现立体的技术上的要求所使然；换言之，两个动物原来乃是一个。文献中的"两龙"因此也可能是自装饰图形中的形象而来的。与此相反的说法，是把成双成对的动物纹样，至少是其中在头面部结合成一个动物头面的，看成两个动物，而饕餮面的图案是后起的。换言之，兽体分成左右二半，不是一个兽面分剖为二的结果，而是两个兽形在当中结合的结果。[1]

张光直《中国青铜时代》中译本出版的次年，亦即1984年，上海博物馆青铜器研究组编的《商周青铜器纹饰》出版，马承源在该书序言《商周青铜器纹饰综述》中，把张光直介绍的顾立雅、容庚、孙作云等人发现的"饕餮纹"合成原理和图式结构，不恰当地概括为"整体展开法"：

> 兽面纹既表现为物体正面的形象，同时也是表现物体的两个侧面，我们称这两种结合的方法为整体展开法。古人为了全面表现走兽和爬虫的形象，除了绘成正视的兽面以外，还需显示兽类的体躯，而体躯只能从侧视来表现，并以对称的方式展开。这是商周时代的艺匠们用正视的平面图来表现物像整体概念独特的方法，也可以说是透视画法产生之前的一种幼稚的和有趣的尝试。[2]

由于《商周青铜器纹饰》和马承源的序言《商周青铜器纹饰综述》成了此后数十年"饕餮纹"研究的权威著作，于是马承源错误概括的所谓"整

---

[1] 张光直：《商周青铜器上的动物纹样》，《中国青铜时代》338、339页，生活·读书·新知三联书店1983。文中把顾立雅（H.G.Creel）译为葛利欧，又不点名地把容庚、孙作云的观点概括在"与此相反的说法"中。

[2] 马承源：《商周青铜器纹饰综述》，《商周青铜器纹饰》3页，文物出版社1984。

体展开法"，以及所谓"商周时代的艺匠们用正视的平面图来表现物像整体概念独特的方法"，彻底遮蔽了顾立雅、容庚、孙作云、张光直等人的卓越发现，误导了此后数十年的"饕餮纹"研究，把"饕餮纹"的解密时刻推迟到了今天。

结语　商周"饕餮纹"三大构件对应华夏天文三大要素

上编第一第二章，解密了"饕餮纹"的合成原理、图式结构、祭祀功能，解密了"饕餮纹"的三大构件精确对应华夏天文的三大要素："饕餮纹"鼻部的鼻祖纹天帝，对应北极帝星；"饕餮纹"角部的北斗角，对应北斗七星；"饕餮纹"面部及其两侧的两龙纹，对应苍龙七宿。所以"饕餮纹"的天文内涵是华夏天文三大要素，宗教内涵是华夏宗教三大天神，正确命名是"天帝驾斗乘龙巡天图"或"天帝乘龙巡天图"，《山海经》的神话表述是"天帝珥两蛇乘两龙（巡天）"或"天帝乘两龙（巡天）"，详见第三章。

三类	六型	连身式	分身式
第一类	北斗角	北极天帝驾斗乘龙巡天图（帝俊）	天神珥两蛇乘两龙（《山海经》）
第二类	角宿角	北斗星君乘龙巡天图（黄帝）	地祇乘两龙（《山海经》）
第二类	心宿角	北斗星君乘龙巡天图（黄帝）	地祇乘两龙（《山海经》）
第三类	牛角	祖神乘龙巡天图（牺牲用牛）	祖神乘两龙（《山海经》）
第三类	羊角	祖神乘龙巡天图（牺牲用羊）	祖神乘两龙（《山海经》）
第三类	猪耳	祖神乘龙巡天图（牺牲用猪）	祖神乘两龙（《山海经》）

第三章

《山海经》对 "饕餮纹" 的神话表述：
天帝珥两蛇乘两龙

内容提要 本章根据考古、文献双重证据，论证商周 "饕餮纹" 是商周万舞舞姿之天帝造型的提炼浓缩，与战国《山海经》转写的商周《山海图》之天帝造型同出一源，都是华夏天文、宗教、神话、祭祀的产物。商周 "饕餮纹" 与商周万舞相配，在商周祭祀中交相辉映。

关键词 战国《山海经》转写商周《山海图》；类似《山海图》的商周天帝造型；《山海经》"天帝珥两蛇乘两龙" ＝北斗角 "饕餮纹"；《山海经》"天帝乘两龙" ＝非北斗角 "饕餮纹"。

弁言 《山海经》与 "饕餮纹"

解密《山海经》与 "饕餮纹" 的关系之前，先要了解《山海经》的前身和母体《山海图》。因为战国《山海经》十三卷，是对商周《山海图》十三图的文字转写。

《山海图》属于图像系统，全息保存了商周人格神图式的视觉外观。《山海经》属于文字系统，仅仅保存了商周人格神图式的主要视觉外观，因为文字转写图像，必有信息遗漏和理解偏差。

由于《山海图》亡佚，《山海经》残存，仅据《山海经》的文字转写，很难直观了解《山海图》的商周人格神图式。只有借助百年考古大量出土的商周人格神图像，才能直观了解《山海图》的商周人格神图式，补足并纠正《山海经》的信息遗漏和理解偏差。

《山海经》转写的《山海图》之商周人格神，数量繁多，造型大同小异，除了个别细节，无不出自三大图式：对应天文的天神图式，对应地理的地祇图式，上应星象的祖神图式。

三大图式共享三组关键词：A珥两蛇，B操两蛇，C乘两龙。每一图式的标配，都是两组关键词的组合。

天神图式的标配是：A珥两蛇，C乘两龙。

地祇图式的标配是：B操两蛇，C乘两龙。

祖神图式的标配是：A珥两蛇，B操两蛇。

一 《山海经》的商周天神图式

商周宗教的第一类崇拜对象和祭祀对象，是源于日月星辰的天神。证见《左传·昭公元年》："日月星辰之神，则雪霜风雨之不时，于是乎禜之。"《礼记·礼运》："祭帝于郊，所以定天位也。"

1.《山海经》的商周天神图式：珥两蛇，乘两龙

《山海经》的商周天神图式，见于"海外四经"的四方天神：

> 东方句芒，鸟身人面，乘两龙。（《海外东经》）
>
> 南方祝融，兽身人面，乘两龙。（《海外南经》）
>
> 西方蓐收，左耳有蛇，乘两龙。（《海外西经》）
>
> 北方禺强，人面鸟身，珥两青蛇，践两青蛇。（《海外北经》）

战国"海外四经"的东方句芒、南方祝融、西方蓐收全都"乘两龙"，仅有北方禺强"践两蛇"，可见商周"海外四图"的四方天神造型，采用同

一图式。可能《海外北图》北方禺强所"乘两龙"的图像较小，所以《海外北经》转写为"践两蛇"。其实"践两蛇"等价于"乘两龙"。

北方禺强"珥两青蛇"，是正面图像。西方蓐收"左耳有蛇"，是侧面图像，右耳也应有蛇。东方句芒、南方祝融同样"珥两蛇"，可能《山海图》的图像较小，所以《山海经》撰者未书。

明清书商为了吸引读者，增加销路，又为《山海经》重新配图。明代主要有两种：一是蒋应镐《山海经图绘全像》，明代王崇庆本、明代日本刊本是其翻印本；二是胡文焕《山海经图》。清代主要有四种：一是吴任臣《增补绘像山海经广注》，二是汪绂《山海经存》，三是毕沅《山海经图注》，四是郝懿行《山海经笺疏》。

1　明代蒋本：东方句芒　　2　南方祝融

3　明代蒋本：西方蓐收　　4　北方禺强

5　清代汪本：东方句芒　　6　南方祝融　　7　西方蓐收　　8　北方禺强

图 3-1　明清"海外四经"天神插图：珥两蛇，乘两龙

明代蒋本超越字面，把四方天神都画成了"乘两龙"（图 3-1.1—4）。清代汪本拘泥字面，把东方句芒、南方祝融、西方蓐收画成了"乘两龙"（图 3-1.5—7），把北方禺强画成了"践两蛇"（图 3-1.8）。

明清配图的四方天神"珥两蛇"，合于考古出土的商周天神图像（详下）。但是明清配图的四方天神"乘两龙"，或是天神跨在两龙身上，或是天神立于两龙背上，不合考古出土的商周天神图像（详下）。

商周天神图式，又见于"大荒四经"的四方海神：

> 东海之渚中有神，人面鸟身，珥两黄蛇，践两黄蛇，名曰禺䝞。（《大荒东经》）

> 南海渚中有神，人面，珥两青蛇，践两赤蛇，曰不廷胡余。（《大荒南经》）

> 西海陼（渚）中有神，人面鸟身，珥两青蛇，践两赤蛇，名曰弇兹。（《大荒西经》）

> 北海之渚中有神，人面鸟身，珥两青蛇，践两赤蛇，名曰禺强。（《大荒北经》）

1　清代汪本：东海之神禺䝞　　　　　　2　南海之神不廷胡余

3　明代蒋本：西海之神弇兹　　　　　　4　北海之神禺强

图 3-2　明清"大荒四经"海神插图：珥两蛇，践两蛇

四方海神与四方天神，一神之名相同，三神之名不同，说明两者基本等价。四方海神的造型都是"珥两蛇，践两蛇"（图3-2），可能"大荒四图"的四方海神所"乘两龙"的图像较小，所以"大荒四经"转写为"践两蛇"。但是明清配图的"践两蛇"，都是两蛇盘绕于双脚，不合考古出土的商周天帝图像。

2. 考古出土的商周天神图像：珥两蛇，乘两龙

考古发现的商周天神图像，符合《山海经》转写的《山海图》之商周天神图式：珥两蛇，乘两龙（图3-3）。

图 3-3　考古出土的商周天帝：珥两蛇，乘两龙

湖北荆门出土西周万舞道具大武戚柄部的神像（图3-3.1），足踩日月，证明其为天帝。双耳各挂一蛇，右手操鲵，左手操龙，胯下骑龙，符合《山海经》转写商周《山海图》的天神图式"珥两蛇，乘两龙"。

湖北随州战国曾侯乙墓出土均钟和内棺头挡的万舞漆画（图3-3.2、3），江苏淮阴高庄战国墓出土万舞铜器（图3-3.4、5），上博藏战国万舞铜印（图3-3.6），陕西咸阳秦宫出土万舞空心砖残件（图3-3.7），台湾鲁凯人的万舞木刻（图3-3.8），天帝造型均为双耳各挂一蛇，双足各踩一龙，也都符合《山海经》转写的《山海图》之商周天神图式"珥两蛇，乘两龙"。

二　《山海经》的商周地祇图式

商周宗教的第二类崇拜对象和祭祀对象，是源于自然山川的地祇。证见《左传·昭公元年》："山川之神，则水旱疠疫之灾，于是乎禜之。"《礼记·礼运》："祀社于国，所以列地利也。……山川，所以傧鬼神也。"

1.《山海经》的商周地祇图式：操两蛇，乘两龙

《山海经》的商周地祇图式，见于《中山经》、《海内北经》等：

> 夫夫之山……神于儿居之，其状人身，而手操两蛇。（《中山经》）
> 洞庭之山……神状如人，面载蛇，左手操蛇。（《中山经》）
> 冰夷，人面，乘两龙。（《海内北经》）

地祇的等级低于天神，没有资格像天神那样"珥两蛇"。

夫夫山神于儿，"操两蛇"（图3-4.1）。洞庭山神，"操一蛇"（图3-4.2），当属侧面图像，实为"操两蛇"。

冰夷，即河伯，亦即黄河之神，"乘两龙"（图3-4.3）。

清代汪本：夫夫之神于兒　　　洞庭之神

明代蒋本：河伯冰夷

图 3-4　明清《山海经》地祇插图：操两蛇，乘两龙

2. 考古出土的商周地祇图像：操两蛇，乘两龙

考古发现的商周地祇图像，符合《山海经》转写的《山海图》之商周地祇图式：操两蛇，乘两龙（图 3-5）。

江苏淮阴高庄战国墓出土万舞铜器的地祇造型（图 3-5.1、2），湖北随州战国曾侯乙墓内棺侧面挡板的地祇造型（图 3-5.4），全都符合《山海经》转写的《山海图》之商周地祇标配"操两蛇，乘两龙"。

江苏淮阴高庄战国墓出土万舞铜器的地祇造型（图 3-5.3），河南信阳长台关战国墓出土万舞乐器锦瑟的地祇造型（图 3-5.5、6），台湾古越阁所藏战国万舞道具铜剑的地祇造型（图 3-5.7），全都符合《山海经》转写的《山海图》之商周地祇标配减半"操两蛇"。

1—3 淮阴高庄战国铜器

曾侯乙墓内棺侧挡

5、6 信阳长台关战国锦瑟

古越阁藏战国铜剑

图 3-5　考古出土的商周地祇：操两蛇，乘两龙

三　《山海经》的商周祖神图式

商周宗教的第三类崇拜对象和祭祀对象，是源于列祖列宗的祖神。证见《礼记·礼运》："祖庙，所以本仁也。"

1.《山海经》的商周祖神图式：珥两蛇，操两蛇

《山海经》的商周祖神图式，见于《大荒经》和《海外经》：

有人珥两黄蛇，把两黄蛇，名曰夸父。(《大荒北经》)

博父国在聂耳东，其为人大，右手操青蛇，左手操黄蛇。(《海外北经》)

雨师妾在其北，其为人黑，两手各操一蛇，左耳有青蛇，右耳有赤蛇。(《海外东经》)

巫咸国在女丑北，右手操青蛇，左手操赤蛇。(《海外西经》)

明代蒋本：夸父逐日　　　　　　　　　清代汪本：雨师妾

图 3-6　明清《山海经》祖神插图：珥两蛇，操两蛇

夸父是等级较高的祖神（酋长），采用标配"珥两蛇，把两蛇"（图3-6.1）。博父是等级较低的祖神（酋长），标配减半，只能"操两蛇"。

雨师妾是等级较高的女巫（图3-6.2），采用标配"珥两蛇，操两蛇"。巫咸是等级较低的男巫，标配减半，只能"操两蛇"。——西周以后男尊女卑不断强化，女巫"雨师"地位下降，男巫"巫咸"地位上升，那是后话，同时证明了商周《山海图》之古老。

祖神属于半人半神，等级低于地祇，没有资格像地祇那样"乘两龙"，所以标配是"珥两蛇，操两蛇"。等级较低的祖神，标配减半，或者"珥两蛇"，或者"操两蛇"。

2.考古出土的商周祖神图像：珥两蛇，操两蛇

考古发现的商周祖神图像，全都符合《山海经》转写的《山海图》之商周祖神图式：珥两蛇，操两蛇（图3-7）。

江苏淮阴高庄战国墓出土万舞铜器的祖神图像（图3-7.1—3）、湖北随州战国曾侯乙墓出土内棺足挡万舞漆画的祖神图像（图3-7.4、5）、河南新郑郑伯墓出土青铜器座的祖神图像（图3-7.6）、战国晋国万舞纹壶的祖神图像（图3-7.7、8），均为双耳各挂一蛇，双手各持一蛇，全都符合《山海经》转写的《山海图》之商周祖神、商周祭司标配"珥两蛇，操两蛇"。

江苏淮阴高庄战国万舞铜器

  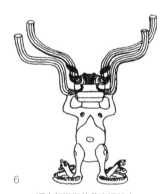

湖北曾侯乙墓内棺足挡万舞漆画　　　　河南新郑郑伯墓青铜器座

晋国万舞纹壶

图 3-7　考古出土的商周祖神：珥两蛇，操两蛇

尤其是湖北随州战国曾侯乙墓出土内棺的漆画，头部挡板是"珥两蛇，乘两龙"的天神，侧面挡板是"操两蛇，乘两龙"的地祇，足部挡板是"珥两蛇，操两蛇"的祖神，三者井然有序，是《山海经》转写的《山海图》之天神图式、地祇图式、祖神图式的系统硬证。

考古发现的商周祖神图像与商周祭司图像，又有细微差异：

考古发现的部分商周祖神图像（图3-7.2—5），除了珥两蛇，头顶另有两蛇头，意为头顶两蛇正在下降，祖神是北斗星君下凡。

考古发现的部分商周祭司图像（图3-7.3），除了珥两蛇，头顶另有通天杖和与耳际两蛇同形的两蛇，但是并非"珥四蛇"，而是意为耳际两蛇正在上升，祭司通过"万舞"（作法）可以"通神"（登天），即《山海经·大荒西经》所言"上下于天"。

综上所述，概括要义如下。

其一，《山海经》转写的《山海图》之商周人格神三大图式，对应商周宗教的三类人格神：源于日月星辰的天神，源于自然山川的地祇，源于列祖列宗的祖神。即《礼记·礼运》所言："祭帝于郊，所以定天位也；祀社于国，所以列地利也；祖庙，所以本仁也；山川，所以傧鬼神也。"

其二，《山海经》对《山海图》之商周人格神三大图式的文字转写基本准确，全都符合考古发现的商周人格神三类图像。

其三，根据考古发现的商周人格神三类图像，可以直观了解《山海图》的商周人格神三大图式，同时补足、纠正《山海经》的信息遗漏和理解偏差。

四 《山海经》的万舞图式

《山海经》转写的《山海图》之商周人格神三大图式，又被应用于祭祀天神、地祇、祖神的商周万舞。因为万舞祭神，必须由舞者扮演天神、地祇、祖神，所以商周人格神的三大图式，就是商周万舞的三大舞姿（详见《玉器之道》第七万舞章）。

1.《山海经》的万舞图式：夏后启乘两龙

《山海经》转写的《山海图》之商周祖神，标配都是"珥两蛇，操两蛇"，全都不"乘两龙"。但是《海外西经》和《大荒西经》却有一个例外，即"夏后启乘两龙"（图3-8）。

图 3-8　明代蒋本：夏后启乘两龙

> 大乐之野，夏后启于此儛（舞）《九代》，乘两龙。（《海外西经》东晋郭璞引西晋出土之战国《汲冢归藏》注曰："夏后启筮御飞龙登于天。"）

> 西南海之外，赤水之南，流沙之西，有人珥两青蛇，乘两龙，名曰夏后开。开上三嫔于天，得《九辩》与《九歌》以下。此天穆之野，高二千仞。开焉得始歌《九招》。（《大荒西经》夏后开即夏后启，避汉明帝刘启讳而改。）

"夏后启乘两龙"，遭到了商代《归藏》的严厉批判：

> 昔者夏后启卜乘飞龙以登于天，而枚占曰吉。（1993年出土《王家台归藏》明夷卦）

> 昔者夏后启是以登天，帝弗良而投之渊。（1993年出土《王家台归藏》坤卦）[1]

商代《归藏》认为，夏后启欲"乘龙登天"，是不可饶恕的严重僭越，因此遭到了天帝的严厉惩罚，"帝弗良而投之渊"。这是商代黄帝族为了论证商灭夏的合理性而编造的伪史，证据有四。

---

[1]　王明钦：《王家台秦墓竹简概述》，《新出简帛研究》32、30页，文物出版社2004。参看《路史·后纪》十四引《归藏·郑母经》："明夷曰：夏后启筮御龙飞升于天。"《太平御览》九百二十九："明夷曰：昔夏后启上成龙飞（"上成"当为"卜乘"之讹），以登于天。皋陶占之曰：吉。"

证据一，夏后启不可能真的"乘龙"，也不可能真的"登天"，更不可能真的被天帝"投之渊"而死。

证据二，《山海经》"大乐之野，夏后启于此舞《九代》，乘两龙"，其中嵌有"乐舞"二字，证明"乘两龙"是夏代祭天乐舞"万舞"的舞姿。《山海经》提及的《九代》、《九辩》、《九歌》、《九招》，均为"万舞"的别名。万舞领舞者扮演的天帝所"乘两龙"，均非真龙，而是万舞伴舞者扮演的天文神龙。

证据三，华夏祭天乐舞"万舞"起源于上古，被夏商周继承。按照神话逻辑，夏后启以万舞祭祀天帝，只可能得到天帝嘉许，不可能遭到天帝惩罚，更不可能如商代《归藏》所言"帝弗良而投之渊"。否则夏商周每一代天子均以万舞祭祀天帝，均应遭到天帝惩罚。

证据四，商代甲骨文记载商代黄帝族祭祀天神、地祇、祖神，常见"舞"或"奏舞"，即言祭祀之时以万舞娱神。周代黄帝族祭祀天神、地祇、祖神，同样如此。《说文》："巫，巫祝也。女能事无形，以舞降神者也。"所谓"以舞降神"，实为万舞舞者扮演天神、地祇、祖神。所扮天神、地祇、祖神的造型，同于《山海经》转写的《山海图》之天神图式、地祇图式、祖神图式。

张光直《从商周青铜器谈文明与国家的起源》认为："《楚辞·九歌》实际上就是对以舞乐来沟通神明的具体描写。"[1] 所言甚确。屈原所作《九歌》，正是万舞的歌词。

屈原所作《九歌》、《离骚》等，均曾描写万舞舞姿：

> 龙驾兮帝服，聊翱游兮周章。（《九歌·云中君》）
> 驾飞龙兮北征，邅吾道兮洞庭。（《九歌·湘君》）
> 乘龙兮辚辚，高驰兮冲天。（《九歌·大司命》）
> 驾龙辀兮乘雷，载云旗兮委蛇。（《九歌·东君》）
> 乘水车兮荷盖，驾两龙兮骖螭。（《九歌·河伯》）

---

[1] 张光直：《中国青铜时代（二集）》126页，生活·读书·新知三联书店1990。

为余驾飞龙兮，杂瑶象以为车。

……麾蛟龙使梁津兮，诏西皇使涉予。

……驾八龙之婉婉兮，载云旗之委蛇。(《离骚》)

《九歌》的"乘龙兮辚辚"、"驾两龙兮骖螭"等等，《离骚》的"驾飞龙"、"麾蛟龙"、"驾八龙"等等，不仅是商周万舞的舞姿，而且是商周人格神的图式，因为两者同出一源。所以《山海经》的"夏后启乘两龙"，并非列举夏后启冒犯天帝的罪状，而是描写夏代万舞祭祀天帝的舞姿。

关于上古华夏四族至中古夏商周的万舞三大舞姿，详见前著《玉器之道》第七万舞章，本书不再重复。

2. 万舞图式即"饕餮纹"图式：天帝乘两龙

商周人格神的三大图式，不仅应用于商周万舞，而且应用于商周"饕餮纹"，因为两者不仅同时用于祭祀仪式，而且均与华夏天文历法、宗教神话息息相关。

其一，祭祀的时间，是从根据天文观测而编制的华夏阴阳合历中，选取二十四节气中的重要节气之日（简称"节日"），比如冬至日、春分日、夏至日、秋分日、立春日、告朔日，等等。

其二，祭坛之上，陈列整套青铜礼器。其上的"饕餮纹"三类六型，提炼浓缩祭天万舞的三大舞姿，展示商周宗教的三大主神。

中古的青铜礼器，类似于上古的万舞岩画，尽管材质不同，载体不同，但是功能相同。

上古无国家，也无庙堂，所以面向太阳的山岩南壁，画着万舞三大舞姿；上古万舞的舞者，在山岩南面的露天广场，面对万舞岩画的天帝造型，载歌载舞，祭祀天神、地祇、祖神。

中古有国家，也有庙堂，所以宗庙祭坛的青铜礼器，铸着"饕餮纹"三类六型；中古万舞的舞者，在明堂南面的露天广场，面对"饕餮纹"的天帝造型，载歌载舞，祭祀天神、地祇、祖神。

其三，广场之上，上演祭神祀祖的万舞。万舞有三大舞姿，相配的乐曲是三叠曲，即雅乐；相配的诗句是三叠诗，即《诗经》颂诗、雅诗。

其四，万舞乐器和万舞道具上的万舞舞姿，与青铜礼器的"饕餮纹"共享天神、地祇、祖神三大图式。

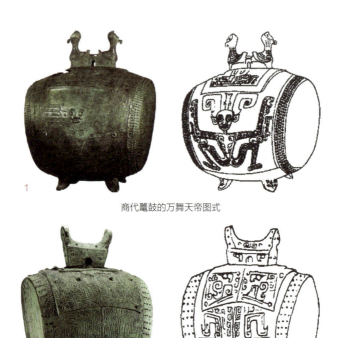

商代鼍鼓的万舞天帝图式

商代鼍鼓的"饕餮纹"天帝图式

图 3-9　商代万舞乐器：鼍鼓

《诗经》把作为万舞乐器的铜鼓称为"鼍鼓"，两件为万舞伴奏的商代晚期鼍鼓，分别铸有人形天帝纹和"饕餮纹"，不仅证明"饕餮纹"是天帝纹，而且证明"饕餮纹"是万舞天帝的风格化，亦即万舞舞姿的提炼浓缩。

日本泉屋博古馆收藏的湖南出土商代晚期双鸟鼍鼓（图3-9.1），鼓上纹样是万舞舞者扮演的天帝，头顶是常见于"饕餮纹"鼻部的鼻祖纹天帝。这是万舞舞姿的写实，相当于万舞的剧照。

湖北博物馆收藏的湖北出土商代晚期崇阳鼍鼓（图3-9.2），鼓上纹样是"饕餮纹"天帝，这是万舞天帝的风格化，相当于万舞的海报。

其五，万舞的领舞者（亦即祭司、巫史），头戴北极天帝、北斗星君面具。

图3-10　西周铜雕：万舞领舞者头戴天帝面具

上博藏西周早期万舞铜雕（图3-10.1），大英博物馆藏山东滕州前掌大墓地出土的西周早期万舞铜雕（图3-10.2、3），都是万舞领舞者头戴天帝面具的造型（旧称"龙食人首"）：舞者面部在下，天帝面具在上。后者的正面是北极天帝（图3-10.2），印堂有菱形帝星纹；反面是北斗星君（图3-10.3），印堂无菱形帝星纹。

其六，万舞的伴舞者，扮演象征苍龙七宿的龙神、象征白虎七宿的虎神，即《尚书·尧典》所言"百兽率舞"，《吕氏春秋·古乐》所言"致舞百兽"，屈原《九歌·云中君》所言"龙驾兮帝服"。

山东金乡汉墓出土的万舞画像砖，既有"天帝乘两龙"（图3-11.1），也有"天帝驭两虎"（图3-11.2），正是万舞第二舞姿"天帝降龙伏虎"。

伦敦苏富比拍卖行收藏的商代晚期"饕餮纹"车饰（图3-11.3），则把万舞第一舞姿"天帝驾两斗"和万舞第二舞姿"天帝乘两龙"、"天帝驭两虎"浓缩为一，成为"天帝驾斗乘龙驭虎巡天图"。

商周万舞的第三舞姿"北斗星君踏罡步斗"[1]，由于北斗星君的扮相是北斗猪神，也在商周"饕餮纹"的提炼浓缩过程中遭到扬弃。

---

[1]　详见张远山：《玉器之道》第七万舞章，中华书局2018。

1

天帝乘两龙（山东金乡汉墓万舞画像砖）

2

天帝驭两虎（山东金乡汉墓万舞画像砖）

3

天帝驾斗乘龙驭虎巡天图（商代晚期车饰）

图 3-11 "饕餮纹"是万舞舞姿的提炼浓缩

以上六证证明：商周万舞是商周"饕餮纹"的源头，商周"饕餮纹"是商周万舞的浓缩。商周万舞是动态的商周"饕餮纹"，商周"饕餮纹"是静态的商周万舞。两者在祭祀天帝的仪式中一动一静，交相辉映。

五　商周"饕餮纹"是商周万舞的提炼浓缩

商周人格神三大图式和商周万舞三大舞姿共享三组关键词：珥两蛇，操两蛇，乘两龙。商周"饕餮纹"是人格神三大图式、商周万舞三大舞姿的提炼浓缩，扬弃了一组关键词"操两蛇"，保留了两组关键词"珥两蛇，乘两龙"，成为商周"饕餮纹"的两大图式：第一图式"天帝珥两蛇乘两龙"，即

"天帝驾斗乘龙巡天图";第二图式"天帝乘两龙",即"天帝乘龙巡天图"。

商周"饕餮纹"的两大图式,是上古华夏天帝图像发展到商周的终极图式。但在终极图式出现以前,"天帝"并不"驾斗乘龙",而是"骑龙"或"骑猪"。

本节梳理上古华夏天帝图像发展为商周"饕餮纹"的具体过程。

1. 上古伏羲族的天帝图式:天帝骑龙巡天图

华夏"天帝"是对位北极帝星的人格神,华夏"天帝"所乘之"龙"是对位苍龙七宿的人格神。而苍龙七宿所属的二十八宿体系,由上古伏羲族首创,所以早在夏代以前2500年的仰韶早期(前4500),上古伏羲族已经创造了"天帝骑龙巡天图"。

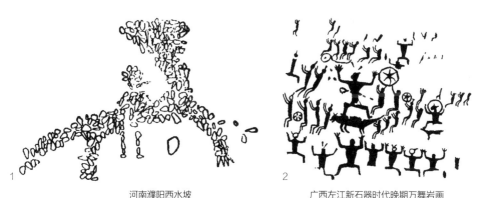

| 1 河南濮阳西水坡 | 2 广西左江新石器时代晚期万舞岩画 |

图 3-12　上古伏羲族:天帝骑龙巡天图

伏羲族首创二十八宿的考古实证,见于河南濮阳西水坡仰韶早期墓地(前4500)的北斗龙虎图(详见第二章图2-1)。伏羲族首创"天帝骑龙巡天图"的考古实证,同样见于河南濮阳西水坡的仰韶中期墓地(图3-12.1),天帝只是"骑龙",尚未"乘龙"。

广西左江新石器时代晚期南扩伏羲支族的万舞岩画(图3-12.2)。中心的万舞领舞者足踩一龙,尚未"乘两龙",四周是万舞伴舞者,舞姿均为万舞第一舞姿"北极天帝顶天立地"(详见《玉器之道》第七万舞章)。证明"天帝骑龙巡天图"并非孤立的神话图像,而是源于万舞舞姿。

1

石家河文化玉圭

2

3

石峁先夏文化石雕

商早二里岗文化陶器

4

图 3-13　上古至中古：天帝珥两蛇乘两龙

　　台北故宫博物院藏石家河文化的龙山中期玉圭，首次出现了"天帝珥
两蛇乘两龙"（图3-13.1）：天帝耳旁是两条人面蛇，即"珥两蛇"；天帝下
面是两龙，即"乘两龙"。这是目前考古所见最早的"天帝珥两蛇乘两龙"
松散组合图像。

　　陕北石峁先夏文化遗址出土的龙山晚期石雕，再次出现了"天帝珥两
蛇乘两龙"（图3-13.2、3）：中间是帝面，帝耳下卷如两蛇，左右是两龙。

这是目前考古所见最早的"天帝珥两蛇乘两龙"复合图像，也是商周"饕餮纹"的最早雏形。

河南郑州商城出土的商代早期陶纹，也出现了"天帝珥两蛇乘两龙"（图3-13.4）：中间是人面天帝，帝耳两旁是口吐蛇信的两蛇，帝臂曲肘下控两龙。这是目前考古所见最早的"天帝珥两蛇乘两龙"紧密复合图像，与商周"饕餮纹"的视觉外观不同，但是构图要素全同。

商代晚期至西周早期，"天帝珥两蛇乘两龙"的图像逐渐普遍化，尽管与青铜礼器的经典"饕餮纹"风格迥异，但是全都表达华夏神话母题"天帝珥两蛇乘两龙"或"天帝乘两龙"。

河南安阳妇好墓出土的两件商代晚期玉雕（图3-14.1、2），前者两臂刻蛇，两腿刻龙，表达"天帝操两蛇乘两龙"；后者腰部是一首两身的肥遗龙，表达"天帝乘两龙"。

山西曲沃晋侯墓出土的西周早期玉雕（图3-14.3），陕西宝鸡茹家庄出土的西周早期铜雕（图3-14.4），美国华盛顿弗利尔美术馆收藏的西周早期铜雕（图3-14.5），全都表达"天帝骑龙巡天"。

西周万舞玉佩七例（图3-14.6—12），全都表达万舞领舞者扮演的天帝"珥两蛇，乘两龙"。

前四例是程式化的西周万舞玉佩（图3-14.6—9）：一龙较小，位于天帝头顶，即"珥蛇"；一龙较大，位于天帝腰部，即"乘龙"。由于是双面玉雕，每一面仅仅"珥一蛇，乘一龙"，两面即为"珥两蛇，乘两龙"。

后三例是西周万舞玉佩程式的变体（图3-14.10—12）：第一例仅有两龙，省略了万舞领舞者扮演的天帝。第二第三例均为两首四龙，一首为万舞领舞者之首，一首为万舞领舞者所戴天帝面具；原有两龙不变，万舞领舞者的双腿又变形为两龙。

由于东周王室衰弱，礼崩乐坏，湖北荆州熊家冢楚墓出土的战国万舞玉佩（图3-14.13），湖北荆州院墙湾楚墓出土的战国万舞玉佩（图3-14.14），香港钟培华收藏的战国万舞玉佩（图3-14.15），均已抛弃西周万舞玉佩的基本程式，但是无不表达《山海经》所言"天帝乘两龙"或《九歌·河伯》所言"驾两龙兮骖螭"。

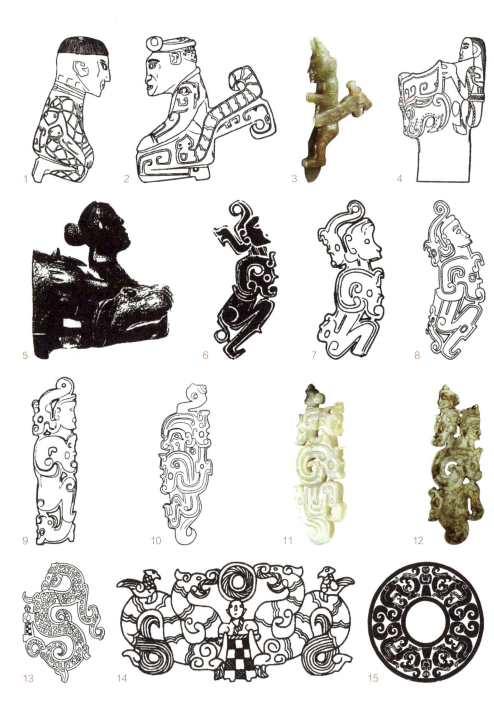

图 3-14　天帝骑两龙：1、2 商，3—12 西周，13—15 战国

图 3-15　天帝乘龙巡天：战国秦汉的神仙化和百戏化

　　秦汉以后也继承了上古伏羲族至夏商周黄帝族的华夏神话母题"天帝乘龙巡天"。但是经过春秋战国的礼崩乐坏和秦汉时期的历史改道，"天帝乘龙巡天"神话又分化为多种图式，内涵也发生了质变。

　　湖南长沙子弹库战国楚墓出土的"人物御龙帛画"（图 3-15.1），正确命名应为"天帝乘龙巡天图"：天帝立于龙背，头顶饰有华盖，龙下有象征鱼星的鱼。

　　河南郑州汉墓出土的画像砖（图 3-15.2）：天帝骑于龙背，龙下仍有象征鱼星的鱼。

　　河南汉墓出土的画像砖（图3-15.3），万舞舞者扮演天帝立于龙背，手持干戚而舞，仍然承袭西周万舞之"武舞"，即"干戚舞"。

山东沂南汉墓出土的画像砖（图3-15.4）：上为羽人，下为飞龙。由于秦汉人王僭窃天帝名号[1]，上古至中古的天帝信仰已经崩溃变质，因此"天帝乘龙巡天"神话演变为"羽人乘龙登天"仙话。上古至商周的"天帝信仰"，至此降格为"神仙信仰"。

山东沂南汉墓出土的画像砖（图3 15.5），龙背筑一高台，舞者立于其上。上古至商周的"天帝信仰"，至此世俗化为"百戏"杂技。

2. 上古玉器族的天帝图式：天帝骑猪巡天图

上古玉器三族的天文体系，原本没有四方天区的二十八宿，仅有中央天区的北极帝星、北斗七星。由于北斗七星围绕北极帝星旋转，而北斗斗魁四星酷似猪的眼鼻四孔，均呈倒梯形，于是把北斗之神拟形为猪，故其天帝造型是"天帝骑猪巡天图"。

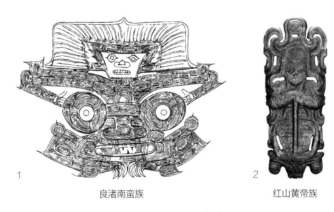

1 良渚南蛮族　　2 红山黄帝族

图3-16　上古玉器族：天帝骑猪巡天图

良渚南蛮族的"天帝骑猪巡天图"（图3-16.1），是良渚古国的国徽，见于良渚文化的众多顶级祭天玉器。良渚神徽下部的北斗猪神又被独立出来，见于良渚文化的众多次级祭天玉器。

红山黄帝族的"天帝骑猪巡天图"（图3-16.2），见于故宫所藏红山文化传世玉器。

---

[1] 参看张远山：《老庄之道》绪论《以"王"僭"帝"的秦汉秘史》，岳麓书社2015。

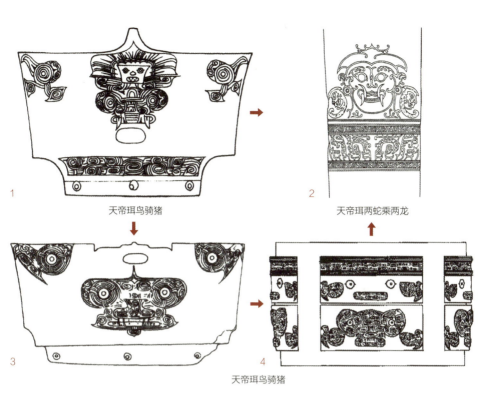

1　天帝珥鸟骑猪　　　　　　　2　天帝珥两蛇乘两龙

3　　　　　　　　　4
天帝珥鸟骑猪

图 3-17　良渚文化天帝、石家河文化天帝

　　良渚南蛮族接受了伏羲族二十八宿以后，以本族对应南方朱雀七宿，于是又把"北极天帝骑猪巡天"神话，发展为"北极天帝珥鸟骑猪巡天"神话（图3-17.1），再发展为"北斗猪神珥鸟巡天"神话（图3-17.3、4）；进而影响石家河玉圭的"天帝珥两蛇乘两龙"（图3-17.2）；随后影响陕北石峁先夏石雕的"天帝珥两蛇乘两龙"，直至影响商周"饕餮纹"的"天帝珥两蛇乘两龙"。可见文化传播、文化影响、文化融合从来不是单向而直线的，而是双向而曲折的。彼此启发，互相推进，最终形成了你中有我、我中有你的家族性相似。

　　夏商周黄帝族也继承了上古玉器族的"天帝骑猪巡天"神话，但是天帝不再骑北斗之猪，而是改乘两龙所拉北斗之车。北斗之猪变成北斗之车的图证，见于山东嘉祥东汉武梁祠的"天帝乘斗巡天图"（图3-18）。

　　北斗之猪变成北斗之车，仅是上古北斗猪神在中古以后基本消失的众多原因之一。

图 3-18　东汉武梁祠：天帝乘斗巡天图

第一原因是上古两大天文体系的中古融合。

上古伏羲族的二十八宿，早在龙山时代（前3000—前2000）已经东传玉器三族，并与玉器三族固有天文体系的北极帝星、北斗七星融合。所以夏商周以后的华夏天文体系，以北极帝星、北斗七星、苍龙七宿（及其领衔的二十八宿）为三大要素。

第二原因是上古两大神话体系的中古融合。

上古伏羲族的"天帝骑龙巡天"神话，也在龙山时代东传玉器三族，并在中古以后被夏商周黄帝族继承。随着上古伏羲族和上古玉器族两大天文体系的融合，上古伏羲族的"天帝骑龙巡天"神话和上古玉器族的"天帝骑猪巡天"神话也必须融合，但是天帝既不能同时骑龙、骑猪，也不能有时骑龙，有时骑猪。所以象征苍龙七宿的神龙和象征北斗七星的神猪必须融于一图，于是北斗成为帝车的车厢，两龙成为帝车的动力。

第三原因是上古无车，中古有车。

上古无车，所以上古伏羲族的天帝只能骑龙巡天，不能乘龙巡天；上古玉器族的天帝也只能骑猪巡天，不能乘猪巡天。中古有车，而且必须融合"天帝驾斗巡天"（主宰北斗七星的绕极旋转）与"天帝乘龙巡天"（主宰二十八宿的绕极旋转）两大神话，于是商周天帝乘着两龙所拉北斗之车巡天。由于人王以马拉车，天帝以龙拉车，所以古称"龙为天马"，称苍龙七宿之房宿四星为"天驷"（《尔雅·释天》郭璞注）。

山西长治分水岭东周墓出土的万舞铜器、江苏淮阴高庄战国墓出土的

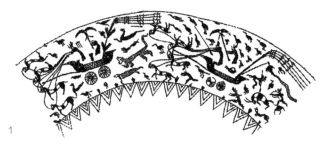

山西长治分水岭东周墓万舞铜器

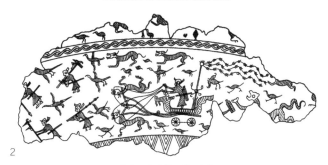

江苏淮阴高庄战国墓万舞铜器

波士顿艺术博物馆藏战国万舞铜器

河南信阳长台关战国墓锦瑟残件

图 3-19　春秋战国万舞图：天帝驾斗乘龙巡天图

万舞铜器、美国波士顿艺术博物馆收藏的战国万舞铜器（图3-19.1—3），河南信阳长台关战国墓出土的锦瑟残件（图3-19.4），均有"天帝驾斗乘龙巡天图"，是"天帝驾斗巡天"与"天帝乘龙巡天"两大神话融合的确切图证。

　　上古天帝或骑龙，或骑猪，中古天帝只乘龙，不骑猪，于是上古的天文神猪退位，中古的天文神龙登基。

六 《山海经》的商周天神图式即商周"饕餮纹"图式

《山海经》的商周天神图式"天帝珥两蛇乘两龙",即商周青铜器的"饕餮纹"图式。同时根据祭祀需要,分为六种角形,形成了商周青铜器的"饕餮纹"三类六型:第一类一型,完全采用"天帝珥两蛇乘两龙"图式。第二类二型、第三类三型,采用"天帝珥两蛇乘两龙"图式的变体,即"天帝乘两龙"图式。

1.《山海经》"珥两蛇乘两龙":适用于商周"饕餮纹"三类六型

《山海经》的商周天神图式"天帝珥两蛇乘两龙",产生了商周"饕餮纹"三类六型。

第一类"饕餮纹"仅有一型,即北斗角"饕餮纹"(图3-20.1),是祭祀黄帝族神话鼻祖"帝俊"的"北极天帝驾斗乘龙巡天图"。完全采用《山海经》的商周天神图式"天神珥两蛇乘两龙",所以两者严格对应:"天神"对应"饕餮纹"鼻部的鼻祖纹天帝,"珥两蛇"对应"饕餮纹"角部的两个北斗角,"乘两龙"对应"饕餮纹"面部的侧面两龙纹。

第二类"饕餮纹"共有二型,即角宿角"饕餮纹"(图3-20.2)、心宿角"饕餮纹"(图3-20.3),是祭祀黄帝族神话始祖"黄帝"的"北斗星君乘龙巡天图"。由于改变了角形,变体为"天帝乘两龙"图式:"天帝"对应"饕餮纹"鼻部的鼻祖纹天帝,"乘两龙"对应"饕餮纹"面部的侧面两龙纹。

第三类"饕餮纹"共有三型,即牛角"饕餮纹"(图3-20.4)、羊角"饕餮纹"(图3-20.5)、无角(猪耳)"饕餮纹"(图3-20.6),牛角、羊角、无角(猪耳)对应祭祀祖族之神、宗族之神、支族之神的牛、羊、猪三牲,所以是祭祀祖族之神、宗族之神、支族之神的"祖神乘龙巡天图"。由于改变了角形,也变体为"天帝乘两龙"图式:"天帝"对应"饕餮纹"鼻部的鼻祖纹天帝,"乘两龙"对应"饕餮纹"面部的侧面两龙纹。

1

北斗角"饕餮纹"：北极天帝驾斗龙巡天（珥两蛇乘两龙）

2

角宿角"饕餮纹"：北斗星君乘龙巡天（乘两龙）

3

心宿角"饕餮纹"：北斗星君乘龙巡天（乘两龙）

4

牛角"饕餮纹"：祖族之神乘龙巡天（乘两龙）

5

羊角"饕餮纹"：宗族之神乘龙巡天（乘两龙）

6

无角"饕餮纹"：支族之神乘龙巡天（乘两龙）

图 3-20　商周"饕餮纹"三类六型

由此可见，商周青铜器的"饕餮纹"三类六型，全都采用《山海经》的商周天神图式"天帝珥两蛇乘两龙"。第一类"饕餮纹"是基本图式，严格对应天神图式的三大要素。第二类、第三类"饕餮纹"是基本图式的变体，对应天神图式的两大要素。

由于第一类"饕餮纹"采用《山海经》的商周天神图式"天帝珥两蛇乘两龙"，第二类、第三类"饕餮纹"采用其变体"天帝乘两龙"，所以一切角形的"饕餮纹"，均由鼻祖纹天帝和宗祖纹两龙合成。

2.《山海经》"珥两蛇"：适用于商周"饕餮纹"一切角形

尽管第二类、第三类"饕餮纹"是《山海经》之商周天神图式"天帝珥两蛇乘两龙"的变体，仅仅对应"天帝乘两龙"，不对应"珥两蛇"，但

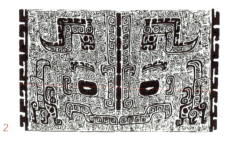
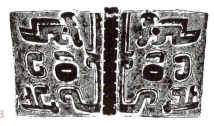

图 3-21 北斗角 "饕餮纹"：珥两蛇，乘两龙

是《山海经》的"珥两蛇"，适用于商周"饕餮纹"的一切角形。

其一，北斗角"饕餮纹"之"珥两蛇"。

北斗角"饕餮纹"的北斗角，经常变形为两条斗形龙（图3-21），首先符合《史记·天官书》的天文表达"北斗七星，杓携龙角"，其次符合《山海经》的神话表达"珥两蛇"。

其二，非北斗角"饕餮纹"之"珥两蛇"。

非北斗角的商周"饕餮纹"，角上也常另增两龙。于是角宿角"饕餮纹"（图3-22.1），牛角"饕餮纹"（图3-22.2—4），羊角"饕餮纹"（图3-22.5、6），无角"饕餮纹"（图3-22.7—10），无不符合《山海经》的神话表达"珥两蛇"。

3.《山海经》"乘两龙"：适用于商周"饕餮纹"一切变体

《山海经》的神话表达"天帝乘两龙"，不仅适用于通常被视为"饕餮纹"的一切经典"饕餮纹"，而且适用于通常不被视为"饕餮纹"的一切变体"饕餮纹"。

其一，湖南宁乡出土的商代大禾方鼎（图3-23），四面都是人面天帝。

图 3-22 非北斗角"饕餮纹"：珥两蛇，乘两龙

天帝双耳之上均有北斗角，即"珥两蛇"。天帝双耳之下均有龙爪，即"乘两龙"。尽管视觉外观异于经典"饕餮纹"，仍然表达"天帝驾斗乘龙巡天"神话，即《山海经》所言"天帝珥两蛇乘两龙（巡天）"。

其二，商晚周早的拆分"饕餮纹"（图3-24），尽管两龙纹的侧面龙首不能合成"饕餮纹"的面部，仍然表达"天帝乘龙巡天"神话，即《山海经》所言"天帝乘两龙（巡天）"。

其三，商晚周早的鼻祖纹加两龙纹（图3-25），尽管视觉外观异于经典"饕餮纹"，仍然表达"天帝乘龙巡天"神话，即《山海经》所言"天帝

图3-23　商代大禾方鼎：天帝驾斗乘龙巡天

图3-24　拆分"饕餮纹"：天帝乘龙巡天

乘两龙（巡天）"。

其四，商晚周早的鼻祖纹天帝加斗形两蛇纹（图3-26），尽管视觉外观异于经典"饕餮纹"，仍然表达"天帝驾斗乘龙巡天"神话，即《山海经》所言"天帝珥两蛇乘两龙（巡天）"。

图 3-25　鼻祖纹加两龙纹：天帝乘龙巡天

图 3-26　鼻祖纹天帝加斗形两蛇纹：天帝驾斗乘龙巡天

1

西周孝王：大克鼎（上博藏）

2

西周孝王：小克鼎（上博藏）

3

西周中期：霸伯盂

4

西周中期：戜方鼎

图 3-27　窃曲"饕餮纹"：天帝乘两龙巡天

其五，西周中期至春秋中期的窃曲"饕餮纹"（图3-27），尽管视觉外观异于经典"饕餮纹"，仍然表达"天帝乘龙巡天"神话，即《山海经》所言"天帝乘两龙（巡天）"。

其六，春秋中晚期的蟠螭"饕餮纹"（图3-28），尽管视觉外观异于经典"饕餮纹"，仍然表达"天帝驾斗乘龙巡天"神话，即《山海经》所言"天帝珥两蛇乘两龙（巡天）"。

其七，春晚战早的蟠虺"饕餮纹"（图3-29），尽管视觉外观异于经典"饕餮纹"，仍然表达"天帝乘龙巡天"神话，即《山海经》所言"天帝乘两龙（巡天）"。

以上通常不被视为"饕餮纹"的变异"饕餮纹"，全都表达"天帝驾斗乘龙巡天"神话或"天帝乘龙巡天"神话，无不符合《山海经》所言"天帝珥两蛇乘两龙"或"天帝乘两龙"，充分证明《山海经》的"天帝珥两蛇乘两龙"和"天帝乘两龙"是对商周"饕餮纹"的神话表达，同时证明商周"饕餮纹"是"天帝驾斗乘龙巡天图"或"天帝乘龙巡天图"。

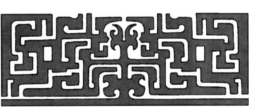

图 3-28　蟠螭"饕餮纹"：天帝珥两蛇乘两龙巡天

图 3-29　蟠虺"饕餮纹"：天帝乘两龙巡天

综上所言，商周青铜器的"饕餮纹"图式，源于《山海经》的商周天神图式"天帝珥两蛇乘两龙"及其变体"天帝乘两龙"。《山海经》的"天帝珥两蛇乘两龙"或"天帝乘两龙"，是商周"饕餮纹"的神话表达。由于神话源于天文，因此植根于华夏天文三大要素的商周"饕餮纹"是"天帝驾斗乘龙巡天图"或"天帝乘龙巡天图"。

4.《山海经》与"饕餮纹"关系的早期探索

"饕餮纹"是华夏宗教神话的最高图像，而《山海经》是华夏宗教神话的最高经典，所以古代学者和现代学者均曾探索《山海经》与"饕餮纹"的关系。

古代学者探索《山海经》与"饕餮纹"的关系，见于西晋左思《吴都赋》："名载于《山经》，形镂于夏鼎。"清人沈钦韩《左传补注》："今《山海经》所说形状物色，殆鼎之所象也。"清人洪亮吉《左传诂》："今《山海经》海内、大荒等篇，即后人录夏鼎之文也。"清人毕沅《山海经新校正》序言："《山海经》海内经四篇、海外经四篇，周秦所述也。禹铸鼎像物，使民知神、奸。"这些古代学者全都认为，铸鼎所象之上帝鬼神，正是《山海经》所言上帝鬼神。古代学者对《山海经》之天神图式即青铜器之"饕餮纹"图式的集体共识，已经得到了百年考古所获上古至中古天神图像的证实。

研究"饕餮纹"的部分现代学者，也曾探索《山海经》与"饕餮纹"的关系，并有若干创获。

比如张光直《商周青铜器上的动物纹样》认为：

> 《山海经》里除了"乘两龙"的记载以外，还有许多"珥蛇"，"操蛇"的说法，就是描写各地的巫师将帮忙的动物用两手牵握操纵或戴佩在耳上；后者是与铜器上将动物置于人头两旁的形象相符合的。……这些个神，都是与蛇合为一体的，有的在耳边（按即"珥两蛇"），有的在手中（按即"操两蛇"），有的在足下（按即"乘两龙"），无疑都是他们作法登天的工具。[1]

---

[1]　张光直：《中国青铜时代》333—335页，生活·读书·新知三联书店1983。

再如刘志雄、杨静荣所著《龙与中国文化》认为：

> "两龙"似乎成了这些神祇的标准配备。我们注意到上古青
> 铜器上，也常有龙纹成对出现。最为常见的图案是双龙头部相
> 对，其图案化的形体巧妙地组合成一个正面的兽面纹。以双龙构
> 成兽面，属于"百物而为之备"创作思想的具体体现，然而青铜
> 器上诸多的双龙设置，还应有其深部的含义，即与文献中诸神所
> 乘的"两龙"有关。……上古流行的诸神弄蛇及乘龙的观念更可
> 能直接来源于当时的巫术形式。[1]

尽管他们均已发现《山海经》的两组关键词"珥两蛇，乘两龙"与商
周"饕餮纹"有关，但是张光直止步于"作法登天"却不探索"作法登天"
之源，刘志雄、杨静荣止步于"巫术形式"却不探索"巫术形式"之源，
尚未解密《山海经》的商周天神图式和青铜器的商周"饕餮纹"图式属于
同一图式。

没有考古证据、文献证据能够证明，商周祭司的"作法"，曾经采用耳
上挂蛇、手上操蛇、脚下践蛇的道具和程式。更无考古证据、文献证据能
够证明，中国古代巫师通过某种"作法"道具和程式，可以实现"登天"。

其实商周祭司的"作法"程式，正是"祭天"程式和"万舞"程式。"万
舞"就是"作法"，"作法"就是"祭天"，所以使用同样的道具，具有同样
的装扮，全都"珥两蛇，乘两龙"。

商周祭司如此"作法"、如此"祭天"、如此"万舞"的同一宗教源头
是"天帝驾斗乘龙巡天"神话，同一天文根源是北极帝星居于天枢，北斗
七星、苍龙七宿（及其领衔的二十八宿）均绕之旋转。

正是如此天象，导致了如此神话。正是如此神话，导致了如此万舞。
正是如此万舞，导致了如此"作法"，如此"祭天"。商周祭司如此"作

---

[1] 刘志雄、杨静荣：《龙与中国文化》240、241页，人民出版社1992。

法"，仅是为了"祭天"，并非为了"登天"。商周祭司宣称"作法"可以"登天"，实为神道设教之言。

商周祭司采用"万舞"程式进行"作法"，不可能实现"登天"，但是可以完成"祭天"。"祭天"的目的，是沟通天象秩序与人间秩序，建立天象秩序与人间秩序的对应，亦即人间秩序模仿天象秩序，实现"以人合天，天人合一"；同时完成"天帝"（天父）对"人王"（天子）的授权，宣布"顺天应人，君权神授"。

由于商周"饕餮纹"用于祭天仪式，而商周万舞是祭天仪式的主体部分，因此《山海经》转写的《山海图》之商周人格神图式、商周万舞图式，正是商周青铜器的"饕餮纹"图式，三者都是全息同构的商周天文体系、商周宗教体系、商周神话体系、商周祭祀体系、商周万舞体系的共同产物。

结语 《山海经》的天神图式即"饕餮纹"图式

本书上编三章，从天文角度、宗教角度、神话角度、祭祀角度、万舞角度，对商周"饕餮纹"的图式结构进行了系统解密，可以概括为八大要义。

其一，商周青铜礼器的"饕餮纹"，植根于北斗七星、苍龙七宿（领衔二十八宿）围绕北极帝星旋转的天象，是华夏天文三大要素合成的复合神像：鼻部的鼻祖纹对应北极帝星，角部的北斗角对应北斗七星，面部的两龙纹对应苍龙七宿。

其二，商周青铜礼器的"饕餮纹"三类六型，浓缩了商周万舞的三大舞姿，包含了商周宗教的天神、地祇、祖神以及祭祀三牲，体现了上古至中古华夏宗教的天地崇拜和祖先崇拜。

其三，在商周宗教的祭祀仪式中，青铜礼器供于祭坛之上，祭天万舞演于广场之上。两者一静一动，深度相关：万舞舞姿是"饕餮纹"的原型，"饕餮纹"是万舞舞姿的浓缩。"饕餮纹"三类六型和万舞三大舞姿同出一源，都是华夏天文体系、宗教体系、神话体系、祭祀体系的产物。北斗角

"饕餮纹"是"天帝驾斗乘龙巡天图",《山海经》的神话表述是"天帝珥两蛇乘两龙",非北斗角"饕餮纹"是"天帝乘龙巡天图",《山海经》的神话表述是"天帝乘两龙"。

其四，青铜礼器作为祭神祀祖的宗教礼器，其上的"饕餮纹"并非传播华夏天文三大知识"北极帝星、北斗七星、苍龙七宿（二十八宿）"，而是表达华夏宗教的核心神话"天帝驾斗乘龙巡天"或"天帝珥两蛇乘两龙"，但是宗教神话的源头是天文知识。

其五，由于黄帝族在"炎黄之战"以后的夏商周三代实行"绝地天通"政策，严禁传播天文知识和天文图像，导致天文知识在黄帝族内部也是绝密知识，仅由巫史家族世袭专掌，所以"饕餮纹"的神话表述"天帝驾斗乘龙巡天"或"天帝珥两蛇乘两龙"源于天文知识"北极帝星、北斗七星、苍龙七宿（二十八宿）"，当时也鲜为人知。

其六，商周"饕餮纹"的统一图式刻意营造的神圣感、崇高感、威严感、震慑感，意在达到使王权神圣化的政治目的，以及"协于上下，以承天休"（《左传·宣公三年》）的宗教目的。

其七，由于商周天文体系、商周宗教体系、商周神话体系、商周祭祀体系、商周万舞体系同属一类，同出一源，全息同构，所以商周"天帝纹—万舞纹—饕餮纹"共享统一图式。

其八，商周《山海图》属于华夏图像系统，战国《山海经》属于华夏文字系统，两者分别是综合表达华夏天文体系、华夏宗教体系、华夏神话体系、华夏祭祀体系、华夏万舞体系的图像第一经典和文字第一经典，所以商周《山海图》用图像表达了"天帝纹—万舞纹—饕餮纹"统一图式，战国《山海经》用文字表达了"天帝纹—万舞纹—饕餮纹"统一图式。

附表 3-1 《山海经》天帝图、青铜器"饕餮纹"图法表

上古天帝骑猪骑龙	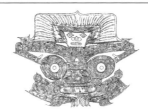天帝骑猪（北斗七星）巡天图	天帝骑龙（苍龙七宿）巡天图
	天帝驾斗（北斗七星）巡天图	天帝乘龙（苍龙七宿）巡天图
中古天帝驾斗乘龙	商周经典"饕餮纹"：天帝驾斗乘龙巡天图	
	商周变异"饕餮纹"：天帝珥两蛇乘两龙（《山海经》）	
	商周万舞：天帝珥两蛇乘两龙（《山海经》）＝天帝驾斗乘龙巡天图（"饕餮纹"）	

「饕餮纹」衍生纹样：

宗祖纹、肥遗纹、龙星纹

第四章

鼻祖纹衍生宗祖纹

内容提要　本章根据考古、文献双重证据，论证商周"饕餮纹"鼻部之鼻祖纹衍生的纹样群，阐释其宗教神话内涵。

关键词　宗祖纹，宗祖纹族徽，宗祖纹两龙，宗祖纹列戟，宗祖凤鸟纹，宗祖四瓣纹，宗祖蕉叶纹，宗祖波带纹。

弁言　"饕餮纹"衍生的第一纹样群

本书上编三章，解密了商周"饕餮纹"是对应华夏天文三大要素的复合神像，由鼻部的鼻祖纹、角部的北斗纹（及其祭祀性变体）、面部的两龙纹合成，第一图式是"天帝驾斗乘龙巡天图"，第二图式是"天帝乘龙巡天图"；《山海经》的神话表述分别是"天帝珥两蛇乘两龙（巡天）"或"天帝乘两龙（巡天）"。

由于"饕餮纹"是商晚周早青铜器纹样的基本图式，所以"饕餮纹"的两大解析构件，即"饕餮纹"鼻部的鼻祖纹天帝（简称"鼻祖纹"）和"饕餮纹"面部的侧面两龙纹（简称"两龙纹"），成为商晚周早青铜器纹样的两大母型。"饕餮纹"之外的绝大部分商晚周早青铜纹样，都是两大母型的衍生纹样。

本书中编三章，梳理鼻祖纹母型、两龙纹母型衍生的商晚周早纹样群。本章首先梳理鼻祖纹母型衍生的纹样群：以宗祖纹为核心的纹样群。

一　鼻祖纹衍生宗祖纹

"饕餮纹"鼻部的鼻祖纹，象征黄帝族的终极始祖北极天帝，汉语称为"鼻祖"。因此鼻祖纹是夏商周黄帝族共享的同祖标志，见于祭祀北极天帝的大量商周铜器。

由于早期国家的交通技术、通讯技术、管理制度较为初级，不足以直接统治广土众民，因此夏商周黄帝族不得不把征服农耕三族的广袤土地分成若干区域，交由黄帝族各宗族、各支族分治，此即领地分封制度，夏商周黄帝族由此分化出众多宗族、支族。中央王室属于祖族、国族，分封诸侯国属于宗族，贵族领地属于支族。祖族、宗族，合词"祖宗"。黄帝族是统治民族，即君王之子，故称"君子"，又称"大人"，简称"人"。农耕三族是被统治民族，故称"小人"，简称"民"；不服黄帝族统治的逃亡之民，则称"氓"。

商周黄帝族一方面以鼻祖纹祭祀天神地祇和祖族、国族的祖神，另一方面又以鼻祖纹衍生的宗祖纹，祭祀宗族、支族的宗神。

1. 商周黄帝族的族徽：宗祖纹族徽

1976年陕西扶风庄白村一号窖藏出土的西周早期铜斗（图4-1），柄端主纹，是拆分鼻祖纹。鼻祖纹上下，各有一个形象小异的龙星纹。

庄白村铜斗柄端的拆分鼻祖纹（图4-1.2），包含鼻祖

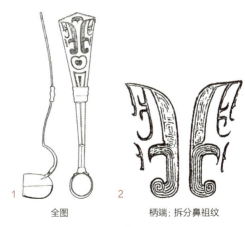

1　全图　　2　柄端：拆分鼻祖纹

图 4-1　拆分鼻祖纹：宗祖纹

1 鼻祖纹 A 型　　2 宗祖纹 A 型

3—24 商晚　　　　　　　　　25、26 周早

图 4-2　商周黄帝族的宗祖纹族徽

纹两型的拆分：纹样主体，是鼻祖纹 A 型之拆分；两肩下垂的细纹，是鼻祖纹 B 型之拆分。

鼻祖纹 A 型、B 型拆分，即为宗祖纹 A 型、B 型，意为本宗族、本支族是黄帝族鼻祖、祖族、国族的分身。

宗祖纹最早见于商代晚期，西周早期承袭。

商代晚期，鼻祖纹（图4-2.1）之拆分，即成宗祖纹（图4-2.2）。

宗祖纹中间，加入宗族姓氏，即为商周黄帝族各宗标示"同祖异宗"的族徽（图4-2.3—26）：

两边的宗祖纹，为黄帝族一切宗族、支族共享，标示本宗族、本支族与其他宗族、其他支族共有同一祖先，即"同祖"。

中间的姓氏，为本宗族、本支族独有，标示本宗族、本支族与其他宗族、其他支族各有不同宗祖，即"异宗"。

各姓合称，即为"百姓"。夏商周三代，"百姓"仅指黄帝族"君子"，不含农耕三族"小人"。"小人"有名无姓，有姓也不被黄帝族承认，不属"百姓"范畴。商、周黄帝族均属上古黄帝族东支"帝喾"后裔（详见绪论二），所以共用相同的鼻祖纹、相同的宗祖纹。

2. 宗祖纹族徽的内涵：国之大事，惟祀与戎

商晚周早的宗祖纹，主要见于青铜钺、青铜戈，两者功能小异。"国之大事，惟祀与戎"（《左传·成公十三年》），钺为礼器，属祀；戈为武器，属戎。

商晚周早的黄帝族各宗族、各支族，把宗祖纹族徽铸于青铜钺柄部（图4-3.1、2商，5、6周），因为青铜钺是象征权力的礼器。最初受封得姓的本宗族、本支族之祖，是本宗族、本支族统治封地内农耕三族的权力源头。

商晚周早的黄帝族各宗族、各支族，把宗祖纹族徽铸于青铜戈柄部（图4-3.3、4商、7、8周），因为青铜戈是捍卫权力的武器。对内平叛和对外战争，都是为了捍卫本宗族、本支族统治封地内农耕三族的世袭权力。

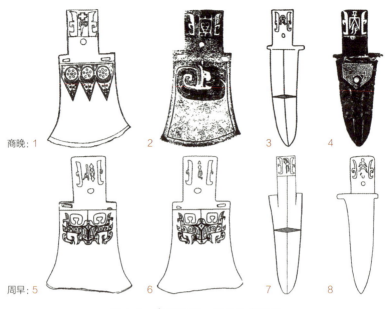

商晚: 1　　2　　3　　4

周早: 5　　6　　7　　8

图 4-3　商周铜钺、铜戈的宗祖纹

二　宗祖纹衍生宗祖纹两龙

由于宗祖纹是鼻祖纹的拆分，所以宗祖纹隐喻黄帝族"君子"是黄帝族鼻祖"北极天帝"的分身。又由于黄帝族天子的天文对位是苍龙七宿，黄帝族"君子"都是龙子龙孙，于是宗祖纹又化为两龙纹之龙身的主型，产生了宗祖纹两龙。

1. 宗祖纹衍生的龙身造型：宗祖纹两龙

河南安阳殷墟出土的商代晚期青铜武器柄部，正面纹样是宗祖纹族徽加姓氏（见上图4-3）；反面纹样是宗祖纹两龙加姓氏（图4-4），标示本宗族、本支族的身份是龙子龙孙。

由于鼻祖纹（图4-4.1）之拆分，即为宗祖纹（图4-4.2），因此宗祖纹与鼻祖纹的内涵，既相异又相关。宗祖纹再拆分，用作两龙纹的龙身造型，即为宗祖纹两龙（图4-4.3—6），因此宗祖纹两龙与宗祖纹的内涵，也是既相异又相关。

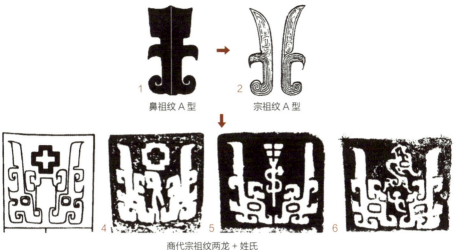

鼻祖纹 A 型 → 宗祖纹 A 型

商代宗祖纹两龙 + 姓氏

图 4-4　宗祖纹化为龙身主型：宗祖纹两龙

其一，鼻祖纹象征对应北极帝星的北极天帝，是夏商周黄帝族的终极始祖。

其二，宗祖纹象征对应北斗七星的北斗星君，也是夏商周黄帝族神话始祖"黄帝"的天文对位，因为北斗星君是北极天帝之子。

其三，宗祖纹两龙象征对应苍龙七宿的龙神，也是夏商周黄帝族所有天子的天文对位，因为龙神是北斗星君之子。奉宗祖纹两龙为宗祖的所有黄帝族君子，则是龙子龙孙，天文对位是天上繁星。

图 4-5　西周青铜车饰：天帝驾斗乘龙驭虎巡天图

鼻祖纹衍生宗祖纹、宗祖纹衍生宗祖纹两龙的最强硬证，见于伦敦苏富比拍卖行收藏的西周青铜车饰（图4-5）。

整个纹样，分为四大部分。

其一，全图中心的"饕餮纹"，即"天帝驾斗乘龙巡天图"：鼻部是对应北极帝星的鼻祖纹，即天帝。眼睛上面是对应北斗七星的两个北斗角，即天帝所驾北斗。眼睛下面是极简两龙纹的侧面龙首，合为帝面之两颊。

其二，全图的最左最右，是"饕餮纹"鼻部的鼻祖纹之拆分，即宗祖纹。

其三，"饕餮纹"的左右，是对应苍龙七宿的宗祖纹两龙。两龙的宗祖纹龙身，可以合成"饕餮纹"鼻部的鼻祖纹。

其四，"饕餮纹"之下和宗祖纹两龙的两侧，是对应白虎七宿的虎面。

四大部分合为"天帝驾斗乘龙驭虎巡天图"，成为商晚周早青铜图法的经典示范，完美显示了鼻祖纹—宗祖纹—宗祖纹两龙的衍生关系和意义关联。

2."饕餮纹"基本图式：鼻祖纹天帝＋宗祖纹两龙

商周"饕餮纹"的神话内涵，是《山海经》所言"天帝乘两龙（巡天）"。由于天帝即鼻祖纹，两龙以宗祖纹为龙身，因此商周"饕餮纹"的基本图式是：鼻祖纹天帝＋宗祖纹两龙。

1 "饕餮纹"之宗祖纹两龙：完整图式

2 "饕餮纹"之宗祖纹两龙：简化图式

4 "饕餮纹"之宗祖纹两龙：极简图式

3 "饕餮纹"之宗祖纹两龙：简化图式

5 "饕餮纹"之宗祖纹两龙：极简图式

图 4-6　小型铜器之"饕餮纹"：鼻祖纹天帝＋宗祖纹两龙

"饕餮纹"的基本图式,应用于小型铜器或大型铜器,略有差异。

其一,"饕餮纹"的基本图式,应用于小型铜器。

小型青铜礼器如铜爵、铜瓿等等,既不能容纳连身式"饕餮纹",也不能容纳角宿角、心宿角、牛角、羊角的分身式"饕餮纹",只能容纳北

1　连身式黄牛角"饕餮纹":商晚　　　　2　周早

3　连身式羊角"饕餮纹":商晚　　　　4　周早

5　分身式北斗角"饕餮纹":商晚　　　　6　周早

7　分身式水牛角"饕餮纹":商晚　　　　8　周早

9　分身式羊角"饕餮纹":商晚　　　　10　周早

图 4-7　大型铜器之"饕餮纹":鼻祖纹天帝＋宗祖纹两龙

斗角、无角的分身式"饕餮纹"。或为北斗角宗祖纹两龙的完整图式（图4-6.1），或为北斗角宗祖纹两龙的简化图式（图4-6.2、3），或为无角宗祖纹两龙的极简图式（图4-6.4、5）：天帝所乘两龙的龙身造型，均为宗祖纹之一半；合为宗祖纹，与中间的鼻祖纹形成纹样呼应。

其二，"饕餮纹"的基本图式，应用于大型铜器。

大型青铜礼器如铜鼎、铜彝等等，既可以容纳连身式"饕餮纹"（图4-7.1—4），也可以容纳分身式"饕餮纹"（图4-7.5—10）：天帝所乘两龙的龙身造型，均为宗祖纹之一半；合为宗祖纹，与中间的鼻祖纹形成纹样呼应。

商晚周早最为繁复的宗祖纹两龙之龙身造型（图4-7.3、4），仍然遵循基本图式：龙腹是宗祖纹A型之一半，龙背是宗祖纹B型之一半。

综上所言，商周"饕餮纹"的基本图式是鼻祖纹天帝+宗祖纹两龙，基本内涵是"天帝乘龙巡天图"，《山海经》的神话表述是"天帝乘两龙（巡天）"。

三　宗祖纹衍生宗祖列戟纹

终极始祖"鼻祖"对位华夏天文第一要素北极帝星，神话始祖"黄帝"对位华夏天文第二要素北斗七星（天帝之子），历代先王对位华夏天文第三要素苍龙七宿（北斗之子、天帝之孙），列子列孙对位华夏天文第四要素天上繁星（龙子龙孙），这是夏商周黄帝族的系统天文对位。所以黄帝族子孙用图像表达与列祖列宗的关系，除了以宗祖纹作为龙身造型，又以宗祖纹作为龙鳍造型，遂成列祖纹、列戟纹。

1. 宗祖纹衍生的龙鳍造型：宗祖列戟纹

宗祖纹衍生的龙鳍造型，首先是列祖纹，然后演变为列戟纹，显示了纹样衍生的图法逻辑。

有些青铜礼器的纵向高度不高，横向长度较长，于是采用连身式"饕餮纹"（图4-8.3、4）。但是一方面纵向高度不高，难以放置向上竖起的宗祖纹两龙，于是天帝所乘两龙，不采用宗祖纹龙身，仍然采用卷尾龙。另一方面横向长度较长，过长的龙背如果全无纹饰十分单调，于是两龙的龙背添加一对小型宗祖纹，作为两龙的背鳍；两龙的背鳍合为宗祖纹，与中间的鼻祖纹形成纹样呼应。

两龙背部的宗祖纹龙鳍，最初仅有一对（图4-8.3、4），后来数量渐增，增至两对（图4-8.5）、三对（图4-8.6）、四对（图4-8.7），甚至十对以上（图4-8.8、9），于是宗祖纹龙鳍变成了列祖纹龙鳍。由于宗祖纹之长竖如矛，短横如戈，酷似矛戈结合之戟，因而列祖纹龙鳍如同天帝、天子出行之时，侍卫所执的列戟仪仗，于是列祖纹龙鳍又变成了宗祖列戟纹。文字可以双关，图像同样可以双关。

随着青铜范铸技术的不断提高，满花成为可能，原本相对简单的"饕餮纹"，成为一幅气势盛大的天帝仪仗图，增添了"天帝驾斗乘龙巡天"的威严感和仪式感，抵达了容千里于盈寸的青铜造型之艺术顶峰。后世中国的京剧脸谱，也有类似的造型特点。

商晚周早的青铜图法及其基本内涵：鼻祖纹拆分，成为宗祖纹。宗祖纹拆分，首先用作商周黄帝族的族徽，其次用作鼻祖纹天帝所乘两龙的龙身造型，最后用做鼻祖纹天帝所乘两龙的龙鳍造型（同时双关列祖纹、列戟纹），标示黄帝族君子既是终极始祖北极天帝的子孙和分身，又是神话始祖、列祖列宗的子孙和分身。所以黄帝族君子均为龙子龙孙，亦即"天潢贵胄"。

2. 宗祖列戟纹衍生的宗祖凤鸟纹：对应商周瑞应

宗祖列戟纹，既可以用于龙背，也可以移用于凤鸟。

陕西岐山贺家村出土的商代晚期凤柱斝（图4-9.1），凤冠立着三个宗祖列戟纹。凤首之后的凤冠垂饰，也是宗祖纹。

与商代同时的四川三星堆二号祭祀坑青铜扶桑树上的太阳鸟（图4-9.2），凤冠立着四个宗祖列戟纹。凤首之后的凤冠垂饰，也是宗祖纹。三星堆凤鸟的造型细节，完全承袭贺家村凤鸟的造型细节，再次证明三星堆的青铜图法深受商代的青铜图法影响。

1 鼻祖纹　　2 宗祖纹

宗祖纹龙鳍

图 4-8　宗祖纹衍生宗祖纹龙鳍

　　上博藏商代晚期父丁卣（图4-9.3），凤尾立着三个宗祖列戟纹。山西天马曲村北赵晋侯墓地出土的西周中期凤尊（图4-9.4），凤翅立着四个宗祖列戟纹。

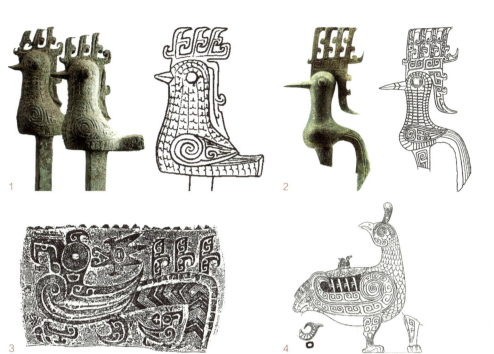

图 4-9　宗祖列戟纹用于凤冠、凤尾、凤翅：1、3 商，2 三星堆，4 周

商周黄帝族把宗祖列戟纹移用于凤鸟，有两大理由。

首先是天文理由，即凤鸟象征南方朱雀七宿，是仅次于东方苍龙七宿的二十八宿第二宫，因此宗祖列戟纹作为神龙的造型细节，可以移用为凤鸟的造型细节。

其次是人文理由，即作为"天命在商"或"天命在周"的瑞应。而且人文理由植根于天文理由，因为只有"顺天"，才能"应人"。

商代黄帝族以玄鸟为"天命在商"的祥瑞，证见《诗经·商颂·玄鸟》："天命玄鸟，降而生商。"西周黄帝族以凤鸟为"天命在周"的祥瑞，证见《墨子·非攻下》："赤乌衔珪，降周之岐社，曰：'天命周文王，伐殷有国。'"赤乌即朱雀。又见《国语·周语上》："周之兴也，鸑鷟鸣于岐山。"鸑鷟即凤鸟，所以史称"凤鸣岐山"。

西周以凤鸟为"天命在周"的瑞应，实为承袭商代以玄鸟为"天命在商"的瑞应，因为商、周黄帝族均属上古黄帝族东支"帝喾"后裔（详见绪论二）。然而商为周灭、儒家尊周、汉后尊儒三大史事，导致西周以凤鸟为"天命在周"的瑞应，遮蔽了商代以玄鸟为"天命在商"的瑞应，后人甚至视为西周独创。其实西周早期的青铜图法深受商代晚期的青铜图法影响，正如三星堆的青铜图法深受商代的青铜图法影响。

3. 宗祖列戟纹衍生的宗祖四瓣纹：宗祖乘龙巡天

商周青铜器的四瓣纹（图4-10.2、3），实为源于上古双万合符（图4-10.1）的天文符号。而上古华夏首创的全球最早万字符，则是四季北斗绕极符（详见前著《玉器之道》第六万字符章）。

大汶口文化双万合符（天盘卍＋地盘卐）

宗祖四瓣纹

列戟四瓣纹

图 4-10　列戟纹移用于四瓣纹

商晚周早的无数青铜礼器，均有宗祖四瓣纹（图4-10.2），中心圆点对应北极天枢，外围八叶对应天盘、地盘的四季北斗：顺时针四叶对应天盘卍，逆时针四叶对应地盘卐。旧将相邻两叶视为一瓣，称为"四瓣纹"，仅见其形，未明其源。

上博藏商代晚期铜觯腹部的列戟四瓣纹（图4-10.3），每叶变形为二个宗祖纹列戟，象征北斗星君绕极巡天的盛大仪仗。由于宗祖纹又常用于龙身造型、龙鳍造型，因此每叶二戟又象征每季的阴阳两龙（烛龙、烛阴），意为"北斗星君乘龙巡天"，等价于"黄帝乘龙巡天"，因为黄帝族神话始祖"黄帝"的天文对位是北斗星君。

4. 飞羽"饕餮纹"：宗祖万字符，宗祖飞羽纹

商代晚期有一种特殊"饕餮纹"，由"饕餮纹"、宗祖纹、万字符合成，见于上博藏殷墟晚期无仲卣的腹部（图4-11.4）。

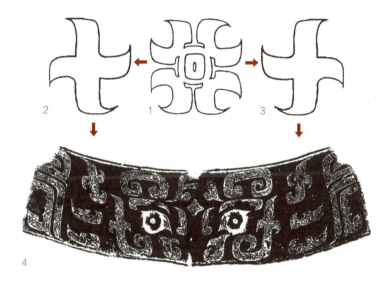

图4-11　商代晚期："饕餮纹"、宗祖纹、万字符组合的特殊"饕餮纹"

这一特殊"饕餮纹"（图4-11.4），不采用"饕餮纹"的基本图式：鼻祖纹天帝+宗祖纹两龙。中间是羊角"饕餮纹"的面部，左右不是宗祖纹两龙，而是分为上下两部分。

左右的上半部分是宗祖四瓣纹（图4-11.1）解析出来的两个四季北斗绕极符，即宗祖万字符：左为天盘万字符卍（图4-11.2），右为地盘万字符卐（图4-11.3），标示"天帝驾斗巡天"。

左右的下半部分，各有两个横置宗祖纹，是宗祖纹两龙的简化，标示"天帝乘龙巡天"。横置宗祖纹旧称"飞羽纹"，未明纹样来源及其内涵，

图 4-12　商代晚期：湖南出土双鸟鼍鼓腹部的万舞天帝

本书称为"宗祖飞羽纹"。

　　再把宗祖四瓣纹解析出来的两个宗祖万字符，置于羊角"饕餮纹"面部的两侧，合成羊角"饕餮纹"的两颊。

　　飞羽"饕餮纹"的基本内涵，仍是"天帝驾斗乘龙巡天"。

　　日本泉屋博古馆所藏湖南出土商代双鸟鼍鼓腹部的万舞天帝（图4-12）：天帝的面部两侧，也有两个宗祖飞羽纹。

　　天帝的面部与两臂之间，腰部与两腿之间，也填入数量不等的宗祖飞羽纹。尽管是为了填满空间，但是填入宗祖飞羽纹而非填入其他纹样，再次证明宗祖纹的重要性仅次于鼻祖纹。

　　西周早期，继承了商代晚期"饕餮纹"、宗祖飞羽纹、宗祖万字符组合的特殊"饕餮纹"，见于陕西岐山贺家村出土的尹奂鼎（图4-13.1），河南平顶山应国墓地出土的铜鼎（图4-13.2、4），山西天马曲村M6054出土的铜鼎（图4-13.3、5）；又见于山西天马曲村M6081（即晋国初祖唐叔虞墓）出土的铜尊（图4-13.6、9）、铜卣（图4-13.7、10），以及保利博物馆藏神面纹卣（图4-13.8）等器，但与商代风格略异：商代晚期的宗祖飞羽纹多为两组，西周早期增至三组或四组。商代晚期的宗祖

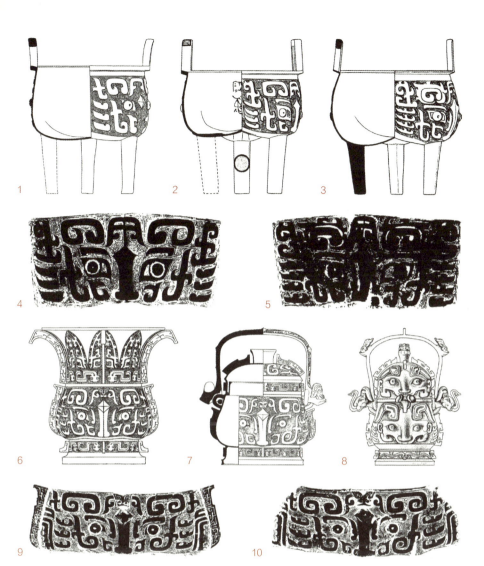

图 4-13 西周晚期："饕餮纹"、宗祖纹、万字符组合的特殊"饕餮纹"

万字符，西周早期或者保持不变，或者与宗祖飞羽纹结合而变形，不太像宗祖万字符。

此类配以宗祖飞羽纹的商晚周早"饕餮纹"，全都见于祭祀祖神的羊角"饕餮纹"，不见于祭祀天帝的北斗角"饕餮纹"和角宿角"饕餮纹"，再次证明宗祖纹是祭祀祖神的专用纹样。

四　宗祖纹衍生其他纹样

宗祖纹又被广泛应用于商晚周早的玉器、铜器，并与龙星纹、连山纹等其他纹样组合，衍生出宗祖蕉叶纹、宗祖波带纹等，内涵都是"宗祖乘龙巡天"。

1. 宗祖纹 + 龙星纹：宗祖乘龙纹、宗祖蕉叶纹

商代晚期玉器、铜器的熊纹、凤纹、祖神纹，常与宗祖纹、龙星纹配套，表达"宗祖乘龙巡天"。西周早期，宗祖纹、龙星纹组合为宗祖蕉叶纹。旧名"蕉叶纹"，仅见其形，未明其源。

先举独立使用的宗祖纹、宗祖乘龙纹各一例。

独立使用的宗祖纹，见于河南安阳妇好墓出土的商代晚期玉熊背部（图4-14.1），证明此熊并非凡熊，而是象征黄帝族神话始祖"黄帝有熊氏"。

独立使用的宗祖乘龙纹，见于伦敦埃斯肯纳齐拍卖行所藏商代晚期铜匕柄部的蝉纹（图4-14.2）：蝉纹上部是宗祖式"饕餮纹"，蝉纹下部是龙星纹，合为"宗祖乘龙纹"。蝉纹始于上古黄帝族的羽化升仙崇拜（参看前著《玉器之道》），羽化升仙等价于死后归位龙星。

妇好墓出土的商代晚期玉鹰、玉人（图4-14.3、4）：玉鹰腹部是宗祖纹，背部是宗祖乘龙纹下部的龙星纹（同于图4-14.2下部）。玉人背部是宗祖纹，腹部是宗祖乘龙纹（同于图4-14.2）。两者内涵相同，均为"宗祖羽化乘龙"。

西周早期，又把商代晚期的宗祖纹、龙星纹组合，移用于象征"天命在周"的凤鸟纹，成为宗祖凤鸟纹、龙星凤鸟纹。

宗祖凤鸟纹，见于陕西扶风庄白村出土的西周早期丰尊（图4-14.5），凤鸟的冠饰、尾饰均为宗祖纹B型。宗祖龙凤太极纹，见于陕西扶风庄白村出土的西周早期丰卣（图4-14.6）。两者内涵相同，均为"宗祖羽化乘龙"。

1　商晚：妇好玉熊（宗祖纹）

2　埃斯肯纳齐藏铜匕柄部（龙星纹）

3　商晚：妇好玉鹰、玉人（宗祖纹＋龙星纹）　4

5　周早：宗祖凤鸟纹

6　宗祖龙凤太极纹

7

周早：宗祖蕉叶纹（宗祖纹＋龙星纹）

图 4-14　宗祖玄鸟纹、宗祖凤鸟纹、宗祖蕉叶纹

陕西扶风庄白村出土的西周早期铜觚（图4-14.7），又把宗祖纹B型、龙星纹组合为宗祖蕉叶纹，内涵仍是"宗祖羽化乘龙"。

2. 宗祖纹＋龙星纹＋连山纹：宗祖波带纹

西周早期，又把商代晚期的宗祖纹、龙星纹组合，与连山纹结合（连山纹参看绪论一），形成一种新型图式：宗祖波带纹。

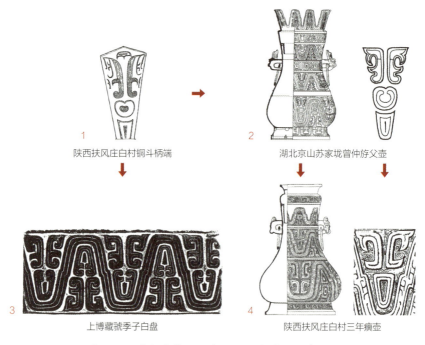

1 陕西扶风庄白村铜斗柄端　　2 湖北京山苏家垅曾仲斿父壶

3 上博藏虢季子白盘　　4 陕西扶风庄白村三年㿽壶

图 4-15　宗祖波带纹＝宗祖纹＋龙星纹＋连山纹

本章开头所举陕西扶风庄白村西周早期铜斗的柄端纹样（图4-15.1）：上部是宗祖纹，下部是两个龙星纹，意为"宗祖乘两龙巡天"，亦即宗祖乘龙纹。

宗祖乘龙纹正反交替横排，形成"带纹"；正反纹样之间，隔以连山纹，形成"波纹"；即为宗祖波带纹。旧名"波带纹"，仅见其形，未明其源。

宗祖波带纹的完整图式，见于湖北京山苏家垅遗址出土曾仲斿父壶（图4-15.2）：上部是宗祖纹，下部是两个龙星纹。

宗祖波带纹的简化图式，见于上博藏西周宣王时期的虢季子白盘（图4-15.3）：上部是宗祖纹，下部是一个龙星纹。

宗祖波带纹的极简图式，见于陕西扶风庄白村出土三年瘊壶（图4-15.4）：上部是简化的宗祖纹，下部是一个简化的龙星纹。

三者内涵相同，均为"宗祖乘龙巡天"。

结语　鼻祖纹象征天帝，宗祖纹象征祖神

商代晚期至西周早期的青铜礼器，除了无所不在的"饕餮纹"，还有无所不在的鼻祖纹和鼻祖纹衍生的宗祖纹："饕餮纹"象征"天帝乘龙巡天"，鼻祖纹象征天帝，宗祖纹象征祖神、宗神。

商代晚期以宗祖纹加姓氏作为宗族族徽，西周早期承袭；西周中期以后逐渐消失，逐渐被青铜器铭文（即金文）替代，成为文字逐渐替代图像的重要证据。

由于宗祖的天文对位是苍龙七宿，宗祖的子孙是龙子龙孙，所以宗祖纹又衍生出宗祖纹两龙，成为"饕餮纹"天帝所乘两龙的龙身造型。

宗祖纹又被广泛应用于其他纹样，衍生出宗祖列戟纹、宗祖凤鸟纹、宗祖四瓣纹、宗祖乘龙纹、宗祖蕉叶纹、宗祖波带纹等等图式，构成了鼻祖纹衍生的纹样群，亦即"饕餮纹"衍生的第一纹样群。

附表 4-1　宗祖纹及其衍生纹样图法表

宗祖纹	宗祖纹族徽	 宗祖纹两龙
饕餮纹之宗祖纹两龙	 连身式"饕餮纹"：宗祖纹两龙	
	 分身式"饕餮纹"：宗祖纹两龙	
宗祖列戟纹		

宗祖飞羽纹		
其他衍生纹	宗祖四瓣纹　宗祖蕉叶纹	 宗祖波带纹

鼻祖纹　宗祖纹

第五章

两龙纹衍生肥遗纹

内容提要　本章根据考古、文献双重证据，论证龙纹第一造型卷尾龙之外的龙纹第二造型：一首两身肥遗龙，阐释其天文历法宗教神话内涵。

关键词　一首两身旋转式肥遗龙，一首两身展开式肥遗龙，肥遗龙、肥遗虎源于万舞舞姿，"饕餮纹"并非肥遗纹。

弁言　"饕餮纹"衍生的第二纹样群

商晚周早青铜礼器的经典"饕餮纹"，即"天帝乘龙巡天图"，主要由鼻祖纹天帝和宗祖纹两龙合成（详见第四宗祖纹章）。商周"饕餮纹"之鼻祖纹，衍生出宗祖纹、宗祖纹族徽、宗祖纹两龙等大量图式，成为商周"饕餮纹"衍生的第一纹样群；商周"饕餮纹"之两龙纹，衍生出更多纹样，成为商周"饕餮纹"衍生的第二纹样群，也是商周青铜礼器的最大纹样群。

本章梳理"饕餮纹"之两龙纹衍生的肥遗纹等图式，下章梳理两龙纹之要素、构件衍生的龙星纹等图式。

一 旋转式肥遗龙：苍龙七宿的动态表达

商周青铜礼器的龙纹第一图式，是第二章已言的卷尾龙，植根于苍龙七宿的二维连线，是苍龙七宿的静态表达。

商周青铜礼器的龙纹第二图式，是本章所言的旋转龙，植根于苍龙七宿的绕极旋转，是苍龙七宿的动态表达。

旋转龙，古称"蟠龙"，"蟠"通"盘"，即言盘绕旋转。旋转龙的重要特征是"一首两身"，合于《山海经·北山经》所言"有蛇一首两身，名曰肥遗"，因此我命名为"旋转式肥遗龙"。

商周青铜礼器的旋转式肥遗龙，可以分为两类：一类是衔尾肥遗龙，一类是旋转肥遗龙。每类各有两种图式。

1.衔尾肥遗龙：顺时针图式、逆时针图式

衔尾肥遗龙，龙首、龙尾均在圆周，首尾相衔。龙首标示旋转方向：顺时针图式，对应天球旋转；逆时针图式，对应地球旋转。

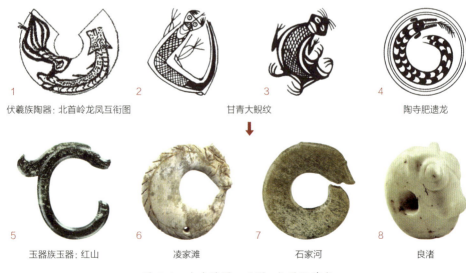

1 伏羲族陶器：北首岭龙凤互衔图

2、3 甘青大鲵纹

4 陶寺肥遗龙

5 玉器族玉器：红山

6 凌家滩

7 石家河

8 良渚

图5-1 上古陶器、玉器：衔尾肥遗龙

先仰韶时代的陕西宝鸡北首岭伏羲族，出现了逆时针旋转的衔尾肥遗龙（图5-1.1），尚非独龙自衔其尾，而是龙凤首尾互衔，但是龙身已经分为两身。

仰韶时代的甘青伏羲族，出现了顺时针旋转的衔尾大鲵纹（图5-1.2、3），鲵身不再分为两身，这是文化发展过程中的曲折。

龙山时代的山西陶寺神农国，出现了顺时针旋转的衔尾肥遗龙（图5-1.4），龙身再次分为两身。

陶寺神农国的衔尾肥遗龙东传玉器三族，见于红山黄帝族（图5-1.5）、凌家滩东夷族（图5-1.6）、石家河南蛮支族（图5-1.7）、良渚南蛮族（图5-1.8）的玉龙，龙身均未分为两身，这是文化传播过程中的损耗。

夏商周黄帝族承袭了上古黄帝族和上古农耕三族的衔尾肥遗龙。

夏商周黄帝族的衔尾玉龙（图5-2.1—6），承袭上古玉器三族的衔尾玉龙，全都不分两身。因为玉器均有正反两面，正面是顺时针旋转，反面是逆时针旋转。

商周铜器的衔尾肥遗龙，经常分为两身。因为铜器只有器表纹样，或是顺时针图式（图5-2.7—9），或是逆时针图式（图5-2.10—12）。

衔尾肥遗龙的旋转，属于天文层面，对应天球地球旋转。衔尾肥遗龙的两身，属于历法层面，对应华夏阴阳合历（详见《伏羲之道》）。

2. 旋转肥遗龙：外旋图式、内旋图式

旋转肥遗龙，首尾不相衔。外旋肥遗龙，龙首位于圆周，龙尾位于圆心。内旋肥遗龙，龙首位于圆心，龙尾位于圆周。

其一，外旋肥遗龙。

陶寺神农国的衔尾肥遗龙（图5-3.1），龙首、龙尾等粗，龙首、龙尾均在圆周，顺时针旋转。两身的纹样均为半月形，而且两身的半月形错开，所以两身容易辨识。

陶寺神农国的外旋肥遗龙，龙尾延长，继续内旋：或是内旋半圈（图5-3.2），或是内旋一圈（图5-3.3），或是内旋多圈直抵圆心（图5-3.4）。两身的纹样仍是半月形，但是两身的半月形不错开，所以两身不易辨识。

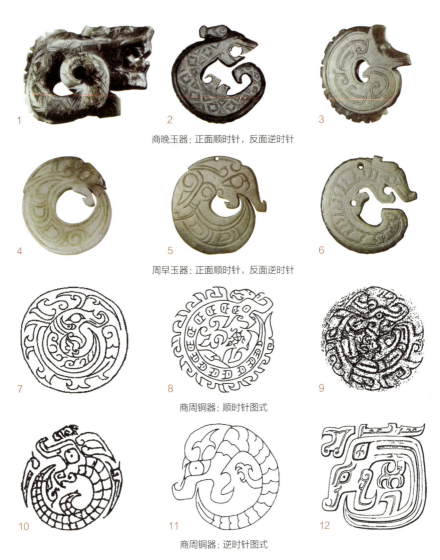

商晚玉器：正面顺时针，反面逆时针

周早玉器：正面顺时针，反面逆时针

商周铜器：顺时针图式

商周铜器：逆时针图式

图 5-2　商周玉器、铜器：衔尾肥遗龙

　　商周铜器的外旋肥遗龙，继承了陶寺陶器的外旋肥遗龙，又以商周铜器卷尾龙（图5-4.1、2）为基础，把龙首改为正面，所以龙首大于龙身，位于圆周之上。

　　陕西长安张家坡西周墓地出土的铜钺（图5-4.3），左右的一对卷尾龙，是苍龙七宿二维分布的静态表达；中间的外旋肥遗龙，是苍龙七宿绕极旋转的动态表达。

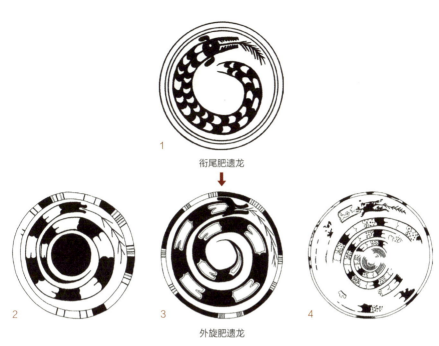

图 5-3 陶寺陶器：衔尾肥遗龙衍生外旋肥遗龙

图 5-4 西周铜器：外旋肥遗龙

湖北枣阳郭家庙曾国墓地出土的铜器座（图5-4.4），底座的一对卷尾龙，是苍龙七宿二维分布的静态表达；其上的外旋肥遗龙，是苍龙七宿绕极旋转的动态表达。

其二，内旋肥遗龙。

外旋肥遗龙，由上古伏羲族首创。内旋肥遗龙，由上古黄帝族首创。

红山黄帝族的内旋肥遗龙，一见于辽宁查海遗址的堆塑石龙残件（图

| 1 | 2 |
| 辽宁查海 | 内蒙古大甸子 |

图5-5 红山黄帝族：内旋肥遗龙

5-5.1），尽管残件不易分辨龙首、龙尾，仍能大致判断龙首位于圆心，龙尾位于圆周，而且分为两身。

二见于夏家店下层先商文化彩陶残件（图5-5.2），共有两个龙首，一首位于圆心，一首位于圆周。同样分为两身，龙身纹样同于陶寺外旋肥遗龙，两身的半月形也不错开。

商代承袭与夏代平行的夏家店下层先商文化，西周又承袭商代，所以商周均有大量的内旋肥遗龙，分为A、B两型。

商周铜器的内旋肥遗龙A型，龙首呈侧面：或为顺时针旋转的天盘肥

| 1 | 2 | 3 | 4 |
天盘肥遗龙：顺时针旋转

| 5 | 6 | 7 | 8 |
地盘肥遗龙：逆时针旋转

图5-6 商周铜器：内旋肥遗龙A型（龙首侧面）

遗龙（图5-6.1—4），或为逆时针旋转的地盘肥遗龙（图5-6.5—8）。这是承古图式，因为上古的衔尾肥遗龙、旋转肥遗龙，龙首均为侧面。

商周铜器的内旋肥遗龙B型，龙首呈正面：或为顺时针旋转的天盘肥遗龙（图5-7.1—8），或为逆时针旋转的地盘肥遗龙（图5-7.9—16）。这是创新图式，因为黄帝族天子的天文对位是苍龙七宿，侧面龙首有损天子威严，于是龙首改为正面。

天盘肥遗龙：顺时针旋转

地盘肥遗龙：逆时针旋转

图5-7　商周铜器：内旋肥遗龙B型（龙首正面）

内旋肥遗龙B型，具有三个层面的内涵。

其一，圆周常有鱼纹，标示苍龙七宿相邻的鱼星。此属天文层面。

其二，龙身常分两身，标示阴阳合历。此属历法层面。

其三，龙首均为正面，标示天子威严。此属政治层面。

3. 旋转肥遗龙常见之处：牺尊的翅膀、关节

上举商晚周早的旋转肥遗龙，均为独立纹样，常见于青铜盘的内底或青铜器的外底。商晚周早另有大量并非独立纹样的旋转肥遗龙，常见于各种牺尊的翅膀或关节（图5-8）。

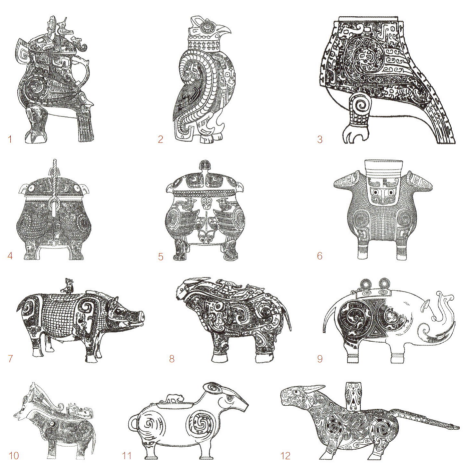

图 5-8　商周牺尊翅膀关节处：旋转肥遗龙

商周牺尊的翅膀或关节多饰旋转肥遗龙，是旋转肥遗龙表达苍龙七宿绕极旋转的重要旁证。因为古人认为天道造化万物，鸟、兽的翅膀、关节旋转，效法天象旋转，此即《老子》所言"地法天"。

二　展开式肥遗龙：阴阳合历的形象表达

夏商周黄帝族除了继承上古伏羲族、上古黄帝族的旋转式肥遗龙，又另创了肥遗龙的新型图式：展开式肥遗龙。

1. 展开式肥遗龙："一首两身"强化图式

上古伏羲族的旋转式肥遗龙尽管常为"一首两身"，但其两身大都合而为一，仅在龙身中部一线分开，两身不易辨识，观者容易忽略。于是夏商周黄帝族又把肥遗龙的龙身一分为二，在龙首之后向外展开，成为"一首两身"的强化图式：展开式肥遗龙。

1 夏代二里头陶器

2 先商大甸子陶器

图 5-9　夏代展开式肥遗龙："一首两身"强化图式

目前考古所见最早的展开式肥遗龙，见于夏代晚期的二里头陶器（图5-9.1），龙首印堂有菱形帝星纹，龙首后面有两个龙身。又见于夏家店下层先商文化的大甸子陶器（图5-9.2），中间是北极天帝，外围是两个龙身。

商周铜器继承了夏代陶器首创的展开式肥遗龙，龙首印堂常有菱形帝星纹（图5-10.1—5），简化图式则省略菱形帝星纹（图5-10.6）。

金文：蚰（昆）

图 5-10　商周展开式肥遗纹："一首两身"强化图式

　　商周金文的"蚰"（图5-10.7），与展开式肥遗龙同形。《说文解字》："蚰，虫之总名也。凡蚰之属皆从蚰。读若昆。"因为龙是百虫之长，可作虫类总名"蚰"（昆）。与"帝"、"龙"、"万"等字一样，也是文字源于图像，再次证明华夏图像是华夏文字之源。

　　规格较高的商晚周早青铜礼器（图5-11.1、3），腹部主纹是"饕餮纹"，

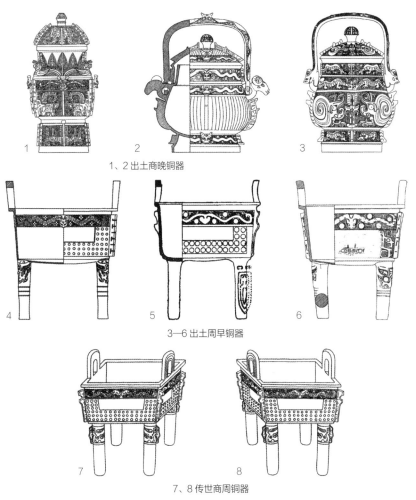

1、2 出土商晚铜器

3—6 出土周早铜器

7、8 传世商周铜器

图 5-11 商晚周早展开式肥遗龙：一首两身

表达天文层面的"天帝乘龙巡天"。肩部副纹是一首两身的展开式肥遗龙，表达历法层面的阴阳合历。

规格较低的商晚周早青铜礼器，腹部主纹或者改用经纬纹（图5-11.2），旧称"瓦棱纹"；或者改用星宿纹（图5-11.4—8），旧称"联珠纹"，表达天文层面的四方繁星。肩部副纹是一首两身的展开式肥遗龙，表达历法层面的阴阳合历。

西周中期的青铜图法"商周之变"，导致展开式肥遗龙消失了很长一段时间。但是进入东周以后，展开式肥遗龙卷土重来，见于春秋战国的大量

春秋战国铜器

春秋战国玉器

图 5-12　春秋战国铜器、玉器：展开式肥遗龙

铜器（图 5-12.1—6）和大量玉器（图 5-12.7—12）。因为龙山晚期神农归藏历以降的一切中国历法都是阴阳合历，所以展开式肥遗龙是阴阳合历的专用图式。

2. 战国万舞造型：一首两身展开式肥遗龙

商周青铜礼器的一首两身展开式肥遗龙，也是商周万舞同形舞姿的提炼浓缩。

战国万舞铜器的一种万舞造型（图 5-13.3—6），酷似商周青铜礼器的展开式肥遗龙（图 5-13.1、2），证明商周青铜礼器的展开式肥遗龙是万舞

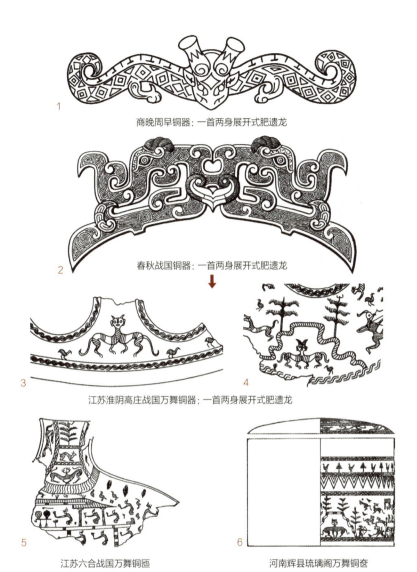

1　商晚周早铜器：一首两身展开式肥遗龙

2　春秋战国铜器：一首两身展开式肥遗龙

3

4

江苏淮阴高庄战国万舞铜器：一首两身展开式肥遗龙

5　江苏六合战国万舞铜匜

6　河南辉县琉璃阁万舞铜奁

图5-13　战国铜器之万舞造型：一首两身展开式肥遗龙

造型的提炼浓缩，正如商周青铜礼器的"饕餮纹"是万舞造型的提炼浓缩（详见第三章）。

3. 肥遗龙、肥遗虎的共同源头：万舞造型

　　完整的万舞共有九奏，每一奏的领舞者全都扮演天神，每一奏的伴舞者分别扮演四大天文神兽龙、虎、凤、麟，所以除了对应苍龙七宿的一首

一首两身展开式肥遗龙

安徽阜南商代龙虎尊

四川广汉三星堆商代龙虎尊

图5-14　商代铜器：一首两身展开式肥遗虎

两身展开式肥遗龙，还有对位白虎七宿的一首两身展开式肥遗虎。

商代的一首两身展开式肥遗虎，见于安徽阜南商代遗址、四川广汉三星堆商代遗址出土的龙虎尊（图5-14.2、3）：器肩的龙，表达万舞舞姿"天帝乘龙"（天帝降龙）；器腹的天帝头顶是一首两身展开式肥遗虎，表达万舞舞姿"天帝驭虎"（天帝伏虎）。

商代万舞舞姿"天帝驭两虎"的另一种表达方式是中间为天帝，左右各一虎。一例见于安阳出土的后母戊方鼎，鼎耳是"天帝驭虎巡天图"（图5-15.1），鼎腹是"饕餮纹"，即"天帝乘龙巡天图"，合为"天帝乘龙驭虎巡天图"。一例见于安阳妇好墓出土铜钺的腹部（图5-15.2）：中间是人面天帝，左右是两虎，两侧是两龙，合为"天帝乘龙驭虎巡天图"。

伦敦苏富比藏商代青铜车饰"天帝驾斗乘龙驭虎巡天图"（图

1 后母戊方鼎（耳部）

2 妇好钺（腹部）

3

商代车饰: 天帝驾斗乘龙驭虎巡天图

图 5-15　天帝乘两龙驭两虎

5-15.3），同样是表达万舞舞姿"天帝乘龙"（天帝降龙）和"天帝驭虎"（天帝伏虎）。除了左右两虎，另有一虎导引，可以参考汉代铜镜铭文："上大（泰）山，见仙人，食玉英，饮醴泉，驾交龙，乘浮云，白虎引兮直上天。"[1]"驾交龙"即"乘两龙"，"白虎引"即白虎在前导引、开路，"导引"是神仙家的专用术语。尽管先秦的"天帝乘龙驭虎"神话，汉后转为凡人死后"乘龙驭虎升仙"的仙话，但是两者共同植根于华夏天文体系，所以要素相同。

周代的一首两身展开式肥遗虎，见于河北平山战国中山成公墓出土的铜灯（图5-16.1）：天帝双手各操一蛇（图5-16.2、3），表达万舞舞姿"天帝降龙"（天帝乘龙）；天帝双足践踏铜灯底座的一首两身展开式肥遗虎（图5-16.4、5），表达万舞舞姿"天帝伏虎"（天帝驭虎）；合为"天帝降龙伏虎巡天图"。

---

[1]　引自李学勤《走出疑古时代》147页，辽宁大学出版社1994。

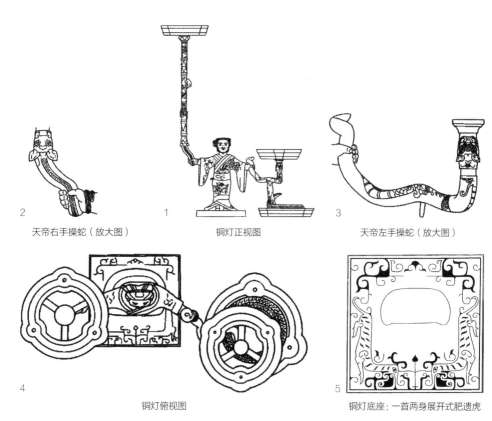

2　天帝右手操蛇（放大图）　　　1　铜灯正视图　　　3　天帝左手操蛇（放大图）

4　铜灯俯视图　　　5　铜灯底座：一首两身展开式肥遗虎

图 5-16　战国中山铜灯：天帝操两蛇践两虎

　　综上所言，商周铜器的一首两身展开式肥遗龙和一首两身展开式肥遗
虎，造型虽有差异，但是要素全同，都是商周万舞舞姿"天帝乘龙"（天帝
降龙）、"天帝驭虎"（天帝伏虎）的提炼浓缩。

　　商周仅有对位东方苍龙七宿的一首两身展开式肥遗龙和对位西方白虎
七宿的一首两身展开式肥遗虎，没有对位南方朱雀七宿的一首两身展开式
肥遗凤和对位北方麒麟七宿的一首两身展开式肥遗麟，是因为商周万舞没
有天帝乘凤驭麟或天帝降凤伏麟的舞姿。万舞伴舞者扮演的天文神兽凤凰、
麒麟，并非天帝的降服对象，仅是配角。这从另一角度证明：商周铜器、
商周玉器的天文神兽图式，都是商周万舞舞姿的提炼浓缩。如果商周万舞
没有相应的天文神兽舞姿，那么商周铜器、商周玉器就没有相应的天文神
兽图式。

结语 "饕餮纹"不是肥遗纹

李济曾把商周青铜礼器的连身式"饕餮纹",命名为《山海经》所言"一首两身"肥遗纹。然而商周青铜礼器的展开式肥遗龙,显然更加符合《山海经》所言"一首两身"肥遗纹,所以李济的命名并不恰当。《山海经》对"饕餮纹"的神话表达不是"肥遗",而是"天帝乘两龙"。《山海经》对肥遗纹的神话表达不是"天帝乘两龙",而是"有蛇一首两身,名曰肥遗"。

商周青铜礼器的卷尾龙,是苍龙七宿的静态表达。商周青铜礼器的旋转式肥遗龙,是苍龙七宿的动态表达。两者都是天文现象的直观表达,直到今日仍能对位于天象,因为天象体系永恒不变。

商周青铜礼器的"天帝乘龙""饕餮纹",是天象绕极旋转的神话表达。商周青铜礼器的"一首两身"式肥遗纹,是华夏阴阳合历的神话表达。两者都是天文历法的神话表达,但是今日已难对位于神话,因为华夏神话不断变化,而且由于秦汉时期的历史改道,很多先秦神话母题已经沉入了历史忘川。解密这些商周青铜纹样,必须借助于《山海经》等先秦文献,重新打捞沉入历史忘川的华夏神话母题。

附表 5-1　肥遗纹及其衍生纹样图法表

旋转式肥遗龙	 上古伏羲族：一首两身旋转式肥遗龙	
	 商周黄帝族：一首两身旋转式肥遗龙	 牺尊关节：旋转式肥遗龙
展开式肥遗龙	   夏商周：一首两身展开式肥遗龙	  铜器颈部：展开式肥遗龙
	 商周万舞"天帝降龙"：一首两身展开式肥遗龙	
展开式肥遗虎	 商周万舞"天帝伏虎"：一首两身展开式肥遗虎	

第六章

两龙纹衍生龙星纹

内容提要 本章根据考古、文献双重证据，论证商周龙身主纹是标示大火星即心宿二的龙星纹，梳理龙星纹四大图式及其衍生纹样，阐释其天文历法宗教神话内涵。

关键词 作为龙身主纹的龙星纹四大图式：山形龙星纹、月形龙星纹、火形龙星纹、心形龙星纹；见于"饕餮纹"的龙星纹四大图式；脱离龙身的龙星纹四大图式；"参为夏星，辰为商星"不合史实。

弁言 龙星纹是华夏第一星象纹

龙星纹起源于龙山时代，大量见于龙山时代的陶器和夏商周的陶玉铜器，堪称华夏第一星象纹。然而无所不在的龙星纹，却被学界长期错误视为龙鳞纹或几何纹。由于未能正确辨识商周青铜礼器的最大纹样群，青铜纹样研究长期误入歧途。

本书第二章已言，龙身共有两种纹样：龙身主纹是标示神龙源于天象的龙星纹，龙身副纹是标示神龙落地人间的龙鳞纹（即蟒皮纹）。第二章未能详论上古至中古两千多年繁复多变的龙星纹及其衍生纹样，留到本章展开。

一　作为龙身主纹的龙星纹四大图式

上古龙山时代至中古夏商周，龙星纹经历了两千多年的发展演变，形态极其丰富，大致可以分为四大图式：山形龙星纹、月形龙星纹、火形龙星纹、心形龙星纹。每一图式又有若干亚型和大量变体。

1. 山形龙星纹：源于连山纹

仰韶、龙山之交（前3000），上古伏羲族以伏羲连山历的东西各七山为基础，另增南北各七山，形成二十八山地面坐标体系，然后向天上投射，形成东西南北各七宿的二十八宿天空坐标体系（详见《伏羲之道》，参看本书绪论二）。

由于北斗斗柄指向东方苍龙七宿的第一宿角宿，于是苍龙七宿成为领衔二十八宿的第一宫。苍龙七宿的标志星，是一颗红亮如火的超级巨星，上古伏羲族称为"大火星"，简称"大火"或"火"，亦即《诗经》"七月流火"之"火"；大火星是心宿三星的第二星，中古夏商周称为"心宿二"，又称"辰星"、"大辰"、"辰"，俗称"龙星"。

观测星空旋转的最简方式，就是观测大火星（心宿二、龙星）之运行、位移、循环轨迹。观测必须记录，记录需要符号，所以龙山伏羲族创造了华夏最早的龙星纹。随着观测的深入，龙山中期的伏羲族精确掌握了大火星的运行规律和循环周期，于是创造了以大火星为标志星、以龙星纹为符号的火历，此即《左传·昭公十七年》所言"太皞氏以龙纪，炎帝氏以火纪"，"龙"即龙星，"火"即大火星，两者异名同实。

火历是伏羲连山历与神农归藏历之间的过渡历法[1]，所以龙山伏羲族记录火历的龙星纹第一图式，源于连山纹的山形，兼像大火星的火形，导致后来商代甲骨文和商周金文"山"、"火"二字同形，只有联系上下文才能辨

---

[1]　详见张远山：《伏羲之道》68页，岳麓书社2015。作品集第十六卷70页。

识。由于龙星纹第三图式更像火形（详下第三节），因此我把龙山伏羲族的
龙星纹第一图式，命名为"山形龙星纹"（图6-1）。

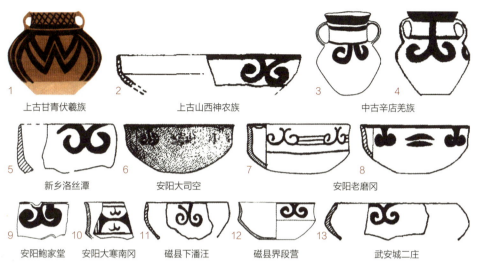

图 6-1　上古龙星纹第一图式：山形龙星纹

山形龙星纹，最早见于龙山时代甘青伏羲族的马家窑文化（图6-1.1），
稍后见于龙山时代山西神农国的陶寺文化（图6-1.2），后又见于夏商时期
西北伏羲族后裔羌族的辛店文化（图6-1.3、4）。

随着龙山伏羲族的持续东扩，伏羲族首创的二十八宿、火历、山形龙
星纹在龙山中期以后不断东传，见于河南中部的新乡洛丝潭（图6-1.5）、
河南东北部的安阳后冈大司空村（图6-1.6）、安阳老磨冈（图6-1.7、8）、
安阳鲍家堂（图6-1.9）、安阳大寒南冈（图6-1.10）、河北南部的磁县下
潘汪（图6-1.11）、磁县界段营（图6-1.12）、武安城二庄（图6-1.13）
等地。

有些学者不了解伏羲族二十八宿、火历、山形龙星纹的东传路线，误
以为最早发现山形龙星纹的河南东北部、河北南部是这一纹样的原创地，
其实两地均为这一纹样的接受地。

二十八宿、火历、山形龙星纹的原创地，都是伏羲族祖地甘肃青海，首
先东传山西陶寺神农国，然后东传玉器三族，最后又被夏商周黄帝族继承。

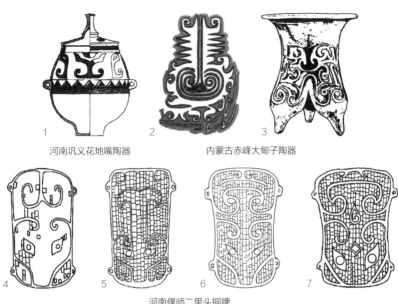

河南巩义花地嘴陶器　　　　　内蒙古赤峰大甸子陶器

河南偃师二里头铜牌

图 6-2　夏代龙星纹第一图式：山形龙星纹

夏代的山形龙星纹，见于夏代早期新砦文化的河南巩义花地嘴陶器（图6-2.1），又见于夏家店下层先商文化的内蒙古赤峰大甸子陶器（图6-2.2、3）。龙山陶器、夏代陶器的山形龙星纹，多为独立纹样，不见于龙身。夏代晚期二里头文化的龙面"饕餮纹"铜牌，山形龙星纹位于龙首的额部，或为正置（图6-2.4），或为倒置（图6-2.5—7）。

商周的山形龙星纹，除了普遍见于龙身（图6-3.1—3），又常作为独立符号，标识于龙身之外（图6-3.4、5），后者证明这一纹样决非龙鳞纹，而是标示大火星的龙星纹，因为龙鳞纹没有理由不标于龙身，却标于龙身之外。

殷墟妇好墓出土的商代晚期铜钺（图6-3.6），整体造型即为源于连山纹的山形龙星纹，山形龙星纹之内（即龙身）才是源于蟒皮纹的龙鳞纹。山形外缘是宗祖纹，山顶是菱形帝星纹。菱形帝星纹之上又有一对相背的旋转龙：左为逆时针旋转的地盘龙，右为顺时针旋转的天盘龙。

陕西宝鸡強国墓地出土的西周早期龙神铜雕（图6-3.7），冠形是山形龙星纹，冠底是菱形帝星纹。

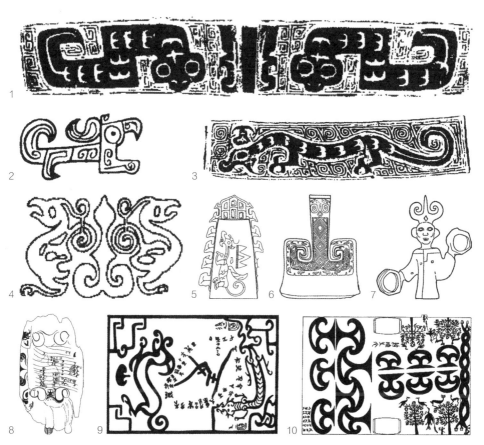

图 6-3　商周龙星纹第一图式：山形龙星纹

　　河北平山战国中山王墓出土的盾牌残件（图 6-3.8），核心符号是山形龙星纹。

　　湖北随州战国曾侯乙墓出土的北斗龙虎二十八宿漆箱盖（图 6-3.9），左侧是一个巨大的山形龙星纹。同墓出土的羿射九日阴阳合历漆箱盖（图 6-3.10），共有十三个山形龙星纹（与中山盾牌的山形龙星纹同形），分为两组：右组六个横排，标示阴阳合历的六个小月；左组七个竖排，标示阴阳合历的七个大月。上下各有两棵扶桑树，标示上下半年各二季。上下各有五个太阳鸟（其中二鸟为兽形异鸟，《山海经》有之），标示十日（即十天干）。树下之人持弓射鸟，标示后羿射日。最右纹样旧称"绚纹"，其实是阴阳合历的专用符号，所以上下各有二首，标示新年旧年衔接，时间无始无终。

综上所言，山形龙星纹是龙山中期伏羲族所创火历的专用符号。从龙山中期至战国时期，沿用两千多年。

2. 月形龙星纹：标示历法月

龙山中期的山西陶寺神农国，又在火历之后创造了神农归藏历（详见《伏羲之道》），于是又创造了龙星纹第二图式：月形龙星纹。功能是标示历法月。

山西陶寺的一首两身旋转式肥遗龙（图6-4.1），两身的月形龙星纹故意错开，以便每一纹样标示一个月：内身12个月形龙星纹，标示阴阳合历的平年十二月；外身13个月形龙星纹，标示阴阳合历的闰年十三月。两身合一，标示作为阴阳合历的神农归藏历。

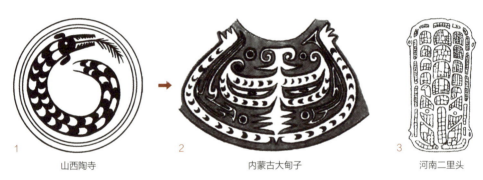

1 山西陶寺   2 内蒙古大甸子   3 河南二里头

图 6-4 上古－夏代龙星纹第二图式：月形龙星纹

与夏代平行的夏家店下层先商文化"天帝乘两龙"陶纹（图6-4.2），中间是"饕餮纹"天帝，外围是一首两身展开式肥遗龙：右身12个月形龙星纹，标示阴阳合历的平年十二月；左身13个月形龙星纹，标示阴阳合历的闰年十三月。天帝的眼眶，也是月形龙星纹：上眼眶左右各5，标示阴阳合历的十进制，即十天干、十日、一旬；下眼眶左7右6，标示阴阳合历的七个大月、六个小月。

夏代晚期二里头文化的龙面"饕餮纹"铜牌（图6-4.3），龙首上方13个月形龙星纹，标示夏代《连山》历的闰年十三月：上方四横排，每排3个，标示每季三月；印堂1个，标示闰月（参看绪论一图01-7.3、4，二里头文化青铜盘、青铜钺）。

商周铜器也有大量的一首两身旋转式肥遗龙（图6-5.1—4），两身多为月形龙星纹，标示商周阴阳合历。

有些旋转式肥遗龙，两身简化为一身，另以两种方法标示阴阳合历：或是交错使用月形龙星纹A型、B型（图6-5.5），或在每个月形龙星纹里再画一个月形龙星纹（图6-5.6），成为"重环纹"（详下第三节）。

肥遗龙两身简化为一身成为主流之后，河北平山战国中山王墓出土的灯柱（图6-5.7）、铜扣（图6-5.8），又以另外两种方法标示阴阳合历：前者上为阳龙，下为阴龙；后者阳龙、阴龙交尾。顺便一说，两龙交尾的标

图6-5　商周龙星纹第二图式：月形龙星纹

准表达是"交龙",神话表达是"蛟龙"。

综上所言,月形龙星纹是龙山晚期伏羲族所创华夏最早阴阳合历即神农归藏历标示历法月的专用符号。从龙山晚期至战国时期,沿用两千多年。

3. 火形龙星纹:标示大火星

山西陶寺神农国又把月形龙星纹,发展为龙星纹第三图式:火形龙星纹。功能是标示大火星。

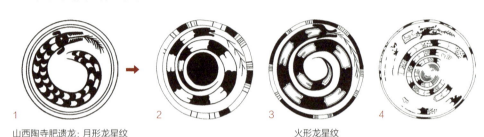

1 山西陶寺肥遗龙:月形龙星纹　　　　　　　　　火形龙星纹

图6-6　上古龙星纹第三图式:火形龙星纹

陶寺肥遗龙的初形(图6-6.1),两身的月形龙星纹故意错开,分别标示神农归藏历的平年十二月和闰年十三月。后来又把两身的月形龙星纹对齐(图6-6.2—4),于是两个月形龙星纹合为火形龙星纹A型,成为龙星纹第三图式:纹样上部中间尖出,纹样下部中间凹入,呈火焰形。旧称"火焰纹",仅见其形,未明其质。

夏家店下层先商文化的一首两身旋转式肥遗龙(图6-7.1),也把两身的月形龙星纹对齐,合为火形龙星纹A型。

夏代晚期二里头文化的一件龙面"饕餮纹"铜牌(图6-7.2),龙首上方的13个火形龙星纹A型,标示夏代《连山》历的十三月:上方四横排,每排3个,标示每季三月;印堂1个,标示闰月。这一铜牌与前一铜牌(图6-4.3),除了月形龙星纹、火形龙星纹之异,结构、内涵全同。

殷墟妇好墓出土的天帝乘龙玉雕(图6-7.3),天帝所乘之龙是一首两身的山形肥遗龙:阳身是火形龙星纹,阴身是拆分宗祖纹。

商周玉器、铜器的大量龙纹(图6-7.4—9),龙身均为火形龙星纹。由于火形龙星纹是两个月形龙星纹的合纹,已经蕴涵阴阳两身,所以龙

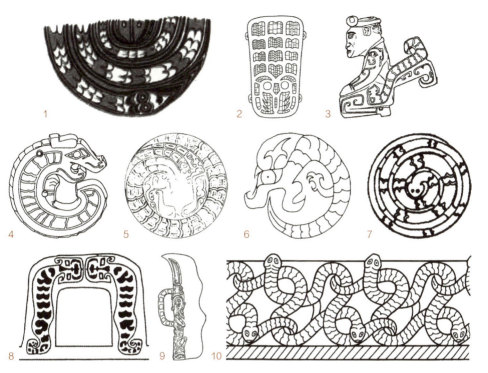

图 6-7　夏商周火形龙星纹 A 型：1、2 夏，3—10 商周

身常常不再分为两身。然而山西新绛柳泉战国墓地出土的交龙纹鼎（图6-7.10），仍以两龙交尾标示阴阳合历。

夏代晚期二里头文化的传世玉器"夏后氏之璜"（图6-8.1），又把下部凹入的火形龙星纹 A 型，发展为下部浑圆的火形龙星纹 B 型，置于龙神的嘴部；龙神的双目，象征龙星的东升西落。

商周把夏代首创的火形龙星纹 B 型，作为火形龙星纹的主型，见于大量商周玉器、铜器的龙身（图6-8.2—13）。

陕西泾阳高家堡戈国墓出土的西周早期肥遗龙铜盘（图6-8.10），以两个火形龙星纹 B 型，领衔一组月形龙星纹。上举殷墟妇好墓出土的天帝乘龙玉雕（见上图6-7.3），则以一个火形龙星纹 B 型，领衔一组火形龙星纹 A 型。

火形龙星纹 B 型，也是两个月形龙星纹的合纹，也已蕴涵阴阳两身，所以龙身也常不再分为两身。然而河南鹿邑太清宫长子口西周墓地出土的

图 6-8　夏商周火形龙星纹 B 型：1 夏，2—13 商周

篾形觥（图6-8.12），仍以两身标示阴阳合历，下方外缘另加一对旋转小龙，标示主龙之两身是阳龙、阴龙合一。更为常见的"天帝乘两龙"图式（图6-8.13），则以左右两龙标示阳龙（烛龙）、阴龙（烛阴）。

由于火形龙星纹 B 型是商周龙星纹的主型，所以西周时期的大量玉佩、玉项饰，造型均为火形龙星纹 B 型（图6-9），作为龙星崇拜、神龙崇拜、天子崇拜的象征物。这些玉佩、玉项饰的造型，旧多误称为"马蹄形"。

综上所言，火形龙星纹 A 型是龙山晚期伏羲族一首两身旋转式肥遗龙

图 6-9　西周玉佩、玉项饰：火形龙星纹 B 型

之两身月形龙星纹的合纹。夏代黄帝族又发展为火形龙星纹 B 型，成为商周青铜礼器的龙星纹主型。从龙山晚期至战国时期，火形龙星纹也沿用了两千多年。

4. 心形龙星纹：标示心宿二

夏商周黄帝族除了全盘继承上古伏羲族的龙星纹三种图式，又创造了龙星纹第四图式：心形龙星纹。功能是标示心宿二。

心形龙星纹不见于龙山时代，始见于夏代晚期二里头文化的龙面饕餮铜牌和陶器，分为两型：A 型略具心形（图 6-10.1、2），B 型更似心形（图 6-10.3、4）。这是夏代晚期已把"大火星"改名为"心宿二"的图证。

夏代晚期二里头文化的火形龙星纹（图 6-11.1），衍生了夏代晚期二里头文化的心形龙星纹 A 型（图 6-11.2）：阴纹是火形龙星纹，阳纹是心形龙星纹。

1、2 A型   3、4 B型

图6-10　夏代首创龙星纹第四图式：心形龙星纹

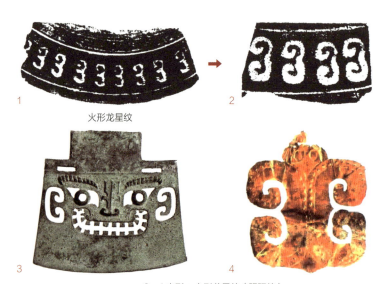

火形龙星纹

2—4 火形＋心形龙星纹（阴阳纹）

图6-11　夏代心形龙星纹A型：脱胎于火形龙星纹

　　商周承袭夏代，仍以阴纹、阳纹同时表现火形龙星纹、心形龙星纹。

　　例一，山东益都苏埠屯商墓出土的"饕餮纹"铜钺（图6-11.3）：双耳的阳纹是火形龙星纹，阴纹是心形龙星纹。

　　例二，四川成都金沙西周遗址出土的鼻祖纹金饰（图6-11.4）：阴纹是火形龙星纹，阳纹是心形龙星纹。

　　商周玉器、铜器的大量龙纹（图6-12.1—8），龙身均有心形龙星纹A型，常与月形龙星纹、火形龙星纹合用。

　　与月形龙星纹合用二例（图6-12.9、10），前例的龙心位置有两个心

图 6-12　商周龙星纹第四图式：心形龙星纹 A 型

形龙星纹 A 型，标示心宿二。后例的龙心位置有一个心形龙星纹 A 型，同样标示心宿二。

　　与火形龙星纹合用二例（图6-12.11、12），前例的龙身有七个火形龙星纹，标示苍龙七宿；龙尾有三个心形龙星纹 A 型，标示"心宿三星，天之正位"（《宋史·天文志》）。后例以一个心形龙星纹 A 型领衔，标示苍龙七宿的标志星心宿二；另有六个火形龙星纹 B 型，标示苍龙七宿的其他六宿。

图 6-13　商代龙神纹：心形龙星纹 B 型 + 火形龙星纹 B 型

　　商代还有一种龙神纹，龙神的面部轮廓是心形龙星纹 B 型，龙神的嘴部轮廓是火形龙星纹 B 型。见于江西吴城出土铜䣛（图 6-13.1）、江西新干出土铜锛（图 6-13.2）、陕西汉中出土銎口钺（图 6-13.3）、四川广汉二星堆出土琥珀坠饰（图 6-13.4）、成都金沙出土玉璋（图 6-13.5）、殷墟青铜礼器（图 6-13.6、7）等。

　　综上所言，夏代晚期的二里头文化用火形龙星纹的阴纹创造了心形龙星纹，商周仍以阴纹、阳纹同时表现火形龙星纹、心形龙星纹，亦即同时表达苍龙七宿标志星的旧名"大火星"、新名"心宿二"。心形龙星纹作为夏商周新创的龙星纹第四图式，沿用两千年。

　　上古伏羲族创造的龙星纹三种图式和中古夏商周创造的龙星纹新型图式，合为上古至中古的华夏龙星纹四大图式：山形龙星纹、月形龙星纹、火形龙星纹、心形龙星纹。上古伏羲族的龙星纹三种图式不见于龙身，中古夏商周的龙星纹四大图式常见于龙身，后者证明上古的同型纹样均为龙星纹。中古陶器、玉器、铜器的大量龙身，经常同时出现龙星纹两种图式，互证四种图式中的每一图式均为龙星纹。

二 见于"饕餮纹"的龙星纹四大图式

商晚周早的"饕餮纹"是"天帝乘龙巡天图",《山海经》的神话表述是"天帝乘两龙"（详见第三章）："饕餮纹"面部由侧面两龙的龙首合成，天帝所乘两龙，即为侧面两龙之龙身。因此连身式"饕餮纹"、分身式"饕餮纹"的侧面两龙之龙身，常有龙星纹四大图式。

1. 见于"饕餮纹"的山形龙星纹

山形龙星纹见于"饕餮纹"，始于夏代，延至商周。

夏代龙神纹的额部（图6–14.1、2），商周"饕餮纹"的角部（图6–14.3、4商，5、6周），均有山形龙星纹。两者的区别是：夏代龙神纹只有正面龙首，没有龙身；商周"饕餮纹"是侧面两龙，均有龙身。前者是后者的源头和雏形。

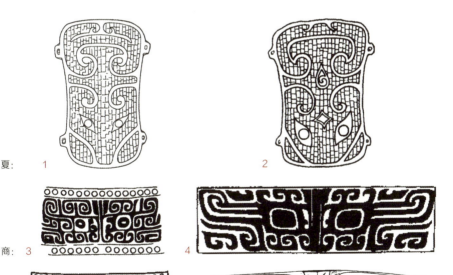

图 6–14 夏商周"饕餮纹"之山形龙星纹

2. 见于"饕餮纹"的月形龙星纹

月形龙星纹见于"饕餮纹",始于夏代,商周暂未发现。

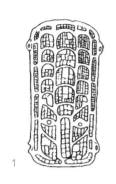 

图 6-15　夏代"饕餮纹"之月形龙星纹:1 二里头,2 大甸子

河南偃师二里头的夏代晚期龙神纹铜牌(图6-15.1),与夏代同时的内蒙古赤峰市大甸子夏家店下层文化的"饕餮纹"陶器(图6-15.2),均有月形龙星纹。

商周独立龙纹虽有大量的月形龙星纹,但是商周"饕餮纹"尚未发现月形龙星纹,原因可能是商周龙星纹的主型是火形龙星纹。

3. 见于"饕餮纹"的火形龙星纹

火形龙星纹见于"饕餮纹",仍然始于夏代,延至商周。

河南偃师二里头的夏代晚期龙神纹铜牌上部(图6-16.1),龙神纹玉璜嘴部(图6-16.2),均有火形龙星纹。

河南郑州小双桥商代早期遗址的铜戈(图6-16.3),江西新干大洋洲商代中期大墓的铜钺(图6-16.4),承袭夏代玉璜,"饕餮纹"嘴部是火形龙星纹。

商代晚期"饕餮纹"的眉眼两侧(图6-16.5—7),常有火形龙星纹。纹样通常侧面朝中,标示天帝所乘两龙是侧面朝中。

西周早期"饕餮纹"的鼻梁两侧(图6-16.8—10),常有火形龙星纹。纹样通常倒置向下,标示天帝所乘两龙是龙首朝下。

图 6-16 夏商周"饕餮纹"之火形龙星纹：1、2 夏，3—7 商，8—10 周

4. 见于"饕餮纹"的心形龙星纹

心形龙星纹见于"饕餮纹"，同样始于夏代，延至商周。

河南偃师二里头的一件夏代晚期龙神纹铜牌上部（图6-17.1），也有心形龙星纹。

殷墟妇好墓出土的商代玉雕祖神腹部（图6-17.2）、伦敦埃斯肯纳齐拍卖行所藏商代铜匕的柄端（图6-17.3）、陕西宝鸡强国墓出土西周早期圆鼎的腹部（图6-17.4），都是"饕餮纹"天帝居上，心形龙星纹居下，标示"天帝乘龙巡天"或"祖神乘龙巡天"。

陕西宝鸡贾村出土的西周早期何尊（图6-17.5），根据器型特点，调整了纹样位置："饕餮纹"位于腹部、底部，倒置的心形龙星纹位于顶部。由于两者的位置无法直观表达"天帝乘龙巡天"，于是另增颈部的鼻祖纹和两龙纹，标示"天帝乘两龙巡天"。

商晚周早"饕餮纹"的侧面两龙，龙身常有心形龙星纹，见于美国华盛顿弗利尔美术馆所藏商代晚期铜器（图6-17.6），陕西扶风庄白村一号窖藏出土西周早期折方彝（图6-17.7）等。

图 6-17　夏商周 “饕餮纹” 之心形龙星纹

　　龙星纹四大图式大量见于合成 “饕餮纹” 的两龙纹之龙身，再次证明 “饕餮纹” 是 “天帝乘龙巡天图”，亦即《山海经》所言华夏神话母题 “天帝乘两龙（巡天）”。

三　龙星纹四大图式的独立纹样

　　夏商周铜器的龙星纹四大图式，除了见于独立龙纹的龙身，以及见于合成 “饕餮纹” 的两龙纹之龙身，还可以成为脱离龙身的独立纹样。学界不知这些脱离龙身的独立纹样都是龙星纹，视为没有精确内涵的装饰纹样或几何纹样，望形生义地随意给出各种错误命名，遮蔽了这些独立纹样的天文历法宗教神话内涵。

1. 山形龙星纹的独立纹样：所谓"卷云纹"或"勾连雷纹"

脱离龙身的山形龙星纹，成为两种独立纹样。旧称"卷云纹"（A型）和"勾连雷纹"，均属错误命名。

山形龙星纹首先见于龙身（图6-18.1），然后成为脱离龙身的两种独立纹样。

见于龙身的山形龙星纹

脱离龙身的连续山形龙星纹（卷云纹A型）

脱离龙身的旋转山形龙星纹（勾连雷纹）

图6-18 脱离龙身的山形龙星纹

一是始于夏代、延至商周的连续山形龙星纹，见于河南偃师二里头的夏代晚期陶器（图6-18.2），与夏代同时的内蒙古赤峰市大甸子遗址夏家店下层文化陶器（图6-18.3），大量商周铜器（图6-18.5），河南淅川和尚岭战国楚墓铜鼎（图6-18.4）等。旧称"卷云纹"，未明其源。

二是夏代未见、商周新创的旋转山形龙星纹，见于大量商周铜器（图6-18.6—10）：山形龙星纹的两个山脚，兼为旋转90°的两个相邻山形龙星纹之山脚，巧妙表达了苍龙七宿的四季旋转。旧称"勾连雷纹"，同样未明其源。

2. 三种龙星纹的组合纹样：所谓"重环纹"或"鳞带纹"

脱离龙身的月形龙星纹、火形龙星纹、心形龙星纹，成为三种独立纹样，旧称"重环纹"或"鳞带纹"[1]，均属错误命名。

月形龙星纹，首先见于龙身（图6-19.1）。然后是一器之中（图6-19.2），月形龙星纹既见于龙身，又是脱离龙身的独立纹样。然后是一器之中（图6-19.3），中间的龙身没有月形龙星纹，外围是一圈月形龙星纹。

见于龙身的龙星纹，正相都是朝向龙首，无一例外，功能都是标示旋转方向。脱离龙身的龙星纹（图6-19.4—8），功能也是标示旋转方向，甚至可以表达天地的相对旋转（图6-19.7、8）：器盖的月形龙星纹，标示天盘龙的顺时针旋转；器身的月形龙星纹，标示地盘龙的逆时针旋转。

火形龙星纹的两种图式，均可成为脱离龙身的独立纹样。

火形龙星纹A型，首先见于龙身（图6-20.1、2），然后成为脱离龙身的独立纹样（图6-20.3）。

火形龙星纹B型及其变体，首先见于龙身（图6-20.4、8），然后成为脱离龙身的独立纹样（图6-20.5—7，9，10）。

---

[1]　鳞带纹，参看马承源：《中国青铜器研究》385页："龙蛇之类躯干的变形，时代较早的龙蛇图案中，环形的条纹表示其躯干的鳞节，西周中期出现的鳞带纹饰是完全省去了首尾，它盛行于西周中晚期。"上海古籍出版社2002。重环纹，参看朱凤瀚：《中国青铜器综论》577页："近年来已有学者指出，重环纹应归属鳞纹。……惟其名称使用日久，故似仍可沿用重环纹之旧称。"上海古籍出版社2009。

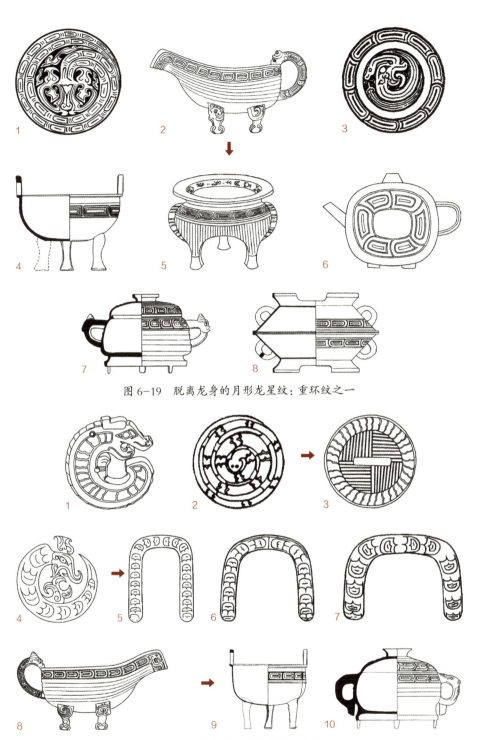

图 6-19 脱离龙身的月形龙星纹：重环纹之一

图 6-20 脱离龙身的火形龙星纹：重环纹之二

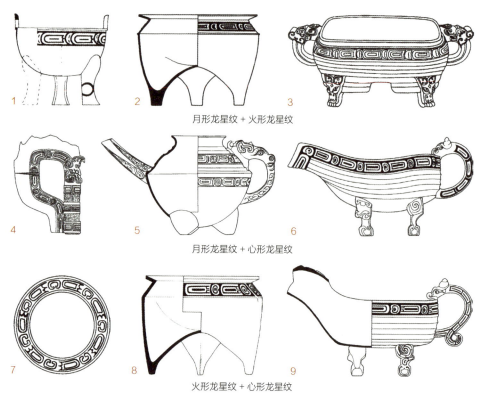

月形龙星纹 + 火形龙星纹

月形龙星纹 + 心形龙星纹

火形龙星纹 + 心形龙星纹

图 6-21　脱离龙身的两种龙星纹交错：重环纹之三

　　单纯的重环纹，或者只有月形龙星纹，或者只有火形龙星纹。复合的重环纹，则是两种龙星纹的交错组合。组合方式有三。

　　组合方式一，月形龙星纹、火形龙星纹交错组合（图6-21.1—3）。

　　组合方式二，月形龙星纹、心形龙星纹交错组合（图6-21.4—6）。

　　组合方式三，火形龙星纹、心形龙星纹交错组合（图6-21.7—9）。

　　复合重环纹的功能，是标示阴阳合历的大月小月交错。

3. 波带纹中的三种龙星纹：象征宗祖所乘之龙

　　第四宗祖纹章已经言及波带纹，辨析了波带纹中的宗祖纹及其变体，本节辨析波带纹中的三种龙星纹。

　　波带纹是"波纹"（连山纹）与"带纹"（宗祖乘龙纹）的合纹。"带纹"

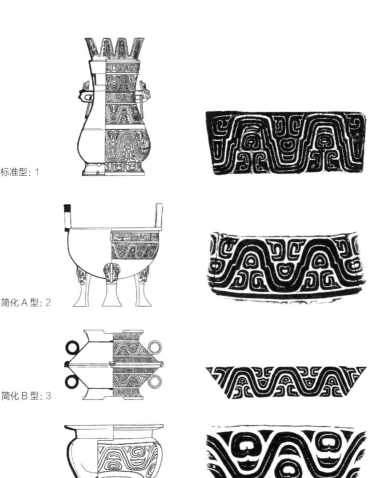

图 6-22　波带纹中的三种龙星纹

标准型：1

简化 A 型：2

简化 B 型：3

极简型：4

中共有三种龙星纹：月形龙星纹、火形龙星纹、心形龙星纹。

标准波带纹的宗祖乘龙纹（图6-22.1）：上面是宗祖纹，下面是一个心形龙星纹，一个月形龙星纹。表达"宗祖乘两龙（巡天）"。

简化波带纹A型的宗祖乘龙纹（图6-22.2）：上面是简化宗祖纹，下面是一个心形龙星纹。表达"宗祖乘龙（巡天）"。

简化波带纹B型的宗祖乘龙纹（图6-22.3）：上面是简化宗祖纹，下面是一个火形龙星纹。表达"宗祖乘龙（巡天）"。

极简波带纹的宗祖乘龙纹（图6-22.4）：省略宗祖纹，只有一个心形龙星纹，一个火形龙星纹。表达"宗祖乘两龙（巡天）"。

可见波带纹中的三种龙星纹，全都象征宗祖所乘之龙。

4. 纵向叠加的月形龙星纹：所谓"垂鳞纹"

脱离龙身的月形龙星纹，除了横向连续（旧称"重环纹"或"鳞带纹"），还可以纵向叠加，旧称"垂鳞纹"（图6-23）。

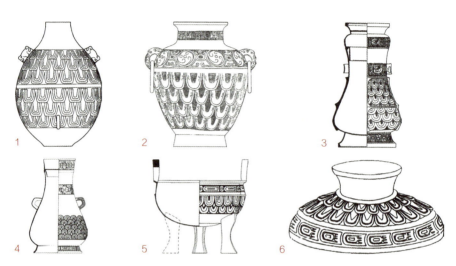

图6-23　月形龙星纹纵向叠加：所谓"垂鳞纹"

马承源等学者已经发现龙星纹来自龙身，但是误以为用于标示龙身"鳞片"，于是把横向连续的龙星纹误称为"鳞带纹"，把纵向叠加的龙星纹误称为"垂鳞纹"[1]。其实龙星纹并非龙鳞纹，蟒皮纹才是龙鳞纹。两种纹样经常同见一器，不可能都是"龙鳞纹"，只可能其中之一是"龙鳞纹"。

殷墟侯家庄1001号大墓出土的商代晚期骨匕，两面均刻卷尾龙（图6-24.1）：正面是龙身有火形龙星纹的天盘龙，所以上配顺时针旋转的天盘斗形龙；反面是龙身有龙鳞纹（即蟒皮纹）的地盘龙，所以上配逆时针旋转的地盘斗形龙。卷尾龙、斗形龙组合，标示"北斗七星，杓携龙角"

---

[1]　垂鳞纹，参看朱凤瀚：《中国青铜器综论》577页："鳞纹是取龙或蛇的鳞片为单元组成的纹饰。其排列方式或作鱼鳞状，上下交错，重叠排列。"上海古籍出版社2009。

龙星纹＋龙鳞纹（蟒皮纹）　　　　脱离龙身的龙鳞纹（乳钉雷纹）

龙星纹＋龙鳞纹（蟒皮纹）

图 6-24　龙星纹、龙鳞纹、脱离龙身的龙鳞纹

（《史记·天官书》）。

殷墟小屯采集的商代晚期龙纹石磬（图6-24.4），龙身前部是一个火形龙星纹，领衔其后的一组龙鳞纹（即蟒皮纹）。

河南鹿邑太清宫长子口出土的西周早期骨匕，刻有一条卷尾龙（图6-24.2）：龙首之下是两个火形龙星纹，领衔其后的一组龙鳞纹（即蟒皮纹）。

龙鳞纹（即蟒皮纹）也可以成为脱离龙身的独立纹样（图6-24.3），旧称"雷纹"或"乳钉雷纹"，均属错误命名。

综上所言，"垂鳞纹"并非纵向叠加的龙鳞纹，而是纵向叠加的月形龙星纹。真正的龙鳞纹是蟒皮纹，也可以成为脱离龙身的独立纹样，用于象征地盘龙。

5. 心形龙星纹的独立纹样之一：所谓"卷云纹"

脱离龙身的心形龙星纹，除了与月形龙星纹、火形龙星纹交错组合为"重环纹"，又衍生出另一种独立纹样，旧称"卷云纹"（B型）。

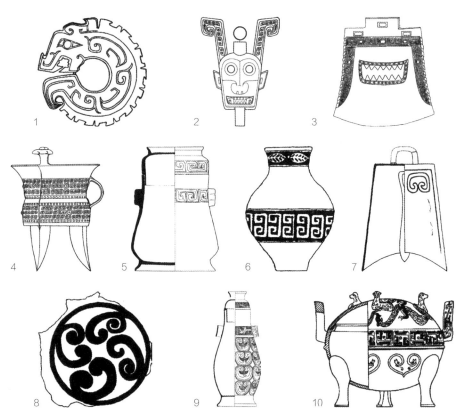

图 6-25　脱离龙身的心型龙星纹：卷云纹 B 型

心形龙星纹首先见于龙身（图 6-25.1），然后见于龙神纹（图 6-25.2）、"饕餮纹"（图 6-25.3），最后成为脱离龙身的独立纹样（图 6-25.4—10），旧称"卷云纹"（B 型）。

山形龙星纹衍生的所谓"卷云纹"（A 型），心形龙星纹衍生的所谓"卷云纹"（B 型），或许确有可能因为"云从龙，风从虎"（《易传·文言》），而被古人移用为卷云纹，但是纹样源头均为龙星纹。

6. 心形龙星纹的独立纹样之二：所谓"谷纹"

心形龙星纹衍生的所谓"卷云纹"（B 型），又衍生出另一种独立纹样。旧称"谷纹"，实为错误命名。

"卷云纹"（B 型）衍生"谷纹"的过程，见于春秋战国的大量龙形玉珩：

河北邯郸百家村战国墓出土的龙形玉珩（图6–26.1），旧称"卷云纹"（B型），实为心形龙星纹。

湖北随州战国曾侯乙墓出土的龙形玉珩（图6–26.2），河北平山战国中山王墓出土的龙形玉珩（图6–26.3），主要是所谓"卷云纹"（心形龙星纹），少量是所谓"谷纹"（半个心形龙星纹），区别是前者纹样全都独立，后者纹样互相纠缠。

山西太原金胜村春秋晚期赵简子墓出土的龙形玉珩（图6–26.4），主要是所谓"谷纹"（半个心形龙星纹），少量是所谓"卷云纹"（心形龙星纹）。

"卷云纹"（B型）衍生"谷纹"的过程，又见于春秋战国的所谓"谷纹玉璧"：

江苏无锡鸿山春秋越王墓出土的"谷纹玉璧"（图6–26.5），陕西长武

图 6–26　半个心形龙星纹：谷纹

亭口乡樊罗村战国墓出土的"谷纹玉璧"（图6-26.6），全是所谓"卷云纹"（心形龙星纹），只是前者纹样较大，后者纹样较小。

山西长子牛家坡战国墓出土的"谷纹玉璧"（图6-26.7），河南洛阳金村战国墓出土的"谷纹玉璧"（图6-26.8），全是所谓"谷纹"（半个心形龙星纹），只是前者纹样较大，后者纹样较小。

由此可见，所谓"谷纹"（半个心形龙星纹）实为所谓"卷云纹"（B型，心形龙星纹）的衍生纹样。

商周铜器只有所谓"卷云纹"（心形龙星纹），没有所谓"谷纹"（半个心形龙星纹）。长期误称的所谓"谷纹"，不见于商周铜器，仅见于春秋战国玉器，主要见于所谓"谷纹玉璧"。

然而先秦文献没有"谷纹玉璧"之名，仅有"谷璧"之名，见于《周礼·春官·大宗伯》所言西周赐瑞制度：

> 以玉作六瑞，以等邦国：王执镇圭（一尺二寸），公执桓圭（九寸），侯执信圭（七寸），伯执躬圭（七寸），子执谷璧（五寸），男执蒲璧（五寸）。

黄帝族天子拥有天下，昆仑台设于京城，上有圭表，所以天子手执象征圭表的镇圭，长度一尺二寸，对应十二月，象征天子"执天命"。其名"镇圭"，意为拥有镇压天下、征伐诸侯的绝对权力。

黄帝族公爵、侯爵、伯爵是既有封爵又有封国的诸侯，有国必有社，有社必有象征圭表的社木，所以赐予象征圭表的"命圭"，拥有镇抚一方的相对权力。长度递减，公爵的桓圭九寸，侯爵的信圭、伯爵的躬圭均为七寸。

黄帝族子爵、男爵是仅有封爵没有封国的贵族，无国则无社，亦无象征圭表的社木，所以不能赐予玉圭，只能赐予象征天道循环的"命璧"。尺寸又减，子爵的谷璧、男爵的蒲璧均为五寸。[1]

---

[1]　参看张远山：《玉器之道》445页，中华书局2018。作品集第十七卷413页。

西周赐予子爵的谷璧，上刻心形龙星纹，初义当指受赐者是黄帝族的龙子龙孙。子爵又分细微等第，所以或刻完整的心形龙星纹（所谓"卷云纹"），或刻半个心形龙星纹（所谓"谷纹"），统称"谷璧"。

赐予公爵的桓圭之"桓"，训威武；赐予侯爵的信圭之"信"，训诚信；赐予伯爵的躬圭之"躬"，训谦逊：均非纹样之名。因此赐予子爵的谷璧之"谷"，训赐谷，亦非纹样之名。因为子爵虽无封地，却有食邑，不治其地，仅食其谷。同理，赐予男爵的蒲璧之"蒲"，亦非纹样之名。所以"谷璧"不能理解为"谷纹玉璧"，"谷璧"的纹样不能命名为"谷纹"。

山西太原金胜村赵简子墓、湖北荆州熊家冢战国墓、湖北随州战国曾侯乙墓出土的玉龙（图6-26.9—11），均刻心形龙星纹，边缘处不能刻完整的心形龙星纹，只能刻半个心形龙星纹。半个心形龙星纹仍非"谷纹"，仍是心形龙星纹。

陕西西安西郊汉墓出土青龙宝剑的玉剑首（图6-26.13），再次揭示了两种纹样的相关性：圆心的菱形帝星纹，标示帝星；内圈四维的四个心形龙星纹（所谓"卷云纹"），标示四季苍龙七宿。外圈的大量半个心形龙星纹（所谓"谷纹"），标示无数繁星，与湖北襄阳王坡东周秦汉墓出土谷璧（图6-26.12）的纹样全同。可见直到汉代，玉匠们仍然遵循上古以降的天文传统，从未认为半个心形龙星纹是所谓"谷纹"。

综上所言，"谷璧"之"谷"训赐谷，并非纹样之名。谷璧上的纹样并非谷粒的形状，而是心形龙星纹或半个心形龙星纹，意为受赐谷璧的贵族是龙子龙孙。"谷纹"和"谷纹玉璧"是误读元典、望形生义的错误命名。

7. 脱离龙身的独立龙星纹：等价于龙纹

上文多次言及：脱离龙身的独立龙星纹及其衍生纹样等价于龙纹。比如顺时针旋转、逆时针旋转的重环纹，等价于顺时针旋转的天盘龙、逆时针旋转的地盘龙，象征苍龙七宿。再如波带纹中的龙星纹等价于龙纹，象征宗祖所乘之龙。本节再补三组图例，论证脱离龙身的独立龙星纹及其衍生纹样等价于龙纹，并非没有精确内涵的装饰纹样和几何纹样。

其一，山形龙星纹等价于龙纹。

战国四龙铜镜

秦、汉四龙星纹瓦当

图 6-27　山形龙星纹等价于龙纹

战国四龙铜镜（图6-27.1、2），四维是四条龙纹；秦、汉四龙星纹瓦当（图6-27.3、4），四维是四个山形龙星纹（卷云纹A形）：两者同构，内涵等价，都是标示苍龙七宿的四季位置，因为四维是阴阳合历的四季起点：立春、立夏、立秋、立冬。

可见山形龙星纹等价于龙纹。仅因秦、汉瓦当不能制作战国铜镜的复杂图案，遂以山形龙星纹代替龙纹。

其二，三种龙星纹构成的重环纹等价于龙纹。

常见于商周铜器腹部的"饕餮纹"，是"天帝乘两龙巡天"的完整版：中间是鼻祖纹天帝，左右是宗祖纹两龙（详见宗祖纹章）。

常见于商周铜器耳部的简化"饕餮纹"，是"天帝乘两龙巡天"的简化版，或是鼻祖纹加两龙纹（图6-28.1），或是省略鼻祖纹，仅有两龙纹（图6-28.2）。

常见于商周铜器耳部的三种重环纹（图6-28.3—5），是"天帝乘两龙巡天"的极简版：中间是等价于鼻祖纹的天枢纹（或省略天枢纹），左右是等价于两龙纹的重环纹。

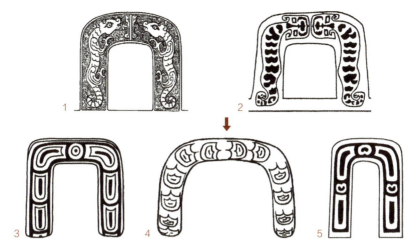

图 6-28　重环纹等价于龙纹

其三，心形龙星纹构成的卷云纹等价于龙纹。

西周编钟的下端，常有两龙纹（图6-29.1）。因为编钟是祭天万舞的伴奏乐器，而"天帝乘两龙巡天"是祭天万舞的基本舞姿，所以编钟纹样直接反映了万舞舞姿。

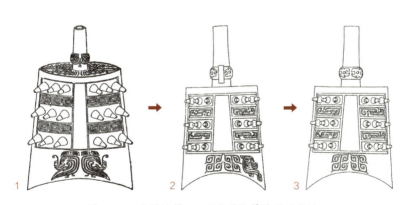

图 6-29　西周编钟：心形龙星纹等价于两龙纹

有些西周编钟，或是器型较小，或是规格较低，改用两组心形龙星纹构成的双卷云纹，代替两龙纹（图6-29.2、3）。设计者甚至担心观者不知双卷云纹等价于两龙纹，于是一面的双卷云纹旁边加铸一个龙纹（图6-29.2），另一面是不加铸龙纹的双卷云纹（图6-29.3）。

诸多例证充分证明，脱离龙身的龙星纹四大图式及其衍生纹样，尽管没有龙首、龙身、龙角、龙目、龙鼻、龙耳、龙嘴、龙爪，仍然等价于龙纹，仍然具有龙纹的天文历法宗教神话内涵。

四　商代神话"参为夏星，辰为商星"辨析

杜甫《赠卫八处士》的开篇名句："人生不相见，动如参与商。"涉及两颗著名恒星：西方白虎七宿的标志星参星，东方苍龙七宿的标志星商星。二星位于夜空的东西两端，此出彼没，彼出此没，所以古人用于比喻彼此对立，彼此隔绝，永不相见等等。这一典故，源于一个商代神话。

由于夏代黄帝族源于黄帝族西支，商代黄帝族源于黄帝族东支（参看绪论二），因此商代黄帝族按照天地对位的分野学说，把东方苍龙七宿的标志星大火星命名为"商星"，而把西方白虎七宿的标志星参星贬为"夏星"。认为商星（龙星）东升，夏星（参星）西落，标志着商灭夏的天命。商代神话"夏崇参，商崇火"就此诞生。

《左传·昭公元年》记载了这一商代神话：

> 昔高辛氏有二子，伯曰阏伯，季曰实沈，居于旷林，不相能也。日寻干戈，以相征讨。后帝不臧，迁阏伯于商丘，主辰；商人是因，故辰为商星。迁实沈于大夏，主参；唐人是因，故参为晋星。

意译：

从前高辛氏（颛顼）有两个儿子，长子叫阏伯，次子叫实沈，居住于旷林，彼此不相容，时常大动干戈，相互征讨。高辛氏很不满意，把阏伯东迁至商丘，主祀辰星（龙星）；商人因袭阏伯，所以辰星成了商星。把实沈西迁至大夏，主祀参星（夏星）；唐人因袭实沈，所以参星成了晋星。

这一商代神话，既有符合史实的成分，也有违背史实的成分。

符合史实之一，"高辛氏有二子"，乃言夏代黄帝族、商代黄帝族都是黄帝族。"伯曰阏伯"，乃言阏伯的商代黄帝族源于华夏东北的红山黄帝祖族，所以为伯，为长。"季曰实沈"，乃言实沈的夏代黄帝族源于华夏西北的石峁黄帝支族，所以为季，为幼。

符合史实之二，上古伏羲族火历以大火星为标志星，故名"大辰"，简称"辰"。

符合史实之三，商代黄帝族确实崇拜龙星（商星），除了上文所举商代青铜礼器的大量龙星纹，另有殷墟卜辞可做旁证。比如殷墟甲骨文有"禘心"（《缀合162》）、"侑心"（《乙》3204、《合集》21661），"禘"、"侑"是祭名，"心"即心宿二。

符合史实之四，商代天子的天文对位正是龙星。比如殷墟甲骨文的祭祖卜辞"于心、上甲二牛"（《合集》905）[1]，"心"即心宿二，"上甲"即商汤六世祖上甲微。上甲微是第一位自命"龙星下凡，受命代夏"、以天干为死称的商族先公，所以商代合祭龙星和上甲微。合于《尚书考灵耀》所言："心，火星，天王也。"

然而"大夏主参，参为晋星（夏星）"，认为夏代黄帝族不崇拜龙星，只崇拜参星，亦即崇拜龙星不是始于夏代，而是始于商代，不符合考古发现的大量图证。

夏代晚期二里头文化的陶器、玉器、铜器纹样证明，夏代不仅继承了上古伏羲族的龙星纹三种图式，而且新创了龙星纹第四图式。证明夏代黄帝族并不崇拜西方白虎七宿的标志星"参星"，而是崇拜东方苍龙七宿的标志星"龙星"（大火星、辰星、商星）。

可见"大夏主参，参为夏星"是商代黄帝族杜撰的历史知识，意在贬低夏代黄帝族，剥夺其崇拜龙星的资格，以便商代黄帝族独霸对位天子的龙星。"参为夏星，辰为商星"是商代黄帝族杜撰的天文知识，"阏伯、实

---

[1]　参看冯时：《百年来甲骨文天文历法研究》43、44页，中国社会科学出版社2011。冯时认为："禘、侑都是祭名，心作为受祭者，很难想象是作为生物体的心脏。因此，将其理解为星名应该是合适的。"

沈日寻干戈"是商代黄帝族虚构的朝代更替神话，意在把商星（龙星）东升、夏星（参星）西落的天文现象，作为商灭夏的天命依据。

中国的朝代更替，本与天文现象无关，但是新朝总是选择某些有利于己的天文现象，作为本朝替代前朝的天命依据，扭曲史实地抹黑前朝。周代全盘接受商代抹黑夏代的"参为夏星，辰为商星"神话，正如秦汉以后全盘接受周代抹黑商代的种种神话。

中国的官方正史，总是如此层累造伪：乙灭甲，杜撰抹黑甲的官方伪史。丙灭乙，又杜撰抹黑乙的官方伪史。丁灭丙，又杜撰抹黑丙的官方伪史。最后形成的甲乙丙丁官方正史，均为美化本朝、抹黑前朝的官方伪史。"夏人不崇龙星，商人始崇龙星"，正是商人杜撰的官方伪史。

龙山伏羲族创建二十八宿，龙星兼为苍龙七宿和火历的标志星，参星仅是西方白虎七宿的标志星，所以从上古伏羲族到夏代黄帝族，参星的地位不可能高于龙星，更不可能只崇拜参星却不崇拜龙星。何况夏商周黄帝族天子的天文对位都是东宫苍龙，从未对位西宫白虎，全都自命"真龙天子"，从未自命"真虎天子"。

商灭夏以后，强调夏自西来而对位参星，商自东来而对位龙星，于是炮制了"夏主参星，商主龙星"的官方伪史，宣布夏代天子并非"真龙天子"，商代天子才是"真龙天子"，为商灭夏提供天命依据，遮蔽了上古至夏代始终崇拜龙星的历史真相。

周人同样自西而来，但是东进灭商之后，崇拜西方参星的程度，也未超过崇拜东方龙星，所以西周只有龙星纹玉牌、龙星纹玉项饰，没有白虎纹玉牌、白虎纹玉项饰。

本章对龙星纹四大图式及其衍生纹样的梳理，充分证明：从上古伏羲族到中古夏商周，无不崇拜龙星，无不崇拜龙神。龙星崇拜是华夏天文崇拜的核心，龙神崇拜是华夏宗教崇拜的核心。

结语　龙星纹是青铜纹样植根天文的核心密码

　　龙山中期至夏商周的两千多年，龙星纹共有四大图式，每一图式均大量见于夏商周龙纹的龙身，又大量见于夏商周"饕餮纹"之两龙纹的龙身，充分证明每一图式均为龙星纹。由于北斗七星的斗柄指向苍龙七宿的角宿，所以苍龙七宿领衔二十八宿；又由于苍龙七宿的心宿二即大火星曾是上古火历的标志星，俗称"龙星"，因此龙星纹成为华夏第一星象纹；更由于夏商周天子的天文对位是苍龙七宿，因此龙星纹又衍生出了无数其他纹样。

　　"饕餮纹"是商晚周早青铜礼器的第一宗教纹样，龙星纹是商晚周早青铜礼器的第一星象纹样，龙星纹及其衍生纹样则是商晚周早青铜礼器的最大纹样群。

附表 6-1　龙星纹四大图式图法表

	山型龙星纹	月形龙星纹	火形龙星纹	心形龙星纹
伏羲族				无
黄帝族				无
夏				
商周				

附表 6-2　龙星纹四大图式衍生纹样图法表

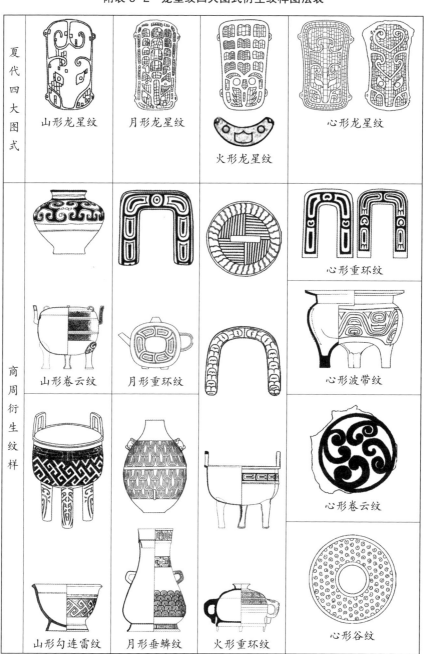

夏代四大图式

山形龙星纹　月形龙星纹　火形龙星纹　心形龙星纹

商周衍生纹样

山形卷云纹　月形重环纹　心形重环纹　心形波带纹　山形勾连雷纹　月形垂鳞纹　火形重环纹　心形卷云纹　心形谷纹

青铜图法的商周之变：

窃曲纹、蟠螭纹、蟠虺纹

第七章

西周窃曲纹，源于太极图

内容提要 本章根据考古、文献双重证据，论证西周中期的青铜图法"商周之变"，导致了商代"饕餮纹"被西周窃曲纹替代，阐释其宗教神话政治内涵。

关键词 青铜图法，商周之变，西周太极图化圆为方，西周窃曲纹，S形窃曲纹，G形窃曲纹，窃曲顾首龙，窃曲"饕餮纹"。

弁言 青铜图法的商周之变

华夏上古史与华夏中古史的分水岭，是"炎黄之战"；华夏中古史的分水岭，是"商周之变"，所以王国维《殷周制度论》说："中国政治与文化之变革，莫剧于殷、周之际。……夏、商二代文化略同。……夏、殷间政治与文物之变革，不似殷、周间之剧烈矣。殷、周间之大变革，自其表言之，不过一姓一家之兴亡与都邑之移转；自其里言之，则旧制度废而新制度兴，旧文化废而新文化兴。"

王国维所言"商周之变"，包含两方面：一是"旧制度废而新制度兴"，二是"旧文化废而新文化兴"。但是政治制度的"商周之变"，即"旧制度废而新制度兴"，发生于西周早期。青铜图法的"商周之变"，即"旧文化废而新文化兴"，发生于西周中期。两者相距约有百年。

孔子曾言"周礼因于商礼，有所损益"。西周早期的青铜图法，普遍承袭商代晚期的"饕餮纹"、夔龙纹，属于"周因于商"。西周中期至春秋早期的青铜图法，普遍使用西周新创的窃曲纹，属于"有所损益"。

《吕氏春秋·先识》在"周鼎著饕餮"之前，有如下记载："殷内史向挚见纣之愈乱迷惑也，于是载其图法，出亡之周。武王大说。"正因商代末年的商代王室史官带着严禁外传的商代"图法"投奔西周，所以西周早期青铜礼器的"饕餮纹"天帝，基本按照商代"图法"制作，所以商代晚期、西周早期青铜礼器的"饕餮纹"天帝极其相似（参看绪论二）。

西周中期完成的青铜图法"商周之变"，主要是把商晚周早的"饕餮纹"图法，变成了西周中期至春秋早期的"窃曲纹"图法。无论是从商传周的西周早期"饕餮纹"图法，还是西周中期至春秋早期的"窃曲纹"图法，均由西周王室史官执掌，严禁外传。

日本学者松丸道雄研究了西周青铜器的大量铭文，得出一项重要结论：西周青铜礼器铭文中的"作器者"，即持有青铜礼器的诸侯、贵族，并不自行制作青铜礼器，而是委托西周王室的青铜作坊制作，所以西周王室是西周诸侯、西周贵族所持青铜礼器的实际制作者。西周天子是青铜礼器的赐予者，西周诸侯、西周贵族是青铜礼器的受赐者。[1]

这是商代王室、西周王室专掌青铜图法，且按青铜图式为天下诸侯定制青铜礼器的极好旁证，也同时解释了分处天下四方、远隔千里万里的商代诸侯、西周诸侯的青铜礼器之纹样高度相似的原因，因为商周诸侯不掌握严禁外传的图法、图式，没有能力自己制作青铜礼器。

---

[1] 松丸道雄：《西周青铜器制作的背景》，《日本考古学研究者·中国考古学研究论文集》，日本东方书店1990年版，261—324页。参看黄厚明《商周青铜器纹样的图式与功能：以饕餮纹为中心》39—40页，方志出版社2014。

一　商周夔龙纹，源于商周"饕餮纹"

商晚周早青铜礼器的龙纹，或称"夔纹"，或称"龙纹"，本书合称"夔龙纹"。

夔龙纹和"夔一足"神话，同出一源，共同源头是商晚周早青铜礼器的"饕餮纹"。

1."夔一足"神话，源于商周"饕餮纹"

"夔一足"神话，屡见先秦文献，略举其要。

其一，《山海经》记载了"夔一足"神话的初始版本：

> 东海中有流波山，入海七千里。其上有兽，状如牛，苍身而无角，一足，出入水则必风雨。其光如日月，其声如雷，其名曰夔。黄帝得之，以其皮为鼓，橛以雷兽之骨，声闻五百里，以威天下。

（《山海经·大荒东经》）

图 7-1　山西石楼出土商代晚期龙纹觥：天夔、地鼍（鳄鱼）

《山海经》"夔一足"神话的关键词"苍身"，即指苍龙七宿。由于夔龙是天文神兽，并非实有动物，所以黄帝制鼓无法使用夔皮，只能使用鼍皮，所以《诗经》称为"鼍鼓"。《山海经》之"夔鼓"，是《诗经》之"鼍鼓"的神话表达。

鼍即鳄鱼，是天上夔龙落地人间的对应动物之一。1959年山西石楼桃花庄商墓出土的商代晚期龙纹觥（图7-1），器身纹样是其图证：夔龙居前，鳄鱼随后。

必须特别留意：桃花庄龙纹觥的觥盖，主纹是一条卷尾龙，龙身是蟒皮纹（即龙鳞纹）。觥盖尾部是一条斗形龙，龙身是龙星纹。觥身前部是一条鳄鱼，鳄身是鳄皮纹。觥身尾部又是一条卷尾龙，龙身是蟒皮纹（即龙鳞纹）。李零等学者根据此器龙、鳄同见，认为龙是鳄鱼的神化。假如此说成立，那么觥盖主纹、觥身尾部的两条卷尾龙，身上应为鳄皮纹，而非蟒皮纹。所以此器龙、鳄同见，不能证明龙是鳄鱼的神化，只能证明鳄鱼是天上神龙落地人间的对应动物之一；正如无数商周铜器以蟒皮纹为龙鳞纹，也不能证明龙是蟒蛇的神化，只能证明蟒蛇是天上神龙落地人间的对应动物之一。

其二，《韩非子》（又见《吕氏春秋》）记载了孔子对"夔一足"神话的别解：

> 哀公问于孔子曰："吾闻夔一足，信乎？"
>
> 曰："夔，人也，何故一足？彼其无他异，而独通于声。尧曰：'夔一而足矣。'使为乐正。故君子曰：'夔有一，足。'非一足也。"
>
> （《韩非子·外储说左下》）

孔子"不语怪力乱神"，所以认为夔是人，不是龙；"一足"并非独足，而是"一个足够"。孔子的别解，遮蔽了"夔一足"的神话内涵。

其三，《庄子》"夔一足"寓言，否定了孔子别解：

> 夔谓蚿曰："吾以一足跉踔而行，予无如矣。今子之使万足，独奈何？"
>
> 蚿曰："不然。子不见夫唾者乎？喷则大者如珠，小者如雾，杂而下者不可胜数也。今予动吾天机，而不知其所以然。"
>
> 蚿谓蛇曰："吾以众足行，而不及子之无足，何也？"
>
> 蛇曰："夫天机之所动，何可易邪？吾安用足哉？"
>
> （《庄子·秋水》）

《庄子·秋水》"夔一足"寓言，连言夔一足、蚿万足、蛇无足，证明了"夔一足"的神话内涵是独足夔，否定了孔子别解。

东汉许慎《说文解字》："夔，神魖也。如龙，一足，从夂；象有角、手、人面之形。"同样证明了"夔一足"的神话内涵是独足夔，同样否定了孔子别解。

然而汉代以后"独尊儒术"两千年，于是孔子别解成为定于一尊的权威解释，《山海经》、《庄子》、《说文解字》等众多文献的正解均被遮蔽。从此夔被视为担任"乐正"的人，其实真相是夔鼓（鼍鼓）为正乐之器。

以上梳理先秦文献，证明了"夔一足"的神话内涵是独足夔，并非孔子所言"一个足够"的人。以下梳理先秦图像，就能找到独足夔的造型，亦即"夔一足"神话的图像源头。

商周"饕餮纹"是"天帝乘龙巡天图"，图式结构是：鼻祖纹天帝＋宗祖纹两龙（详见第四宗祖纹章）。无论是连身式"饕餮纹"（图7-2.1、2），还是分身式"饕餮纹"（图7-2.3、4），鼻祖纹天帝所乘，均为侧面独足的宗祖纹两龙。龙是根据苍龙七宿连线拟形的四足神兽，每一侧面实有二足，由于"饕餮纹"的图式结构非常繁复，而青铜器的表面空间十分有限，于是不得不省略一足，导致鼻祖纹天帝驾乘的宗祖纹两龙，均为侧面独足夔。

神话不可能凭空出现，必有某种现实基础。阿基米德需要一个支点才

连身式"饕餮纹"

分身式"饕餮纹"

图7-2　商晚周早"饕餮纹"之侧面独足夔

能撬动地球，神话需要一个支点才能放飞想象。《山海经》"夔一足"神话的支点，正是商周"饕餮纹"的侧面独足夔。

华夏图像系统（约始于公元前6000年，距今8000年），先于华夏文字系统（约始于公元前2000年，距今4000年）至少四千年，所以华夏图像是华夏文字的源头。商周《山海图》和商周青铜器的华夏神话图像，同样先于战国《山海经》和先秦文献的华夏神话文字，所以华夏神话图像是华夏神话文字的源头。正如战国《山海经》之"天帝乘两龙"文字，源于商周《山海图》和商周"饕餮纹"之"天帝乘两龙"图像；战国《山海经》之"夔一足"文字，同样源于商周《山海图》和商周"饕餮纹"之侧面独足夔图像。

2. 商周夔龙纹的四种龙足数量

作为"天帝乘龙巡天图"的商周"饕餮纹"，由于铜器表面空间有限，因此鼻祖纹天帝所乘宗祖纹两龙，只能是侧面独足夔。但是商周铜器除了从属于"饕餮纹"的侧面独足夔，另有很多并非独足的独立夔龙纹，龙足数量共计四种。

三维立体的四足夔龙，见于陕西扶风海家村出土的西周铜龙（图7-3.1）等器，一个侧面二足，两个侧面四足。

二维双侧面的四足肥遗龙，见于陕西泾阳高家堡戈国墓出土的西周铜卣（图7-3.4）等器，一个侧面二足，两个侧面四足。

二维侧面的二足夔龙，见于陕西岐山丁童家村出土的西周外叔鼎鼎耳（图7-3.2）等器，一个侧面二足，等价于两个侧面四足。

二维正面的二足夔龙，见于巴黎赛努奇博物馆收藏的商代虎食人卣外底（图7-3.3）等器，仅有二前足，省略二后足，留出空间另画对应鱼星的双鱼。

二维侧面的独足夔龙，见于陕西泾阳高家堡戈国墓出土的西周铜卣腹部（图7-3.5）等器，仅有一前足，省略一后足。

二维侧面的无足夔龙，见于江西新干商墓出土的扁足鼎耳部（图7-3.6）等器，二前足、二后足全部省略。

综上所言，商周夔龙纹的龙足数量，四足才是完整图式，二足、一足、无足均为简化图式。由于侧面独足夔是商周"饕餮纹"的标配，所以四足、二

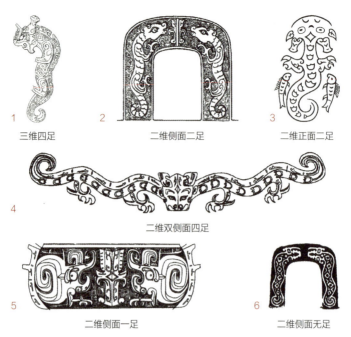

1　三维四足　　　　　2　二维侧面二足　　　　3　二维正面二足

4　二维双侧面四足

5　二维侧面一足　　　　　　　　　6　二维侧面无足

图 7-3　夔龙纹的四种龙足数量

足、无足夔龙纹的数量，远远少于侧面独足夔的数量，遮蔽了夔龙四足的真相。

3. 商周夔龙纹的六大图式

商周夔龙纹，共有六大图式。

首先是植根于苍龙七宿的三大天文历法图式（图7-4）。

第一图式是上首下尾的卷尾两龙，表达苍龙七宿的静态分布：或为三维立体（图7-4.1），或为二维平面（图7-4.2）。

第二图式是一首两身的旋转式肥遗龙（旧名"蟠龙"），表达苍龙七宿的动态旋转：分别表达顺时针旋转的天盘龙（图7-4.3），逆时针旋转的地盘龙（图7-4.4）。

第三图式是一首两身的展开式肥遗龙（图7-4.5）[1]，表达上古伏羲族首

[1]　朱凤瀚：《中国青铜器综论》547页："旧所谓夔纹，是指一种有一足、二足或根本省略了足的龙形侧面图像。"上海古籍出版社2009。未言四足。

苍龙七宿静态分布图式：上首下尾卷尾龙

苍龙七宿动态旋转图式：一首两身旋转式肥遗龙

阴阳合历图式：一首两身展开式肥遗龙

图 7-4　商周夔龙纹的三大天文历法图式

创、中古夏商周承袭的华夏阴阳合历。

　　其次是脱胎于三大天文历法图式的三大宗教神话图式（图7-5）。

　　第四图式，脱胎于第三图式，即把肥遗龙的一首两身，改为上尾下首的宗祖纹两龙：或居"饕餮纹"两侧（图7-5.1），成为经典"饕餮纹"，表达《山海经》所言"天帝乘两龙"；或者脱离"饕餮纹"（图7-5.2），成为黄帝族族徽，表达礼器主人是"龙子龙孙"。

　　第五图式，脱胎于第四图式，即把竖置龙尾改为横置龙尾，变成龙嘴向下的横置两龙：或居鼻祖纹两侧（图7-5.3），成为拆分"饕餮纹"，表达《山海经》所言"天帝乘两龙"；或居天极纹两侧（图7-5.4），成为"饕餮纹"的星象还原图式，表达"龙星绕极旋转"。

　　第六图式，脱胎于第五图式，即把龙嘴向下改为龙嘴向前，变成龙嘴向前的横置两龙：或居鼻祖纹两侧（图7-5.5），成为另类"饕餮纹"，表

1　　　　　　　　　　　　　　　2

上尾下首的宗祖纹两龙

3　　　　　　　　　　　　　　　4

龙嘴向下的卷尾两龙

5　　　　　　　　　　　　　　　6

龙嘴向前的卷尾两龙

图7-5　商周夔龙纹的三大宗教神话图式

达《山海经》所言"天帝乘两龙";或居天极柱两侧（图7-5.6），成为"饕餮纹"的星象还原图式，表达"龙星绕极旋转"。

综上所言，商周"夔一足"神话，商周夔龙纹的四种龙足数量，商周夔龙纹的六大图式，都是天文历法为源，宗教神话为流。天文历法、宗教神话的符号载体，都是图像在前，文字在后，图像为源，文字为流。

二　西周窃曲纹，源于太极图

西周中期以后，出现了商晚周早没有的新型夔龙纹：顾首龙。

西周中期以后，此类图式大量出现：鼻祖纹两侧或天极柱两侧，或为一对S形顾首龙（图7-6.1、2），或为一对G形顾首龙（图7-6.3、4）。

根据上文的辨析可知：鼻祖纹天帝+顾首两龙纹的图式，仍是表达《山海经》所言"天帝乘两龙"。但是为什么商晚周早的鼻祖纹天帝两侧是宗祖纹两龙，西周中期以后的鼻祖纹天帝两侧却变成了顾首两龙纹？

为什么顾首龙又分为S形、G形两种图式？

解答这些疑问，必须深入了解西周中期的青铜图法"商周之变"。

西周中期：陕西扶风刘家村铜鼎

西周晚期（恭王）：上博藏趩曹鼎

西周中期：上博藏厦侯盂

西周中期（孝王）：上博藏琱生鬲

图7-6　周中春早新型两龙纹：顾首两龙纹

1."窃曲"之名的文献依据

《吕氏春秋·适威》："周鼎有窃曲，状甚长，上下皆曲，以见极之败也。"学界据此把周中春早的新型两龙纹，称为"窃曲纹"。

《吕氏春秋·先识》所言"周鼎著饕餮"很不确切，因为周代"饕餮纹"

近承夏商，远承上古。但是《吕氏春秋·适威》所言"周鼎有窃曲"十分确切，因为窃曲纹确实始见于西周中期，不见于商代、夏代、上古。

2. 窃曲纹来源：双龙太极图化圆为方

西周中期的窃曲纹，源于西周中期的太极图。欲明西周中期窃曲纹的精确内涵，先要辨明西周中期太极图的精确内涵。

上古伏羲族首创了中国天文学的根本方法圭表测影，用于观测太阳的一年运行：八尺表木垂直于地，标有刻度的圭尺平置于地（《考工记》称为"土圭"，意为圭尺平置于土地）。"圭"是圭尺的象形字：一竖标示圭尺，四横标示圭尺的四季刻度（二长横为冬至、夏至，二短横为春分、秋分）。圭尺的刻度，显示每日正午太阳照于表木所投圭影之长短，对应每日太阳位于某一纬度的上空：上半年从南回归线至北回归线，下半年从北回归线至南回归线。

每日圭影的记录符号，即伏羲六十四圭象。圭象后被移用于卜筮，因而圭+卜=卦，圭象改称卦象。伏羲六十四卦，用于记录一年圭影的逐日变化；伏羲六十四卦的卦象集合，是一年圭影全集，即伏羲太极图（图7-7.1）。

中古夏商周继承了上古伏羲族的圭表测影，仍以伏羲六十四卦记录一年圭影，仍以伏羲太极图标示一年圭影全集，所以夏代《连山》、商代《归藏》、周代《周易》均以伏羲六十四卦为核心，首先用于占星，预测天体运行；其次用于占卜，按照天道模型，预测人运祸福。

先秦已有"太极"之名，见于《易传》、《庄子》等书，但是先秦尚无"太极图"之名，仅有"河图"之名，见于《尚书·周书·顾命》"天球、河图在东序"，汉代纬书《龙鱼河图》等书承之。五代道士陈抟所传太极图，旧名"河图"、"天地自然河图"、"先天河图"、"先天图"等，宋元明清改称"太极图"。[1]

正因太极图源于上古伏羲族的圭表测影，夏商周三代无不沿用上古伏

---

[1] 参看张远山：《伏羲之道》，岳麓书社2015。

1 卦成太极原理图

2 天盘太极图：上古伏羲族

3 西周黄帝族

4 五代陈抟以后

5 地盘太极图：上古伏羲族

6 西周黄帝族

7 五代陈抟以后

图7-7 上古、西周、陈抟后太极图

義族的圭表測影，所以夏商周均有太极图或太极符号。仅就周代铜器而论，至少已经发现十多例太极图，或为双凤太极图，或为双龙太极图，与五代陈抟以后的双鱼太极图要素、结构大同，视觉外观小异。

考古发现的西周双凤太极图两例，见于1976年陕西扶风云塘村出土的一对西周晚期伯公父壶之壶盖（图7-7.3），是反S形的天盘太极图；前承上古伏羲族的天盘太极图（图7-7.2），后启五代陈抟以后的天盘太极图（图7-7.4）。

考古发现的西周双龙太极图两例，见于1975年陕西岐山京当乡董家村出土的一对西周晚期仲南父壶之壶盖（图7-7.6），是S形的地盘太极图；前承上古伏羲族的地盘太极图（图7-7.5），后启五代陈抟以后的地盘太极图（图7-7.7）。

1	2	3	4
杨姞壶盖	段营壶盖	曾伯文簠盖	上博藏虎簠盖

图7-8　西周双龙、双凤太极图四例

考古发现的西周双凤太极图，又见于1994年山西天马曲村晋侯墓地出土的一对西周晚期杨姞壶之壶盖（图7-8.1），1972年湖北枣阳熊集段营出土的一对春秋早期环带纹壶之壶盖（图7-8.2）等。

考古发现的西周双龙太极图，见于1970年湖北随州熊家老湾出土的一对西周晚期曾伯文簠之簠盖（图7-8.3），又见于上博藏西周晚期虎簠之簠盖（图7-8.4）等传世铜器。

出土和传世的西周铜器十多例太极图，证实了《尚书·周书·顾命》对"河图"的记载，以及《易传》、《庄子》对"太极"的记载，证明西周"河图"是陈于太庙、著于文献、传承有序的天文图像，天文内涵同于上古伏羲太极图、近古陈抟太极图。

周代太极图全都见于铜壶、铜簋的圆盖，但是铜器表面的圆形较少，方形更多，所以西周中期以后又把双龙太极图（图7-9.1）化圆为方，变成了双龙窃曲纹（图7-9.2、3）。

西周双龙太极图（陕西岐山仲南父壶盖）

西周双龙窃曲纹（陕西扶风伯公父簠盖）

图 7-9　双龙太极图化圆为方 = 双龙窃曲纹原型

夏商周黄帝族严格执行颛顼制定的"绝地天通"政策，为了神化王权而秘藏天文历法图像，于是太极图从上古极其常见，变成了夏商周极其罕见（详见《玉器之道》第六万字符章）。西周把双龙太极图化圆为方，变成双龙窃曲纹，正是为了秘藏天文历法图像。

尽管西周双龙窃曲纹是西周双龙太极图的秘藏形式，有方形、圆形之异，但是要素、结构、内涵全同：中心的目纹，标示北极帝星；外围的双龙，标示上、下半年的圭影（卦象）集合。

双龙窃曲纹改造了双龙太极图的三个细节。

其一，把双龙太极图的两个龙首，改造为两个宗祖纹龙身。同时保留双龙太极图原有的两个龙身，成为双重龙身。

其二，把双龙太极图的两个龙身，改造为两个宗祖纹龙首：一龙首向上，一龙首向下。

其三，把双龙太极图中心的星形眼，改造为臣字眼，并且一眼三用，兼为北极帝星和双龙之眼。

尽管改造了三个细节，但是两者的图式结构和视觉外观仍然高度相似。

由于西周双龙窃曲纹源于西周双龙太极图，所以《吕氏春秋·适威》所言"周鼎有窃曲，状甚长，上下皆曲，以见极之败也"，同时符合西周双龙太极图、西周双龙窃曲纹的一切特征。

"周鼎有窃曲"，"窃"为"穷"之讹文，古本原作"周鼎有穷曲"[1]，即指窃曲纹（太极纹）的穷尽盘曲。

"状甚长"，即指窃曲纹（太极纹）布满一个长方格。

"上下皆曲"，即指窃曲纹（太极纹）的上下两曲。

"以见极之败"，即指窃曲纹（太极纹）表达圭影（卦象）的阴阳两极：冬至坤卦六阴至极而败，转化为一阳复卦；夏至乾卦六阳至极而败，转化为一阴姤卦（参看图7-7.1）。

综上所言，西周双龙太极图与西周双龙窃曲纹的图式结构相同，后者是前者的化圆为方。

3. 标准窃曲纹：龙首居中图式，龙首居边图式

西周伯公父簠盖的双龙窃曲纹（图7-9.2、3），是西周中期以后一切窃曲纹的原型，下称"窃曲纹原型"。窃曲纹原型衍生的标准窃曲纹，分为两大图式：龙首居中图式，龙首居边图式。

窃曲纹原型（图7-10.1），先被改造为标准窃曲纹第一图式：龙首居中式（图7-10.2—5）。取消窃曲纹原型的宗祖纹龙身，不再有双重龙身。其余的要素、结构基本不变：双龙首居中，双龙尾居边；一龙首向上，一

---

[1] 陈奇猷：《吕氏春秋新校释》1300页注五五："旧校云：'窃'一作'穷'。"上海古籍出版社2002。

窃曲纹原型：西周晚期伯公父簠盖

西周晚期：鲁国故城铜壶盖

西周晚期：虢叔簠盖

西周晚期：伯多父盨盖

西周晚期：虢季盨盖

图 7-10　窃曲纹原型衍生标准窃曲纹第一图式：双龙首居中

龙首向下。

标准窃曲纹第一图式：龙首居中式，是周中春早最为流行的窃曲纹（图7-11）。

标准窃曲纹第一图式：龙首居中式（图7-12.1），又衍生出标准窃曲纹第二图式：龙首居边式（图7-12.2—11），双龙首居边，双龙尾居中；回归了双龙太极图的图式结构。

4. S形窃曲纹：双龙太极图的抽象图式

S形窃曲纹，是双龙太极图、标准窃曲纹的抽象图式。即把双龙太极图、标准窃曲纹的太极结构，抽象为一个S形。

由于太极图始于上古，所以上古至夏商周已有很多S形太极纹。

上古至夏商的S形太极纹，均为纯粹的S形（图7-13.1—8）。只有周

1　西周中期：陕西扶风庄白村三年瘐壶（盖沿）

2　西周晚期：上博藏梁其簋（口沿）

3　春秋早期：湖北京山苏家垅曾游仲父豆（口沿）

4　春秋中期：河南光山宝相寺黄君孟墓窃曲纹盘（腹部）

5　春秋中期：上博藏昭王之諻簋（腹部）

图 7-11　标准窃曲纹第一图式：双龙首居中

标准窃曲纹第一图式：龙首居中式

2

西周晚期：散车父壶

3

春秋早期：商丘叔簠

4

春秋早期：山奢虎簠

5

春秋早期：鲁伯愈父簠

6

西周晚期：伯公父瑚

7

西周宣王：杜伯盨

8

西周晚期：梁其盨

9

春秋早期：滕侯稣盨

10

春秋早期：上博藏波曲纹镈

11

春秋中期：湖北随州周家岗铜壶

图 7-12　标准窃曲纹第二图式：双龙首居边

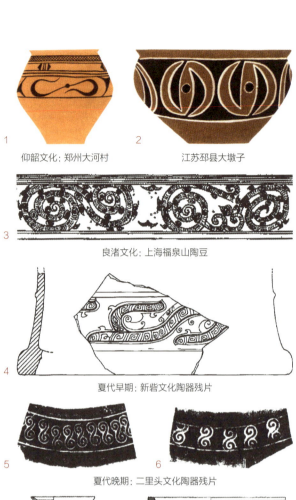

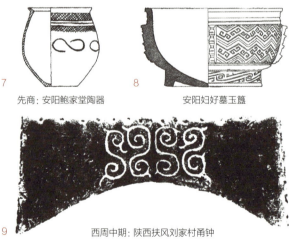

1 仰韶文化: 郑州大河村
2 江苏邳县大墩子
3 良渚文化: 上海福泉山陶豆
4 夏代早期: 新砦文化陶器残片
5 6 夏代晚期: 二里头文化陶器残片
7 先商: 安阳鲍家堂陶器
8 安阳妇好墓玉簋
9 西周中期: 陕西扶风刘家村甬钟

图 7-13　上古至夏商周：S 形太极纹

代中期以后的S形太极纹，是S形窃曲纹（图7-13.9）：S形两端的尖刺，是抽象化的龙角。

西周中期至春秋早期的S形窃曲纹，共有两大图式。

西周晚期：陕西岐山董家村五祀卫鼎

西周晚期：陕西岐山董家村九年卫鼎

西周晚期：扶风齐村𫚈簋（3颈部，4圈足）

图7-14　S形窃曲纹第一图式：太极互抱图式

S形窃曲纹的第一图式是太极互抱图式（图7-14）：一对S形窃曲纹，太极式69互抱。这是西周双龙太极图的抽象图式。

有目式（图7-14.1、2）：中心均有星形眼，仍然一眼三用，兼为北极帝星和双龙之眼。S形抽象两龙，均有作为抽象龙角的尖刺。

无目式（图7-14.3、4）：中心均无星形眼。S形抽象两龙，均有作为抽象龙角的尖刺。

有目式、无目式的图式结构相同，证明无目式并非仅有审美意义的装饰纹样和几何纹样，而是表达太极抽象结构的抽象两龙。

S形窃曲纹的第二图式是太极对置图式（图7-15）：一对S形窃曲纹，太极式69对置。这是西周双龙太极图抽象结构的秘藏图式。

1

西周晚期：有目式（上博藏孟姬安瓵）

2

春秋早期：有目式（上博藏芮子鼎）

3

春秋早期：有目式（湖北枣阳郭家庙铜鼎）

4

西周晚期：无目式（上博藏筍伯大父盨）

5

春秋早期：无目式（河南桐柏月河铜盘）

6

西周中期：无目式（上博藏燮簋）

7

春秋早期：无目式（山东刘家店子鬲腹）

8

春秋早期：无目式（上博藏鳞纹壶）

图 7-15　S 形窃曲纹第二图式：太极对置图式

有目式（图7-15.1—3）：中心均有星形眼，仍然一眼三用，兼为北极帝星和双龙之眼。S形抽象双龙，均有作为抽象龙角的尖刺。

无目式（图7-15.4—8）：中心均无星形眼。S形抽象两龙，均有作为抽象龙角的尖刺。

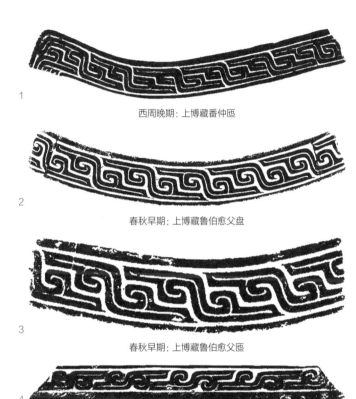

1

西周晚期：上博藏番仲匜

2

春秋早期：上博藏鲁伯愈父盘

3

春秋早期：上博藏鲁伯愈父匜

4

春秋早期：上博藏鲁伯愈父簠

图7-16　S形窃曲纹太极对置图式变体

S形窃曲纹的太极对置图式，另有一种变体，见于上博藏西周晚期番仲匜（图7-16.1）、春秋早期鲁伯愈父盘、鲁伯愈父匜、鲁伯愈父簠（图7-16.2—4）等器。这是把太极对置图式之无目式的龙角尖刺延长，变成上下平行线。曲线填满空间，上下密合。视觉观感虽异，图式结构不变。

西周中期以后的S形顾首龙，是S形窃曲纹的具象化，所以全都采用S形窃曲纹的两大图式。

图 7-17　S 形顾首龙第一图式：太极互抱图式

　　S形顾首龙的第一图式，是S形窃曲纹之太极互抱图式的具象化（图7-17），表达西周太极图的抽象结构：或为顺时针旋转的天盘太极龙，或为逆时针旋转的地盘太极龙。

　　S形顾首龙的第二图式，是S形窃曲纹之太极对置图式的具象化（图7-18），秘藏西周太极图的抽象结构：左为逆时针旋转的地盘太极龙，右为顺时针旋转的天盘太极龙。

5. G 形窃曲纹：双龙太极图的解析图式

　　G形窃曲纹，是双龙太极图、标准窃曲纹、S形窃曲纹的解析图式。即把S形窃曲纹的一个S形，解析为两个G形。

　　陕西扶风庄白村一号窖藏出土的西周中期三年𤷙壶，把三类窃曲纹集于一器并互相阐释：器身是宗主波带纹（图7-19.1），器颈是标准窃曲纹（图7-19.2），器足是S形窃曲纹，每个S形窃曲纹又解析为一对G形窃曲

1

西周晚期（恭王）：上博藏趞曹鼎

2

西周晚期（厉王）：上博藏鄂侯方鼎

3

西周晚期：上博藏龙纹大钟

图 7-18　S 形顾首龙第二图式：太极对置图式

1

2

3

图 7-19　周中三年癲壶：一个 S 形窃曲纹，解析为一对 G 形窃曲纹

纹（图7-19.3）。这是一个S形解析为两个G形的实证。证明了先有S形窃曲纹，后有G形窃曲纹。

西周中期以后的G形窃曲纹，也有与S形窃曲纹同构的两大图式。

G形窃曲纹的第一图式是太极互抱图式（图7-20）：一对G形窃曲纹，太极式69互抱。这是西周双龙太极图的解析图式。

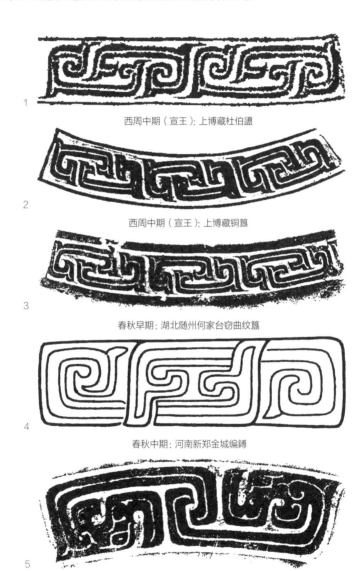

1

西周中期（宣王）：上博藏杜伯盨

2

西周中期（宣王）：上博藏铜簋

3

春秋早期：湖北随州何家台窃曲纹簋

4

春秋中期：河南新郑金城编镈

5

西周晚期：随州熊家老湾龙纹黄季鼎

图7-20　G形窃曲纹第一图式：太极互抱图式

1

西周晚期：抽象有目式（陕西扶风云塘村伯多父盨）

2

西周晚期：抽象有目式（陕西扶风庄白李村窃曲纹鼎）

3

春秋早期：抽象无目式（河南陕县上村岭虢国墓窃曲纹鼎）

4

春秋早期：抽象无目式（湖北京山苏家垅窃曲纹鼎）

5

西周晚期：抽象无目式（山东曲阜鲁国故城盨）

6

西周晚期：抽象无目式（湖北随州熊家老湾龙纹黄季鼎）

7

春秋早期：具象式（上博藏鸟纹匜）

图 7-21　G 形窃曲纹第二图式：太极对置图式

抽象式（图7-20.1—4）：一对G形窃曲纹抽象式，太极式69互抱。

具象式（图7-20.5）：一对G形窃曲纹具象式，太极式69互抱。

抽象式、具象式的图式结构相同，证明抽象式并非仅有审美意义的装饰纹样和几何纹样，而是表达太极解析结构的抽象两龙，所以均有作为抽象龙角的尖刺。

G形窃曲纹的第二图式是太极对置图式（图7-21）：一对G形窃曲纹，太极式69对置。这是西周双龙太极图解析结构的秘藏图式。

抽象式（图7-21.1—6）：一对G形窃曲纹抽象式，太极式69对置。

具象式（图7-21.7），一对G形窃曲纹具象式，太极式69对置。

抽象式、具象式的图式结构相同，证明抽象式并非仅有审美意义的装饰纹样和几何纹样，而是表达太极解析结构的抽象两龙，所以均有作为抽象龙角的尖刺。——学界常把S形窃曲纹的抽象式和G形窃曲纹的抽象式误称为"卷云纹"，然而云团没有尖刺。

西周中期以后的G形顾首龙，实为G形窃曲纹的具象化，所以全都采用G形窃曲纹的两大图式。

图7-22　G形顾首龙第一图式：太极互抱图式

G形顾首龙的第一图式，是G形窃曲纹之太极互抱图式的具象化（图7-22），表达西周太极图的解析结构：或为顺时针旋转的天盘太极龙，或为逆时针旋转的地盘太极龙。

G形顾首龙的第二图式，是G形窃曲纹之太极对置图式的具象化

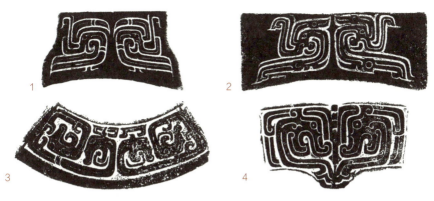

图 7-23　G 形顾首龙第二图式：太极对置图式

（图 7-23），秘藏西周太极图的解析结构：或者左为逆时针旋转的地盘太极龙，右为顺时针旋转的天盘太极龙。或者左为顺时针旋转的天盘太极龙，右为逆时针旋转的地盘太极龙。

西周中期以后的一切顾首龙，全都采用 S 形窃曲纹、G 形窃曲纹的两大图式，因此一切顾首龙都是具象化的窃曲纹。由于不知顾首龙是具象化的窃曲纹，学界错误命名为"顾首龙纹"、"团龙纹"、"卷龙纹"、"斜角龙纹"、"交龙纹"等等，导致窃曲纹的研究、分类、命名误入歧途。宜用奥卡姆剃刀，废弃这些不明本源而无谓虚增的错误分类和错误命名。

综上所言，西周双龙太极图，化圆为方即为标准窃曲纹的两大图式，抽象结构即为 S 形窃曲纹的两大图式，解析结构即为 G 形窃曲纹的两大图式。西周双龙太极图的图法逻辑和图式分叉，至此穷尽。

三　窃曲"饕餮纹"：鼻祖纹天帝＋窃曲纹两龙

《礼记·表记》记载孔子之言："殷人尊神，率民以事神。周人尊礼尚施，事鬼敬神而远之。"西周中期的青铜图法"商周之变"，是从商代的既崇"天神"又崇"祖神"，转向西周的不崇"天神"仅崇"祖神"，即从商代的"崇鬼神"，转向西周的"崇人文"。商代"饕餮纹"是源于天文的"鬼神图"，西周窃曲纹是源于天文的"人文图"，所以作为"人文图"的西周窃曲纹取代了作为"鬼神图"的商代"饕餮纹"。但是西周并非无神论时代，仍须祭祀鬼神，因此西周"饕餮纹"又被窃曲化，变成了窃曲"饕餮纹"，用于祭祀鬼神。

商晚周早的经典"饕餮纹"，图式结构是：鼻祖纹天帝＋宗祖纹两龙。

西周中期的窃曲"饕餮纹"，图式结构是：鼻祖纹天帝＋窃曲纹两龙。

由于标准窃曲纹过于繁复，因此窃曲"饕餮纹"之鼻祖纹天帝两侧的窃曲纹两龙，只采用S形窃曲纹或G形窃曲纹，不采用标准窃曲纹。

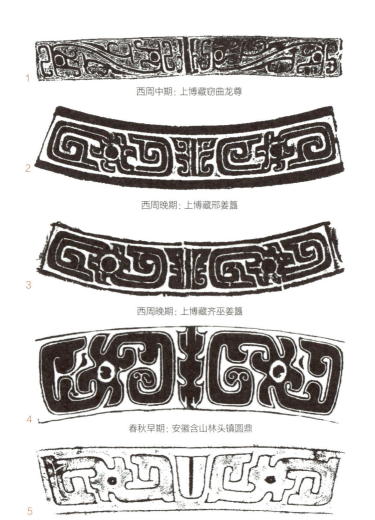

1　西周中期：上博藏窃曲龙尊

2　西周晚期：上博藏邢姜簋

3　西周晚期：上博藏齐巫姜簋

4　春秋早期：安徽含山林头镇圆鼎

5　春秋早期：湖北京山苏家垅曾㪍仲父壶

图 7-24　S形窃曲"饕餮纹"第一图式：鼻祖纹天帝＋S形窃曲纹之太极互抱图式

S形窃曲"饕餮纹"的第一图式：鼻祖纹天帝+S形窃曲纹之太极互抱图式。中间是鼻祖纹天帝，左右或是具象化的S形窃曲纹两龙之太极互抱图式（图7-24.1），或是抽象化的S形窃曲纹两龙之太极互抱图式（图7-24.2—5）。

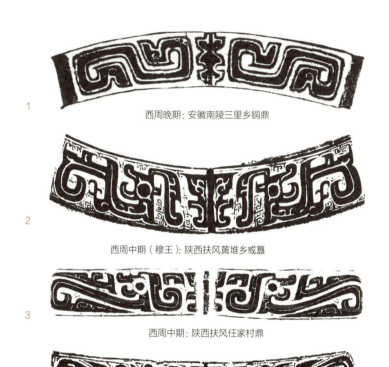

1　西周晚期：安徽南陵三里乡铜鼎

2　西周中期（穆王）：陕西扶风黄堆乡戓簋

3　西周中期：陕西扶风任家村鼎

4　西周中期：陕西扶风刘家村鼎

图7-25　S形窃曲"饕餮纹"第二图式：鼻祖纹天帝+S形窃曲纹太极对置图式

S形窃曲"饕餮纹"的第二图式：鼻祖纹天帝+S形窃曲纹之太极对置图式。中间是鼻祖纹天帝，左右或是抽象化的S形窃曲纹两龙之太极对置图式（图7-25.1），或是具象化的S形窃曲纹两龙之太极对置图式（图7-25.2—4）。

G形窃曲"饕餮纹"的第一图式：鼻祖纹天帝+G形窃曲纹两龙之太极互抱图式。或者中间是鼻祖纹天帝，左右是G形窃曲纹两龙之太极互抱图式（图7-26.1—4）。或者中间是象征天柱的扉棱，左右是G形窃曲纹两龙

1

西周中期：山西翼城大河口霸伯盂

2

西周中期：陕西扶风庄白村窃曲纹簋

3

西周晚期：上博藏西周中期杜伯盨

4

西周中期：湖北江陵万城北子鼎

5

西周晚期：上博藏变形"饕餮纹"簋

6

西周中期：陕西扶风齐家村师□□鼎

7

西周中期：上博藏仲殷父簋

图 7-26　G 形窃曲"饕餮纹"第一图式：鼻祖纹天帝 +G 形窃曲纹太极互抱图式

西周中期（孝王）：陕西扶风法门镇大克鼎

西周中期（孝王）：陕西扶风法门镇小克鼎

西周中期：陕西岐山董家村窃曲纹鼎

西周中期：陕西岐山董家村亚鼎

西周中期：上博藏窃曲纹鼎

西周中期：上博藏匽侯盂

西周中期（孝王）：上博藏琱生鬲

西周晚期：上博藏芮公鬲

春秋早期：湖北枣阳郭家庙圆壶

图 7-27　G 形窃曲"饕餮纹"第二图式：鼻祖纹天帝 +G 形窃曲纹太极对置图式

之太极互抱图式（图7-26.5—7）。

G形窈曲"饕餮纹"的第二图式：鼻祖纹天帝+G形窈曲纹两龙之太极对置图式。或者中间是鼻祖纹天帝，左右是G形窈曲纹两龙之太极对置图式（图7-27.1、2）。或者中间是象征天柱的扉棱，左右是G形窈曲纹两龙之太极对置图式（图7-27.3—5）。或者中间是鼻祖纹天帝，左右是具象化的G形窈曲纹两龙之太极对置图式（图7-27.6—9）。

G形窈曲"饕餮纹"的第一图式，左右是G形窈曲纹之太极互抱图式，无法拆解出独立的龙首、龙尾，所以没有省略龙首、龙尾的简化图式。G形窈曲"饕餮纹"的第二图式，左右是G形窈曲纹之太极对置图式，可以拆解出独立的龙首、龙尾，所以另有省略龙首、省略龙尾的两种简化图式。

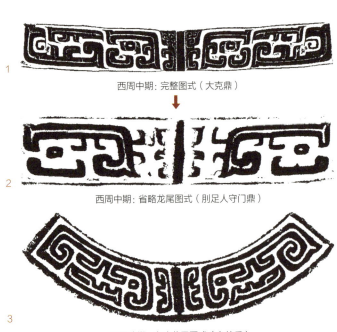

1　西周中期：完整图式（大克鼎）

2　西周中期：省略龙尾图式（刖足人守门鼎）

3　西周晚期：省略龙尾图式（鸟纹盉）

4　西周中期：省略龙尾图式（山西翼城大河口霸伯豆）

图7-28　G形窈曲"饕餮纹"第二图式之省略龙尾图式

G形窃曲"饕餮纹"第二图式之省略龙尾图式,图式结构是鼻祖纹天帝+G形窃曲纹之太极对置图式的两个龙首(图7-28.1—3)。

2009年山西翼城大河口M1017出土的西周中期霸伯豆(图7-28.4),用印堂的菱形帝星纹代替鼻祖纹天帝,用G形窃曲"饕餮纹"之太极对置图式的两个侧面龙首合成"饕餮纹"面部,视觉外观酷似商晚周早的经典"饕餮纹"。这又再次证明:"饕餮纹"面部,由侧面两龙之龙首合成。

G形窃曲"饕餮纹"第二图式之省略龙首图式,图式结构是鼻祖纹天帝+G形窃曲纹之太极对置图式的两个龙尾(图7-29.2)。简化图式则以象征天柱的扉棱代替鼻祖纹天帝(图7-29.3—7)。

综上所言,从商晚周早的经典"饕餮纹",到周中春早的窃曲"饕餮纹",要素、结构、内涵全都未变,都是表达《山海经》所言"天帝乘两龙"。

学界普遍认为"饕餮纹"盛行于商晚周早,西周中期以后被窃曲纹代替而基本消失,作为现象描述大致不误,但是学界未能辨识鼻祖纹天帝,也未解密一切"饕餮纹"都是表达《山海经》所言"天帝乘两龙",因而无视窃曲纹两龙中间的鼻祖纹天帝,把窃曲"饕餮纹"错误视为窃曲纹。

结语　西周窃曲纹是西周太极图的秘藏图式

周中春早的双龙窃曲纹,是西周双龙太极图的化圆为方和秘藏形式。化圆为方仅是表层的形式原因,因为并非所有铜器的表面均为圆形。秘藏太极图才是深层的政治原因,因为夏商周黄帝族严格执行颛顼制定的"绝地天通"政策,为了神化王权而秘藏天文历法图像,于是秘藏了作为"四季北斗合成符"的万字符(详见《玉器之道》第六万字符章),又秘藏了作为"一年圭影全集"的太极图。

西周黄帝族与夏商黄帝族一样严格执行"绝地天通"政策,为了神化王权而秘藏天文历法图像,所以双龙太极图极为罕见,双龙窃曲纹极其常见。因为一方面必须秘藏天文历法图像及其秘义,另一方面必须秘传天文历法图像及其秘义,所以西周窃曲纹既是西周太极图的秘藏图式,又是西

1　西周中期：完整图式（大克鼎）

2　西周中期：省略龙首图式（陕西扶风齐镇村不指方鼎）

3　西周中期：省略龙首图式（陕西扶风强家村窃曲纹鼎）

4　西周中期：省略龙首图式（陕西扶风黄堆乡牛害）

5　西周晚期：省略龙首图式（陕西扶风庄白村史墙盘）

6　春秋早期：省略龙首图式（上博藏波曲纹豆）

7　春秋早期：省略龙首图式（上博藏杞伯每亡壶）

图 7-29　G 形窃曲"饕餮纹"第二图式之省略龙首图式

周太极图的秘传图式。

中古夏商周对上古伏羲太极图的秘藏和秘传，导致上古伏羲太极图在夏商周三代从未失传，仅是不为天文历法官以外的人们所知，秦汉以后才普遍不为人知，直到五代陈抟才重见天日。但是五代至今一千年，仍对陈抟所传太极图的真伪和内涵聚讼不休，长期未能正确认知其为上古伏羲族的"一年圭影全集"。直到现代考古发现了上古伏羲族的太极图和圭画（卦象），以及夏商周至五代陈抟之前的大量太极图，才终于揭破了沉入历史忘川的千古之谜。

学界不信西周竟有太极图，所以把出土铜器、传世铜器的众多周代双龙太极图、双凤太极图错误命名为"团龙纹"、"团凤纹"，然后弃之不顾。学界又把西周标准窃曲纹错误命名为"夔纹"，仅把标准窃曲纹派生的S形窃曲纹、G形窃曲纹、窃曲"饕餮纹"视为"窃曲纹"，所以无法发现S形窃曲纹、G形窃曲纹源于标准窃曲纹，也无法发现标准窃曲纹源于双龙太极图，更无法发现双龙窃曲纹是双龙太极图的化圆为方和秘藏、秘传图式。

尽管西周窃曲纹因为青铜图法的"商周之变"而取代了商周"饕餮纹"，但是它仍然表达《山海经》所言华夏神话母题"天帝乘两龙（巡天）"，因为文化大年的共通性，超越了政治小年的差异性。

附表 7-1 西周窃曲纹图法表

窃曲纹原型	西周双龙太极图 → 西周双龙窃曲纹原型	
标准窃曲纹	第一图式：龙首居中图式	第二图式：龙首居边图式
S形窃曲纹	第一图式：太极互抱图式	第二图式：太极对置图式
	第一图式变体：太极互抱图式	第二图式变体：太极对置图式
G形窃曲纹	第一图式：太极互抱图式（中原抽象式）	第二图式：太极对置图式（中原抽象式）
	第一图式：太极互抱图式（楚国具象式）	第二图式：太极对置图式（楚国具象式）
窃曲顾首龙	S形第一图式：太极互抱图式	S形第二图式：太极对置图式
	G形第一图式：太极互抱图式	G形第二图式：太极对置图式
窃曲「饕餮纹」	S形第一图式：鼻祖纹 +S形窃曲纹太极互抱式	S形第二图式：鼻祖纹 +S形窃曲纹太极对置式
	G形第一图式：鼻祖纹 +G形窃曲纹太极互抱式	G形第二图式：鼻祖纹 +G形窃曲纹太极对置式

第八章

春秋蟠螭纹，微型窃曲纹

内容提要　本章根据考古、文献双重证据，论证青铜图法的"春秋之变"，导致西周窃曲纹被微型化为春秋蟠螭纹，阐释其宗教神话政治内涵。

关键词　春秋之变，春秋蟠螭纹，S形蟠螭纹，G形蟠螭纹，蟠螭"饕餮纹"，蟠螭肥遗纹，蟠螭象数纹，乾卦六龙，羲和六螭。

弁言　春秋蟠螭纹是西周窃曲纹的微型化

"商周之变"是改朝换代的历史改道，完成历史改道需要时间，升级青铜图法则是不急之务，所以西周早期沿用商代晚期的"饕餮纹"图法。直到西周中期，才把商代青铜器的"饕餮纹"图法升级为西周青铜器的窃曲纹图法。商代"饕餮纹"和西周窃曲纹的来源、内涵，均不相同：商晚周早的"饕餮纹"是"天帝乘龙巡天图"，周中春早的窃曲纹是双龙太极图的化圆为方。只有窃曲纹中的特殊类别，即窃曲"饕餮纹"，才是新型的"天帝乘龙巡天图"。

"春秋之变"是同一朝代的格局重组，完成格局重组也需要时间，升级青铜图法也是不急之务，所以春秋早期沿用西周中期以后的窃曲纹。直到春秋中期，才把西周青铜图法升级为春秋青铜图法，亦即把西周窃曲纹升级为春秋蟠螭纹。西周窃曲纹和春秋蟠螭纹同出一源，所以内涵相同：西周窃曲纹是双龙太极图的化圆为方，春秋蟠螭纹是西周窃曲纹的微型化。

《吕氏春秋·先识》在"夏太史令终古出其图法如商，殷内史向挚载其图法出亡之周"两节之后，另有第三节"晋太史屠黍见晋之乱也，见晋公之骄而无德义也，以其图法归周"，说明西周中期至春秋早期的"窃曲纹"图法，由西周王室和东周王室执掌，但是到了春秋中期以后，称霸中原的晋国控制了东周王室，于是青铜图法的执掌权和青铜礼器的制作权，从东周王室转移到了晋国。一方面，晋国执掌了青铜图法，并且升级了青铜图法，于是西周中期至春秋早期的西周窃曲纹图法，变成了春秋中期以后的晋国蟠螭纹图法。另一方面，晋国晋都新田的侯马青铜作坊成了天下诸侯青铜礼器的制作方，于是春秋中期以后天下诸侯的青铜礼器大多委托晋都新田的侯马青铜作坊制作。所以同一时期晋国以外的中原诸侯青铜器，均属晋式青铜器，其上均为晋式蟠螭纹。

与此同时，叛周称王、与晋争霸的楚国也开始独立制作楚式青铜礼器，形成了青铜礼器的"晋楚斗图"。春秋中期以后的楚国之所以有能力独立制作楚式青铜礼器，展开晋楚青铜斗图，重要原因是周景王（前544—前520在位）死后王子朝争位失败奔楚，携带了东周王室的大量图籍入楚，而青铜图法正是图籍的重要组成部分。所以同一时期楚国以外的楚文化圈诸侯青铜礼器，均属楚式青铜器，其上均为楚式蟠螭纹。

一　春秋蟠螭纹，源于西周窃曲纹

1."蟠螭"之名的文献依据

先秦文献和汉后文献，经常龙、螭并提，有时虬、螭并提。

《楚辞》有《九歌·河伯》"驾两龙兮骖螭"，《九章·涉江》"驾青虬兮骖白螭"，《大招》"螭龙并流"等。东汉班固《汉书·司马相如传》："蛟龙赤螭。"颜师古注："龙子为螭。"点明螭为龙子。东汉许慎《说文解字》："螭，若龙而黄。或云无角曰螭。"三国张揖《广雅》："（龙）有角曰虬，无角曰螭。"

均言螭为无角小龙。后世"龙生九子"传说，龙的第八子名为"螭吻"。

《楚辞》有时单独言螭。比如《九怀·思忠》"驾玄螭兮北征"，义近《九歌·河伯》"驾两龙兮骖螭"。

唐人韦述《古鼎歌》："罢官无物唯古鼎，雕螭刻篆相错蟠。"前句即言春秋古鼎，后句即言春秋蟠螭纹。

蟠螭纹之"蟠"，通"盘"，义近窃曲纹之"曲"；蟠螭纹之"螭"，义即小龙、龙子，正是窃曲龙的微型化：所以春秋蟠螭纹是西周窃曲纹的微型化。蟠螭纹其实涵盖无角之螭、有角之虬，为了方便而统称"蟠螭纹"。

西周灭亡，周室东迁，历史进入春秋时期，东周王室渐失权威，春秋五霸轮番登场。其中晋楚两国争霸时间最久，形成了春秋蟠螭纹的两大图法：晋式蟠螭纹图法，楚式蟠螭纹图法。但是两者仍然承袭西周窃曲纹的基本图法。

拱卫周室的中原霸主晋国，把西周窃曲纹的图法、图式，升级为春秋蟠螭纹的图法、图式，于是形成了晋式蟠螭纹；并以"挟天子以令诸侯"的政治优势，成为天下范式。尚未叛周称王的东方霸主齐国、西方霸主秦国等春秋诸侯，或向晋都新田的侯马青铜作坊订制青铜礼器，或者模仿晋式蟠螭纹而自制青铜礼器，也属广义的晋式蟠螭纹范畴。

叛周称王的南方霸主楚国，一方面持续北扩，与中原霸主晋国战场争霸显示硬实力；一方面"问鼎中原"，与中原霸主晋国青铜斗图显示软实力。春秋中期至春秋晚期，楚国自制青铜礼器同样模仿晋式蟠螭纹，仍属广义的晋式蟠螭纹范畴。春秋晚期至战国早期，楚国综合国力不断增强，文化自信也水涨船高，于是楚国自制青铜礼器不再模仿晋式蟠螭纹，逐渐形成了楚式蟠螭纹的特殊风格，成为楚文化圈的地域范式。

首先说明，本文所举晋式蟠螭纹，主要采用1955年至2003年山西侯马铸铜遗址出土陶范的纹样。山西侯马即春秋中晚期的晋国首都新田，所以山西侯马铸铜遗址首先是春秋中晚期的晋国官方铸铜作坊，然后是战国时期魏、赵、韩三家分晋之后共用的三晋官方铸铜作坊。因为三家分晋（前403）之后，作为三晋共主的晋君又存在了半个多世纪（前347晋静公死），因此山西侯马的晋国铸铜作坊并未在三家分晋之后废弃，而是继续为魏、赵、韩铸造青铜礼器，甚至为天下诸侯定制青铜礼器，因此侯马铸铜作坊从春秋中晚期沿用至战国中晚期，成为春秋战国时期华夏全境最大的铸铜作坊。所以春秋战国青铜礼器的大量出土品，以及全国博物馆、全球博物馆所藏春秋战国青铜礼器的大量传世品，均能在侯马铸铜遗址找到同一图式的陶范。侯马陶范为研究春秋战国青铜礼器的纹样、图式，亦即春秋蟠螭纹和战国蟠虺纹的纹样、图式，提供了最为全面、最为完整、最为系统的青铜图法谱系。

由于青铜礼器的出土品和传世品多有锈蚀，锈蚀经常掩盖蟠螭纹的精微细节，而侯马陶范不会锈蚀且纹样极其清晰，因此本文以侯马出土陶范的晋式蟠螭纹为主，以楚墓出土铜器的楚式蟠螭纹为辅，分类辨析春秋蟠螭纹对西周窃曲纹的承袭和升级。

2. 标准蟠螭纹：标准窃曲纹之微型化

西周中期至春秋早期的标准窃曲纹，分为两大图式：龙首居中图式，龙首居边图式。春秋中期至春秋晚期的标准蟠螭纹，同样分为两大图式：螭首居中图式，螭首居边图式。后者是前者的微型化。

标准窃曲纹的第一图式，是龙首居中图式。图式结构是：S形具象两龙，太极式69互抱，双龙首居中。见于西周晚期的上博藏虢叔簋（图8-1.1），春秋早期的上博藏双体龙纹鼎（图8-1.2）等器。

标准蟠螭纹的第一图式，是螭首居中图式。图式结构是：S形具象两螭，太极式69互抱，双螭首居中。见于春秋中期的山西侯马陶范（图8-1.3），春秋晚期的山西太原金胜村赵简子墓莲盖方壶（图8-1.4）等器。

除了龙、螭之异，两者图式结构相同，证明标准蟠螭纹之螭首居中图式，是标准窃曲纹之龙首居中图式的微型化。

标准窃曲纹的第二图式，是龙首居边图式。图式结构是：S形具象两龙，太极式69互抱，双龙首居边。见于上博藏西周晚期山奢虎簋盖（图8-2.1）、上博藏春秋中期两头龙纹瓿的腹部（图8-2.2）等器。

标准蟠螭纹的第二图式，是螭首居边图式。图式结构是：S形具象两

1

西周晚期：标准窃曲纹之龙首居中图式

2

春秋早期：标准窃曲纹之龙首居中图式

3

春秋中期：标准蟠螭纹之螭首居中图式（晋式）

4

春秋晚期：标准蟠螭纹之螭首居中图式（晋式）

图 8-1　标准蟠螭纹螭首居中图式：标准窃曲纹龙首居中图式之微型化

螭，太极式69互抱，双螭首居边。见于上博藏春秋中期两头龙纹瓿的肩部
（图8-2.3），河南辉县琉璃阁出土春秋中期铜鉴（图8-2.4）等器。

　　上博藏春秋中期两头龙纹瓿，腹部是标准窃曲纹的第二图式，肩部是
标准蟠螭纹的第二图式，最为雄辩地证明了标准蟠螭纹的第二图式，源于
标准窃曲纹的第二图式。

春秋晚期: 标准窃曲纹之龙首居边图式

1

2

春秋中期: 标准窃曲纹之龙首居边图式

3

标准蟠螭纹之螭首居边图式

4

春秋中期: 标准蟠螭纹之螭首居边图式（3、4 晋式）

5 6

春秋晚期: 标准蟠螭纹之螭首居边图式（5、6 楚式）

图8-2　标准蟠螭纹螭首居边图式: 标准窃曲纹龙首居边图式之微型化

除了龙、螭之异，两者图式结构相同，证明标准蟠螭纹之螭首居边图式，是标准窃曲纹之龙首居边图式的微型化。

湖北宜城春秋晚期楚墓出土的蔡大膳夫簠、湖北襄阳沈岗春秋晚期楚墓出土的铜簠（图8-2.5、6）等器，是楚国对晋式标准蟠螭纹第二图式的模仿，所以图式相同，但有楚国特色。

西周的标准窃曲纹，衍生出了S形窃曲纹、G形窃曲纹。春秋的标准蟠螭纹，也衍生出了S形蟠螭纹、G形蟠螭纹。两者的图法、图式、要素、结构、内涵全同。

3. S形蟠螭纹：S形窃曲纹之微型化

春秋中晚期的S形蟠螭纹，是周中春早的S形窃曲纹之微型化。S形窃曲纹的两大图式：太极互抱图式、太极对置图式，微型化为S形蟠螭纹的两大图式。太极互抱图式又升级为太极蟠腰图式，太极蟠腰图式又变体为太极蟠舌图式。因此S形蟠螭纹共有四大图式：太极互抱图式、太极蟠腰图式、太极蟠舌图式、太极对置图式。

S形窃曲纹之太极互抱图式，图式结构是：S形抽象两龙，太极式69互抱。见于陕西岐山董家村出土的西周中期五祀卫鼎（图8-3.1）等器，均有作为抽象龙角的尖刺。

S形蟠螭纹之太极互抱图式，图式结构是：S形具象两螭，太极式69互抱。见于保利博物馆藏西周晚期蟠螭纹鼓座（图8-3.2），美国华盛顿赛克勒博物馆藏凤纽铺篆带（图8-3.3）等，蟠螭纹的螭角，与窃曲纹的尖刺同形，证明窃曲纹的尖刺正是抽象龙角。

1

西周中期：S形窃曲纹之太极互抱抽象式（陕西岐山董家村五祀卫鼎）

2

春秋中期：S形蟠螭纹之太极互抱具象式（保利藏蟠螭纹鼓座）

3

春秋中期：S形蟠螭纹之太极互抱具象式（赛克勒藏凤纽铺篆带）

图8-3　S形蟠螭纹太极互抱图式：S形窃曲纹太极互抱图式之微型化

S形蟠螭纹之太极互抱图式，又升级为S形蟠螭纹之太极蟠腰图式，图式结构是：S形具象两螭，太极式69蟠腰。

　　独体式见于大量侯马陶范（图8-4.1、2），以及上博藏交龙纹壶（图8-4.3）等器。或者螭身纹样不同（图8-4.1），阳螭有纹，阴螭无纹。或者螭嘴造型不同（图8-4.2、3），阳螭卷鼻，阴螭勾喙。区分两螭之雌雄，表达太极之阴阳。

　　连续式见于大量侯马陶范（图8-4.4、5），以及故宫藏龟鱼蟠螭纹方盘（图8-4.6）等器。或者不分两螭之雌雄（图8-4.4），或者区分螭纹之雌雄（图

图8-4　S形蟠螭纹之太极蟠腰图式（1—6）、太极蟠舌图式（7、8）

8-4.5）。或者附加龟纹、鱼纹（图8-4.6），标示苍龙七宿旁边的龟星、鱼星。

S形蟠螭纹之太极蟠腰连续式，又变体为S形蟠螭纹之太极蟠舌连续式，见于大量侯马陶范（图8-4.7、8）。

可见S形蟠螭纹之太极互抱图式、太极蟠腰图式、太极蟠舌图式，是S形窃曲纹之太极互抱图式的微型化、具象化、升级版。

S形窃曲纹之太极对置图式，图式结构是：S形抽象两龙，太极式69对置。见于西周晚期的上博藏孟姬安甗（图8-5.1），春秋早期的河南桐柏月河铜盘（图8-5.2），春秋中期的山西侯马陶范（图8-5.3）等器，均有作为抽象龙角的尖刺。

S形蟠螭纹之太极对置图式，图式结构是：S形具象两螭，太极式69对置。见于春秋中晚期的大量侯马陶范（图8-5.4—7），蟠螭纹的螭角，与窃曲纹的尖刺同形，证明窃曲纹的尖刺是抽象龙角。

可见S形蟠螭纹之太极对置图式，是S形窃曲纹之太极对置图式的微型化、具象化、升级版。

4. G形蟠螭纹：G形窃曲纹之微型化

春秋中晚期的G形蟠螭纹，是周中春早的G形窃曲纹之微型化。G形窃曲纹的两大图式：太极互抱图式、太极对置图式，微型化为G形蟠螭纹的两大图式。太极互抱图式又升级为太极蟠腰图式，太极蟠腰图式又变体为太极蟠舌图式。因此G形蟠螭纹也有四大图式：太极互抱图式、太极对置图式、太极蟠腰图式、太极蟠舌图式。

G形窃曲纹之太极互抱图式，图式结构是：G形抽象两龙，太极式69互抱。中原抽象式，见于上博藏西周晚期杜伯盨（图8-6.1）等器，均有作为抽象龙角的尖刺。楚国具象式，见于湖北随州熊家老湾出土的西周晚期龙纹黄季鼎（图8-6.2）等器。

G形蟠螭纹之太极互抱图式，图式结构是：G形抽象两螭，太极式69互抱。见于大量侯马陶范（图8-6.3），均有作为抽象螭角的尖刺。

G形蟠螭纹之太极互抱图式，也升级为G形蟠螭纹之太极蟠腰图式，图式结构是：G形具象两螭，太极式69蟠腰。

1

西周晚期：S形窃曲纹之太极对置图式（上博藏孟姬安甗）

2

春秋早期：S形窃曲纹之太极对置图式（河南桐柏月河铜盘）

3

春秋中期：S形窃曲纹之太极对置图式（山西侯马陶范）

4

春秋中期：S形蟠螭纹之太极对置图式（山西侯马陶范）

5

春秋中期：S形蟠螭纹之太极对置图式（山西浑源李峪铜鬲）

6

春秋中期：S形蟠螭纹之太极对置图式（山西侯马陶范）

7

春秋中期：S形蟠螭纹之太极对置图式（山西侯马陶范）

图8-5　S形蟠螭纹太极对置图式：S形窃曲纹太极对置图式之微型化

独体式见于大量侯马陶范，以及山西浑源李峪春秋晚期晋墓出土铜器（图8-6.4—7），连续式见于大量侯马陶范（图8-6.8、9）、河南淅川下寺春秋晚期楚墓出土铜器（图8-6.10）、湖北随州战国早期曾侯乙墓出土镬鼎（图8-6.11）等器，常以螭首的形状不同或大小不同，区分两螭之雌雄，表达太极之阴阳。

G形蟠螭纹之太极蟠腰连续式，也变体为G形蟠螭纹之太极蟠舌连续式。

单排的连续式（图8-7.1—3）：左右两螭为一对，两螭舌身相连；多对连绵，每对之间界限不明。左螭之舌、右螭之身，在上相连为横线；左

西周晚期：G形窃曲纹之太极互抱图式（1中原抽象式，2楚国具象式）

春秋中晚：G形蟠螭纹之太极互抱图式（3晋国抽象式）

春秋中晚：G形蟠螭纹太极蟠腰图式（4—7晋国具象式）

8

9

春秋中晚：G形蟠螭纹太极蟠腰图式（8、9晋国连续式）

10

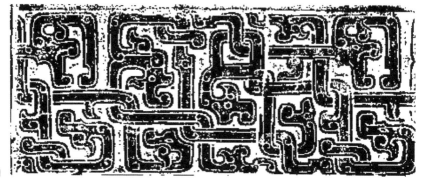

11

春晚战早：G形蟠螭纹太极蟠腰图式（10、11楚国连续式）

图 8-6　G 形蟠螭纹之太极互抱图式、太极蟠腰图式

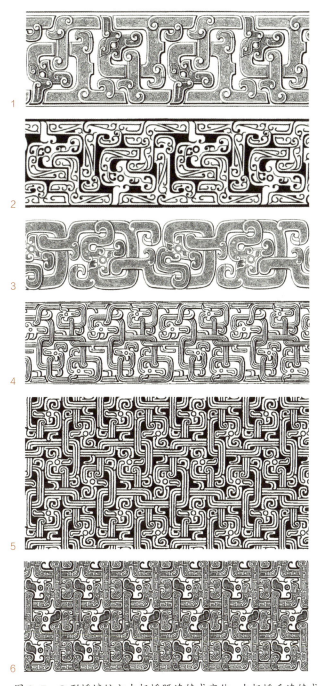

图8-7　G形蟠螭纹之太极蟠腰连续式变体：太极蟠舌连续式

螭之身、右螭之舌，在下相连为横线。

多排的连续式（图8-7.4—6）：或是横排两螭舌身相连（图8-7.4、5），或是竖排两螭舌身相连（图8-7.6）。上下两排，错位半个螭身。

可见G形蟠螭纹之太极互抱图式、太极蟠腰图式、太极蟠舌图式，是G形窃曲纹之太极互抱图式的微型化、具象化、升级版。

G形窃曲纹之太极对置图式，图式结构是：G形两龙，太极式69对置。抽象式见于陕西扶风庄白李村出土的西周晚期窃曲纹鼎（图8-8.1）等器，均有作为抽象龙角的尖刺。具象式见于上博藏春秋早期鸟纹匜（图8-8.2）等器。

G形蟠螭纹之太极对置图式，图式结构是：G形两螭，太极式69对置。侯马陶范的抽象式（图8-8.3、4），均有作为抽象螭角的尖刺。侯马陶范的具象式（图8-8.5、6），兼像北斗之形，同时表达太极图、北斗七星、

周晚春早：G形窃曲纹之太极对置图式（1抽象式，2具象式）

春秋中期：G形蟠螭纹之太极对置图式

春秋晚期：G形蟠螭纹之太极对置图式

图8-8　G形蟠螭纹太极对置图式：G形窃曲纹太极对置图式之微型化

1

西周晚期：窃曲纹之Ｓ形Ｇ形混合图式（陕西扶风齐村㝨簋）

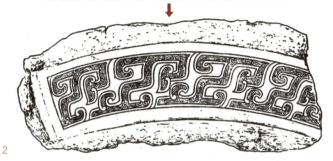

2

春秋中期：蟠螭纹之Ｓ形Ｇ形混合图式（山西侯马陶范）

3

春秋中期：蟠螭纹之Ｓ形Ｇ形密合图式（山西侯马陶范）

4

春秋中期：蟠螭纹之Ｓ形Ｇ形密合图式（山西侯马上马墓地盖鼎）

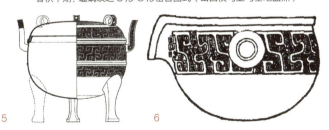

5　　　　　　　　　　6

春秋晚期：5赛克勒藏盖鼎，6湖北当阳曹家岗楚墓铜勺

图 8-9　春秋蟠螭纹之Ｓ形Ｇ形混合图式、密合图式

苍龙七宿之旋转。

可见G形蟠螭纹之太极对置图式，是G形窃曲纹之太极对置图式的微型化、具象化、升级版。

春秋蟠螭纹另有一种S形G形混合图式，源于西周窃曲纹的S形G形混合图式。

西周窃曲纹之S形G形混合图式，见于陕西扶风齐村出土的西周晚期趩簋（图8-9.1）等器。

春秋蟠螭纹之S形G形混合图式，见于春秋中期的山西侯马陶范（图8-9.2），酷似西周窃曲纹之S形G形混合图式。

春秋蟠螭纹之S形G形混合图式，又变体为春秋蟠螭纹之S形G形密合图式，见于侯马陶范（图8-9.3），侯马上马墓地盖鼎（图8-9.4），美国华盛顿赛克勒博物馆藏盖鼎（图8-9.5），湖北当阳曹家岗楚墓铜勺（图8-9.6）等器。

西周双龙太极图、双龙窃曲纹，仅是一对阴阳龙纹的太极式69互抱，旋转180°视觉效果相同，这是太极图式的固有特性。春秋中晚期的蟠螭纹密合图式，是多对阴阳螭纹的太极式69密合，仍然旋转180°视觉效果相同，这是太极图式衍生出来的奇妙特性。马承源等学者称为"变体龙

河南辉县赵固镇M1：5铜壶　　　　上博藏变形龙纹盖鼎（鼎盖、鼎腹）

图8-10　蟠螭纹密合图式之变体

纹"，明白其为抽象龙纹。有些学者称为"云纹"，不知其为抽象龙纹。

战国早期，蟠螭纹密合图式又出现一种变体，见于河南辉县赵固镇出土铜壶（图8-10.1），上博藏变形龙纹盖鼎（图8-10.2、3）等器，仍是多对阴阳螭纹连续太极式69互抱，旋转180°视觉效果不变。与20世纪荷兰画家埃舍尔的作品（图8-11），有异曲同工之妙。

图8-11　埃舍尔：平面规则分割（3号）

5. 三类蟠螭纹的纹样互释

周中春早的标准窃曲纹、S形窃曲纹、G形窃曲纹，经常同见一器互相阐释。春秋中晚期的标准蟠螭纹、S形蟠螭纹、G形蟠螭纹，也常同见一器互相阐释。兹以三器为例。

例一，山西太原金胜村赵简子墓出土的春秋晚期铜鼎鼎耳（图8-12.1）。

上部是G形蟠螭纹之太极对置图式，下部是S形蟠螭纹之太极互抱图式，标示G形蟠螭纹是S形蟠螭纹之解析。

例二，巴黎吉美博物馆藏1923年山西浑源李峪春秋晚期晋墓出土的椭方形蟠螭纹盖鼎（图8-12.2）。

上层纹样（鼎盖边缘），螭首居左冲下。下层纹样（鼎腹下部），螭首居右冲上。上下两螭为一对，合为S形蟠螭纹之太极互抱图式。

中层纹样（鼎腹上部），是G形蟠螭纹之太极互抱蟠腰图式。两螭为一对，一螭之首居左冲下，一螭之首居右冲上。

三层纹样互释，标示G形蟠螭纹是S形蟠螭纹之解析。

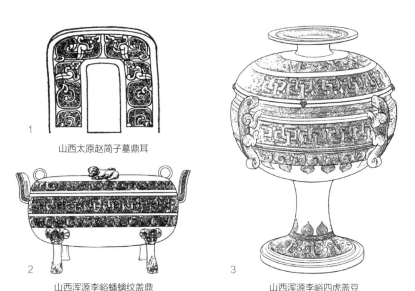

1　山西太原赵简子墓鼎耳

2　山西浑源李峪蟠螭纹盖鼎

3　山西浑源李峪四虎盖豆

图8-12　三类蟠螭纹同见一器

例三，纽约大都会博物馆藏1923年山西浑源李峪春秋晚期晋墓出土的蟠螭纹四虎盖豆（图8-12.3）。

顶层（豆盖内缘）、底层（豆座）的标准蟠螭纹，先抽象为顶层之下（豆盖边缘）、底层之上（豆腹下部）的S形蟠螭纹之太极对置图式，再解析为中层（豆腹上部）的G形蟠螭纹之太极蟠腰图式。

全器的器形和纹样，完美阐释了标准蟠螭纹、S形蟠螭纹、G形蟠螭纹的生成关系，又形象图示了华夏天文学的核心要义。

首先，蟠螭纹象征东方苍龙七宿的四季旋转，四虎象征西方白虎七宿的四季位置，涵盖华夏天文坐标体系二十八宿。

其次，器形、纹样共同阐释《尚书·周书·顾命》所言"天球、河图在东序"：球形豆，象征"天球"。蟠螭纹，象征"河图"（太极图）。

综上所言，春秋蟠螭纹与西周窃曲纹的关系，可以简要概括如下。

其一，西周中期至春秋早期的标准窃曲纹、S形窃曲纹、G形窃曲纹，图式结构都是阴阳两龙的太极式69互抱或太极式69对置。三者微型化，即为春秋中期至春秋晚期的标准蟠螭纹、S形蟠螭纹、G形蟠螭纹，图式结构都是阴阳两螭的太极式69互抱或太极式69对置。两者图法、图式、要素、结构、内涵全同，共同源头是阴阳两龙太极式69互抱的西周双龙太极图。

其二，西周窃曲纹受限于刻范技术之不足，多为抽象式。春秋蟠螭纹受惠于刻范技术之进步，多为具象式。后者是前者微型化以后的具象化。两者虽有抽象、具象之异，但是图法、图式、要素、结构、内涵全同，都是象征苍龙七宿的四季旋转。

其三，西周窃曲纹多为独体式，对置连排、多排叠加的独体式之间也界限分明。春秋蟠螭纹除了独体式，还有对置缠绕、多排缠绕的连续式。后者是前者微型化、具象化以后的升级图式。升级的政治原因是"春秋之变"，升级的技术原因是刻范技术的进步。升级后的春秋蟠螭纹，视觉外观异于西周窃曲纹，不易明白其源于西周窃曲纹、西周太极图，常被视为仅有审美意义的装饰纹样和几何纹样。

二　春秋蟠螭纹对西周窃曲纹的突破

春秋蟠螭纹除了全面承袭西周窃曲纹，又全面突破了西周窃曲纹，可以表达西周窃曲纹不能表达的天文、宗教、神话、政治内涵。

1. 蟠螭"饕餮纹"：经典"饕餮纹"之蟠螭纹化

周中春早的窃曲纹全盛时代，窃曲纹化的"饕餮纹"极少。春秋中晚期的蟠螭纹全盛时代，蟠螭纹化的"饕餮纹"极多。

按照角形，蟠螭"饕餮纹"可以分为四类。主要角形承袭商晚周早的"饕餮纹"角形，部分角形属于综合，个别角形属于新创。

第一类，北斗角蟠螭"饕餮纹"。

商晚周早的北斗角"饕餮纹"（图8–13.1），周中春早的窃曲纹时期基本消失，未被窃曲纹化。春秋中晚期的蟠螭纹时期被蟠螭纹化，成为北斗角蟠螭"饕餮纹"。

一例见于春秋中期的山西侯马陶范（图8–13.2）。

纹样主体是两对蟠腰式S形蟠螭纹。每对两螭区分阴阳：阴螭勾喙居

商晚周早：北斗角"饕餮纹"

春秋中期：北斗角蟠螭"饕餮纹"

春秋晚期：北斗角蟠螭"饕餮纹"

春秋晚期：北斗角蟠螭"饕餮纹"

图 8-13　北斗角蟠螭"饕餮纹"

上，表达《山海经》所言"天帝珥两蛇"；阳螭卷鼻居下，表达《山海经》所言"天帝乘两龙"。

阳螭的两个侧面螭首，合成"饕餮纹"面部。螭首之上的北斗角，合成"饕餮纹"面部的北斗角，表达《山海经》所言"天帝珥两蛇乘两龙"。

两个阴螭的前爪，攫住两个阳螭之腰。两个阳螭的前爪，攫住"饕餮纹"面部口衔的一对S形蟠螭纹，表达华夏天文知识"北斗七星，杓携龙角"。

一例见于瑞典斯德哥尔摩远东博物馆藏龙虎纽镈钟鼓部（图8-13.3）。

纹样主体是两对蟠腰式S形蟠螭纹。每对两螭区分阴阳：阳螭的螭身饰S形窃曲纹，阴螭的螭身饰重环龙星纹。阳螭卷鼻居上，表达《山海经》所言"天帝珥两蛇"；阴螭勾喙居下，表达《山海经》所言"天帝乘两龙"。

阴螭的两个侧面螭首，合成"饕餮纹"面部。螭首之上的北斗角，合成"饕餮纹"面部的北斗角，表达《山海经》所言"天帝珥两蛇乘两龙"。

一例见于山西太原金胜村M674赵墓出土的春秋晚期镈钟舞部（图8-13.4）。

纹样主体是一个"饕餮纹"面部和一对S形蟠螭纹。两螭之首居边，两螭之身绕过"饕餮纹"面部，两螭之尾到达"饕餮纹"面部上方。

两螭之身饰卷云纹，两螭之尾饰龙星纹，以便两螭之尾独立出来，拟形为北斗形，充当"饕餮纹"面部的北斗角。

两螭的后爪，攫住"饕餮纹"面部的野牛角，表达华夏天文知识"北斗七星，杓携龙角"。

以上三例是繁复图式，蟠螭纹绕进绕出，细节不易辨识，内涵不太直观。以下四例是简化图式、抽象图式，细节较易辨识，内涵较为直观。

简化图式见于山西侯马陶范（图8-14.1、2）、山西万荣庙前春秋晚期晋墓出土编钟（图8-14.3）等器：额部是一对兼像北斗的具象式G形

1 | 2

春秋晚期：山西侯马陶范

3

春秋晚期：山西万荣庙前编钟

4

山西浑源李峪铜罍

图8-14　北斗角蟠螭"饕餮纹"：1—3简化图式，4抽象图式

蟠螭纹，表达《山海经》所言"天帝珥两蛇"；口部是一对具象式G形蟠螭纹，表达《山海经》所言"天帝乘两龙"。

抽象图式见于1923年山西浑源李峪春秋晚期晋墓出土蟠螭纹罍（图8-14.4）等器：上面是一对兼像北斗的S形蟠螭纹，表达《山海经》所言"天帝珥两蛇"；下面是两对G形蟠螭纹，表达《山海经》所言"天帝乘两龙"。

春秋中晚期的北斗角蟠螭"饕餮纹"，尽管风格迥异于商晚周早的北斗角"饕餮纹"，但是要素、结构、内涵全同，仍然表达《山海经》所言"天帝珥两蛇乘两龙"。

第二类，牛角蟠螭"饕餮纹"，共有三种角形：黄牛角、双牛角、野牛角。

商晚周早的黄牛角"饕餮纹"（图8-15.1、2），周中春早的窃曲纹时期基本消失，未被窃曲纹化。春秋中晚期的蟠螭纹时期被蟠螭纹化，成为黄牛角蟠螭"饕餮纹"。

商晚周早：黄牛角"饕餮纹"

春秋中期：黄牛角S形蟠螭"饕餮纹"

春秋中期：黄牛角G形蟠螭"饕餮纹"

图8-15　黄牛角蟠螭"饕餮纹"

S形蟠螭纹合成的三例：侯马陶范一例（图8-15.3），湖北襄阳山湾楚墓一例（图8-15.4），都是左右各有一对蟠腰式S形蟠螭纹，螭尾拟形黄牛角。上面一对，表达《山海经》所言"天帝珥两蛇"；下面一对，表达《山海经》所言"天帝乘两龙"。侯马陶范另一例（图8-15.5），一对吐舌式S形蟠螭纹，螭舌拟形为黄牛角，表达《山海经》所言"天帝乘两龙"。

G形蟠螭纹合成的三例：侯马陶范一例（图8-15.6），左右各有一对吐舌式G形蟠螭纹，上面一对的螭尾拟形为鼻祖纹，其下增入黄牛角。山西万荣庙前编钟鼓部一例（图8-15.7），两对G形蟠螭纹，上部一对螭首向外，螭角拟形黄牛角；下部一对螭首向内，合成"饕餮纹"面部。侯马陶范另一例（图8-15.8），两对G形蟠螭纹，上面一对螭首向内，中间是菱形帝星纹；下面一对螭首向外，螭角拟形黄牛角。三例都是上面一对表达《山海经》所言"天帝珥两蛇"，下面一对表达《山海经》所言"天帝乘两龙"。

春秋中晚期的黄牛角蟠螭"饕餮纹"，尽管风格迥异于商晚周早的黄牛角"饕餮纹"，但是要素、结构、内涵全同，仍然表达《山海经》所言"天帝珥两蛇乘两龙"或"天帝乘两龙"。

春秋中期晋国新创的双牛角蟠螭"饕餮纹"，数量不多，见于春秋中

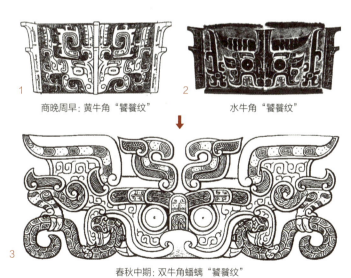

1 商晚周早：黄牛角"饕餮纹"　　2 水牛角"饕餮纹"

3 春秋中期：双牛角蟠螭"饕餮纹"

图 8-16　双牛角蟠螭"饕餮纹"

期的侯马陶范（图8-16.3）：一对G形蟠螭纹的侧面螭首，合成"饕餮纹"面部；螭首之上是黄牛角，螭身之上是左右展开的螭翼，翼边拟形水牛角。两螭的后爪，攫住"饕餮纹"面部口衔的一对S形蟠螭纹。

双牛角蟠螭"饕餮纹"是春秋中期晋国称霸中原的产物，可能用于同时祭祀周室祖神、晋国祖神，既尊重周王的王权，又宣示晋侯的霸权。

春秋晚期晋国新创的野牛角蟠螭"饕餮纹"，数量很多，见于山西侯马陶范（图8-17.1）、山西太原金胜村赵简子墓编钟（图8-17.2）、山西太原金胜村M674镈钟（图8-17.3）等器：左右各有一对蟠腰式S形蟠螭纹，

1　春秋中期：山西侯马陶范（ⅡT81H126：53）

2　春秋晚期：山西太原金胜村M251赵简子墓编钟（鼓部）

3　春秋晚期：山西太原金胜村M674赵墓镈钟（鼓部）

4　春秋晚期：山西侯马陶范（ⅡT81H126：58）

图8-17　野牛角蟠螭"饕餮纹"

阴螭勾喙居边，阳螭卷鼻居中，阳螭之爪攫住阴螭之角。中间的"饕餮纹"面部，由一对野牛角侧面螭首合成。"饕餮纹"面部口衔阳螭之身，阳螭之身绕过"饕餮纹"面部，螭首位于"饕餮纹"面部之上。

侯马陶范另一例（图8-17.4）：阳螭无爪，不攫阴螭之角；阴螭有爪，腿上有翼。

春秋晚期晋国新创的野牛角蟠螭"饕餮纹"，多见于晋国六卿墓如赵简子墓等，是六卿专权的产物，可能用于祭祀六卿的宗神，宣示六卿的权力凌驾晋侯之上，预示着晋国即将分为三晋。

春秋中晚期复杂多变的政治格局，导致牛角蟠螭"饕餮纹"出现了黄牛角、双牛角、野牛角三种角形，在既有的天文、宗教、神话、祭祀内涵之外，新增了政治内涵。

第三类，羊角蟠螭"饕餮纹"。

商晚周早的羊角"饕餮纹"（图8-18.1、2），周中春早的窃曲纹时期基本消失，仅有少数例外。比如山西翼城大河口西周中期霸国墓出土的霸伯豆（图8-18.3、4），出现了窃曲纹化的羊角"饕餮纹"，用于祭祀霸国的宗神。

春秋中晚期的蟠螭纹时期被蟠螭纹化，成为羊角蟠螭"饕餮纹"。

侯马陶范一例（图8-18.5）：上面是攫住羊角的一对勾喙阴螭，表达《山海经》所言"天帝珥两蛇"；下面是合成"饕餮纹"面部的一对羊角阳螭，表达《山海经》所言"天帝乘两龙"。

侯马陶范另一例（图8-18.6）：中间部分，同于上例。左右是增益部分，"饕餮纹"面部口衔有翼的两螭，表达《山海经》所言"天帝乘两龙"。

春秋中晚期的羊角蟠螭"饕餮纹"，尽管风格迥异于商晚周早的羊角"饕餮纹"，但是要素、结构、内涵全同，仍然表达《山海经》所言"天帝珥两蛇乘两龙"或"天帝乘两龙"。

第四类，牛羊角蟠螭"饕餮纹"。

商晚周早的黄牛角"饕餮纹"（图8-19.1）、羊角"饕餮纹"（图8-19.2），春秋中晚期综合为牛羊角蟠螭"饕餮纹"。

侯马陶范一例（图8-19.3）：上面中间是黄牛角，左右是羊角。下面

商晚周早：羊角"饕餮纹"

周中春早：羊角窃曲"饕餮纹"

春秋中期：羊角蟠螭"饕餮纹"

春秋中期：羊角蟠螭"饕餮纹"

图 8-18　羊角蟠螭"饕餮纹"

1 　商晚周早：黄牛角"饕餮纹"　　　　2 　羊角"饕餮纹"

3 　春秋中期：牛羊角蟠螭"饕餮纹"

4 　春秋中期：牛羊角"五帝"蟠螭"饕餮纹"

图 8-19 　牛羊角蟠螭"饕餮纹"

是合成"饕餮纹"面部的一对侧面螭首。鼻部是蟠螭纹化的鼻祖纹，贯通上下。可能用于同时祭祀晋国的祖神和六卿的宗神。

侯马陶范另一例（图8-19.4），是五个蟠螭"饕餮纹"的合图。

上面左右，各有一个黄牛角蟠螭"饕餮纹"。

下面中间，是一个羊角蟠螭"饕餮纹"，口衔两螭。两螭之身向上绕过"饕餮纹"面部，螭尾到达"饕餮纹"面部之上。两螭之身向下绕过"饕餮纹"面部，螭首到达"饕餮纹"面部左右，与另外两螭之螭首，合成下面左右的两个羊角蟠螭"饕餮纹"。下面左右的两个羊角蟠螭"饕餮纹"，共由四螭合成，四螭腰部全都有翼，向上展开。

整个纹样，合计五个蟠螭"饕餮纹"，象征"五帝"：下面中间的"饕餮纹"面部，象征天庭中央的北极天帝。上下左右四个"饕餮纹"面部，象征四方天帝。四翼"飞龙在天"，象征围绕北极天帝旋转的四季龙神。

根据《史记》《括地志》等书记载，春秋时期的秦国曾以五畤分祭五帝：春秋初期开国的秦国祖君秦襄公，先在国都犬丘建立西畤，祭祀对应秦国分野的秦国祖神西方白帝。此后秦国不断迁都，秦文公又在新都秦邑建立鄜畤，秦德公又在新都雍城建立武畤，仍祭对应秦国分野的秦国祖神西方白帝。秦德公又在雍城建立密畤、好畤，分祭东方青帝、北方黑帝；秦灵公又在吴阳建立上畤、下畤，分祭南方赤帝、中央黄帝。秦建五畤分祭五帝，涵盖天下分野，显露了一统天下的雄心。

春秋秦国的"五畤"祭坛和春秋晋国的"五帝"陶范，证明春秋时期不仅已有"五帝"观念，而且也有"五帝"图像，而其远源可以上溯春秋之前。

综上所言，商晚周早的经典"饕餮纹"，尽管周中春早的窃曲纹时期基本消失，但是春秋中晚期的蟠螭纹时期，又变成蟠螭"饕餮纹"卷土重来，尽管风格迥异，装饰繁复，但是要素、结构、内涵不变，仍然表达《山海经》所言华夏神话母题"天帝珥两蛇乘两龙"或"天帝乘两龙"，仍是"天帝驾斗乘龙巡天图"或"天帝乘龙巡天图"。

2. 蟠螭肥遗纹：经典肥遗纹之蟠螭纹化

春秋蟠螭纹又能表达西周窃曲纹不能表达的肥遗纹。

商晚周早经典肥遗纹的蟠螭纹化，即为蟠螭肥遗纹。蟠螭肥遗纹又可以"饕餮纹"化，成为蟠螭肥遗"饕餮纹"。

商晚周早的一首两身展开式肥遗纹，亦即经典肥遗纹（图8-20.1、2），周中春早的窃曲纹时期基本消失，未被窃曲纹化。春秋中晚期的蟠螭纹时期被蟠螭纹化，成为蟠螭肥遗纹，见于侯马陶范（图8-20.3），仍然表达华夏阴阳合历。

蟠螭肥遗纹又被"饕餮纹"化，成为蟠螭肥遗"饕餮纹"。

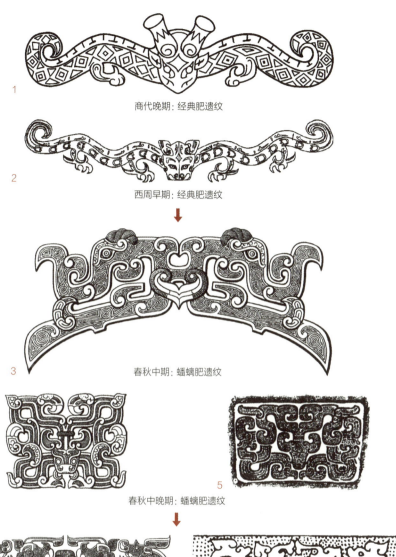

1

商代晚期：经典肥遗纹

2

西周早期：经典肥遗纹

3

春秋中期：蟠螭肥遗纹

4 5

春秋中晚期：蟠螭肥遗纹

6 7

春晚战早：蟠螭肥遗"饕餮纹"

图 8-20　蟠螭肥遗纹、蟠螭肥遗"饕餮纹"

侯马陶范一例（图8-20.4），以及上博藏春秋晚期铜壶（图8-20.5）等器：上面是黄牛角蟠螭肥遗纹，下面是肥遗口衔一对S形蟠螭纹。

侯马陶范另一例（图8-20.6），以及北京故宫博物院藏战国早期螭梁盉（图8-20.7）等器：中间是黄牛角蟠螭肥遗纹，螭身饰龙鳞纹，螭爪绕至肥遗头部下方。左右是一对G形蟠螭纹，螭身饰重环龙星纹，前爪攫住肥遗之腰，后爪蟠腰绕至肥遗头部上方。

综上所言，春秋中晚期的蟠螭肥遗"饕餮纹"，兼有"饕餮纹"的"天帝乘龙巡天"内涵、肥遗纹的阴阳合历内涵、蟠螭纹的太极内涵。

3. 蟠螭象数纹：伏羲象数之蟠螭纹化

"商周之变"的重大事件是"文王演易"，即重排六十四卦的卦序，把上古伏羲六十四卦、夏代《连山》六十四卦、商代《归藏》六十四卦的历法卦序，变成《周易》六十四卦的卜筮卦序。《周易》及其《易传》尽管全面遮蔽了伏羲象数（天象、历数）的历法"时义"（时间意义），仍然大量残存伏羲象数的历法"时义"。

春秋蟠螭纹不仅承袭了西周太极图、西周窃曲纹的太极基因，而且表达了西周太极图、西周窃曲纹秘藏的伏羲象数历法"时义"。兹举二例。

例一，蟠螭两仪纹、蟠螭四象纹、蟠螭八卦纹、蟠螭十二月纹，表达《易传·系辞》所言"太极生两仪，两仪生四象，四象生八卦"的伏羲象数历法"时义"。

西周中期以后的双龙太极图（图8-21.1）及其化圆为方的密藏图式双龙窃曲纹，表达伏羲六十四卦合成的"太极"，即一年的太阳圭影全集。正午阳光照于直立的八尺表木，投影于地，地面的圭尺标出影长，即为太阳圭影。上古伏羲族发明的伏羲六十四圭象，即记录一年太阳圭影之符号。伏羲六十四圭象全集，即伏羲太极图。由于伏羲六十四圭象又被移用于占卜，于是"圭"加"卜"作"卦"，"圭象"改称"卦象"。[1]

春秋中晚期的蟠螭两仪纹（图8-21.2），表达"太极"一分为二的"两

---

[1]　详见张远山：《伏羲之道》，岳麓书社2015。

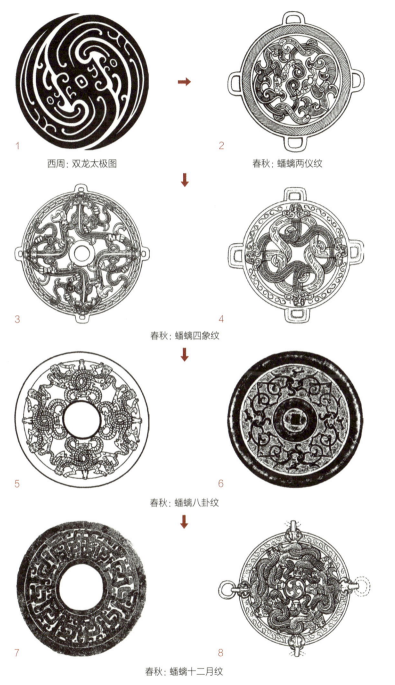

1
西周：双龙太极图

2
春秋：蟠螭两仪纹

3   4
春秋：蟠螭四象纹

5   6
春秋：蟠螭八卦纹

7   8
春秋：蟠螭十二月纹

图 8-21　春秋蟠螭纹：太极生两仪，两仪生四象，四象生八卦

仪"，即上下半年的太阳圭影合集。

春秋中晚期的蟠螭四象纹（图8-21.3、4），表达"两仪"一分为二的"四象"，即春夏秋冬"四时"的太阳圭影合集。

春秋中晚期的蟠螭八卦纹（图8-21.5、6），表达"四象"一分为二的"八卦"（八圭），即分至启闭"八节"的太阳圭影合集。

春秋中晚期的蟠螭十二月纹（图8-21.7、8），表达"六十四卦"（六十四圭）的一年十二月。

由于夏商周严格实行颛顼制定的"绝地天通"政策，严禁传播天文知识、天文图像[1]，所以从夏商到西周，始终秘藏伏羲太极图、伏羲六十四卦的历法"时义"。西周窈曲纹，正是西周太极图的密藏图式。但是"春秋之变"导致了王纲解纽、礼崩乐坏，也导致了"绝地天通"政策的松动，于是春秋蟠螭纹表达了西周太极图、西周窈曲纹秘藏的历法"时义"。

例二，春秋中期以后的蟠螭六龙纹，表达《周易》乾卦"六龙"的伏羲象数历法"时义"。

春秋中期以后的蟠螭六龙纹（图8-22），表达《周易》乾卦六爻爻辞秘藏的历法"时义"。

《周易》乾卦六爻爻辞所言"六龙"，对应苍龙七宿在全年不同节气的黄昏位置（古人黄昏观星，称为"昏见"）：

爻辞一，"潜龙勿用"。乃言冬至前后的黄昏，苍龙七宿之全体，潜于北方地平线之下，无法用于判断时令。

爻辞二，"见龙在田"。乃言春分前后的黄昏，苍龙七宿之角宿，见于东方农田之上。农谚"二月二，龙抬头"，即言春分前后苍龙七宿的天象位置。

爻辞三，"或跃在渊"。乃言立夏前后的黄昏，苍龙七宿之大部，跃出东南地平线之上。

爻辞四，"飞龙在天"。乃言夏至前后的黄昏，苍龙七宿之全体，飞临南方地平线之上。

爻辞五，"亢龙有悔"。乃言秋分前后的黄昏，苍龙七宿之亢宿，没入

---

[1]　详见张远山：《玉器之道》，中华书局2018。

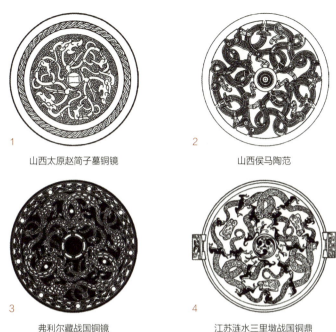

1	2
山西太原赵简子墓铜镜	山西侯马陶范
3	4
弗利尔藏战国铜镜	江苏涟水三里墩战国铜鼎

图 8-22　蟠螭六龙纹：对应《周易》乾卦六龙

西方地平线之下。

　　爻辞六，"群龙无首"。乃言立冬前后的黄昏，苍龙七宿之龙首，没入西北地平线之下。

　　《易传·彖传》不仅常言"（某卦）之时义大矣哉"，而且明确揭示了《周易》乾卦六爻爻辞蕴涵的历法"时义"："六位时成，时乘六龙以御天。"《淮南道训》（又称"九师易"或"九家易"）注"时乘六龙"曰："谓时之元气，以王而行，履涉众爻，是乘六龙也。"[1]

　　春秋中晚期表达《周易》乾卦六龙之历法"时义"的蟠螭六龙纹，战国秦汉演变为"羲和六螭"神话，见于《初学记·天象部》所引西汉刘安《淮南子·天文训》佚文："爰止羲和，爰息六螭，是谓悬车。"及其所引东

---

[1]　引自《黄氏逸书考》之《九家易集注》，《续修四库全书》1206卷666页，上海古籍出版社2002。《九家易》，又名《九师易》，即西汉淮南王刘安九位门客注释《周易》之书《淮南道训》，久佚。

汉许慎注："日乘车，驾以六龙，羲和御之。日至此而薄于虞泉，羲和至此而回六螭。"乃言太阳神羲和驾驭六螭太阳车巡天，亦即太阳以六个月为周期，在南北回归线之间来回折返，亦即战国《庄子·逍遥游》所言"去以六月息者也"。东汉许慎《说文解字》："龙，春分而登天，秋分而潜渊。"同样源于《淮南子·天文训》所言"羲和六螭"神话。

商代龙神纹（图8-23.1），由心形龙星纹、火形龙星纹合成（详见第六章）。战国时期演变为六龙神纹（图8-23.2）、六龙耳纹（图8-23.3—5），内涵同于春秋中晚期的蟠螭六龙纹，表达《周易》乾卦六龙的历法"时义"和"羲和六螭"神话。

山西长治分水岭东周墓地M12铜敦盖顶的六龙神纹（图8-23.2），分为两圈。内圈是七个圆点星宿纹（旧称"联珠纹"）：圆心的圆点星宿纹，标示帝星；外围的六个圆点星宿纹，标示龙的一年六个位置。外圈是六龙神纹：嘴部是火形龙星纹，轮廓是心形龙星纹。

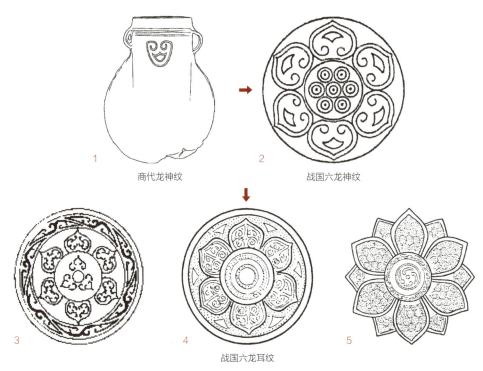

图 8-23　战国六龙神纹、六龙耳纹：表达乾卦六龙时义、羲和六螭神话

山西长治分水岭东周墓地M126铜豆盖顶的六龙耳纹（图8-23.3），分为三圈。内圈圆心的圆点星宿纹，标示帝星；外围的三个心形龙星纹，标示紫微垣、太微垣、天市垣三垣。中圈的六个龙耳纹，标示龙星的一年六个位置。外圈七个S形窃曲纹，标示苍龙七宿。

河南汲县山彪镇战国墓出土铜器，也有六龙耳纹（图8-23.4、5）。

战国的六龙耳纹，原本表达《周易》乾卦六龙的历法"时义"和"羲和六螭"神话。然而汉代以后，印度佛教传入中国，佛教徒们发现龙耳纹酷似莲叶纹，于是借用这一始于商代延至战国的青铜图式，象征佛教的莲花宝座，称为"宝相花"。佛教新义遮蔽了先秦本义，于是春秋战国的乾卦六龙历法"时义"、羲和六螭神话"时义"，全部沉入历史忘川。

1941年闻一多撰著《周易义证类纂》，最早抉发了《周易》乾卦六龙的历法"时义"。其后李镜池《周易探源》、《周易通义》，夏含夷《周易乾卦六龙新解》，冯时《中国天文考古学》，刘宗迪《失落的天书：〈山海经〉与古代华夏世界观》等书，援引更多证据支持闻一多新说[1]，乾卦六龙的历法"时义"渐成定论。而春秋战国青铜礼器的蟠螭六龙纹、六龙神纹、六龙耳纹，又提供了大量图证。

结语　春秋蟠螭纹是范铸法青铜纹样的顶峰

"商周之变"的核心，是从商代的既崇"天神"又崇"祖神"，转向西周的不崇"天神"仅崇"祖神"，即从商代的"崇鬼神"，转向西周的"崇人文"。所以西周中期以后，西周早期承袭的商代"饕餮纹"基本消失，因为商代"饕餮纹"是源于天文的鬼神图，亦即"天帝驾斗乘龙巡天图"或

---

[1] 闻一多：《周易义证类纂》，《闻一多全集（二）》45—48页，生活·读书·新知三联书店1982。李镜池：《周易探源》198页，中华书局1978；李镜池：《周易通义》2—4页，中华书局1981。夏含夷：《周易乾卦六龙新解》，《古史异观》270页，上海古籍出版社2005。冯时：《中国天文考古学》284页，社会科学文献出版社2001。刘宗迪：《失落的天书：〈山海经〉与古代华夏世界观》168页，商务印书馆2006。

"祖神乘龙巡天图"。西周窃曲纹是源于天文的人文图，亦即化圆为方的双龙太极图。

由于标准窃曲纹的具象双龙仍是龙神，仍有商代"崇鬼神"的浓重痕迹，因此西周中期的标准窃曲纹之具象双龙，又被西周中晚期的S形窃曲纹、G形窃曲纹之抽象双龙逐渐取代。与抽象窃曲纹配套的其他西周青铜纹样，也多为取自龙身的龙星纹、龙耳纹等抽象纹样。

"春秋之变"的核心，是从西周的"崇人文"，向商代的"崇鬼神"反拨，因为春秋时期周室衰落，历史钟摆走向了否定之否定的回摆，亦即正题、反题之后的合题。所以春秋蟠螭纹一方面承袭了西周窃曲纹的所有图式，另一方面又把抽象化的西周窃曲纹还原为具象化的春秋蟠螭纹，于是商晚周早的龙神卷土重来；商晚周早的"饕餮纹"、肥遗纹，也在蟠螭纹化以后卷土重来；同时深化西周的"崇人文"，于是展开了西周太极图、西周窃曲纹秘藏的太极象数，表达了"太极生两仪，两仪生四象，四象生八卦"，以及《周易》乾卦六龙的伏羲象数历法"时义"，"羲和六螭"神话等等；又对时代新主题有所反映，于是出现了双牛角、野牛角、牛羊角等新创角形，甚至把"五帝"等观念表达为图像。

概而言之，"春秋之变"是对"商周之变"的反拨和回摆，春秋青铜图法是商代青铜图法、西周青铜图法的折中和发展，既吸收了上古至夏商周的旧养料，又具有春秋时期的新风貌。凭借刻范技术的突飞猛进，春秋蟠螭纹创造了华夏图像文化的"文艺复兴"，抵达了范铸法青铜纹样的顶峰，预示着范铸法之外的青铜铸造新技术即将来临。

	西周窃曲纹	春秋蟠螭纹
标准窃曲纹·蟠螭纹	标准窃曲纹：龙首居中式	标准蟠螭纹：螭首居中式
	标准窃曲纹：龙首居边式	标准蟠螭纹：螭首居边式
S形窃曲纹·蟠螭纹	S形窃曲纹：太极互抱抽象式	S形蟠螭纹：太极互抱具象式
	无	S形蟠螭纹：太极互抱蟠腰式
	无	S形蟠螭纹：太极互抱蟠舌式
	S形窃曲纹：太极对置抽象式	S形蟠螭纹：太极对置具象式
G形窃曲纹·蟠螭纹	G形窃曲纹：太极互抱抽象式	G形蟠螭纹：太极互抱抽象式
	无	G形蟠螭纹：太极互抱蟠腰式
	无	G形蟠螭纹：太极互抱蟠舌式
	G形窃曲纹：太极对置抽象式	G形蟠螭纹：太极对置抽象式
	G形窃曲纹：太极对置具象式	G形蟠螭纹：太极对置具象式
混合式	S形G形混合窃曲纹	S形G形密合蟠螭纹

附表 8-2 商周经典"饕餮纹"、春秋蟠螭"饕餮纹"图法对照表

	商晚周早：经典"饕餮纹"	春秋中晚期：蟠螭"饕餮纹"
北斗角	北斗角"饕餮纹"	北斗角蟠螭"饕餮纹"
牛角	黄牛角"饕餮纹"	黄牛角蟠螭"饕餮纹"
	黄牛角"饕餮纹"	黄牛角＋水牛角蟠螭"饕餮纹"
	水牛角"饕餮纹"	野牛角蟠螭"饕餮纹"
羊角	羊角"饕餮纹"	羊角蟠螭"饕餮纹"
牛羊角	黄牛角"饕餮纹"	牛羊角蟠螭"饕餮纹"
	羊角"饕餮纹"	牛羊角"五帝"蟠螭"饕餮纹"

第九章

战国蟠虺纹，微型蟠螭纹

内容提要　本章根据考古、文献双重证据，论证青铜图法的"战国之变"，导致春秋蟠螭纹被微型化为战国蟠虺纹，阐释其宗教神话政治内涵。

关键词　战国之变，战国蟠虺纹，S形蟠虺纹，G形蟠虺纹，晋楚斗图，楚式失蜡法，晋式错金银，万舞纹。

弁言　战国蟠虺纹是春秋蟠螭纹的微型化

周代八百年，分为西周、东周两大时代，原因是两周之际发生了西周灭亡和平王东迁。东周五百年，又分为春秋、战国两大时期，原因是春秋早期的楚国叛周称王和战国中期的七雄叛周称王。西周、春秋、战国的政治格局变动和铸铜技术发展，导致西周太极图衍生为三大阶段的三大纹样：西周太极图化圆为方，即为西周窃曲纹。西周窃曲纹微型化，即为春秋蟠螭纹。春秋蟠螭纹微型化，即为战国蟠虺纹。尽管三大纹样逐渐微型化，风格变化显著，但是图法、图式、要素、结构、内涵不变，太极基因始终存在。

第一阶段，西周王室强大，晋、楚作为周封诸侯，全都遵循周室青铜图法。第二、第三阶段，东周王室渐衰，楚国在南方称王，晋国在中原称霸，于是晋楚两强不再遵循周室青铜图法，开启了长达数百年的晋楚青铜斗图。

春秋早期楚国叛周称王，引发了春秋中期的齐桓公、晋文公"尊王攘夷"（尊周王，攘楚夷），此后晋国长期称霸中原，晋楚两强长期争霸。一是晋楚战场争霸，因史书著录而尽人皆知。二是晋楚文化争雄，因史书不载而鲜为人知。

晋楚两强的文化争雄，核心内容是青铜斗图，分为两大阶段。

晋楚青铜斗图的第一阶段，是春秋中晚的蟠螭纹斗图。晋国是中原青铜图法的创新者和领跑者，楚国是晋国青铜图法的模仿者和追赶者。

晋楚青铜斗图的第二阶段，是春晚战早的蟠虺纹斗图。楚国持续北扩，大量伐灭中原小国，战场硬实力、斗图软实力不断提高。与此同时，晋国六卿争长，持续内耗，最终魏赵韩三家分晋，三晋（魏赵韩）的战场硬实力、斗图软实力不断削弱。此消彼长，晋楚青铜斗图逐渐势均力敌。楚国又凭借失蜡法的技术突破，一举超越三晋。三晋再凭借错金银的技术突破，夺回领先优势。晋楚青铜斗图愈演愈烈，最终形成了晋式蟠虺纹和楚式蟠虺纹两大范式。所以本文除了阐明战国蟠虺纹是春秋蟠螭纹的微型化，兼顾辨析晋楚蟠虺纹的风格差异。

一　战国蟠虺纹，源于春秋蟠螭纹

1."蟠虺"之名的文献依据

"蟠虺纹"不见于先秦文献，1941年容庚《商周彝器通考》率先提出，此后学界通用。容庚的描述是"其状若虺之蟠绕"，"若干虺相连接"，"虺形相蟠绕不见其首尾"[1]。李学勤认为："蟠虺纹尽管只是青铜器、金器、玉器等上面的一种花纹，却代表了美术史上的一种新风格。在春秋早期的后半，已经出现了蟠螭纹，逐渐取代了商、西周以来的传统纹饰，可是蟠螭

---

[1]　容庚《商周彝器通考》上册148页，文史哲出版社1985。

纹多数仍旧是带状的，没有突破过去的模式，及至蟠虺纹兴起，结构复杂细密而且有三维层次，才使陈旧的作风一扫而尽。"[1]

先秦古籍多见"蟠虺纹"之"虺"，经常虺、蛇并提。

《诗经·小雅·斯干》："吉梦维何？维熊维罴，维虺维蛇，大人占之。维熊维罴，男子之祥。维虺维蛇，女子之祥。"

《诗经·小雅·节南山之什·正月》："哀今之人，胡为虺蜴？"

《国语·吴语》："为虺弗摧，为蛇将若何？"韦昭注："虺小蛇大。"

《楚辞·天问》："雄虺九首，倏忽焉在？"《楚辞·招魂》："雄虺九首，往来倏忽。"《楚辞·大招》："鰅鳙短狐，王虺骞只。"《楚辞·悼乱》："欲入兮深谷，下有兮虺蛇。"

先秦古籍经常龙、螭并提，虺、蛇并提，证明西周窃曲纹之龙（夔）、春秋蟠螭纹之螭（蛇）、战国蟠虺纹之虺（虫），属于同类纹样，仅是逐渐微型化。

先秦古籍还有"虺"的异体字"虫鬼"。比如《庄子》佚文："虫鬼二首。"再如《韩非子·说林下》："虫有虫鬼者，一身两口，争食相龁，遂相杀也。人臣之争事而亡其国者，皆虫鬼类也。"《颜氏家训·勉学篇》曰："茫然不识虫鬼字何音，后见《古今字谱》是虺字。"《尔雅·释虫》："虫鬼，蛹。"《说文解字》："虫鬼，蚕蛹也。"段注："虫鬼，即古虺字。"

《庄子》的"虫鬼二首"和《韩非子》的"虫鬼一身两口"，是源于蟠虺纹之图式结构的晋国初始神话。屈原《天问》、《招魂》的"雄虺九首"，是源于三晋初始神话的楚国衍生神话。

"蟠螭纹"和"蟠虺纹"，仅有一字之异，相异之字又语义相近，证明两者同出一源，仅是虺小于螭。"曲""蟠"二字表明，西周窃曲纹、春秋蟠螭纹、战国蟠虺纹的盘曲结构一脉相承。由于蟠虺纹的纹样小于蟠螭纹，结构同于蟠螭纹，有些学者改称"蟠虺纹"，有些学者仍称"蟠螭纹"。两者确实不易区分，因为小型蟠螭纹近于蟠虺纹，大型蟠虺纹近于蟠螭纹。

[1] 李学勤：《益门村金、玉器纹饰研究》，《走出疑古时代》186—187页，辽宁大学出版社1994。

其实春秋中期的青铜铸造技术升级，导致了西周窃曲纹被同时微型化为蟠螭纹和蟠虺纹，前者是器腹的主纹，后者是器肩、器座的副纹，两者具有互释关系。春秋晚期至战国早期的青铜铸造技术再升级，导致蟠虺纹替代了蟠螭纹，成为器腹的主纹。尽管蟠螭纹、蟠虺纹同时出现于春秋中期，延至战国时期，但是蟠螭纹盛行于春秋中晚期，蟠虺纹盛行于战国时期，所以本书称为春秋蟠螭纹、战国蟠虺纹。

战国蟠虺纹，主要是两大类：S形蟠虺纹、G形蟠虺纹。分别是S形蟠螭纹、G形蟠螭纹之微型化。

2. S形蟠虺纹：S形蟠螭纹之微型化

春秋中晚期的S形蟠螭纹，共有四大图式：太极互抱图式、太极蟠腰图式、太极蟠舌图式、太极对置图式。由于太极蟠舌图式在微型化以后技术上难以表现，因此春晚战早的S形蟠虺纹，主要是三大图式：太极互抱图式、太极蟠腰图式、太极对置图式。

S形蟠虺纹的第一图式：太极互抱图式，是同类窃曲纹、蟠螭纹之微型化。

周中春早的窃曲纹时期，刻范技术不足，S形窃曲纹之太极互抱图式，多为抽象式，见于陕西岐山京当乡董家村西周窖藏出土的五祀卫鼎（图9-1.1）。

春秋中晚的蟠螭纹时期，刻范技术升级，于是微型化为S形蟠螭纹之太极互抱图式，又升级为具象式，见于山西侯马陶范（图9-1.2）。

春晚战早的蟠虺纹时期，刻范技术再升级，于是微型化为S形蟠虺纹之太极互抱图式，仍然多为具象式，见于山西太原金胜村赵简子墓的铜盖豆（图9-1.3）。

S形窃曲纹、S形蟠螭纹、S形蟠虺纹之太极互抱图式，图法、图式、要素、结构、内涵不变，仅有龙、螭、虺之异，抽象、具象之异。

S形蟠虺纹的第二图式：太极蟠腰图式，是同类蟠螭纹之微型化。

周中春早的窃曲纹时期，刻范技术不足，S形窃曲纹只有太极互抱图式，没有太极蟠腰图式。

西周中期：S形窃曲纹太极互抱图式（中原式）

春秋中期：S形蟠螭纹太极互抱图式（晋式）

春秋晚期：S形蟠虺纹太极互抱图式（晋式）

图 9-1　S形蟠虺纹之太极互抱图式：同类窃曲纹、蟠螭纹之微型化

春秋中晚的蟠螭纹时期，刻范技术升级，S形蟠螭纹之太极互抱图式，升级为太极蟠腰图式，见于山西侯马陶范（图9-2.1、2）：或者阳螭有纹，阴螭无纹；或者阳螭卷鼻，阴螭勾喙。区分两螭之雌雄，表达太极之阴阳。

春晚战早的蟠虺纹时期，刻范技术再升级，于是微型化为S形蟠虺纹之太极蟠腰图式，又因晋楚斗图而风格略异：晋式风格见于山西浑源李峪春秋晚期晋墓的蟠虺纹鬲鼎（图9-2.3—7）；楚式风格见于湖北襄阳沈岗楚墓的铜鼎耳、铜句鑃（图9-2.8、9），安徽蚌埠双墩楚墓的铜盒（图9-2.10），同样区分两虺之雌雄，表达太极之阴阳。

S形蟠螭纹之太极蟠腰图式，另有连续式（图9-3.1、2），同样区分两螭之雌雄，表达太极之阴阳。

S形蟠虺纹之太极蟠腰图式，也有连续式，又因晋楚斗图而风格略异：晋式风格见于故宫藏战国早期蟠虺纹盖豆（图9-3.3）。楚式风格见于湖北襄阳沈岗楚墓的铜车軎（图9-3.4）、铜鼎盖（图9-3.5）。由于纹样太小，

1   2

春秋中晚：S形蟠螭纹之太极蟠腰图式（晋式）

3   4   5

6

7

春晚战早：S形蟠虺纹之太极蟠腰图式（晋式）

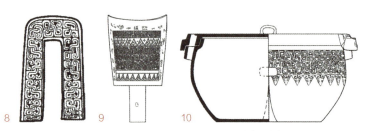

8   9   10

春晚战早：S形蟠虺纹之太极蟠腰图式（楚式）

图9-2　S形蟠虺纹之太极蟠腰图式：同类蟠螭纹之微型化

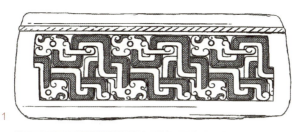

春秋中期:S形蟠螭纹之太极蟠腰连续式（晋式）

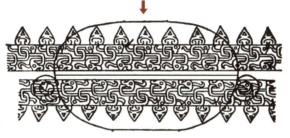

春秋晚期:S形蟠虺纹之太极蟠腰连续式（晋式）

春秋晚期:S形蟠虺纹之太极蟠腰连续式（楚式）

图9-3　S形蟠虺纹之太极蟠腰连续式：同类蟠螭纹之微型化

两虺不分雌雄。

　　S形蟠螭纹、S形蟠虺纹之太极蟠腰图式，图法、图式、要素、结构、内涵不变，仅有螭、虺之异。

　　S形蟠虺纹的第三图式：太极对置图式，是同类窃曲纹、蟠螭纹之微型化。

　　周中春早的窃曲纹时期，刻范技术不足，所以S形窃曲纹之太极对置

1

西周晚期: S 形窃曲纹之太极对置图式（中原式）

2

春秋早期: S 形窃曲纹之太极对置图式（中原式）

3

春秋中期: S 形蟠螭纹之太极对置图式（晋抽象式）

4

春秋中期: S 形蟠螭纹之太极对置图式（晋具象式）

5

6

春秋晚期: S 形蟠虺纹之太极对置图式（晋式）

7

8

春秋晚期: S 形蟠虺纹之太极对置图式（楚式）

图 9-4　S 形蟠虺纹之太极对置图式：同类窃曲纹、蟠螭纹之微型化

图式，多为抽象式（图9-4.1、2），少有具象式。

春秋中晚的蟠螭纹时期，刻范技术升级，所以S形蟠螭纹之太极对置图式，既有抽象式（图9-4.3），也有具象式（图9-4.4）。

春晚战早的蟠虺纹时期，刻范技术再升级，于是微型化为S形蟠虺纹之太极对置图式，又因晋楚斗图而风格略异：晋国抽象式，见于山西原平刘庄塔岗梁晋墓的铜舟（图9-4.5）；晋国具象式，见于山西太原赵简子墓的铜豆（图9-4.6）。楚国具象式，见于河南淅川下寺楚墓的铜簠、铜鼎（图9-4.7、8）。

S形窃曲纹、S形蟠螭纹、S形蟠虺纹之太极对置图式，图法、图式、要素、结构、内涵不变，仅有龙、螭、虺之异，抽象、具象之异。

综上所言，春晚战早的S形蟠虺纹之三大图式，是春秋中晚的S形蟠螭纹之同类图式的微型化。

3. G形蟠虺纹：G形蟠螭纹之微型化

G形蟠虺纹之三大图式：太极互抱图式、太极蟠腰图式、太极对置图式，是G形蟠螭纹之同类图式的微型化。

G形蟠虺纹的第一图式：太极互抱图式，是同类窃曲纹、蟠螭纹之微型化。

周中春早的窃曲纹时期，刻范技术不足，所以G形窃曲纹之太极互抱图式，多为抽象式，见于上博藏西周晚期杜伯盨（图9-5.1）。西周晚期的楚国却已出现了具象式，见于湖北随州熊家老湾的龙纹黄季鼎（图9-5.2）。

春秋中晚的蟠螭纹时期，刻范技术升级，于是微型化为G形蟠螭纹之太极互抱图式，仍然多为抽象式，见于山西侯马陶范（图9-5.3、4）。

春晚战早的蟠虺纹时期，刻范技术再升级，所以G形蟠虺纹之太极互抱图式，升级为具象式，又因晋楚斗图而风格略异：晋式风格见于山西侯马陶范（图9-5.5），楚式风格见于湖北随州曾侯乙墓大尊缶（图9-5.6）。

G形窃曲纹、G形蟠螭纹、G形蟠虺纹之太极互抱图式，图法、图式、

1　2

周中春早：G 形窃曲纹之太极互抱图式（1中原抽象式，2楚国具象式）

3

春秋中晚：G 形蟠螭纹之太极互抱图式（晋式）

4

春晚战早：G 形蟠虺纹之太极互抱图式（晋式）

5

春晚战早：G 形蟠虺纹之太极互抱图式（晋式具象式）

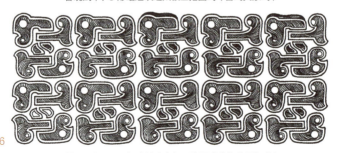

6

战国早期：G 形蟠虺纹之太极互抱图式（楚式具象式）

图 9-5　G 形蟠虺纹之太极互抱图式：同类窃曲纹、蟠螭纹之微型化

要素、结构、内涵不变，仅有龙、螭、虺之异，抽象、具象之异。

G形蟠虺纹的第二图式：太极蟠腰图式，是同类蟠螭纹之微型化。

周中春早的窃曲纹时期，刻范技术不足，G形窃曲纹只有太极互抱图式，没有太极蟠腰图式。

春秋中晚的蟠螭纹时期，刻范技术升级，G形蟠螭纹之太极互抱图式，升级为太极蟠腰图式，见于山西侯马陶范（图9-6.1）。

春晚战早的蟠虺纹时期，刻范技术再升级，于是微型化为G形蟠虺纹之太极蟠腰图式，又因晋楚斗图而风格略异：晋式风格见于山西新绛柳泉晋幽公（前428—前411在位）夫人墓的错金方壶盖（图9-6.2）、河南辉县晋墓的蟠虺纹盖鼎（图9-6.3、5）、山西浑源李峪晋墓的蟠虺纹鬲鼎（图9-6.4、6）。楚式风格见于湖北江陵九店东周墓的铜镜（图9-6.7）。

G形蟠螭纹、G形蟠虺纹之太极蟠腰图式，图法、图式、要素、结构、内涵不变，仅有螭、虺之异，抽象、具象之异。

G形蟠虺纹的第三图式：太极对置图式，是同类窃曲纹、蟠螭纹之微型化。

周中春早的窃曲纹时期，刻范技术不足，G形窃曲纹之太极对置图式，多为抽象式（图9-7.1），少有具象式。

春秋中晚的蟠螭纹时期，刻范技术升级，所以G形蟠螭纹之太极对置图式，既有抽象式（图9-7.2），也有具象式（图9-7.3）。

春晚战早的蟠虺纹时期，刻范技术再升级，于是微型化为G形蟠虺纹之太极对置图式，多为抽象式，又因晋楚斗图而风格略异：晋式风格见于山西长治分水岭晋墓的铜敦（图9-7.4）；楚式风格见于湖南长沙楚墓的铜壶（图9-7.5）。

G形窃曲纹、G形蟠螭纹、G形蟠虺纹之太极对置图式，图法、图式、要素、结构、内涵不变，仅有龙、螭、虺之异，抽象、具象之异。

综上所言，春晚战早的G形蟠虺纹之三大图式，是春秋中晚期的G形蟠螭纹之同类图式的微型化。

1

春秋中晚期：G形蟠螭纹之太极蟠腰图式（晋式）

2 3 4

5

6

春晚战早：G形蟠虺纹之太极蟠腰图式（晋式）

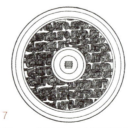

7

春秋晚期：G形蟠虺纹之太极蟠腰图式（楚式）

图 9-6 G形蟠虺纹之太极蟠腰图式：同类蟠螭纹之微型化

1

周中春早：G形窃曲纹之太极对置图式（鲁国故城铜匜）

2

春秋中晚：G形蟠螭纹之太极对置图式（晋抽象式）

3

春秋中晚：G形蟠螭纹之太极对置图式（晋具象式）

4　5

春晚战早：G形蟠虺纹之太极对置图式（4晋式，5楚式）

图9-7　G形蟠虺纹之太极对置图式：同类窃曲纹、蟠螭纹之微型化

二　晋楚斗图高潮：楚国失蜡法，晋国错金银

上节论证战国蟠虺纹三大图式是春秋蟠螭纹之同类图式的微型化，仅仅涉及晋楚蟠虺纹的不同风格，无暇展开晋楚青铜器的不同铸造技术，本节补论晋楚两国在蟠虺纹斗图中新创的两项青铜铸造技术：楚国失蜡法和

晋国错金银。

春秋中晚的晋楚蟠螭纹斗图和春晚战早的晋楚蟠虺纹斗图，很长时间内的核心竞争是：谁能使用青铜铸造的传统技术即范铸法，制作出更小型、更具象、更繁复、更美观的蟠螭纹、蟠虺纹。

楚国在春秋早期叛周称王以后，持续北进中原，不断掳获中原青铜工匠，不断掌握中原青铜铸造的先进技术和原创图式，文化软实力不断提高，但是春秋早期至春秋中期的晋楚蟠螭纹斗图时期，铸造技术局限于范铸法领域，所以晋国始终是领先者，楚国始终是追赶者，即使晋国的领先优势和楚国的落后差距越来越小，楚国仍然很难赶上中原，反超晋国。

到了春秋晚期的晋楚蟠虺纹斗图时期，楚国为了赶上中原，反超晋国，在范铸法之外另辟蹊径，开发出一项中原没有的青铜铸造新技术：失蜡法，用于制作楚式蟠虺纹。

1. 楚国弯道超车：失蜡法之楚式蟠虺纹

西周中期至春秋早期的窃曲纹阶段，楚国青铜器基本模仿中原青铜器。春秋中期至春秋晚期的蟠螭纹阶段，春秋晚期至战国早期的蟠虺纹阶段，楚国青铜器除了模仿晋国青铜器，又与之斗图争雄。春秋晚期的楚国，凭借失蜡法的技术突破，实现了弯道超车：采用失蜡法的楚式蟠虺纹，一举超越了采用范铸法的晋式蟠虺纹。

西方学术界的主流观点认为，失蜡法起源于公元前三千年前后的美索不达米亚。[1]

华觉明《中西方失蜡法之同异》认为："伊朗、美索不达米亚、埃及等古文明地区，约在公元前第三千纪中期或更早些时候，已经开始使用失蜡法铸造饰物和小型器件。中国的失蜡法较为后起。现已确认的出土实物表明，这一技艺在公元前六世纪的楚文化地区已经较为成熟。……在已知的我国先秦时期失蜡铸件中，年代最早的是现藏于纽约大都会博物馆的楚王

---

[1]　陈刚等：《国外古代失蜡铸造工艺研究综述》,《南方文物》2009 年 2 期。

盂盖部的纽形饰，铸造年代约在公元前576—公元前547年。"[1]

赵世纲《春秋时期失蜡法铸造工艺问题探讨》认为："失蜡法是中国铸造史上的一项光辉创造。"[2]

谭德睿《中国古代失蜡铸造起源问题的思考》认为，楚国失蜡法可以追溯到商代的长江中下游，商代中期江西新干大洋洲部分铜器采用的焚失法，是楚国失蜡法的滥觞。[3]

澳大利亚学者N.巴纳《失蜡法和其它冶金技术在中国的传播》又提出，楚国失蜡法从境外经由华南地区的云南、广东、海南等地传入楚国。[4]

无论楚国失蜡法是独立起源抑或境外输入，华夏境内的失蜡法起源地是长江中下游的楚文化圈。经过商周至春秋的长期发展，楚国失蜡法在春秋晚期基本成熟。

春晚战早的楚式失蜡法铜器，可举三器为例。

例一，河南叶县许灵公墓的许公宁蟠虺纹透空饰件。

图 9-8　楚式失蜡法蟠虺纹之一：许公宁透空饰件

[1]　华觉明：《中西方失蜡法之同异》，《考古》2010年4期。

[2]　赵世纲：《春秋时期失蜡法铸造工艺问题探讨》，《中原文物》2006年6期。参看《淅川下寺春秋楚墓》所附赵世纲《淅川下寺春秋楚墓青铜器铸造工艺》。

[3]　谭德睿：《中国古代失蜡铸造起源问题的思考》，《文物保护与考古科学》1994年2期。

[4]　［澳］N.巴纳：《失蜡法和其它冶金技术在中国的传播》，《四川文物》1996年4、5期连载，黄剑华译。

许公宁是春秋中晚期的许国国君，即许灵公。许国在今河南许昌、叶县一带，是周初分封的姜姓诸侯国。战国初年被楚伐灭之前，已经属于楚国文化圈。所以许公宁透空饰件（图9-8），是楚式失蜡法作品，纹样主要是G形蟠虺纹，符合《韩非子》所言："虫有魄（虺）者，一身两口，争食相龁，遂相杀也。"

例二，湖北随州曾侯乙墓的蟠虺纹尊盘。

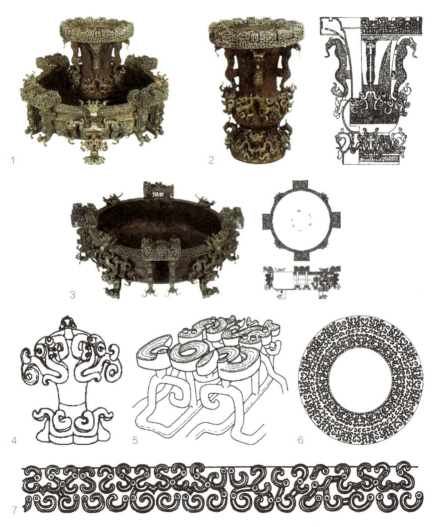

图9-9　楚式失蜡法蟠虺纹之二：曾侯乙尊盘

曾侯乙是战国早期的曾国国君。曾国是周初分封的姬姓诸侯国之一，封地在湖北随州一带，所以史籍多称"随国"。曾国在战国中期被楚伐灭之前，已经属于楚国文化圈。所以曾侯乙尊盘（图9-9.1—3），也是楚式失蜡法作品。其透空饰件的纹样（图9-9.4—7），既有S形蟠虺纹，也有G形蟠虺纹。

　　例三，河南淅川下寺楚墓的蟠虺纹铜禁。

图9-10　楚式失蜡法蟠虺纹之三：河南淅川下寺铜禁

　　河南淅川下寺春秋晚期楚墓的铜禁（图9-10），是楚式失蜡法的代表作。纹样是同于许公宁透空饰件、曾侯乙尊盘的蟠虺纹，旧名"云纹铜禁"，不确。

　　以上三例楚式失蜡法铸造的铜器，纹样都是蟠虺纹，证明楚国新创失蜡法技术的主要动力，是在晋楚蟠虺纹斗图中反超晋国。

2. 晋国绝地反击：错金银之晋式蟠虺纹

春秋晚期的楚国，凭借失蜡法的立体蟠虺纹，一举反超晋式范铸法的平面蟠虺纹。于是春秋晚期的晋国，立刻做出反击，也开发出一项楚国没有的青铜铸造新技术——错金银，制作出更为精美的晋式蟠虺纹。

青铜器表面的嵌错技术，包括嵌错红铜、嵌错金银、嵌错绿松石等等。《诗经·小雅·鹤鸣》："它山之石，可以为错。"所言之"错"，即青铜嵌错技术，又称"错镶"。

春秋中期，中原已有青铜嵌错技术，但是仅用于铜器局部的铭文。春秋晚期至战国早期，晋国的青铜嵌错技术全面成熟，出现了布满器身、精美绝伦的晋式错金银蟠虺纹。

战国《国语·晋语》："金玉其车，文错其服。"这反映了春秋晚期晋国错金银的盛况。东汉班固《汉书·食货志》："错刀，以黄金错其文"。东汉桓谭《新论》："王莽起九庙，以铜为柱蘖，大金银错镂其上。"东汉张衡《四愁诗》："美人赠我金错刀，何以报之英琼瑶。"这些记载反映了汉代贵族阶层酷爱错金银的风俗。

春秋晚期的晋国错金银技术，主要是因应楚国失蜡法挑战的产物。凭借错金银蟠虺纹的空前精美，晋国在晋楚蟠虺纹斗图中重新夺回了领先优势。此后晋楚斗图进入高潮，争奇斗艳，各擅胜场。

山西长治分水岭晋墓、山西太原金胜村赵简子墓的春秋晚期错金银铜盖豆（图9-11.1、2），美国华盛顿弗利尔美术馆收藏的春秋晚期错金银铜盖豆（图9-11.3），腹部主纹均为S形蟠虺纹之太极互抱图式，上下副纹均为S形蟠虺纹之太极对置图式。

山西长治分水岭晋墓M126的春秋晚期错金银铜舟（图9-11.4），外壁是S形蟠虺纹之太极对置图式。山西长治分水岭晋墓M12的春秋晚期错金银铜敦（图9-11.5），外底是G形蟠虺纹之太极对置图式。

楚式失蜡法之蟠虺纹，晋式错金银之蟠虺纹，技术虽变，图法、图式不变，主体纹样仍是S形蟠虺纹、G形蟠虺纹，证明楚式失蜡法、晋式错金银都是晋楚蟠虺纹斗图的产物，双方都想凭借新技术压倒对手，铸造出更

图 9-11　晋式错金银蟠虺纹

加精美的蟠虺纹。

　　楚式失蜡法蟠虺纹，新铸之时已极细微，肉眼不易看清，再经两千多年锈蚀，肉眼更难看清其为蟠虺纹。晋式错金银蟠虺纹尽管细微，新铸之时却比楚式失蜡法蟠虺纹远为清晰，而且金银不会锈蚀，两千年后仍然清晰，一望而知都是蟠虺纹。然而很多学者既不辨析纹样，更不了解图法、图式，陈陈相因地把楚式失蜡法之蟠虺纹和晋式错金银之蟠虺纹，误称为"云纹"或"卷云纹"。错误的纹样命名，导致后人无法了解晋楚斗图的详情，更无法追踪纹样、辨析图式、解密图法、揭示内涵。

3. 晋式错金银之蟠虺纹：借鉴楚式玉器之蟠虺纹

　　晋式错金银之蟠虺纹，既是反击楚式失蜡法之蟠虺纹的产物，又是借鉴楚式玉器之蟠虺纹的产物。

春秋晚期楚式玉玦：S形蟠虺纹之太极互抱图式

春秋晚期晋式错金银铜器：S形蟠虺纹之太极互抱图式

图9-12　晋式错金银之蟠虺纹，模仿楚式玉器之蟠虺纹

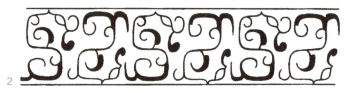

　　夏代以后，黄河流域的中原青铜铸造技术长期领先于长江流域的楚吴越区域，但是长江流域的楚吴越玉器刻纹技术长期领先于黄河流域的中原区域。这一现象的远源，可以追溯到夏代以前的龙山时代，当时黄河流域的伏羲族玉器，只能粗略模仿长江下游（后为吴越区域）的良渚文化玉器、长江中游（后为楚国区域）的石家河文化玉器之外形，无法模仿其精细刻纹。龙山末期的"炎黄之战"，导致了良渚文化（前3300—前2200）、石家河文化（前3000—前2000）的消亡，也导致了夏商周时期（前2070—前256）楚吴越区域的玉器刻纹技术急剧衰退，所以良渚神徽"天帝骑猪巡天图"和石家河鹰冕玉帝的精细刻纹，不仅夏商周时期黄河流域的中原玉器无法重现，甚至夏商周时期长江流域的吴越区域、楚国区域也失传大半。但是上古良渚文化、石家河文化的琢玉技术仍有部分残存，楚式玉器的精细刻纹仍然长期领先于楚式铜器和中原玉器、中原铜器。所以春秋中期至战国早期的晋楚青铜斗图，楚国青铜纹样一方面模仿、追赶中原青铜纹样的图式，另一方面模仿、追赶楚国玉器纹样的精细。楚式失蜡法铜器之蟠虺纹，尽管超越了晋国范铸法铜器之蟠虺纹，仍然无法表现楚国玉器之精细蟠虺纹（图9-12.1）。

　　正因楚式失蜡法铜器之蟠虺纹，无法表现楚式玉器之精细蟠虺纹，所以晋式错金银铜器之蟠虺纹（图9–12.2），模仿了楚式玉器之精细蟠虺纹，把晋楚蟠虺纹斗图推向了最后高潮。

晋式错金银铜器不仅模仿了楚式玉器的蟠虺纹，也模仿了楚式玉器的蟠虺"饕餮纹"，而且同样也有两个源头。

源头一，晋式错金银铜器的蟠虺"饕餮纹"，是范铸法铜器之蟠螭"饕餮纹"简化图式的微型化。

范铸法铜器的蟠螭"饕餮纹"，既有繁琐图式，也有简化图式。晋式错金银铜器的蟠虺"饕餮纹"，主要是蟠螭"饕餮纹"之简化图式的微型化。

范铸法的S形蟠螭"饕餮纹"之简化图式（图9–13.1、3），微型化为晋式错金银的S形蟠虺"饕餮纹"（图9–13.2、4）。

范铸法的G形蟠螭"饕餮纹"之简化图式（图9–13.5、7），微型化为晋式错金银的G形蟠虺"饕餮纹"（图9–13.6、8）。

范铸法的S形G形混合蟠螭"饕餮纹"之简化图式（图9–13.9），微型化为晋式错金银的S形G形混合蟠虺"饕餮纹"（图9–13.10）。

或问：蟠虺"饕餮纹"是蟠螭"饕餮纹"的微型化，纹样缩小以后，理应更加简约，为何更加繁复？因为晋式错金银铜器刻意追求繁复，以便压倒楚式失蜡法铜器的繁复。

源头二，晋式错金银铜器之蟠虺"饕餮纹"，借鉴了楚式玉器之蟠虺"饕餮纹"的繁琐纹样。

上文已言，楚式玉器的精细纹样，是楚式铜器的模仿对象和追赶目标。比如河南淅川下寺春秋晚期楚墓的楚式蟠虺"饕餮纹"玉牌（图9–14.1），正是战国曾侯乙墓大尊缶之楚式失蜡法蟠虺"饕餮纹"（图9–14.2）的模仿对象和追赶目标，后者显然没有前者精细。

晋式错金银铜器的蟠虺"饕餮纹"，同时模仿了楚式玉器、楚式失蜡法铜器的蟠虺"饕餮纹"。比如美国克利夫兰艺术博物馆所藏战国早期晋式错金壶的蟠虺"饕餮纹"（图9–14.3），模仿了楚式玉器的蟠虺"饕餮纹"（图9–14.1）。美国华盛顿赛克勒博物馆所藏战国早期晋式错金壶的蟠虺"饕餮纹"（图9–14.4），模仿了楚式失蜡法铜器的蟠虺"饕餮纹"（图9–14.2），纹样的精细度、精美度全都超过了楚国。

1　S形蟠螭"饕餮纹"（范铸法）

2　S形蟠虺"饕餮纹"（错金银）

3　S形蟠螭"饕餮纹"（范铸法）

4　S形蟠虺"饕餮纹"（错金银）

5　G形蟠螭"饕餮纹"（范铸法）

6　G形蟠虺"饕餮纹"（错金银）

7　G形蟠螭"饕餮纹"（范铸法）

8　G形蟠虺"饕餮纹"（错金银）

9　S形G形混合蟠螭"饕餮纹"（范铸法）

10　S形G形混合蟠虺"饕餮纹"（错金银）

图 9-13　错金银蟠虺"饕餮纹"源头之一：范铸法蟠螭"饕餮纹"

楚式玉器之蟠虺"饕餮纹"　　　　　　楚式失蜡法铜器之蟠虺"饕餮纹"

晋式错金银铜器之蟠虺"饕餮纹"

图9-14　晋式错金银铜器之蟠虺"饕餮纹"：模仿楚式玉器之蟠虺"饕餮纹"

　　综上所言，春晚战早的晋楚蟠虺纹斗图，楚国一度凭借失蜡法技术实现了弯道超车，击败了晋式范铸法铜器，宣告了长江流域楚国文化的强势崛起。但是晋国又凭借错金银技术实现了再次反超，击败了楚式失蜡法铜器，重建了黄河流域中原文化的领先优势。正是长达数百年的晋楚青铜斗图，把中国青铜器的铸造技术和纹样艺术推向了后世中国乃至全球范围难以企及的巅峰。

4. 晋式错金银基本纹样：蟠虺"饕餮纹"和万舞纹

　　前文所言晋式错金银铜器之蟠虺"饕餮纹"，并非孤立纹样，仅是晋式错金银铜器之大型组合纹样的核心部分。

　　晋式错金银铜器的大型组合纹样，主要分为两类。

　　第一类，反复叠加、布满器身的蟠虺"饕餮纹"。

图9-15　战国早期三晋错金银铜壶：蟠虺"饕餮纹"

　　战国早期的两件三晋错金银铜壶，分藏美国华盛顿赛克勒博物馆（图9-15.1）、法国巴黎（图9-15.2），壶身分为八面，对应四时八节。布满器身的蟠虺"饕餮纹"（图9-15.3、4），标示天帝主宰四时八节。旧称"云纹铜壶"，与"云纹铜禁"同误。

　　三晋错金银铜器之蟠虺"饕餮纹"的纹样之美，超越了楚国玉器之蟠虺"饕餮纹"，抵达了商周"饕餮纹"的极致之美。中国线描的极致之美，始于上古伏羲族的陶器、上古玉器三族的玉器、中古夏商周的铜器，延至秦汉以后的中国漆器、中国金器、中国银器、中国瓷器，扩散至中国书法、中国绘画，贯穿八千年华夏图像史、华夏美术史、华夏器物史。而中古夏商周铜器的线描之美，造极于春秋晚期至战国早期的晋式错金银铜器。

　　第二类，以蟠虺"饕餮纹"为核心的万舞纹。

　　春秋晚期的晋式错金银铜器，已有大量的万舞纹（图9-16.1—3）：主

1   2   3

春秋晚期：晋式错金银铜器之万舞纹

4   5   6

战国早期：三晋错金银铜器之万舞纹

图 9-16　春晚战早：晋式错金银铜器之万舞纹

要纹样有二，一是万舞领舞者扮演的人形天帝（佩戴象征天帝的头饰或面具，参看第三章图 3-10），二是万舞伴舞者扮演的天文神兽。当时尚未出现蟠虺"饕餮纹"。

战国早期的晋式错金银铜器，也有大量的万舞纹，全面承袭春秋晚期的万舞纹，但在核心位置新增蟠虺"饕餮纹"。今以三件晋式错金银画像壶为例。

例一，美国洛杉矶藏战国早期晋式错红铜高柄小方壶（图 9-16.4），器身纹样四层。自下而上——

第一层，中间是万舞领舞者，头顶一蛇，手持羽毛，扮演《山海经》所言"珥蛇"天神。左右是一对南方朱雀，即《吕氏春秋·古乐》所言"天翟"。

第二层，象征天帝的蟠虺"饕餮纹"，占据全图中心位置。

第三层，中间是天文符号交午纹。左右是一对南方朱雀，头顶圭影符。

第四层，一对G形蟠虺纹，合成蟠虺"饕餮纹"的简化图式。

例二，美国旧金山亚洲艺术博物馆藏河南辉县琉璃阁战国墓的晋式错红铜画像壶（图9-16.5），纹样分为七层。自下而上——

第一层，中间是万舞领舞者，头顶一蛇，手持羽毛，扮演《山海经》所言"珥蛇"天神。左右是一对南方朱雀，足踩一蛇，即《山海经》所言"践蛇"天神。

第二层，中间是一对首尾相衔的太极形东方苍龙，即《仪礼·觐礼》所言："天子乘龙，载大旂，像日月，升龙降龙。"参看《周礼·太常》"诸侯建旂"郑玄注："诸侯画交龙，一象其升朝，一象其下覆也。"左右是两位万舞舞者，人足，人立，头戴鸟喙面具，扮演南方朱雀，一人手持弓箭道具，一人佩戴鸟翅道具。

第三层，中间是万舞舞者扮演的北方麒麟，左右两位万舞舞者，一人持剑，一人持弓。

第四层，象征天帝的蟠虺"饕餮纹"，占据全图中心位置。

第五层，与第三层对称。左右两位万舞舞者，互换剑、弓。

第六层，左为持剑的万舞舞者，右为万舞舞者扮演的西方白虎。

第七层，中间是天文符号交午纹。左右是一对南方朱雀，口衔一蛇，即《山海经》所言"衔蛇"天神。

例三，日本学者梅原末治《战国式铜器研究》著录的一件晋式错红铜画像壶（图9-16.6），纹样分为七层。自下而上——

第一层，中间是天文符号交午纹。左右是一对南方朱雀，足踩一蛇，即《山海经》所言"践蛇"天神。

第二层，中间是一对首尾相衔的太极形东方苍龙。左右是两位万舞舞者，人足，人立，头戴鸟喙面具，扮演南方朱雀，一人手持弓箭道具，一人佩戴鸟翅道具。

第三层，象征天帝的蟠虺"饕餮纹"，占据全图中心位置。

第四层，中间是北方麒麟，左右是两位持剑的万舞舞者。

第五层，左为持剑的万舞舞者。右为西方白虎，虎尾之下是北方麒麟。

第六层，中间是万舞领舞者，头顶一蛇，双手持羽兼操蛇，足踩一蛇。左右是一对南方朱雀，足踩一蛇。扮演《山海经》所言"珥蛇"、"操蛇"、"践蛇"天神。

第七层，中间是天文符号交午纹。左右是一对南方朱雀，口衔一蛇，足踩一蛇，足踩之蛇又被一对小型朱雀所衔，扮演《山海经》所言"衔蛇"、"践蛇"天神。

以上三件晋式错金银画像壶，系统证明了晋式错金银画像壶均为万舞纹壶。

证据一，画像中的人物手持羽毛，证明这是周代万舞之文舞即羽舞。画像中的人物手持武器，证明这是周代万舞之武舞即干戚舞。

证据二，画像中的人物头顶一蛇，双手操蛇，双足踩蛇，证明均非凡人，而是万舞领舞者扮演的天神，亦即《山海经》所言"珥蛇"、"践蛇"、"操蛇"天神。

证据三，画像中的动物常有人足，又常双足直立，证明均非真实动物，亦非人间凡兽，而是万舞伴舞者扮演的天文神兽。

证据四，西方白虎和北方麒麟身上的圈形纹，均非虎皮、鹿皮的真实斑纹，而是上古陶器、上古玉器、中古铜器常见的星宿纹（旧称"联珠纹"），再次证明这些动物并非人间凡兽，而是天文神兽。

证据五，占据全图中心位置的不可能是所谓"云纹"，而是象征天帝的蟠虺"饕餮纹"。因为主宰天文神兽的不可能是随风飘散的云团，只能是永居天中的北极天帝。

证据六，真正的狩猎者不可能手持羽毛，更不可能头顶一蛇、双手操蛇、双足踩蛇，所以这些画像不可能是"狩猎纹"。

综上所言，春秋晚期至战国早期的晋式错金银画像壶，均为"万舞纹壶"，均非所谓"狩猎纹壶"、"渔猎纹壶"、"攻战纹壶"。占据万舞纹核心位置的蟠螭"饕餮纹"，均为万舞的祭祀对象：《山海经》所言北极天帝"帝俊"。

同时证明，上古华夏至中古夏商周的一切"饕餮纹"，包括良渚文化的玉制天帝、石家河文化的玉制天帝、石峁先夏文化的石雕天帝、夏代早期新砦文化的彩陶"饕餮纹"、夏代晚期二里头文化的龙面"饕餮纹"、夏家店下层先商文化的彩陶"饕餮纹"、商代早期二里岗文化青铜礼器的勾云形"饕餮纹"，以及商晚周早青铜礼器的经典"饕餮纹"、周中春早青铜礼器的窃曲"饕餮纹"、春秋中晚青铜礼器的蟠螭"饕餮纹"、春晚战早青铜礼器的蟠螭"饕餮纹"，内涵均非恶兽"饕餮"或恶神"蚩尤"，均为对应北极帝星的北极天帝"帝俊"。由于春秋战国的礼崩乐坏和秦汉时期的历史改道，导致夏商周秘藏的图法及其内涵失传，因此战国至今两千年学界才被并非王官之书的先秦民间著述《吕氏春秋》长期误导，误将北极天帝"帝俊"视为恶兽"饕餮"或恶神"蚩尤"。一切"饕餮纹"的"狞厉"，并非象征恶兽或恶神贪得无厌的莫大邪恶，而是象征天帝主宰天地万物的至高威严。

晋式错金银万舞纹壶，不仅以天文符号交午纹作为万舞的标志，甚至以天文符号万字符作为万舞的标志。因为"万舞"是"万字符之舞"的简称，"万"是"卍"的简写，商代甲骨文即把"万舞"写作"卍舞"（详见《玉器之道》第六万字符章）。

1988年山西太原金胜村赵简子墓出土的春秋晚期万舞纹高柄小方壶（图9-17.1）：腹部是菱形帝星纹和交午纹，柄部是天文神兽纹。盖面外围：四正是四条立体衔尾龙，标

图9-17　作为万舞标志的万字符

示太阳历四时；四维是龙耳纹（旧称"柿蒂纹"），标示太阴历四季。盖面中心，是一对阴阳双龙合成的万字符"卍"。

梅原末治《战国式铜器研究》著录的另一件收藏于巴黎的战国早中期晋式错红铜万舞纹壶（图9-17.2），五层万舞纹（旧称"狩猎纹"）之间，各有一圈万字符"卍"。

这些万字符再次证明，春晚战早画像壶上的画像是万舞纹。

综上所言，晋式错金银铜器以更精细、更精美的平面蟠虺纹，一举击败了楚式失蜡法铜器的立体蟠虺纹，再次夺回了中原文化的领先优势。

楚国不甘心在晋楚斗图中再次落于下风，于是立刻模仿晋式错金银技术，仿制出了楚式嵌错万舞纹铜器，不过大部分并非嵌错金银，而是嵌错红铜。

图9-18　楚式错红铜万舞纹壶：河南淅川和尚岭楚墓出土

河南淅川和尚岭春秋晚期楚墓出土的一对错红铜万舞纹壶，一件严重破损，一件基本完整（图9-18.1）：壶身纹样七层，均用天文符号交午纹隔开。自下而上——

第一层，中间是天文符号交午纹，左右是独角的北方麒麟。

第二层，中间是万舞舞者扮演的南方朱雀之神（图9-18.2），头戴圭影符。左右是双角的北方麒麟，两侧是两位持剑的万舞舞者。

第三层，中间是天文符号交午纹，左右是两位持干戚的万舞舞者，两侧是西方白虎。

第四层，中间是天文符号交午纹，左右是独角的北方麒麟，两侧是两位持剑的万舞舞者。

第五层，中间是万舞领舞者扮演的北极帝君（图9-18.3），双足各践一蛇。两侧是西方白虎，演绎万舞母题"天帝伏虎"。

第六层，中间是万舞领舞者扮演的北斗星君（图9-18.4），两侧是东方苍龙，演绎万舞母题"天帝降龙"，兼寓天文母题"杓携龙角"。

第七层，中间是天文符号交午纹，左右是南方朱雀。

盖面四正，是与赵简子墓万舞纹高柄小方壶（图9-17.1）盖部相同的四条立体衔尾龙，对应四时。盖面四维，是八条东方苍龙，对应八节。盖面合计十二龙，对应十二月。

第二层中间的南方朱雀之神（图9-18.2），第五层中间的北极帝君（图9-18.3），第六层中间的北斗星君（图9-18.4），考古报告均误称为"仙人"。由于楚国位于华夏全境的南方，对位南方朱雀，所以楚国万舞在至高神北极帝君、次高神北斗星君之外，突出南方朱雀之神"赤帝"；正如秦国位于华夏全境的西方，对位西方白虎，所以专祭西方白虎之神"白帝"。

由此可见，春晚战早的楚式错红铜画像壶，也是万舞纹壶，并非所谓"狩猎纹壶"。

5. 晋式万舞纹衍生纹样：宴乐舞纹、攻战舞纹、神兽纹

晋式错金银铜器的万舞纹，又衍生出晋式错金银铜器的宴乐舞纹、攻战舞纹、神兽纹等等。

晋式错金银铜器的宴乐舞纹、攻战舞纹（旧皆误称"狩猎纹"），都是万舞纹的衍生纹样。今举三例。

例一，北京故宫藏战国早期错红铜画像壶（图9-19.1）。旧称"燕乐

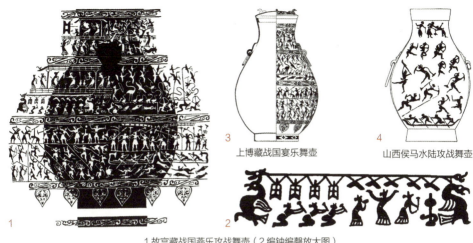

1 故宫藏战国燕乐攻战舞壶（2 编钟编磬放大图）

图 9-19　战国燕乐舞壶、攻战舞壶

渔猎攻战纹壶"，是错误命名。

　　壶身中部的编钟编磬（图9-19.2）证明：壶身上部的纹样，是周代万舞之文舞、羽舞。壶身下部的纹样，并非真实的渔猎、攻战，而是周代万舞之武舞、干戚舞。旧称"渔猎纹"，"渔"是对鱼纹的误解，"猎"是对神兽纹的误解。鱼纹并非标示"渔"，而是标示水，亦即标示水战。西周多陆战，少水战，所以西周武舞只表演陆战，不表演水战。东周时期，长江流域的楚吴越均有水军，黄河流域的中原列强也不得不增设水军，于是东周武舞既表演陆战，又表演水战，合为水陆攻战舞。

　　例二，上博藏战国宴乐攻战舞壶（图9-19.3），是燕乐攻战舞的简化纹样，省略了编钟编磬。旧称"攻战狩猎纹壶"，是错误命名。

　　全器三层纹样，用G形蟠虺纹之太极互抱图式隔开：上层的宴乐舞，是万舞之文舞；中层的水战舞，下层的陆战舞（其中又细分为两层多格），是万舞之武舞。

　　例三，1995年山西侯马盗掘出土的战国早中期错红铜画像壶（图9-19.4），是燕乐攻战舞的简化图式，既省略了编钟编磬，又省略了作为燕乐舞的文舞，只保留了水陆攻战舞。观其肢体动作的夸张性和舞蹈性，即知并非真实的水陆攻战，而是艺术表演。

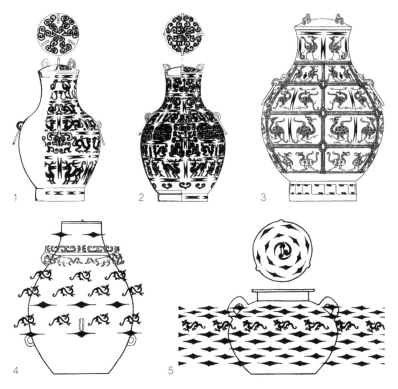

图 9-20　战国三晋错红铜神兽纹铜器

晋式错金银铜器的神兽纹（旧多误称"动物纹"），是万舞纹的简化图式。今举五例。

例一，美国华盛顿赛克勒博物馆藏战国早期神兽纹壶（图9-20.1）。以器腹中心的蟠虺"饕餮纹"，代替万舞领舞者扮演的天帝。保留万舞伴舞者扮演的天文神兽，自下而上的五层纹样分别是：麒麟、苍龙、苍龙、麒麟、朱雀。器座是天文符号交午纹。

例二，北京保利博物馆藏战国早期神兽纹壶（图9-20.2）。与例一基本相同，但是器腹中心的蟠虺"饕餮纹"占据两层，上层的蟠虺"饕餮纹"左右增加一组S形蟠虺纹之太极蟠腰图式。器腹的底部另增一组心形龙星纹。

例三，山西万荣庙前战国墓出土的错红铜准绳朱雀纹壶（图9-20.3）。省略了万舞领舞者扮演的天帝，又省略了蟠虺"饕餮纹"，仅仅保留交午纹和朱雀纹。一对朱雀纹为一组，各组之间以准绳纹（旧称"络绳纹"）隔开，又分雌雄：雄为凤，雌为凰。器座是S形蟠虺纹之太极互抱图式。

准绳纹也是天文历法符号。《史记·夏本纪》："左准绳，右规矩，载四时。"《淮南子·天文训》："太皞执规而治春，炎帝执衡而治夏，黄帝执绳而制四方，少昊执矩而治秋，颛顼执权而治冬。……日冬至则斗北中绳，日夏至则斗南中绳。……故曰规生矩杀，衡长权藏，绳居中央，为四时根。"《吕氏春秋·分职》："巧匠为宫室，为圆必以规，为方必以矩，为平直必以准绳。"夏商周宫室即明堂，顶层为昆仑台（天文台）。重大节日万舞祭天，常于明堂之前举行，因此准绳纹也是万舞纹的标志。

例四，北京故宫藏战国早期错红铜帝星苍龙纹壶（图9-20.4）。壶身纹样是三圈菱形帝星纹和三圈S形苍龙纹。壶颈中间是鼻祖纹天帝，左右是窃曲纹两龙，表达《山海经》所言"天帝乘两龙"，与"饕餮纹"内涵相同，也是"天帝乘龙巡天图"。

例五，北京故宫藏战国早期错红铜帝星苍龙纹瓿（图9-20.5）。瓿身的八圈菱形帝星纹，上三下五，中间加入一圈S形苍龙纹。瓿盖外围是两圈菱形帝星纹，中间是顺时针旋转的三星旋转纹。

楚国也大量仿制晋式错红铜神兽纹铜器，形成了楚式错红铜神兽纹铜器。

楚式错红铜神兽纹铜器，也常省略万舞舞者和蟠螭"饕餮纹"。见于河南驻马店上蔡郭庄春秋晚期楚墓的交午苍龙纹铜敦、铜豆（图9-21.1、2），河南固始侯古堆春秋晚期楚墓的交午苍龙纹方豆、三足壶、浴缶（图9-21.3—5），安徽寿县春秋晚期蔡侯墓的交午苍龙纹蔡侯盥缶、蔡侯方鉴（图9-21.6、7）、苍龙纹蔡侯兽足敦（图9-21.8）等器。所有苍龙纹，均有标示二十八宿第一宿即角宿的龙角；旧多误称"虎纹"，然而虎无角。

楚式错红铜青铜器多饰苍龙纹，正是战国韩人申不害所著《申子》之"叶公好龙"寓言的现实基础："叶公子高好龙，钩以写龙，凿以写龙，屋室雕文以写龙。"（西汉刘向《新序·杂事五》引《申子》佚文）叶公子高是楚国宗室，氏沈，名诸梁，字子高，封地叶邑（河南叶县南旧城），是春秋晚期楚国北进中原所获新地。春秋早期楚国叛周称王，决意代周为王，自居真龙天子，因此苍龙成为楚式铜器出现频率最高的天文神兽。

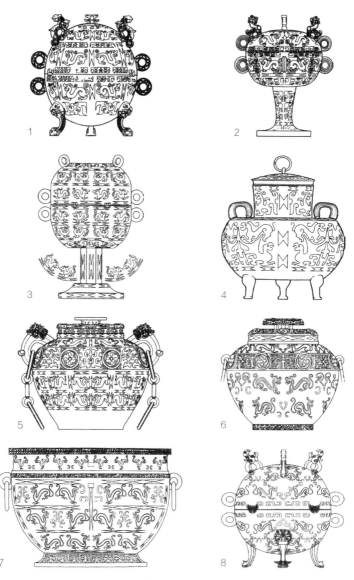

图 9-21　楚式错红铜神兽纹铜器

　　晋式错金银技术，除了制作青铜礼器，又用于制作四大天文神兽的立体铜雕。

　　1974年河北平山战国中期魏属中山王墓出土的错金银四龙四凤四麟铜雕方案（图9-22.1）：四维是东方苍龙，龙足之下是北方麒麟。四正是南

图 9-22 错金银青铜神兽：1 苍龙，2、3 朱雀，4、5 白虎，6—9 麒麟

方朱雀。合计十二天文神兽，对应一年十二月。

台北故宫博物院藏战国中期晋式错金银鸟首虎身神兽尊（图9-22.2）：鸟首取自象征夏天的南方朱雀，虎身取自象征秋天的西方白虎，是象征夏秋二季的天文神兽，人间没有两者合体的凡兽。虎身的S形斑纹，是S形蟠虺纹的抽象图式。虎足的关节处，是逆时针旋转的三星旋转纹。

1988年山西太原金胜村赵简子墓出土的鸟形尊（图9-22.3），象征南方朱雀。

1974年河北平山战国中期魏属中山王墓出土的错金银虎噬鹿铜插座（图9-22.4）：虎即西方白虎，鹿即北方麒麟，白虎、麒麟是象征秋冬二季的天文神兽。虎背的条形斑纹，也是S形蟠虺纹之抽象图式。虎足的关节处，是逆时针旋转的蟠龙纹。

1974年河北平山战国中期魏属中山王墓出土的错金银神虎尊（图9-22.5），即西方白虎。虎身是火形龙星纹，虎足的关节处，是逆时针旋转的三星旋转纹。

春晚战早的晋国、楚国，又都制作了不少错金银麒麟尊。晋国之例见于美国华盛顿弗利尔美术馆藏山西浑源李峪晋墓出土的麒麟尊（图9-22.6）、河北平山魏属中山王墓出土的双翼麒麟尊（图9-22.7）；后者腰生双翼，证明并非凡鹿，而是飞翔于天的天文神兽。楚国之例见于河南淅川徐家岭春秋晚期楚墓出土的苍龙乘麒麟尊（图9-22.8、9），麒麟、苍龙是象征冬春二季的天文神兽。

合体或合铸的两种动物，全都对应相邻两季，从不跳过其中一季，证明这些错金银兽雕均非人间凡兽，均为天文神兽。

三　西周太极图衍生窃曲纹、蟠螭纹、蟠虺纹总览

本书下编三章，全面梳理了西周太极图衍生的西周中期以后三大青铜纹样：西周窃曲纹、春秋蟠螭纹、战国蟠虺纹。由于各种变体极其繁复，图法、图式的演变主线不易理清，本章最后一节再予扼要性回顾总览。

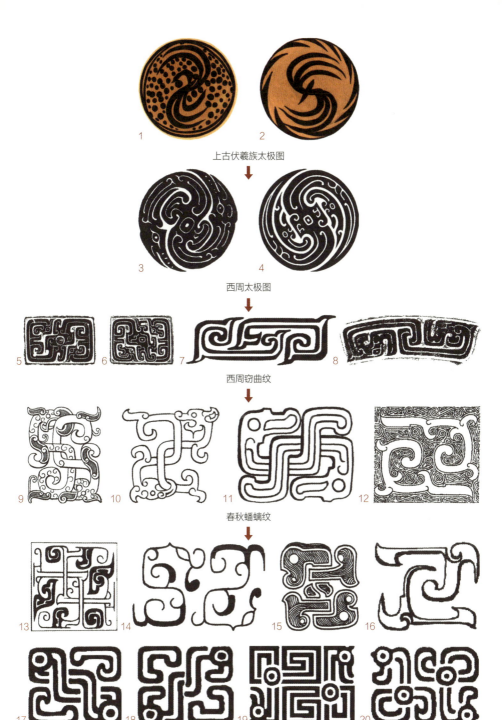

图 9-23　太极图、窃曲纹、蟠螭纹、蟠虺纹的图法演变

龙山时代的伏羲族祖地甘肃马家窑文化彩陶，有两种伏羲太极图，一是对应顺时针旋转之天球的天盘太极图（图9-23.1），二是对应逆时针旋转之地球的地盘太极图（图9-23.2）。

中古夏商周传承了上古太极图，但是实行"绝地天通"政策而予秘藏，因为天文图像属于严禁外泄的"天机"。现代考古发现了秘藏于周代青铜礼器的十多例太极图，同样分为天盘太极图（图9-23.3）和地盘太极图（图9-23.4）。

西周中期至春秋中期的西周窃曲纹（图9-23.5—8），是西周太极图的化圆为方，也是西周太极图的秘藏图式。

春秋中晚期的春秋蟠螭纹（图9-23.9—12），是西周窃曲纹的微型化，也是西周太极图的秘藏图式。

春晚战早的战国蟠虺纹（图9-23.13—20），是春秋蟠螭纹的微型化，也是西周太极图的秘藏图式。

尤其值得注意的是，西周窃曲纹、春秋蟠螭纹、战国蟠虺纹不仅源于西周太极图，而且酷似上古以降的华夏天文符号万字符。

首先回顾一下伏羲学第二书《玉器之道》对上古伏羲族太极图和上古玉器三族万字符之相似性的辨析。

图9-24　伏羲族太极图四象≈玉器族万字符四象

伏羲族太极图的四象与玉器族万字符的四象极其相似（图9-24），《玉器之道》业已辨析原因："个别天象的局部规律，无不从属于全部天象的宇宙总规律。因此伏羲族表达太阳旋转规律的太极图，与玉器族表达北斗旋转规律的万字符，视觉形象酷似，天文内涵相通。"[1]

正因太极图和万字符是源于华夏文化两大源头（即上古伏羲族和上古玉器三族）且结构酷似的华夏天文两大符号，所以源于太极图的西周窃曲纹、春秋蟠螭纹、战国蟠虺纹，酷似商周万字符并非无意巧合，而是有意融合，证据有三。

其一，西周晚期虢叔簋盖顶的窃曲纹（图9-25.1），龙耳纹样是"丫"字形（标准的龙耳纹样近于甲金文"左"、"右"，"丫"为简化形）。春秋早期鲁宰𪉖簋盖顶的窃曲纹（图9-25.2），龙耳纹样却是"卍"字形。这是春秋时期有意融合窃曲纹、万字符的硬证。

其二，春秋蟠螭纹的两螭之雌雄（图9-25.3），正是表达太极之阴阳，同时酷似甲骨文万字符（图9-25.5）、春秋万字符（图9-25.6）。春秋万字符的两龙之雌雄（图9-25.6），也是表达太极之阴阳，同时酷似春秋蟠螭纹（图9-25.3）。因此春秋蟠螭纹、春秋万字符都是同时表达太极图、万字符的符号。

其三，战国蟠虺纹（图9-25.4），承袭春秋蟠螭纹（图9-25.3），仍然酷似战国万字符（图9-25.7），所以战国蟠虺纹、战国万字符也是同时表达太极图、万字符的符号。

太极图、万字符的相似性，由于前者为圆、后者为方而有所减弱，但在西周太极图化圆为方，衍生出西周窃曲纹、春秋蟠螭纹、战国蟠虺纹之后，方、圆之异已经弱化，因此春秋蟠螭纹、战国蟠虺纹同时表达华夏天文两大图像，是周代青铜图法逻辑发展的必然结果。上古至中古的六千年华夏图像系统，至此抵达了最高形式，走到了最后终点。

---

[1] 张远山：《玉器之道》230页，中华书局2018。作品集第十七卷212页。

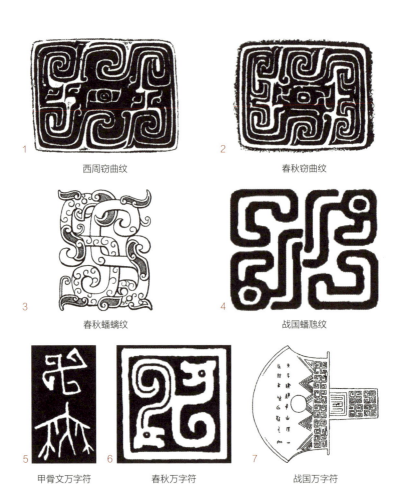

图 9-25 窃曲纹、蟠螭纹、蟠虺纹酷似万字符

结语　从华夏文化共同体到华夏政治共同体

西周太极图衍生的三大青铜纹样，即西周窃曲纹、春秋蟠螭纹、战国蟠虺纹，都是西周太极图的秘藏形式。西周太极图在20世纪50年代出土以后，被错误命名为"团龙纹"或"团凤纹"，长期明珠暗投，一直未能解密，进而导致西周窃曲纹、春秋蟠螭纹、战国蟠虺纹无法解密，青铜纹样研究无法突破。

西周中期的青铜图法"商周之变"，导致了"崇人文"的西周窃曲纹、春秋蟠螭纹、战国蟠虺纹，替代了"崇鬼神"的商周"饕餮纹"。

范铸法技术的升级，导致西周窃曲纹被微型化为春秋蟠螭纹。范铸法技术的再升级，以及楚式失蜡法、晋式错金银的创新，导致春秋蟠螭纹被微型化为战国蟠虺纹。与三大纹样对应的三大历史阶段是：西周，春秋，战国；与三大纹样对应的周室王权状况是：强大，衰落，式微。

从西周初期到春秋中期，中原文化对楚国文化具有较大优势，所以当时楚国青铜礼器的图法、图式，主要是模仿、追赶中原青铜礼器的图法、图式。但是春秋早期楚国叛周称王、疆域急剧扩张、文化强势崛起以后，中原文化对楚国文化的优势逐渐削弱，于是黄河流域的中原文化与长江流域的楚文化圈渐成分庭抗礼之势，双方不再是单向交流，转为双向交流和相互竞争，进一步促进了华夏全境各大区域文化的同质化，也进一步强化了华夏全境的文化认同感和民族认同感，最终在春秋战国时期逐渐形成了华夏文化的"天下"观念，以及"天下一家"、"炎黄一家"等等观念。华夏的"天下"观念，从此成为超越地域、超越种族、超越阶层的文化观念，为战国末期的天下一统，奠定了集体无意识的心理基础。于是战国末年秦国一统天下，此前的全球最大文化共同体，转化为此后的全球最大政治共同体，延续两千多年至今。

附表 9-1　春秋蟠螭纹、战国蟠虺纹图法对照表

	西周窃曲纹＋春秋蟠螭纹	战国蟠虺纹
S形窃曲纹·蟠螭纹·蟠虺纹	 S形窃曲纹太极互抱式 （中原抽象式）	
	 S形蟠螭纹太极互抱式 （晋国具象式）	 S形蟠虺纹太极互抱式 （晋国具象式）
	 S形蟠螭纹太极蟠腰式 （具象独体式）	 S形蟠虺纹太极蟠腰式 （具象独体式）
	 S形蟠螭纹太极蟠腰式 （具象连续式）	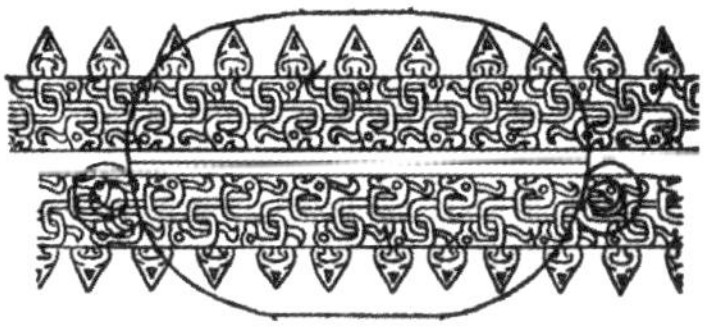 S形蟠虺纹太极蟠腰式 （具象连续式）
	 S形窃曲纹太极对置式 （中原抽象式）	
	 S形蟠螭纹太极对置式 （晋国抽象式）	 S形蟠虺纹太极对置式 （晋国抽象式）
	 S形蟠螭纹太极对置式 （晋国具象式）	 S形蟠虺纹太极对置式 （楚国具象式）

西周窃曲纹＋春秋蟠螭纹	战国蟠虺纹

<table>
<tr><td rowspan="10">G形窃曲纹·蟠螭纹·蟠虺纹</td></tr>
</table>

G形窃曲纹太极互抱式
（中原抽象式）

G形蟠虺纹太极互抱式
（晋国抽象式）

G形窃曲纹太极互抱式
（楚国具象式）

G形蟠螭纹太极互抱式
（晋国抽象式）

G形蟠虺纹太极互抱式
（楚国具象式）

G形蟠螭纹太极蟠腰式
（晋国具象式）

G形蟠虺纹太极蟠腰式
（晋国具象式）

G形窃曲纹太极对置式
（中原抽象式）

G形蟠螭纹太极对置式
（晋国抽象式）

G形蟠虺纹太极对置式
（晋国抽象式）

G形蟠螭纹太极对置式
（晋国具象式）

G形蟠虺纹太极对置式
（楚国抽象式）

	春秋：蟠螭"饕餮纹"	战国：蟠虺"饕餮纹"
S 形	S 形蟠螭"饕餮纹"	S 形蟠虺"饕餮纹"
G 形	G 形蟠螭"饕餮纹"	G 形蟠虺"饕餮纹"
SG 混合型	SG 混合型蟠螭"饕餮纹"	SG 混合型蟠虺"饕餮纹"

上古 太极图		
西周 太极图		
西周 窃曲纹		
春秋 蟠螭纹		
战国 蟠虺纹		

图表索引

绪论一　"饕餮纹"天帝的两千年正名史

图01-1　华夏早期铜器分布图（据刘远晴《中国早期铜器研究》原图简化）

图01-1，华夏早期铜器分布图，采自刘远晴：《中国早期铜器研究》，陕西师范大学2011年硕士论文［知网］。

图01-2　上古华夏早期铜器（一）：陕西仰韶文化、甘肃马家窑文化铜器

图01-2.1，半坡白铜片，采自安志敏：《中国早期铜器的几个问题》，《考古学报》1981年3期。图01-2.2、3、姜寨黄铜片，蒋家坪青铜刀，采自王志俊：《中国早期铜器的起源及发展》，《文博》1996年6期。图01-2.4，东乡林家青铜刀，采自杜廼松：《古代青铜器》21页，文物出版社2005。

图01-3　上古华夏早期铜器（二）：山西陶寺文化、甘青齐家文化铜器

图01-3.1，陶寺青铜环，采自网络。图01-3.2，陶寺M3296出土铜铃，采自张岱海：《山西襄汾陶寺遗址首次发现铜器》，《考古》1984年12期。图01-3.3，1977年青海贵南尕马台出土齐家七连山镜，采自白云翔：《中国的早期铜器与青铜器的起源》，《东南文化》2002年7期。图01-3.4，国博藏甘肃广河齐家坪分至纹青铜镜，采自国博官网。

图01-4　齐家铜镜的天文内涵：二分二至图

图01-4.1，七连山太阳历图，采自刘宗迪：《失落的天书：〈山海经〉与古代华夏世界观》121页，商务印书馆2006。图01-4.2，妇好墓七衡六间镜（M5：45），采自《殷墟妇好墓》104页，文物出版社1980。图01-4.3，七衡六间图，采自《周髀算经》。图01-4.4，分至图，采自陈遵妫：《中国天文学史》第一册124页，上海人民出版社1980。图01-4.5，即图01-3.4。图01-4.6，牛河梁分至纹祭坛，采自《牛河梁：红山文化遗址发掘报告（1983—2003年度）》下图版118，文物出版社2012。图01-4.7，凌家滩分至玉璧，采自《凌家滩玉器》101页，文

物出版社2000。图01-4.8，上博藏战国分至玉璧，2015年10月28日张远山摄于上博。图01-4.9，西汉分至玉璧，采自杨伯达：《关氏所藏中国古玉》306页，香港中文大学文物馆1994。

图01-5　夏县东下冯无纹青铜器：1、2镞，3爵

图01-5.1—3，东下冯青铜镞、青铜爵（M4：1），采自《夏县东下冯》123、197、206页，文物出版社1988。

图01-6　偃师二里头无纹青铜礼器：1铃，2—5爵

图01-6.1—5，二里头青铜铃、青铜爵，采自《偃师二里头：1959年—1978年考古发掘报告》137、195、252、299、343页，中国大百科全书出版社1999。

图01-7　偃师二里头有纹青铜礼器：1鼎，2斝，3盘，4钺，5牌

图01-7.1，1987年出土二里头青铜鼎（VM1：1），采自马承源：《中国青铜器全集》第1卷46页，文物出版社1996。图01-7.2，四期铜斝（V采M：66），采自《偃师二里头：1959年—1978年考古发掘报告》343页，中国大百科全书出版社1999。图01-7.3—5，二里头出土镶嵌绿松石亞形纹圆形青铜器（VIKM4：2），上博藏二里头文化镶嵌绿松石亞形纹青铜钺，二里头二期出土镶嵌绿松石青铜牌（1984YLVIM11：7），采自陈振裕：《中国古代青铜器造型纹饰》3页、序论，湖北美术出版社2001。

图01-8　大汶口北斗符→夏代斗形钺→商周斗形钟、斗形铙

图01-8.1、4，大纹口陶器斗魁纹，采自《山东莒县陵阳河大汶口文化墓葬发掘简报》，《史前研究》1987年第8期。图01-8.2、5，出处见前。图01-8.3，陕西扶风庄白村出土西周晚期五祀猷钟，采自曹玮：《周原出土青铜器》2028页，巴蜀书社2005。图01-8.6，河南安阳殷墟出土商代晚期铜铙，采自马承源：《中国青铜器全集》第2卷14页，文物出版社1996。

图01-9　夏商周经典"饕餮纹"

图01-9.1、3、4、5，二里头青铜牌，故宫藏商代晚期"饕餮纹"大铙，国博藏清朝道光年间陕西郿县出土西周早期天亡簋，国博藏1976年陕西临潼出土西周早期利簋，采自马自树：《中国文物定级图典·一级品》下卷337、325、上卷211页，上海辞书出版社1999。图01-9.2，上博藏商代晚期铜尊，采自陈佩芬：《夏商周青铜器研究·夏商篇》294页，上海古籍出版社2004。图01-9.6，国博藏陕西宝鸡贾村源出土西周早期何尊，采自国博官网。

图01-10　商周方鼎表达"黄帝四面"神话

图01-10.1—3，商代大禾人面方鼎，商代后母戊方鼎，采自马承源：《中国青铜器全集》第4卷24页图版二三、第2卷48页图版四七、第5卷2页图版二，文物出版社1996。图01-10.4，西周洛阳北窑方鼎（M686：1），采自《洛阳北窑西周墓》彩版二，文物出版社1999。

图01-11　一切"饕餮纹"、"兽面纹"都是神面纹

图01-11.1、2，保利博物馆藏西周早期神面纹卣，马承源所见美国纽约私家藏西周早期神面纹方座簋，采自《保利藏金》357、355页，岭南美术出版社1999。图01-11.3，国博藏西周早期利簋，出处见前。

绪论二 "饕餮纹"天帝的六千年演变史

图02-1 伏羲族北极天帝"帝俊"

图02-1.1，采自美国班大为：《中国上古史实揭秘：天文考古学研究》354页，徐凤先译，上海古籍出版社2008。图02-1.2，河南汝州洪山庙陶文"帝"字，采自河南省考古所：《汝州洪山庙》42页，中州古籍出版社1995。图02-1.3，甲骨文"帝"字（卜398），采自《古文字诂林》第1册45页，上海教育出版社1999。图02-1.4、5，甘肃天水大地湾、甘肃临洮出土伏羲族"帝俊"，采自张朋川：《中国彩陶图谱》图版79、562，文物出版社1990。图02-1.6，陕西铜川前崂出土伏羲族"帝俊"，采自杨晓能：《另一种古史：青铜器纹饰、图形文字与图像铭文的解读》85页，生活·读书·新知三联书店2008。图02-1.7，河南安阳出土商代晚期天帝玉佩，采自日本梅原末治：《河南安阳遗物之研究》，京都桑名文星堂1941。图02-1.8，日本泉屋博古馆藏商代晚期青铜双鸟鼍鼓（鼓身），线描采自日本林巳奈夫《殷周青铜器综览·第二卷》，上海古籍出版社2019；实物照片见马承源：《中国青铜器全集》第4卷172页，文物出版社1996。图02-1.9，湖北出土西周大武戚（援部），采自《商周青铜器纹饰》344页，文物出版社1984。

图02-2 伏羲族北斗猪神（北斗七星拟形）

图02-2.1、2，甘肃天水王家阴洼、陕西临潼姜寨出土伏羲族北斗猪神，采自张朋川：《中国彩陶图谱》图版23、1548，文物出版社1990。图02-2.3，湖南高庙文化北斗猪神，采自《石家河文化玉器》14页，文物出版社2008。参看张远山：《伏羲之道》28页，岳麓社2015；《玉器之道》45页，中华书局2018。

图02-3 红山黄帝族：早期天帝

图02-3.1、2、4—6，牛河梁N2Z1M14：1，巴林右旗那斯台、赛克勒博物馆藏，台北故宫博物院藏，采自常素霞：《中国古代玉器图谱》45、33、34页，金城出版社2013。图02-3.3，天津博物馆藏红山文化旋龟，采自郭大顺、洪殿旭：《红山文化玉器鉴赏》增订本198页，文物出版社2014。

图02-4 红山黄帝族：晚期天帝

图02-4.1、5，牛河梁N16M4：4，N2Z1M21：14，采自《牛河梁：红山文化遗址发掘报告（1983—2003年度）》下图版279、85，文物出版社2012。图02-4.2，北京故宫博物院藏，采自古方：《中国传世玉器全集》第1卷7页，科学出版社2010。图02-4.3、6，剑桥大学藏，辽宁省文物总店藏，采自郭大顺、洪殿旭：《红山文化玉器鉴赏》增订本233、166页，文物出版社2014。图02-4.4、7，震旦博物馆藏，采自该馆官网。

图02-5 石峁文化先夏黄帝族：横式天帝

图02-5.1、4，出处见前。图02-5.2、3、5，采自中国考古网2018年12月28日：《陕西神木石峁遗址皇城台地点发现精美石雕》。

图02-6　石峁文化先夏黄帝族：竖式天帝

图02-6.1，出处见前。图02-6.2，采自张长寿：《记沣西新发现的兽面玉饰》，《考古》1987年5期。图02-6.3、4，采自王仁湘：《石峁石雕：颠覆我们认知的发现》，《光明日报》2019年11月3日。

图02-7　凌家滩东夷族：北极天帝、北斗猪神

图02-7.1、4，出处见前。图02-7.2、3、5、6，采自常素霞：《中国古代玉器图谱》61、59、48、58页，金城出版社2013。

图02-8　良渚南蛮族：北极天帝、北斗猪神

图02-8.1、2、4—6，反山M12：98，反山M12：100，反山M17：8，反山M22：11，反山M23：67，采自《反山》上册56、64、188、280、308页，文物出版社2005。图02-8.3，瑶山M10：20，采自《瑶山》142页，文物出版社2003。

图02-9　石家河鹰冕天帝：极斗合一至高神

图02-9.1、3，出处见前。图02-9.2，采自顾万发：《论高庙文化中獠牙兽的动物属性、神格及相关问题：并论中国早期艺术史中的"太阳大气光象"母题》，《华夏文明》2016年1期。图02-9.4，湖北石家河肖家屋脊W6-32出土，采自《石家河文化玉器》26页，文物出版社2008。图02-9.5、8、10，台北故宫博物院藏石家河玉圭，山西曲沃羊舌村西周早期晋墓出土，陕西岐山凤雏村甲组西周宗庙基址出土，采自常素霞：《中国古代玉器图谱》134、149、150页，金城出版社2013。图02-9.6，美国旧金山亚洲艺术博物馆藏，采自林继来、马金花：《论晋南曲沃羊舌村出土的史前玉神面》，《考古与文物》2009年2期。图02-9.7，江西新干大洋洲商墓出土，采自《新干商代大墓》157页，文物出版社1997。图02-9.9，陕西丰镐西周早期墓葬出土，采自张长寿：《记沣西新发现的兽面玉饰》，《考古》1987年5期。

图02-10　石家河剪影天帝：横式

图02-10.1，瑶山M10：20正反面，采自《瑶山》142页，文物出版社2003。图02-10.2—5，湖北石家河肖家屋脊出土，湖北钟祥六合出土，美国西雅图艺术博物馆藏，山西襄汾陶寺出土，采自常素霞：《中国古代玉器图谱》155页，金城出版社2013。图02-10.6，三星堆二号祭祀坑出土，采自《三星堆祭祀坑》198页，文物出版社1999。图02-10.7，陕西岐山贺家村西周墓出土，采自曹玮：《周原出土青铜器》1276页，巴蜀书社2005。图02-10.8，M2：C524，采自《九连墩：长江中游的楚国贵族大墓》78页，文物出版社2007。

图02-11　夏代早期新砦文化：横式天帝

图02-11.1、2，出处见前。图02-11.3，采自顾问、张松林：《花地嘴遗址所出"新砦期"朱砂绘陶瓮研究》，《中国历史文物》2006年1期。图02-11.4，采自李济：《殷墟青铜器研究》511页，上海人民出版社2008。

图02-12 夏代晚期二里头文化：横式天帝

图02-12.1，良渚瑶山玉权柄，采自常素霞：《中国古代玉器图谱》113页，金城出版社2013。图02-12.2，二里头出土玉权柄，采自古方：《中国出土玉器全集》第5卷9页，科学出版社2005。图02-12.3，反山M16：3，采自《反山》下册244页、上册162页，文物出版社2005。图02-12.4，二里头出土"饕餮纹"骨匕（2000VH285：8），采自《二里头（1999—2006）》第4卷彩版345、第2卷919页，文物出版社2014。

图02-13 夏代晚期二里头文化青铜牌：龙面"饕餮纹"

图02-13.1，出处见前。图02-13.2，新砦二期陶器盖（1999T1H24：1），采自《新密新砦：1999—2000年田野考古发掘报告》315页，文物出版社2008。图02-13.3，台北故宫博物院藏石家河玉圭，采自常素霞：《中国古代玉器图谱》134页，金城出版社2013。图02-13.4—20，采自王青：《镶嵌铜牌饰的初步研究》，《文物》2004年5期。

图02-14 夏家店下层先商文化的"饕餮纹"天帝

图02-14.1、2，出处见前。图02-14.3—10，采自《大甸子：夏家店下层文化遗址与墓地发掘报告》105—107页，科学出版社1998。

图02-15 二里岗下层文化：勾云形"饕餮纹"天帝

图02-15.1、2，出处见前。图02-15.3、4，二里岗"饕餮纹"，采自《藁城台西商代遗址》121页图16，文物出版社1985；陈佩芬：《夏商周青铜器研究·夏商篇》31页，上海古籍出版社2004。图02-15.5、6，盘龙城"饕餮纹"，采自《盘龙城：1963—1994年考古发掘报告》上册162、280页，文物出版社2001。图02-15.7、8，大洋洲"饕餮纹"，采自《长江中游青铜王国：江西新淦出土青铜艺术》图6，台湾两木出版社1994。图02-15.9、10，殷墟M388出土铜瓿，采自李济：《殷墟青铜器研究》67页，上海人民出版社2008；上博藏商中期铜爵（腹部），采自陈佩芬：《夏商周青铜器研究·夏商篇》62页，上海古籍出版社2004。图02-15.11、12，河南郑州白家庄出土铜瓿（M3：5）腰部，河南新郑望京楼出土铜斝錾侧，采自河南省考古所：《河南商周青铜器纹饰与艺术》26页图19、51页图103，河南美术出版社1995。

图02-16 二里岗式勾云形"饕餮纹"天帝北传朱开沟

图02-16.1，河南郑州杜岭出土方鼎，采自杨泓：《美术考古半世纪：中国美术考古发现史》59页，文物出版社1997。图02-16.2，河南郑州向阳食品厂出土方鼎，采自马承源：《中国青铜器全集》第1卷49页，文物出版社1996。图02-16.3，朱开沟圆鼎，采自《朱开沟：青铜时代早期遗址发掘报告》121页，文物出版社2000。

图02-17 二里岗上层文化：勾云形"饕餮纹"天帝变体

图02-17.1、2，出处见前。图02-17.3、4、8，河南郑州白家庄出土二里岗铜斝，河南郑州卷烟厂出土二里岗期铜斝，河南许昌大路陈村采集二里岗期铜爵，采自《河南商周青铜器纹饰与艺术》26页图18、24页图7、28页图30，河南美术出版社1995。图02-17.5，河南郑州向阳食品厂出土二里岗期方鼎（颈部），采自《郑州商城：1953—1985年考古发掘报告》799页，文物出版社2001。图02-17.6，上博藏二里岗期铜斝（颈部），采自《商周青铜器纹饰》

27页图63，文物出版社1984。图02-17.7，河北藁城出土二里岗期铜器，采自《藁城台西商代遗址》120页图2，文物出版社1985。

图02-18　二里岗上层文化：羽冠式"饕餮纹"天帝

图02-18.1，出处见前。图02-18.2，河南郑州向阳食品厂出土二里岗上层青铜卣（XSH1：11），采自《郑州商城：1953—1985年考古发掘报告》822页，文物出版社2001。图02-18.3，河南郑州小双桥出土二里岗上层青铜建筑构件，采自《河南商周青铜器纹饰与艺术》28页图32，河南美术出版社1995。图02-18.4，上博藏二里岗上层铜壶腹部，采自《商周青铜器纹饰》5页图8，文物出版社1984。

图02-19　商代早期二里岗文化的人形天帝乘龙巡天图

图02-19.1，出处见前。图02-19.2，郑州商城出土陶罐残片（C8T62③：9）复原图，采自汤威、张巍：《郑州商城"人兽母题"陶片图案复原图及相关问题探讨》图六，《中国历史文物》2008年1期；参看《郑州商城：1953—1985年考古发掘报告》270页，文物出版社2001。

图02-20　夏家店下层先商文化—商代晚期殷墟文化："饕餮纹"天帝

图02-20.1—3，出处见前。图02-20.4、6，美国华盛顿弗利尔美术馆藏商代勾连雷纹壶（颈部），上博藏商代义壶（腹部），采自陈振裕：《中国古代青铜器造型纹饰》22、21页，湖北美术出版社2001。图02-20.5，殷墟小屯M333出土铜尊（R2060），采自陈公柔、张长寿：《殷周青铜容器上兽面纹的断代研究》，《考古学报》1990年2期。

图02-21　商周"饕餮纹"天帝：天帝乘龙巡天图

图02-21.1，M303：81铜簋腹部，采自《殷墟大司空M303发掘报告》，《考古学报》2008年3期。图02-21.2，上博藏西周晚期铜鬲（腹部），采自《商周青铜器纹饰》100页269，文物出版社1984。图02-21.3，上博藏春秋早期四虎钟（篆带），采自陈佩芬：《夏商周青铜器研究·东周篇》109页，上海古籍出版社2004。图02-21.4，湖北荆州院墙湾战国楚墓出土神人操两龙玉佩，采自张庆《楚国纹样研究》58页，图2.17，苏州大学2015年博士论文（知网）。

第一章　"饕餮纹"鼻部图法解密：鼻祖纹

图1-1　北极天象成因图

图1-2　北极北斗相对图

图1-1，图1-2，作者自绘。

图1-3　上古伏羲族：圆点帝星纹，"帝"形天帝纹

图1-3.1，采自美国班大为：《中国上古史实揭秘：天文考古学研究》354页，徐凤先译，上海古籍出版社2008。图1-3.2、3，采自张朋川：《中国彩陶图谱》图版79、562，文物出版

社1990。图1–3.4，采自杨晓能：《另一种古史：青铜器纹饰、图形文字与图像铭文的解读》85页，生活·读书·新知三联书店2008。图1–3.5、6，采自《汝州洪山庙》42、46页，中州古籍出版社1995。图1–3.7，甲骨文"帝"字（卜398），采自《古文字诂林》第1册45页，上海教育出版社1999。

图1–4　玉器三族：圆孔帝星纹

图1–4.1，采自《河姆渡：新石器时代遗址考古发掘报告》56页彩版五六，241页图版一六九，文物出版社2003。图1–4.2，采自《凌家滩玉器》13页，文物出版社2000。图1–4.3，采自常素霞：《中国古代玉器图谱》5页，金城出版社2013。

图1–5　良渚南蛮族：菱形帝星纹

图1–5.1，反山M12：98（良渚琮王）。图1–5.2，菱形帝星纹良渚玉琮，台北故宫博物院藏。

图1–6　良渚玉器：菱形帝星纹

图1–6.1—4，M10：21玉琯，M9：5玉琯，M11：94玉璜，M1：30玉镯，采自《瑶山》139、121、157、28页，文物出版社2003。

图1–7　石家河南蛮支族：菱形帝星纹

图1–7.1，采自古方：《中国传世玉器全集》第1卷50页，科学出版社2010。图1–7.2，台北故宫博物院藏石家河玉圭，采自常素霞：《中国古代玉器图谱》134页，金城出版社2013。

图1–8　红山黄帝族：菱形帝星纹

图1–8.1，截取自图1–6.4。图1–8.2，赤峰博物馆藏，张远山摄。

图1–9　夏代二里头、夏家店下层："帝"形天帝纹

图1–9.1，见前图1–3.4。图1–9.2，二里头出土"饕餮纹"骨匕（2000VH285：8），采自《二里头（1999—2006）》第4卷，彩版345，文物出版社2014。图1–9.3、4，采自《大甸子：夏家店下层文化遗址与墓地发掘报告》105页，科学出版社1998。

图1–10　北极天象连线→陶文"帝"→甲骨文"帝"

图1–10.1—3，见前图1–3。

图1–11　陶文与甲骨文

图1–11.1、2，出处见前。图1–11.3，采自张朋川：《中国彩陶图谱》图版719，文物出版社1990。图1–11.4，采自《古文字诂林》第1册45页，上海教育出版社1999。

图1–12　夏商周：菱形帝星纹

图1–12.1，采自刘志雄、杨静荣：《龙与中国文化》60页，人民出版社1992。图1–12.2，二里头文化青铜牌，保罗辛格藏品，采自王青：《镶嵌铜牌饰的初步研究》，《文物》2004年5期。图1–12.3、4，采自《大甸子：夏家店下层文化遗址与墓地发掘报告》105页，科学出版社1998。图1–12.5，郑州小双桥出土商代早期青铜建筑构件，采自《河南商周青铜器纹饰与艺术》28页图32，河南美术出版社1995。图1–12.6，商代中期青铜面具，采自《新干商代大

墓》136页，文物出版社1997。图1-12.7，商代晚期青铜头盔，采自《滕州前掌大墓地》324页，文物出版社2005。图1-12.8，四川三星堆二号祭祀坑铜圆尊（K2②146）底座，采自《三星堆祭祀坑》252页，文物出版社1999。图1-12.9，陕西岐山贺家村出土西周青铜面具，采自曹玮：《周原出土青铜器》1276页，巴蜀书社2005。图1-12.10，西周中期铜辖踽，采自《洛阳北窑西周墓》236页，文物出版社1999。图1-12.11，西周早期分裆圆鼎（M1：185），采自《鹿邑太清宫长子口墓》67页，中州古籍出版社2000。图1-12.12，采自王家祐：《记四川彭县竹瓦街出土的铜器》，《文物》1961年11期。

图1-13　夏晚商早：两种上古帝星纹初步融合

图1-13.1，采自顾问、张松林：《花地嘴遗址所出"新砦期"朱砂绘陶瓷研究》，《中国历史文物》2006年1期。图1-13.2、3，采自《大甸子：夏家店下层文化遗址与墓地发掘报告》120、122页，科学出版社1998。图1-13.4-8，出处见前。

图1-14　商晚周早：鼻祖纹A型

图1-14.1-5，出处见前。图1-14.6，M303：81铜簋（腹部），采自《殷墟大司空M303发掘报告》，《考古学报》2008年3期。图1-14.7，M1：35铜簋（腹部），采自《灵石旌介商墓》30页，科学出版社2006。图1-14.8，1999年安徽六安出土商代晚期铜尊腹部，采自李伯谦：《中国出土青铜器全集》第8册31页，龙门书局2018。图1-14.9，K2②146铜圆尊腹部，采自《广汉三星堆遗址二号祭祀坑发掘简报》，《文物》1989年5期。图1-14.10，铜尊（底座），采自曹玮：《周原出土青铜器》525页，巴蜀书社2005。1-14.11，铜罍（腹部），采自《宝鸡强国墓地》上册285页，文物出版社1988。

图1-15　商晚周早：鼻祖纹B型

图1-15.1、2，出处见前。图1-15.3，采自《大甸子：夏家店下层文化遗址与墓地发掘报告》107页，科学出版社1998。图1-15.4元卣、5戈簋，采自吴镇烽：《商周青铜器铭文暨图像集成》第24册55页版图13145、第7册357页图版03516，上海古籍出版社2012。图1-15.6，扶风庄白村出土折觥盖面，采自曹玮：《周原出土青铜器》561页，巴蜀书社2005。图1-15.7，纸坊头一号墓出土双耳方座簋，采自《宝鸡强国墓地》上册30页，文物出版社1988。

图1-16　鼻祖纹天帝：商晚周早A、B两型

图1-16鼻祖纹，截取自上文各图。

图1-17　天下万物跪拜鼻祖纹天帝

图1-17.1，山东益都苏埠屯出土神面纹钺，采自马承源：《中国青铜器全集》第4卷7页，文物出版社1996。图1-17.2，陕西岐山丁童家村出土外叔鼎，鼎耳，采自曹玮：《周原出土青铜器》2053页，巴蜀书社2005。图1-17.3，西周中期舆饰，采自《平顶山应国墓地》474页，大象出版社2012。图1-17.4，陕西岐山贺家村方鼎颈部，采自曹玮：《周原出土青铜器》1083页，巴蜀书社2005。图1-17.5，史墙盘（口沿），采自王世民、陈公柔、张长寿：《西周青铜器分期断代研究》189页，文物出版社1999。图1-17.6，大克鼎（口沿），采自陈佩芬：《夏商周青铜器研究·西周篇》243页，上海古籍出版社2004。图1-17.7，1号罍肩部，采自《四川

彭县西周窖藏铜器》,《考古》1981年6期。图1-17.8,M1:7卣腹,采自《高家堡戈国墓》24页,三秦出版社1995。

图1-18　商代万舞天帝头顶的鼻祖纹冠饰

图1-18.1,河南安阳出土商代晚期天帝玉佩,采自梅原末治:《河南安阳遗物之研究》,京都桑名文星堂1941。图1-18.2,日本泉屋博古馆藏商代晚期青铜双鸟鼍鼓(鼓身),线描采自林巳奈夫《殷周青铜器综览·第二卷》,上海古籍出版社2019;实物照片参看马承源:《中国青铜器全集》第4卷172页,文物出版社1996。

图1-19　鼻祖纹A型:1、2独立式,3—6融入式

图1-19.1,M1:35铜簋(腹部),采自《灵石旌介商墓》30页,科学出版社2006。图1-19.2,铜罍(腹部),采自《宝鸡弤国墓地》上册285页,文物出版社1988。图1-19.3,妇好墓大方壶(M5:807)下部,采自陈振裕:《中国古代青铜器造型纹饰》33页,湖北美术出版社2001。图1-19.4,上博藏方罍,采自陈佩芬:《夏商周青铜器研究·夏商篇》352页,上海古籍出版社2004。图1-19.5,大盂鼎,采自《商周青铜器纹饰》47页,文物出版社1984。图1-19.6,M1:6,采自《高家堡戈国墓》22页,三秦出版社1995。

图1-20　鼻祖纹B型:1、2独立式,3—6融入式

图1-20.1,清宫旧藏戈簋,采自吴镇烽:《商周青铜器铭文暨图像集成》第7卷图版03516,上海古籍出版社2012。图1-20.2,采自《高家堡戈国墓》153页,三秦出版社1995。图1-20.3,山东滕县四足鼎,采自陈振裕:《中国古代青铜器造型纹饰》105页,湖北美术出版社2001。图1-20.4,弗利尔藏青铜彝,采自《弗利尔美术馆藏中国青铜器图录》4页图30.54,华盛顿1946。图1-20.5,扶风庄白村出土,采自曹玮:《周原出土青铜器》567页,巴蜀书社2005。图1-20.6,山西曲沃天马曲村M114:217叔虞方鼎,采自李夏廷、李劲轩:《晋国青铜艺术图鉴》72页,文物出版社2009。

图1-21　鼻祖纹C型:1、3高鼻式,2、4低鼻式

图1-21.1,妇好大方尊腹部,采自《殷墟青铜器》109页,文物出版社1985。图1-21.2,采自《商周青铜器纹饰》51页,文物出版社1984。图1-21.3,M686:1方鼎侧面,采自《洛阳北窑西周墓》75页,文物出版社1999。图1-21.4,青铜鼎腹部,采自曹玮:《周原出土青铜器》1093页,巴蜀书社2005。

图1-22　鼻祖纹的强化型、拆分型

图1-22.1,保利藏商代晚期青铜爵,采自吴镇烽:《商周青铜器铭文暨图像集成》第14卷图版06564,上海古籍出版社2012。图1-22.2,陕西扶风云塘村出土西周早期目爵,采自曹玮:《周原出土青铜器》1480页,巴蜀书社2005。图1-22.3,采自严一萍:《金文总集》1199页,台北艺文印书馆1983。图1-22.4,M1:2簋,采自《洛阳北窑西周墓》86页,文物出版社1999。图1-22.5,M4:20簋,采自《高家堡戈国墓》75页,三秦出版社1995。

第二章 "饕餮纹"角部面部图法解密：两龙纹

图2-1　西水坡北斗龙虎图：苍龙七宿的静态表达

图2-1，采自《河南濮阳西水坡遗址发掘简报》，《文物》1988年3期。

图2-2　龙字、龙形的源头：苍龙七宿

图2-2.1—12，采自冯时：《中国天文考古学》307页，社会科学文献出版社2001。图2-2.13，1992年陕西扶风海家村出土，采自《吉金铸国史：周原出土西周青铜器精粹》235、236页，文物出版社2002。

图2-3　天蝎座卷尾酷似中国龙卷尾

图2-3.1，天蝎座星图，采自网络。图2-3.2，出处见前。

图2-4　上古至夏商周：卷尾龙、卷尾两龙

图2-4.1，陕西神木石峁皇城台大台基南护墙石雕，采自《陕西神木石峁遗址皇城台地点发现精美石雕》，文博中国2018年12月28日。图2-4.2，二里头绿松石龙，采自《二里头（1999—2006）》第2卷1004页后折页，文物出版社2014。图2-4.3，山西石楼桃花庄商墓出土龙纹觥盖面纹饰，采自网络。图2-4.4，妇好墓出土司母辛四足觥盖面纹饰，采自陈振裕：《中国古代青铜器造型纹饰》40页，湖北美术出版社2001。图2-4.5，M1：92簋形觥，采自《鹿邑太清宫长子口墓》103页，中州古籍出版社2000。图2-4.6，西周铜匜，采自曹玮：《周原出土青铜器》207页，巴蜀书社2005。图2-4.7，GM02：06铜匜，采自《枣阳郭家庙曾国墓地》196页，科学出版社2005。图2-4.8、9，XDM：14鼎耳，XDM：17鼎耳，采自《新干商代大墓》24、23页，文物出版社1997。

图2-5　太极图、北斗符、万字符均有天盘符、地盘符

图2-5.1、2，详见张远山：《伏羲之道》，岳麓书社2015。图2-5.3—6，详见张远山：《玉器之道》，中华书局2018。

图2-6　龙星、鱼星、龟星组合：1—3商，4—6周

图2-6.1、2，巴黎赛努奇博物馆藏虎食人卣器底纹饰，伦敦埃肯纳齐行藏商代韦钺，采自陈振裕：《中国古代青铜器造型纹饰》41、37页，湖北美术出版社2001。图2-6.3，小屯M18：14蟠龙盘，采自《殷墟青铜器》400页，文物出版社1985。图2-6.4，《曾国青铜器》335页，文物出版社2007。图2-6.5，《三晋考古·第一辑》106页，《闻喜上郭村古墓群试掘》，M51：3铜盘，山西人民出版社1994。图2-6.6，西周康公盂内底，采自刘敦愿：《美术考古与古代文明》22页，人民美术出版社2007。

图2-7　龙角A型：北斗角

图2-7.1，后母戊方鼎腹左右侧纹样，笔者加工。图2-7.2，采自李济：《殷墟青铜器研究》510页，上海人民出版社2008。图2-7.3、5，商代铜罍、西周龙纹禁，采自《商周青铜器纹饰》240、106页，文物出版社1984。图2-7.4，西周玉龙（一对），采自姜涛、刘云辉：《熙墀藏玉》64页，文物出版社2006。图2-7.6，陕西岐山京当贺家村出土父戊簋（颈部），采自曹玮：《周原出土青铜器》2119页，巴蜀书社2005。

图2-8　龙角B型：角宿角；龙角C型：螺蛳角

图2-8.1，出处见前。图2-8.2，陕西扶风齐家村出土西周晚期重环纹匜，采自曹玮：《周原出土青铜器》261页，巴蜀书社2005。图2-8.3、4，商代铜鼎盖、安阳殷墟西北冈侯家庄1005号墓出土中柱旋龙盂，采自孙机：《仰观集：古文物的欣赏与鉴别》20页，文物出版社2012。

图2-9　夏商周爵、斝的双柱对应角宿双星

图2-9.1，河南安阳侯家庄西北冈M1004出土铜胄（耳部），采自孙机：《神龙出世六千年》，《仰观集：古文物的欣赏与鉴别》18页，文物出版社2012。图2-9.2，出处见前。图2-9.3，美国华盛顿弗利尔美术馆藏烛龙神，采自陈振裕：《中国古代青铜器造型纹饰》86页，湖北美术出版社2001。图2-9.4，商代子不爵，吴镇烽：《商周青铜器铭文暨图像集成》第17卷图版07366，上海古籍出版社2012。图2-9.5、6，陕西扶风庄白村一号窖藏出土西周早期父辛爵、折斝，采自曹玮：《周原出土青铜器》630、574页，巴蜀书社2005。

图2-10　龙角D型：心宿角

图2-10.1—4，二里头青铜牌，1为1984YL、VI、M11：7出土品，3为伦敦埃斯肯纳齐拍卖行藏品，采自陈振裕：《中国古代青铜器造型纹饰》2页，湖北美术出版社2001；2、4为保罗·辛格藏品，采自王青：《镶嵌铜牌饰的初步研究》，《文物》2004年5期。图2-10.5、6，妇好墓铜簋颈部纹样，采自《殷墟青铜器》111页，文物出版社1985。图2-10.7，采自《高家堡戈国墓》149页，三秦出版社1995。

图2-11　龙眼A型：星形眼

图2-11.1—6，均见张远山：《玉器之道》龙山章，中华书局2018。图2-11.7—9，出处见前。

图2-12　龙眼B型：臣字眼

图2-12.1—3，出处见前。图2-12.4—6，妇好墓龙头尺形器，臣字眼龙，郑州杨庄出土臣字眼爵，采自《殷墟青铜器》375、111、105页，文物出版社1985。

图2-13　树叶形龙耳：取象于猪耳

图2-13.1，上博藏商晚期豕卣，采自刘敦愿：《美术考古与古代文明》146页，人民美术出版社2007。图2-13.2，M113：38西周豕卣，采自《天马曲村遗址北赵晋侯墓地第六次发掘》，《文物》2001年8期。图2-13.3，陕西泾阳高家堡M4：15盘外底，采自陈振裕：《中国古代青铜器造型纹饰》124页，湖北美术出版社2001。图2-13.4，竹园沟M7：3丰公鼎（腹部），采自《宝鸡强国墓地》上册100页，文物出版社1988。图2-13.5，采自夏名采、刘华国：《山东

青州市苏埠屯墓群出土的青铜器》，《考古》1996年5期。图2-13.6，夔纹铜饰，采自曹玮：《周原出土青铜器》1281页，巴蜀书社2005。

图2-14　龙牙造型：取象于蛇牙

图2-14，河南安阳侯家庄西北冈M1004铜胄（耳部），西周父乙簋（器底），采自孙机：《神龙出世六千年》，《仰观集：古文物的欣赏与鉴别》18、21页，文物出版社2012。

图2-15　龙爪造型：取象于鹰爪

图2-15.1，二里头龙纹陶片，采自刘志雄、杨静荣：《龙与中国文化》60页，人民出版社1992。图2-15.2，小屯采集龙纹石磬，采自《殷墟的发现与研究》362页，科学出版社1994。图2-15.3，安阳出土"寝小室"青铜盂器底，采自李济：《殷墟青铜器研究》509页，上海人民出版社2008。图2-15.4、6，西周中期作宝尊彝簋腹部，外叔鼎鼎耳，采自曹玮：《周原出土青铜器》1985、2053页，巴蜀书社2005。图2-15.5，出处见前。

图2-16　龙身纹样两型

图2-16.1，河南安阳殷墟侯家庄大墓骨柶上的交龙纹，采自陈仲玉：《殷代骨器中的龙形图案分析》图版2-1，《中研院历史语言研究所集刊论文类编》考古编三489页，中华书局2009。图2-16.2，河南安阳殷墟王陵M1001出土木雕朱漆龙牌，采自《殷墟的发现与研究》404页，科学出版社1994。

图2-17　龙身纹样A型：龙星纹

图2-17.1、4，妇好墓蟠龙纹盘，陕西泾阳高家堡M4：15盘，采自陈振裕：《中国古代青铜器造型纹饰》40、124页，湖北美术出版社2001。图2-17.2，M1004铜盂，采自《殷墟的发现与研究》316页，科学出版社1994。图2-17.3，保利收藏商晚戈盘，采自《保利藏金（续）》89页，岭南美术出版社2001。图2-17.5，M6081：2盘，采自《天马曲村：1980—1989》第2册342页，科学出版社2000。图2-17.6，西周盂盖，采自曹玮：《周原出土青铜器》1394页，巴蜀书社2005。

图2-18　龙身纹样B型：龙鳞纹（蟒皮纹）

图2-18.1、2，采自网络。图2-18.3、4，妇好玉龙，采自常素霞：《中国古代玉器图谱》260页，金城出版社2013。图2-18.5，妇好铜盘，采自《殷墟青铜器》367页，文物出版社1985。

图2-19　竖置两龙第一图式：上首下尾（上南下北）

图2-19.1—4，出处见前。图2-19.5，河南安阳小屯扁足圆鼎（M18：52），采自《殷墟青铜器》396页，文物出版社1985。图2-19.6，江西新干大洋洲商墓出土立耳鱼形扁足铜圆鼎（XDM：24），采自《新干商代大墓》30页，文物出版社1997。图2-19.7，1975年陕西扶风齐家村出土涡纹罍（腹部），采自曹玮：《周原出土青铜器》2203页，巴蜀书社2005。图2-19.8，M41：37车饰，采自杨锡璋、刘一曼：《河南安阳市梅园庄东南的殷代车马坑》，《考古》1998年10期。

图2-20　竖置两龙第二图式：上尾下首（上北下南）

图2-20.1—4、8—11，采自吴镇烽：《商周青铜器铭文暨图像集成》第33卷图版18237、18203、18241（正反面），第30卷图版16320、16319、16063、18240，上海古籍出版社2012。图2-20.5、7，M4：14，采自《高家堡戈国墓》97页，三秦出版社1995。图2-20.6，山东益都神面钺鼻部之鼻祖纹A型，采自陈振裕：《中国古代青铜器造型纹饰》31页，湖北美术出版社2001。

图2-21　横置两龙的两种图式

图2-21.1，M303：81簋腹部，采自《殷墟大司空M303发掘报告》，《考古学报》2008年3期。图2-21.2，陕西扶风京当乡礼村出土凡尊腹部，采自曹玮：《周原出土青铜器》2173页，巴蜀书社2005。图2-21.3，妇好三联甗的甑颈部，采自《河南商周青铜器纹饰与艺术》52页图108，河南美术出版社1995。图2-21.4，M52：12A铜罍，采自《安阳殷墟郭家庄商代墓葬：1982年—1992年考古发掘报告》131页，中国大百科全书出版社1998。

图2-22　商代早期勾云形"饕餮纹"的合成原理

图2-22.1、2，河南新郑望京楼出土铜斝鋬侧，河南郑州白家庄出土铜瓿（M3：5）腰部，采自河南省考古所：《河南商周青铜器纹饰与艺术》51页图103、26页图19，河南美术出版社1995。图2-22.3、4，商代早期二里岗勾云形"饕餮纹"，采自陈佩芬：《夏商周青铜研究·夏商篇》31页，上海古籍出版社2004；《藁城台西商代遗址》121页图16，文物出版社1985。图2-22.5、6，殷墟M388出土铜瓿，采自李济：《殷墟青铜器研究》67页，上海人民出版社2008；上博藏商中期铜爵（腹部），采自陈佩芬：《夏商周青铜研究·夏商篇》62页，上海古籍出版社2004。

图2-23　商晚周早经典"饕餮纹"的合成原理

图2-23.1、2，殷墟R1102铜鼎，殷墟R1755大理石伏兽，采自陈仲玉：《殷代骨器中的龙形图案分析》，《中研院历史语言研究所集刊论文类编·考古编（三）》465页，中华书局2009。图2-23.3，M303：81簋腹部，采自《殷墟大司空M303发掘报告》，《考古学报》2008年3期。图2-23.4，上博藏西周晚期铜簋（腹部），采自《商周青铜器纹饰》100页图269，文物出版社1984。

图2-24　商晚周早：北斗角人面天帝

图2-24.1，妇好墓出土（M5：576），采自《殷墟的发现与研究》342页，科学出版社1994。图2-24.2，殷墟晚期弓形器，图2-24.3，河南平顶山薛庄乡西周早期墓M84出土，采自陈振裕：《中国古代青铜器造型纹饰》84、165页，湖北美术出版社2001。

图2-25　连身式北斗角"饕餮纹"

图2-25.1，鼻祖纹A型，出处见前。图2-25.2—5，上博藏商代羊瓿、史鼎、方鼎、圆鼎，采自《商周青铜器纹饰》105、42、51页，文物出版社1984。

图2-26　分身式北斗角"饕餮纹"

图2-26.1，M303：96爵，采自《殷墟大司空M303发掘报告》，《考古学报》2008年3期。

图2-26.2、3、6、7，西周鼎、大盂鼎、德方鼎，殷墟晚期鼎，采自《商周青铜器纹饰》49、47、52页，文物出版社1984。图2-26.4、5，M4：13鼎，M1：6鼎，采自《高家堡戈国墓》95、22页，三秦出版社1995。图2-26.8，小屯M238方彝，采自王世民、陈公柔、张长寿：《西周青铜器分期断代研究》234页，文物出版社1999。

图2-27　角宿角"饕餮纹"：1—7连身式，8分身式

图2-27.1，鼻祖纹A型，出处见前。图2-27.2，故宫藏商晚万庚爵，吴镇烽：《商周青铜器铭文暨图像集成》第15卷图版07316，上海古籍出版社2012。图2-27.3，殷墟晚期方彝腹部，采自《商周青铜器纹饰》54页，文物出版社1984。图2-27.4，小屯M20帆，采自《殷墟的发现与研究》145页，科学出版社1994。图2-27.5，上博藏西周早期从簋足部，采自陈佩芬：《夏商周青铜器研究·西周篇》77页，上海古籍出版社2004。图2-27.6，纸坊头M1：9四耳簋底座，采自《宝鸡强国墓地》上册32页，文物出版社1988。图2-27.7，陕西淳化史家塬大鼎，王世民、陈公柔、张长寿：《西周青铜器分期断代研究》232页，文物出版社1999。图2-27.8，车饰，采自《安阳殷墟郭家庄商代墓葬：1982年—1992年考古发掘报告》133页，中国大百科全书出版社1998。

图2-28　螺蛳角天帝

图2-28.1，辉县琉璃阁出土西周铜盘耳部纹饰，采自《河南商周青铜器纹饰与艺术》187页线图632，河南美术出版社1995。图2-28.2，K2-29铜圆壶龙头辅首，采自马俊才、蔡全法：《河南新郑市郑韩故城郑国祭祀遗址发掘简报》，《考古》2000年2期。

图2-29　心宿角"饕餮纹"：1—5连身式，6分身式

图2-29.1，采自《藁城台西商代遗址》121页图16，文物出版社1985。图2-29.2，罗山蟒张后李M44商墓出土觚腰部，采自《河南商周青铜器纹饰与艺术》50页图99，河南美术出版社1995。图2-29.3、4，殷墟青铜觚、青铜爵，采自李济：《殷墟青铜器研究》67、169页，上海人民出版社2008。图2-29.5、6，采自《高家堡戈国墓》160、154页，三秦出版社1995。

图2-30　连身式黄牛角"饕餮纹"

图2-30.1，安阳妇好墓出土方壶（M5：807）圈足，采自《河南商周青铜器纹饰与艺术》33页图50，河南美术出版社1995。图2-30.2，上博藏商晚铜方罍，采自陈佩芬：《夏商周青铜器研究·夏商篇》352页，上海古籍出版社2004。图2-30.3，采自《高家堡戈国墓》152页，三秦出版社1995。图2-30.4，采自王家祐：《记四川彭县竹瓦街出土的铜器》，《文物》1961年11期。

图2-31　分身式水牛角"饕餮纹"

图2-31.1，商代晚期古父己卣腹部，采自《商周青铜器纹饰》75页，文物出版社1984。图2-31.2，采自《洛阳北窑西周墓》77页，文物出版社1999。图2-31.3，M11：76尊，采自《滕州前掌大墓地》268页，文物出版社2005。图2-31.4，纸坊头M1双耳簋，采自《宝鸡强国墓地》上册34页，文物出版社1988。

图2-32　羊角"饕餮纹"：1—4连身式，5—10分身式

图2-32.1，簋腹，采自《商周青铜器纹饰》7页，文物出版社1984。图2-32.2，弗利尔藏青铜彝，采自《弗利尔美术馆藏中国青铜器图录》4页图30.54，华盛顿1946。图2-32.3、4、9，尊腹、觥腹、卣腹，采自曹玮：《周原出土青铜器》550、562、538，巴蜀书社2005。图2-32.5、6，2018年陕西神木石峁皇城台先夏文化遗址发现的分身式羊角"饕餮纹"石雕，采自《陕西神木石峁遗址皇城台地点发现精美石雕》，中国考古网2018年12月28日。图2-32.7，妇好长方扁足鼎腹部，采自王世民、陈公柔、张长寿：《西周青铜器分期断代研究》222页，文物出版社1999。图2-32.8，妇好大方尊腹部，采自《殷墟青铜器》357页，文物出版社1985。图2-32.10，纸坊头M7：8伯各尊腹部，采自《宝鸡强国墓地》上册102页，文物出版社1988。

图2-33　1、2人面天帝，3—6无角"饕餮纹"

图2-33.1—3，柏林东亚博物馆藏人面钺，山东益都苏埠屯商代晚期神面钺，伦敦戴迪野行藏商代凤尊腹部，采自陈振裕：《中国古代青铜器造型纹饰》85、31、30页，湖北美术出版社2001。图2-33.4，清宫旧藏商晚戈簋，吴镇烽：《商周青铜器铭文暨图像集成》第7卷图版03516，上海古籍出版社2012。图2-33.5，采自《高家堡戈国墓》153页，三秦出版社1995。图2-33.6，陕西扶风庄白村觥盖前部，采自曹玮：《周原出土青铜器》561页，巴蜀书社2005。

图2-34　不同角形"饕餮纹"见于一器

图2-34.1，商晚铜方罍，陈佩芬：《夏商周青铜器研究·夏商篇》352页，上海古籍出版社2004。图2-34.2，M1：34铜尊，《灵石旌介商墓》36页，科学出版社2006。图2-34.3，纸坊头M13：20双耳簋，《宝鸡强国墓地》上册57页，文物出版社1988。图2-34.4，西周早期商尊，曹玮：《周原出土青铜器》525页，巴蜀书社2005。

图2-35　分身式"饕餮纹"：1完整图式，2、3简化图式

图2-35.1—3，M686：1西周早期铜方鼎，正面、侧面、足部，采自《洛阳北窑西周墓》76—78页，文物出版社1999。

图2-36　商周"饕餮纹"的完整图式、简化图式、极简图式

图2-36.1，西周成王德鼎口沿，采自《商周青铜器纹饰》15页，文物出版社1984。图2-36.2，采自《高家堡戈国墓》153页，三秦出版社1995。图2-36.3，弗利尔藏饕餮纹，采自《弗利尔美术馆藏中国青铜器图录》5页图38.20，华盛顿1946。图2-36.4，史觯腹部，采自《滕州前掌大墓地》293页，文物出版社2005。图2-36.5，侯家庄M1001石雕，采自《殷墟的发现与研究》372页，科学出版社1994。图2-36.6，妇好扁足壶盖，采自《河南商周青铜器纹饰与艺术》30页图37，河南美术出版社1995。图2-36.7，西周青铜面具，采自曹玮：《周原出土青铜器》1276页，巴蜀书社2005。图2-36.8，铜辀踵，采自《洛阳北窑西周墓》130页，文物出版社1999。

第三章 《山海经》对“饕餮纹”的神话表述：天帝珥两蛇乘两龙

图3-1　明清“海外四经”天神插图：珥两蛇，乘两龙

图3-2　明清“大荒四经”海神插图：珥两蛇，践两蛇

图3-1，图3-2，采自马昌仪：《古本山海经图说》，山东画报出版社2001。

图3-3　考古出土的商周天帝：珥两蛇，乘两龙

图3-3.1，采自《商周青铜器纹饰》344页，文物出版社1984。图3-3.2，曾侯乙墓均钟，采自谭维四：《曾侯乙墓》101页，文物出版社2001。图3-3.3，曾侯乙墓内棺头挡，采自《曾侯乙墓》30页，文物出版社1989。图3-3.4、5，淮阴高庄战国铜器残片，采自《淮阴高庄战国墓》184、153页，文物出版社2009。图3-3.6，采自马承源：《中国青铜器研究》444页《再论大武舞戚的图像》，上海古籍出版社2002。图3-3.7，采自刘庆柱：《秦都咸阳第一号宫殿建筑遗址简报》，《文物》1976年11期。图3-3.8，承于上古的台湾鲁凯人木柱，采自周菁葆：《丝绸之路岩画艺术》677页，新疆人民出版社1993。

图3-4　明清《山海经》地祇插图：操两蛇，乘两龙

图3-4，采自马昌仪：《古本山海经图说》，山东画报出版社2001。

图3-5　考古出土的商周地祇：操两蛇，乘两龙

图3-5.1—3，采自《淮阴高庄战国墓》190页，文物出版社2009。图3-5.4，曾侯乙墓内棺侧板，采自《曾侯乙墓》36页，文物出版社1989。图3-5.5、6，信阳长台关战国锦瑟，采自陈振裕：《战国秦汉漆器群研究》130页，文物出版社2007。图3-5.7，台湾古越阁藏战国万舞铜剑，采自陈振裕：《中国古代青铜器造型纹饰》317页，湖北美术出版社2001。

图3-6　明清《山海经》祖神插图：珥两蛇，操两蛇

图3-6，采自马昌仪：《古本山海经图说》，山东画报出版社2001。

图3-7　考古出土的商周祖神：珥两蛇，操两蛇

图3-7.1—3，采自《淮阴高庄战国墓》189、156、154页，文物出版社2009。图3-7.4、5，曾侯乙墓内棺足挡万舞漆画，采自《曾侯乙墓》34页，文物出版社1989。图3-7.6，1923年新郑李家楼郑伯大墓出土春秋中期兽形器座，台北历史博物馆藏，采自马承源：《中国青铜器研究》444页《再论大武舞戚的图像》，上海古籍出版社2002。图3-7.7、8，梅原末治《战国式铜器研究》图89所载战国早期晋国万舞纹壶，旧金山亚洲艺术博物馆藏战国早期晋国万舞纹壶，采自李夏廷、李劭轩：《晋国青铜艺术图鉴》323、324页，文物出版社2009。

图3-8　明代蒋本：夏后启乘两龙

图3-8，采自马昌仪：《古本山海经图说》，山东画报出版社2001。

图3-9　商代万舞乐器：鼍鼓

图3-9.1，日本泉屋博古馆藏商代铜鼓，采自马承源：《中国青铜器全集》第4卷172页，文物出版社1996。图3-9.2，1977年6月14日湖北省崇阳县白霓镇出土崇阳铜鼓，湖北省博藏，采自王朝闻：《中国美术史》夏商周卷图版69，齐鲁书社、明天出版社2000。

图3-10　西周铜雕：万舞领舞者头戴天帝面具

图3-10.1—3，大英博物馆藏滕州前掌大墓地出土西周早期万舞铜雕（旧称"龙食人首"），照片采自陈佩芬：《夏商周青铜器研究·西周篇》220、222、223页，上海古籍出版社2004；线描采自陈振裕：《中国古代青铜器造型纹饰》168页，湖北美术出版社2001。

图3-11　"饕餮纹"是万舞舞姿的提炼浓缩

图3-11.1、2，采自《山东金乡县发现汉代画像砖墓》，《考古》1989年12期。图3-11.3，伦敦苏富比藏三虎首车饰，采自陈振裕：《中国古代青铜器造型纹饰》45页，湖北美术出版社2001。

图3-12　上古伏羲族：天帝骑龙巡天图

图3-12.1，采自《1988年河南濮阳西水坡遗址发掘简报》，《考古》1989年12期。图3-12.2，采自李洪甫：《太平洋岩画》281页，上海文化出版社1997。

图3-13　上古至中古：天帝珥两蛇乘两龙

图3-13.1，采自《石家河文化玉器》，文物出版社2008。图3-13.2、3，2018年陕西神木石峁皇城台先夏文化遗址发现的分身式羊角"饕餮纹"石雕，采自《陕西神木石峁遗址皇城台地点发现精美石雕》，文博中国网2018年12月28日。图3-13.4，C8T62③：9陶簋残片复原图，采自汤威、张巍：《郑州商城"人兽母题"陶片图案复原图及相关问题探讨》图六，《中国历史文物》2008年第1期；参看《郑州商城：1953—1985年考古发掘报告》270页，文物出版社2001。

图3-14　天帝骑两龙：1、2商，3—12西周，13—15战国

图3-14.1、2，妇好墓出土神人玉雕，采自《殷墟的发现与研究》341页，科学出版社1994。图3-14.3，山西曲沃晋侯墓出土神人玉雕，采自古方：《中国出土玉器全集》第3卷115页，科学出版社2005。图3-14.4，宝鸡茹家庄1号车马坑出土西周神人軜饰，采自《宝鸡强国墓地》上册403页，文物出版社1988。图3-14.5，美国弗利尔美术馆藏西周神人铜雕，采自林巳奈夫：《神与兽的纹样学：中国古代诸神》174页，生活·读书·新知三联书店2009。图3-14.6—10、13，神人玉雕，采自常素霞：《中国古代玉器图谱》349—351、489页，金城出版社2013。图3-14.11，陕西长安张家坡出土神人玉雕，采自马自树：《中国文物定级图典·一级品》上卷141页，上海辞书出版社1999。图3-14.12，西周神人玉雕，采自姜涛、刘云辉：《熙墀藏玉》（续）46页，文物出版社2012。图3-14.14，湖北荆州院墙湾楚墓神人玉佩，采自张庆：《楚国纹样研究》58页，苏州大学2015年博士论文（知网）。图3-14.15，战国神人玉璧，采自姜涛、刘云辉：《熙墀藏玉》92页，文物出版社2006。

图3-15　天帝乘龙巡天：战国秦汉的神仙化和百戏化

图3-15.1，长沙子弹库战国楚墓出土人物御龙帛画，采自王朝闻：《中国美术史》夏商周卷277页，齐鲁书社、明天出版社2000。图3-15.2，河南郑州汉墓出土画像砖，采自刘志雄、杨静荣：《龙与中国文化》119页，人民出版社1992。图3-15.3，河南出土汉代画像砖，采自李正光：《楚汉装饰艺术集·画像石　画像砖　帛画》8页，湖南美术出版社2000。图3-15.4、5，采自吴山：《中国历代装饰纹样》第2册290、286页，人民美术出版社1988。

图3-16　上古玉器族：天帝骑猪巡天图

图3-16.1，良渚琮王（M12：98），采自《反山》上册56页，文物出版社2005。图3-16.2，北京故宫博物院藏，采自古方：《中国传世玉器全集》第1卷12页，科学出版社2010。

图3-17　良渚文化天帝、石家河文化天帝

图3-17.1，瑶山M2：1玉梳背，采自《瑶山》35页，文物出版社2003。图3-17.2，出处见前。图3-17.3，反山M22：11玉梳背，采自《反山》上册280页，文物出版社2005。图3-17.4，福泉山M9：21玉琮，采自《福泉山：新石器时代遗址发掘报告》89页，文物出版社2000。

图3-18　东汉武梁祠：天帝乘斗巡天图

图3-18，东汉武梁祠斗为帝车图，采自冯时：《地下的星空》，《大自然探索》2006年8期。

图3-19　春秋战国万舞图：天帝驾斗乘龙巡天图

图3-19.1，采自《长治分水岭东周墓地》288页，文物出版社2010。图3-19.2，采自《淮阴高庄战国墓》185页，文物出版社2009。图3-19.3，美国波士顿艺术博物馆藏战国宴飨狩猎纹铜器，采自李夏廷、李劭轩：《晋国青铜艺术图鉴》319页，文物出版社2009。图3-19.4，河南信阳长台关M1：158锦瑟残件，采自陈振裕：《战国秦汉漆器群研究》130页，文物出版社2007。

图3-20　商周"饕餮纹"三类六型

图3-20，出处均见第二章。

图3-21　北斗角"饕餮纹"：珥两蛇，乘两龙

图3-21.1、3、4，采自《商周青铜器纹饰》52、51页，文物出版社1984。图3-21.2，采自王世民、陈公柔、张长寿：《西周青铜器分期断代研究》234页，文物出版社1999。

图3-22　非北斗角"饕餮纹"：珥两蛇，乘两龙

图3-22.1、2、6、9，上博藏殷墟晚期"饕餮纹"方彝（盖面）、父壬尊（腹部）、西周早期交鼎（腹部）、殷墟晚期"饕餮纹"卣盖，采自《商周青铜器纹饰》54、35、25、53页，文物出版社1984。图3-22.3、5、10，陕西扶风齐家村周墓出土日己方彝，陕西岐山贺家村周墓出土"饕餮纹"鼎，陕西扶风上康村出土犹驭叔觥盖，采自曹玮：《周原出土青铜器》236、1093、2200页，巴蜀书社2005。图3-22.4，山西绛县横水西周墓地出土"饕餮纹"尊（腹部），采自《晋国雄风：山西出土两周文物精华》62页，万卷出版公司2009。图3-22.7、8，妇好墓

出土铜器，采自《殷墟青铜器》111页，文物出版社1985。

图3-23　商代大禾方鼎：天帝驾斗乘龙巡天

图3-23，采自马承源：《中国青铜器全集》第4卷24页，文物出版社1996。

图3-24　拆分"饕餮纹"：天帝乘龙巡天

图3-24.1、3、6，殷墟中期龚子觚（腹部）、西周晚期龙纹鬲（腹部）、西周晚期四虎镈（镈壁），采自《商周青铜器纹饰》103、100、90页，文物出版社1984。图3-24.2，M303：81铜簋腹部，采自《殷墟大司空M303发掘报告》，《考古学报》2008年3期。图3-24.4、7，陕西扶风京当乡礼村出土西周早期凡尊（腹部），陕西扶风黄堆乡出土西周中期作宝尊彝簋（腹部），采自曹玮：《周原出土青铜器》2173、1986页，巴蜀书社2005。图3-24.5，上博藏春秋早期四虎钟（篆带），采自陈佩芬：《夏商周青铜器研究·东周篇》109页，上海古籍出版社2004。

图3-25　鼻祖纹加两龙纹：天帝乘龙巡天

图3-25.1，伦敦埃肯纳齐行藏商代韦钺，采自陈振裕：《中国古代青铜器造型纹饰》37页，湖北美术出版社2001。图3-25.2、3，西周早期外叔鼎（鼎耳）、西周早期斢纹鼎（颈部），采自曹玮：《周原出土青铜器》2053、1728页，巴蜀书社2005。图3-25.4，河南浚县辛村卫国墓出土西周铜卣提梁，采自《河南商周青铜器纹饰与艺术》91页图286，河南美术出版社1995。图3-25.5，西周中期舆饰，采自《平顶山应国墓地》474页，大象出版社2012。

图3-26　鼻祖纹天帝加斗形两蛇纹：天帝驾斗乘龙巡天

图3-26.1，上博藏西周昭王员方鼎（口沿），采自《商周青铜器纹饰》221页，文物出版社1984。图3-26.2，M1017：2伯方鼎（侧面颈部），采自谢尧亭等：《山西翼城大河口西周墓地1017号墓发掘》，《考古学报》2018年1期。

图3-27　窃曲"饕餮纹"：天帝乘两龙巡天

图3-27.1、2，陕西扶风出土大克鼎、小克鼎（口沿），采自《商周青铜器纹饰》93页，文物出版社1984。图3-27.3，山西翼城大河口出土西周中期霸伯盂（M1017：6），腹部，采自谢尧亭等：《山西翼城大河口西周墓地1017号墓发掘》，《考古学报》2018年1期。图3-27.4，陕西扶风庄白村出土西周中期癭方鼎（颈部），采自曹玮：《周原出土青铜器》1362页，巴蜀书社2005。

图3-28　蟠螭"饕餮纹"：天帝珥两蛇乘两龙巡天

图3-28.1、2，上博藏山西浑源李峪春秋晚期晋墓出土牺尊（腹部）、鸟兽龙纹壶（腹部），采自《商周青铜器纹饰》87页，文物出版社1984。图3-28.3、4，山西侯马出土陶范XXⅡT2133H2844，山西万荣庙前春秋中晚期晋墓出土58M1：5编钟（鼓部），采自李夏廷、李劲轩：《晋国青铜艺术图鉴》76、79页，文物出版社2009。图3-28.5，山西侯马出土陶范ⅡT81H126：13，采自《侯马陶范艺术》116页，普林斯顿大学出版社1996。图3-28.6，湖北襄阳山湾春秋中期楚墓出土铜匜（M6：6）鋬部，采自陈振裕：《中国古代青铜器造型纹饰》178页，湖北美术出版社2001。

第四章　鼻祖纹衍生宗祖纹

图4-7.1，妇好方壶（M5：807）圈足，采自《河南商周青铜器纹饰与艺术》33页图50，河南美术出版社1995。图4-7.2，采自《高家堡戈国墓》152页，三秦出版社1995。图4-7.3，弗利尔藏青铜彝，采自《弗利尔美术馆藏中国青铜器图录》4页图30.54，华盛顿1946。图4-7.4，陕西扶风庄白村一号窖藏出土西周早期折方彝（腹部），采自曹玮：《周原出土青铜器》567页，巴蜀书社2005。图4-7.5，M303：96爵，采自《殷墟大司空M303发掘报告》，《考古学报》2008年3期。图4-7.6（西周早期铜鼎）、7（殷墟晚期古父己卣），采自《商周青铜器纹饰》49、75页，文物出版社1984。图4-7.8，西周早期铜鼎，采自《洛阳北窑西周墓》77页，文物出版社1999。图4-7.9，商代晚期山东滕县四足鼎，采自陈振裕：《中国古代青铜器造型纹饰》105页，湖北美术出版社2001。图4-7.10，妇好长方扁足鼎（腹部），王世民、陈公柔、张长寿：《西周青铜器分期断代研究》222页，文物出版社1999。

图4-8　宗祖纹衍生宗祖纹龙鳍

图4-8.1、2出处见前。图4-8.3，妇好墓出土司母辛大方鼎（M5：789），采自《殷墟青铜器》119页，文物出版社1985。图4-8.4，西周成王德鼎（口沿），采自《商周青铜器纹饰》15页，文物出版社1984。图4-8.5—9，采自《高家堡戈国墓》152、153、160页，三秦出版社1995。

图4-9　宗祖列戟纹用于凤冠、凤尾、凤翅：1、3商，2三星堆，4周

图4-9.1，陕西岐山贺家村出土商代晚期凤柱斝，采自曹玮：《周原出土青铜器》1243、1244页，巴蜀书社2005。图4-9.2、3，三星堆二号坑铜凤，上博藏商代晚期父丁卣，采自陈振裕：《中国古代青铜器造型纹饰》55、50页，湖北美术出版社2001。图4-9.4，山西曲沃晋侯墓出土西周凤尊M114：210，采自《天马曲村遗址北赵晋侯墓地第六次发掘》，《文物》2001年8期。

图4-10　列戟纹移用于四瓣纹

图4-10.1，大汶口文化双万陶罐，采自《大汶口续集》174页，科学出版社1997。图4-10.2，商周宗祖四瓣纹，采自网络。图4-10.3，上博藏妇好觯腹部的列戟四瓣纹，采自陈振裕：《中国古代青铜器造型纹饰》69页，湖北美术出版社2001。

图4-11　商代晚期："饕餮纹"、宗祖纹、万字符组合的特殊"饕餮纹"

图4-11.1，商周宗祖四瓣纹，采自网络。图4-11.2、3，笔者从宗祖四瓣纹解析的宗祖万字符。图4-11.4，殷墟晚期无仲卣（腹部），采自《商周青铜器纹饰》16页图36，文物出版社1984。

图4-12　商代晚期：湖南出土双鸟鼍鼓腹部的万舞天帝

图4-12，日本泉屋博古馆藏商代万舞鼍鼓（腹部），采自林巳奈夫《殷周青铜器综览·第二卷》，上海古籍出版社2019。

图4-13　西周晚期："饕餮纹"、宗祖纹、万字符组合的特殊"饕餮纹"

图4-13.1，陕西岐山贺家村西周早期墓出土尹奂鼎，采自曹玮：《周原出土青铜器》1089页，巴蜀书社2005。图4-13.2、4，M48：1伯鼎，采自《平顶山应国墓地》281页，大象出

版社2012。图4-13.3、5，M6054：8铜鼎；图4-13.6、9，M6081：86铜尊；图4-13.7、10，M6081：84铜卣；采自《天马曲村：1980—1989》第2册454、455页，344—347页，科学出版社2000；邹衡认为M6081墓主即晋国初祖唐叔虞。图4-13.8，保利博物馆藏西周早期神面卣，采自《保利藏金》357页，岭南美术出版社1999。

图4-14　宗祖玄鸟纹、宗祖凤鸟纹、宗祖蕉叶纹

图4-14.1、4，妇好玉熊、玉人，采自《殷墟妇好墓》157、153页，文物出版社1980。图4-14.2，伦敦埃斯肯纳齐行藏商代铜匕，陈振裕：《中国古代青铜器造型纹饰》63页，湖北美术出版社2001。图4-14.3，妇好玉鹰，采自《殷墟的发现与研究》344页，科学出版社1994。图4-14.5—7，扶风庄白村一号窖藏，丰尊、丰卣、蕉叶纹觚采自曹玮：《周原出土青铜器》611、618、542页，巴蜀书社2005。

图4-15　宗祖波带纹＝宗祖纹＋龙星纹＋连山纹

图4-15.1，见图4-1.1。图4-15.2，湖北京山苏家垄出土春秋早期曾仲斿父壶，采自《曾国青铜器》35页，文物出版社2007。图4-15.3，上博藏西周宣王虢季子白盘（腹部），采自《商周青铜器纹饰》290页，文物出版社1984。图4-15.4，陕西扶风庄白村一号窖藏出土西周中期三年瘐壶（76FZJ1：19），采自曹玮：《周原出土青铜器》663页，巴蜀书社2005。

第五章　两龙纹衍生肥遗纹

图5-1　上古陶器、玉器：衔尾肥遗龙

图5-1.1，陕西宝鸡北首岭陶瓶，采自《宝鸡北首岭》105页，文物出版社1983。图5-1.2—4，甘肃甘谷西坪陶瓶，甘肃武山傅家门陶瓶，山西陶寺肥遗盘，采自张朋川：《中国彩陶图谱》168、212页，参见图版85、109，文物出版社1990。图5-1.5—8，分别出土于内蒙古翁牛特旗三星他拉、安徽凌家滩、湖北天门肖家屋脊、浙江余杭后头山，采自古方：《中国出土玉器全集》第2卷17页、第6卷1页、第10卷13页、第8卷62页，科学出版社2005。

图5-2　商周玉器、铜器：衔尾肥遗龙

图5-2.1、2，河南安阳妇好墓出土商代衔尾龙；图5-2.3，河南安阳花园庄出土商代衔尾龙；图5-2.4，河南三门峡虢国墓出土西周衔尾龙；图5-2.5，陕西宝鸡竹沟园出土西周衔尾龙；图5-2.6，陕西长安张家坡出土西周衔尾龙；采自《中国出土玉器全集》第5卷40、39、80、150页，第14卷47、45页，科学出版社2005。图5-2.7，日本东京山本悌二郎旧藏西周铜器；图5-2.10，捷克布拉格国立美术馆藏商代晚期青铜盂外底；图5-2.11，安阳出土小室青铜盂器底：采自杨晓能：《另一种古史：青铜器纹饰、图形文字与图像铭文的解读》232、213、227页，生活·读书·新知三联书店2008。图5-2.8，西周初期康公盂内底，采自刘敦愿：《美术考古与古代文明》22页，人民美术出版社2007。图5-2.9，西周早期少姜壶（圈足

底部），采自《平顶山应国墓地》287页，大象出版社2012。图5-2.12，西周中期作宝尊彝簋（腹部），采自曹玮：《周原出土青铜器》1985页，巴蜀书社2005。

图5-3　陶寺陶器：衔尾肥遗龙衍生外旋肥遗龙

图5-3.1，出处见前。图5-3.2—4，采自《襄汾陶寺：1978—1985年考古发掘报告》第2册614、617、618页，文物出版社2015。

图5-4　西周铜器：外旋肥遗龙

图5-4.1、2，出处见前。图5-4.3，陕西长安张家坡出土西周铜钺（M119：10），采自《张家坡西周墓地》169页，中国大百科全书出版社1999。图5-4.4，湖北枣阳郭家庙出土铜器座，采自《曾国青铜器》110页，文物出版社2007。

图5-5　红山黄帝族：内旋肥遗龙

图5-5.1，辽宁查海石龙，采自《中国文物报》1995年3月19日《查海遗址发掘再获重大成果》。图5-5.2，大甸子肥遗龙残件，采自《大甸子：夏家店下层文化遗址与墓地发掘报告》137页，科学出版社1998。

图5-6　商周铜器：内旋肥遗龙A型（龙首侧面）

图5-6.1，妇好蟠龙纹盘（M5：853），采自陈振裕：《中国古代青铜器造型纹饰》40页，湖北美术出版社2001。图5-6.2，安阳侯家庄西北冈M1004铜盆（侧面），采自《殷墟的发现与研究》316页，科学出版社1994。图5-6.3、5，西周父乙簋器底，安阳侯家庄西北冈M1004铜胄（侧面），采自孙机《仰观集：古文物的欣赏与鉴别》21、18页，文物出版社2012。图5-6.4，M6081：2盘，采自《天马曲村：1980—1989》第2册342页，科学出版社2000。图5 6.6，保利艺术博物馆藏西周中期尸日盘，采自《新收殷周青铜器铭文暨器影汇编》1105页，台北艺文印馆2006。图5-6.7，东京出光馆藏西周中期青铜尊，采自杨晓能：《另一种古史：青铜器纹饰、图形文字与图像铭文的解读》238页，生活·读书·新知三联书店2008。图5-6.8，盘外底M4：15，采自《高家堡戈国墓》149页，三秦出版社1995。

图5-7　商周铜器：内旋肥遗龙B型（龙首正面）

图5-7.1，妇好石刻刀（M5：36）纹样，采自《殷墟的发现与研究》384页，科学出版社1994。图5-7.2、15，安徽繁昌汤家山出土春秋铜盘、铜盉（盖部），采自《皖南商周青铜器》104、93页，文物出版社2006。图5-7.3，西周中期铜卣（盖部），采自《平顶山应国墓地》667页，大象出版社2012。图5-7.4，城固柳林镇出土铜盘，采自曹玮：《汉中出土商代青铜器》163页，巴蜀书社2006。图5-7.5，弗利尔藏青铜盘，采自《弗利尔美术馆藏中国青铜器图录》7页，华盛顿1946。图5-7.6、7，蟠龙纹盘，1977年枣阳资山王城出土蟠龙纹盘，采自网络。图5-7.8，M51：3铜盘，采自《三晋考古·第一辑》106页，《闻喜上郭村古墓群试掘》，山西人民出版社1994。图5-7.9、10，小屯M18：14铜盘，妇好盘（M5：777），采自《殷墟青铜器》400、367页，文物出版社1985。图5-7.11，弗利尔藏蟠龙纹盘，采自陈振裕：《中国古代青铜器造型纹饰》39页，湖北美术出版社2001。图5-7.12，保利艺术博物馆藏戈盘，采自《保利藏金（续）》87页，岭南美术出版社2001。图5-7.13，曾国铜盘，采自《曾国青铜

器》335页，文物出版社2007。图5-7.14，上博藏西周晚期鱼龙纹盘（盘心），采自《商周青铜器纹饰》147页，文物出版社1984。图5-7.16，彭县出土西周铜罍（肩部），采自《四川彭县西周窖藏铜器》，《考古》1981年6期。

图5-8　商周牺尊翅膀关节处：旋转肥遗龙

图5-8.1、4、6、9、12，妇好鸮尊，安阳大司空南M539鸮卣，日本根津美术馆藏双羊尊，宝鸡茹家庄象尊，战国中山王墓出土错金银牛屏座，采自陈振裕：《中国古代青铜器造型纹饰》58、59、49、133、265页，湖北美术出版社2001。图5-8.2，商代鸮尊，采自《青铜器造型与纹样》57页，北京特艺总厂1972。图5-8.3，侯家庄鸟尊，采自《殷墟的发现与研究》282页，科学出版社1994。图5-8.5，商代鸮卣，采自吴山：《中国历代装饰纹样》第1册181页，人民美术出版社1988。图5-8.7、8，商代湘潭九华乡船形山出土猪尊，湖南衡阳包家台子出土牛形觥，均采自朱凤瀚：《中国青铜器综论》1185页，上海古籍出版社2009。图5-8.10，1981年陕西汉中洋县小江乡张村出土商晚期"饕餮纹"觥（AON12），采自曹玮：《汉中出土商代青铜器》98页，巴蜀书社2006。图5-8.11，茹家庄出土井姬青铜盂（M2：16），采自《宝鸡强国墓地》上册373页，文物出版社1988。

图5-9　夏代展开式肥遗龙："一首两身"强化图式

图5-9.1，二里头无底陶罐残片，采自刘志雄、杨静荣：《龙与中国文化》60页，人民出版社1992。图5-9.2，大甸子陶器纹样，采自《大甸子：夏家店下层文化遗址与墓地发掘报告》107页，科学出版社1998。

图5-10　商周展开式肥遗纹："一首两身"强化图式

图5-10.1，妇好大方壶（肩部），采自陈振裕：《中国古代青铜器造型纹饰》41页，湖北美术出版社2001。图5-10.2、6，M1：7铜卣（肩部），M4：4铜鼎（肩部），采自《高家堡戈国墓》149、161页，三秦出版社1995。图5-10.3，弗利尔藏青铜彝，采自《弗利尔美术馆藏中国青铜器图录》5页图30.54，华盛顿1946。图5-10.4，西周早期洹秦簋（口沿），采自《商周青铜器纹饰》243页，文物出版社1984。图5-10.5，铜鼎（肩部），采自《新收殷周青铜器铭文暨器影汇编》1073页，台北艺文印书馆2006。图5-10.7，金文蚰（昆），采自王心怡：《商周图形文字编》341页，文物出版社2007。

图5-11　商晚周早展开式肥遗龙：一首两身

图5-11.1，妇好大方壶，采自陈振裕：《中国古代青铜器造型纹饰》33页，湖北美术出版社2001。图5-11.2，M11：111铜卣，采自《滕州前掌大墓地》286页，文物出版社2005。图5-11.3、6，M2：4铜卣，M4：4铜鼎，采自《高家堡戈国墓》46、76页，三秦出版社1995。图5-11.4，铜鼎，采自《新收殷周青铜器铭文暨器影汇编》1073页，台北艺文印书馆2006。图5-11.5，BRM1乙：12方鼎，采自《宝鸡强国墓地》上册284页，文物出版社1988。图5-11.7、8，肥遗龙方鼎，采自严一萍：《金文总集》598、599页，台北艺文印书馆1983。

图5-12　春秋战国铜器、玉器：展开式肥遗龙

图5-12.1，春秋郑国方壶，采自《新郑郑国祭祀遗址》上册137页，大象出版社2006。

图5-12.2，河南辉县琉璃阁铜方壶（腹部），采自《河南商周青铜器纹饰与艺术》178页图599，河南美术出版社1995。图5-12.3，侯马陶范Ⅱ T35H103：7，采自李夏廷、李劲轩：《晋国青铜艺术图鉴》142页，文物出版社2009。图5-12.4、6，春秋晚期赵简子墓方壶盖、战国早期曾侯乙尊外腹附件，采自陈振裕：《中国古代青铜器造型纹饰》181、249页，湖北美术出版社2001。图5-12.5，战国铅锡饰件，采自《曾侯乙墓》444页，文物出版社1989。图5-12.7、11，战国玉佩，采自姜涛、刘云辉：《熙墀藏玉》102、100页，文物出版社2006。图5-12.8，战国玉佩，采自杨伯达：《关氏所藏中国古玉》图版184，香港中文大学文物馆1994。图5-12.9，战国中山王墓饰件，采自杨伯达：《中国玉器全集》289页，河北美术出版社2005。图5-12.10，安吉出土战国玉佩，采自古方：《中国出土玉器全集》第8卷181页，科学出版社2005。图5-12.12，战国中晚期楚国玉器，采自《九连墩：长江中游的楚国贵族大墓》70页，文物出版社2007。

图5-13　战国铜器之万舞造型：一首两身展开式肥遗龙

图5-13.1，出处见前。图5-13.2，山西侯马陶范，采自《侯马陶范艺术》245页，普林斯顿大学出版社1996。图5-13.3、4，战国铜器刻纹，采自《淮阴高庄战国墓》161、189页，文物出版社2009。图5-13.5，江苏六合战国铜匜残片，采自吴山菁：《江苏六合县和仁东周墓》，《考古》1977年5期。图5-13.6，河南辉县琉璃阁M1：51刻纹铜奁，采自郭宝钧：《山彪镇与琉璃阁》64页，科学出版社1959。

图5-14　商代铜器：一首两身展开式肥遗虎

图5-14.1，见上。图5-14.2，安徽阜南商代龙虎尊，采自《安徽省博物馆藏青铜器》图版一，上海人民美术出版社1987。图5 14.3，二星堆一号坑龙虎尊，采自马承源：《中国青铜器全集》第13卷78页，文物出版社1996。

图5-15　天帝乘两龙驭两虎

图5-15.1、3，安阳出土商代晚期后母戊方鼎鼎耳，伦敦苏富比藏商代晚期三虎首车饰，采自陈振裕：《中国古代青铜器造型纹饰》87、45页，湖北美术出版社2001。图5-15.2，妇好大铜钺（腹部），采自马承源：《中国青铜器全集》第2卷21页，文物出版社1996。

图5-16　战国中山铜灯：天帝操两蛇践两虎

图5-16.1—5，河北平山魏属中山成公墓出土战国铜灯，采自《战国中山国灵寿城：1975—1993年考古发掘报告》154、159、158页，文物出版社2005。

第六章　两龙纹衍生龙星纹

图6-1　上古龙星纹第一图式：山形龙星纹

图6-1.1，甘肃永昌鸳鸯池，采自张朋川：《中国彩陶图谱》，图版1153，文物出版社1990。图6-1.2，山西离石柳林三期陶钵（H4：9），采自《晋中考古》71页，文物出版社

1999。图6-1.3、4，甘肃临洮辛店，采自安特生：《甘肃考古记》，乐森璕译，农商部地质调查所1925年版。图6-1.5、8、9，新乡洛丝潭、安阳老磨冈、安阳鲍家堂，采自《河南史前彩陶》119、118、113页，河南美术出版社1996。图6-1.6，安阳后冈大司空村，采自《殷墟的发现与研究》425页，科学出版社1994。图6-1.7、10，安阳大正集老磨冈、安阳大寒南冈，采自杨锡璋：《安阳洹河流域几个遗址的试掘》，《考古》1965年7期。图6-1.11，河北磁县下潘汪，采自《磁县下潘汪遗址发掘报告》，《考古学报》1975年1期。图6-1.12，河北磁县界段营，采自《磁县界段营发掘简报》，《考古》1974年6期。图6-1.13，河北武安城二庄，采自《河北武安洺河流域几处遗址的试掘》，《考古》1984年1期。

图6-2　夏代龙星纹第一图式：山形龙星纹

图6-2.1，花地嘴出土，采自顾问、张松林：《花地嘴遗址所出"新砦期"朱砂绘陶瓮研究》，《中国历史文物》2006年1期。图6-2.2，大甸子M791：2，采自《大甸子：夏家店下层文化遗址与墓地发掘报告》109页，科学出版社1998。图6-2.3，大甸子出土，采自薛建华：《中国陶瓷图案集》99页，上海书店1993。图6-2.4—7，出处见前。

图6-3　商周龙星纹第一图式：山形龙星纹

图6-3.1，西周昭王员方鼎（口沿），采自《商周青铜器纹饰》221页，文物出版社1984。图6-3.2，西周初期龙纹，采自《青铜器造型与纹样》115页，北京特艺总厂1972。图6-3.3，西周早期龙纹簋，采自刘志雄、杨静荣：《龙与中国文化》82页，人民出版社1992。图6-3.4，和尚岭二号墓画像铜壶（M2：27）颈部，采自《淅川和尚岭与徐家岭楚墓》43页，大象出版社2004。图6-3.5，1992年四川茂县牟托村出土战国龙纹镈钟，四川茂县羌族博物馆藏，采自《四川茂县牟托一号石棺墓及陪葬坑清理简报》，《文物》1994年3期。图6-3.6，妇好山形钺（M5：713），采自《殷墟的发现与研究》306页，科学出版社1994。图6-3.7，茹家庄M2：22，采自《宝鸡强国墓地》上册375页，文物出版社1988。图6-3.8，中山成公墓漆盾残片（M6：203），采自《战国中山国灵寿城：1975—1993年考古发掘报告》177页，文物出版社2005。图6-3.9、10，曾侯乙墓漆箱盖，采自《曾侯乙墓》356、357页，文物出版社1989。

图6-4　上古–夏代龙星纹第二图式：月形龙星纹

图6-4.1，陶寺肥遗盘（M3072：6），采自张朋川：《中国彩陶图谱》212页，文物出版社1990。图6-4.2，M827：2，采自《大甸子：夏家店下层文化遗址与墓地发掘报告》107页，科学出版社1998。图6-4.3，出处见前。

图6-5　商周龙星纹第二图式：月形龙星纹

图6-5.1、3，安徽繁昌汤家山出土蟠龙纹盘、盉盖，采自《皖南商周青铜器》104、93页，文物出版社2006。图6-5.2，蟠龙纹盘，采自《曾国青铜器》335，文物出版社2007。图6-5.4，弗利尔藏蟠龙纹，采自《弗利尔美术馆藏中国青铜器图录》7页图42.14，华盛顿1946。图6-5.5，1965年陕西绥德义合镇墕头村出土乡钺（腹部），采自曹玮：《陕北出土青铜器》第3卷527页，巴蜀书社2009。图6-5.6，陕西宝鸡竹沟园出土西周玉龙，采自孙机：《神龙出世六千年》，《仰观集：古文物的欣赏与鉴别》21页，文物出版社2012。图6-5.7，中山成公墓出土银首人俑灯（M6：113）灯杆，采自《战国中山国灵寿城：1975—1993年考古发掘报告》

160页，文物出版社2005。图6-5.8，中山国木框架四角铜扣，采自陈振裕：《中国古代青铜器造型纹饰》242页，湖北美术出版社2001。

图6-6　上古龙星纹第三图式：火形龙星纹

图6-6.1，陶寺肥遗盘（M3072：6），出处见前。图6-6.2—4，陶寺肥遗盘（M3016：9，M2001：74，M3073：30），采自《襄汾陶寺：1978—1985年考古发掘报告》第2册614、617、618页，文物出版社2015。

图6-7　夏商周火形龙星纹A型：1、2夏，3—10商周

图6-7.1，M659：4，采自《大甸子：夏家店下层文化遗址与墓地发掘报告》137页，科学出版社1998。图6-7.2、8—10，二里头四期铜牌（1987YL，Ⅵ，M57：4），江西新干大洋洲出土商代虎耳鼎（XDM：17）耳部，美国华盛顿弗利尔美术馆藏商代兽食人刀，山西新绛柳泉墓地出土春秋蟠蛇纹鼎（腹部），采自陈振裕：《中国古代青铜器造型纹饰》1、44、89、213页，湖北美术出版社2001。图6-7.3，妇好玉人（M5：371），采自《殷墟的发现与研究》341页，科学出版社1994。图6-7.4，陕西长安张家坡出土西周早期玉龙，采自孙机：《神龙出世六千年》,《仰观集：古文物的欣赏与鉴别》21页，文物出版社2012。图6-7.5，闻喜上郭村出土铜盘（M51：3），采自《三晋考古·第一辑》106页，《闻喜上郭村古墓群试掘》，山西人民出版社1994。图6-7.6，安阳出土"寝小室"青铜盂（器底），采自杨晓能：《另一种古史：青铜器纹饰、图形文字与图像铭文的解读》227页，生活·读书·新知三联书店2008。图6-7.7，纸坊头M1：110铜泡，采自《宝鸡強国墓地》上册134页，文物出版社1988。

图6-8　夏商周火形龙星纹B型：1夏，2—13商周

图6-8.1，二里头文化墨玉镶绿松石玉璜，中国古玉器研究会甘肃省中心收藏，采自网络。图6-8.2、3，妇好龙形玉玦，M1004铜盔侧面纹饰，采自《殷墟的发现与研究》348、316页，科学出版社1994。图6-8.4，西周初期康公盂（内底），采自刘敦愿：《美术考古与古代文明》22页，人民美术出版社2007。图6-8.5，西周父乙簋（外底），采自孙机：《神龙出世六千年》,《仰观集：古文物的欣赏与鉴别》21页，文物出版社2012。图6-8.6，陕西扶风庄白村一号窖藏出土西周中期盉盖，采自曹玮：《周原出土青铜器》1394页，巴蜀书社2005。图6-8.7，虢国墓出土西周早期玉龙，采自常素霞：《中国古代玉器图谱》335页，金城出版社2013。图6-8.8，西周玉龙，采自姜涛、刘云辉：《熙墀藏玉》58页，文物出版社2006。图6-8.9，东京出光馆藏西周中期青铜尊。原载梅原末治：《日本蒐储支那古铜精华》（二）157页，大阪山中商会1960。转自［美］杨晓能：《另一种古史：青铜器纹饰、图形文字与图像铭文的解读》238页，生活·读书·新知三联书店2008。图6-8.10，M4：15盘外底，采自《高家堡戈国墓》149页，三秦出版社1995。图6-8.11、13，巴黎赛努奇博物馆藏商代虎食人卣（外底），伦敦埃肯纳齐行藏商代韦钺，采自陈振裕：《中国古代青铜器造型纹饰》41、37页，湖北美术出版社2001。图6-8.12，长子口出土西周早期篹形觥（M1：92），采自《鹿邑太清宫长子口墓》103页，中州古籍出版社2000。

图6-9　西周玉佩、玉项饰：火形龙星纹B型

图6-9.1、2，山西闻喜上郭村西周墓M34龙星纹玉佩，山东沂水刘家店子战国墓M2龙星纹玉佩，采自古方：《中国出土玉器全集》第3卷156页、第4卷190页，科学出版社2005。图6-9.3、4，河南三门峡虢国墓西周早期龙星纹玉佩，采自常素霞：《中国古代玉器图谱》327页，金城出版社2013。图6-9.5，陕西长安张家坡西周龙星纹玉佩，采自《沣西发掘报告（1956—1957）》152页，文物出版社1962。图6-9.6，M5150龙星纹玉佩，采自《天马曲村：1980—1989》第2册449页，科学出版社2000。图6-9.7、8，GM16：12、9龙星纹玉佩，采自《枣阳郭家庙曾国墓地》137页，科学出版社2005。图6-9.9，M2001：659龙星纹玉项饰，采自《三门峡虢国墓》彩版一六、150页，文物出版社1999。图6-9.10，M502：65龙星纹玉项饰，采自《梁带村芮国墓地：二〇〇七年度发掘报告》彩版四四、36页，文物出版社2010。

图6-10　夏代首创龙星纹第四图式：心形龙星纹

图6-10.1、3，出处见前。图6-10.2，东下冯五期陶片，采自《夏县东下冯》170页，文物出版社1988。图6-10.4，二里头陶片，采自《二里头（1999—2006）》第2卷1147页，文物出版社2014。

图6-11　夏代心形龙星纹A型：脱胎于火形龙星纹

图6-11.1，二里头陶片，采自《二里头（1999—2006）》第2卷776页，文物出版社2014。图6-11.2，东下冯五期陶片，采自《夏县东下冯》170页，文物出版社1988。图6-11.3，山东益都苏埠屯出土商代晚期铜钺，采自马承源：《中国青铜器全集》第4卷175页，文物出版社1996。图6-11.4，成都金沙出土金铂，采自周新华：《三星耀天府——三星堆文化和巴蜀文明》166页，浙江大学出版社2004。

图6-12　商周龙星纹第四图式：心形龙星纹A型

图6-12.1—3，妇好玉龙，均采自《殷墟的发现与研究》348页，科学出版社1994。图6-12.4，铜龙，采自《青铜器造型与纹样》116页，北京特艺总厂1972。图6-12.5，1959年河北邯郸百家村战国墓出土心形龙星纹玉珩，现藏河北省文物研究所，采自马自树：《中国文物定级图典·三级品》179页，上海辞书出版社2001。图6-12.6，妇好玉龙，采自杨伯达：《中国玉器全集》147页，河北美术出版社2005。图6-12.7，战国玉龙，采自姜涛、刘云辉：《熙墀藏玉》101页，文物出版社2006。图6-12.8，战国玉龙，采自常素霞：《中国古代玉器图谱》466页，金城出版社2013。图6-12.9、10，铜虎，采自《殷墟青铜器》107页，文物出版社1985。图6-12.11，M6081：2春秋蟠龙纹盘，采自《天马曲村：1980—1989》第2册342页，科学出版社2000。图6-12.12，扶风庄白村出土西周中期龙星纹铜斧，采自曹玮：《周原出土青铜器》1405页，巴蜀书社2005。

图6-13　商代龙神纹：心形龙星纹B型＋火形龙星纹B型

图6-13.1，商代中期铜斨（采集34），采自《吴城：1973—2002考古发掘报告》368页，科学出版社2005。图6-13.2，商代中期铜锛（XDM：357），采自《新干商代大墓》125页，文物出版社1997。图6-13.3，1980年陕西汉中城固县龙头镇出土商代晚期銎口钺，采自曹玮：《汉中出土商代青铜器》241页，巴蜀书社2006。图6-13.4，三星堆琥珀坠饰，采自《三星堆

祭祀坑》118页，文物出版社1999。图6-13.5，金沙玉璋，采自《金沙淘珍：成都市金沙村遗址出土文物》150页，文物出版社2002。图6-13.6、7，殷墟铜器纹样，采自《殷墟青铜器》104页，文物出版社1985。

图6-14　夏商周"饕餮纹"之山形龙星纹

图6-14.1、2，出处见前。图6-14.3，罗山蟒张后李M44商墓出土铜瓿（腰部），采自《河南商周青铜器纹饰与艺术》50页图99，河南美术出版社1995。图6-14.4，殷墟铜爵腹部，采自李济：《殷墟青铜器研究》169页，上海人民出版社2008。图6-14.5、6，西周早期铜器纹样，采自《高家堡戈国墓》160、154页，三秦出版社1995。

图6-15　夏代"饕餮纹"之月形龙星纹：1二里头，2大甸子

图6-15.1、2，出处见前。

图6-16　夏商周"饕餮纹"之火形龙星纹：1、2夏，3—7商，8—10周

图6-16.1、2，出处见前。图6-16.3，96ZXY采：01铜戈，采自《郑州小双桥：1990—2000年考古发掘报告》下册彩版三四，科学出版社2012。图6-16.4，XDM：338铜钺，采自《新干商代大墓》104页，文物出版社1997。图6-16.5—7，妇好大方尊（M5：792）下部、腹部，采自《殷墟青铜器》112、357页，文物出版社1985。图6-16.8—10，日己方觥、日己方彝、折觥，采自曹玮：《周原出土青铜器》241、236、561页，巴蜀书社2005。

图6-17　夏商周"饕餮纹"之心形龙星纹

图6-17.1，出处见前。图6-17.2，妇好玉人，采自《殷墟妇好墓》153页，文物出版社1980。图6-17.3，伦敦埃斯肯纳齐行藏商代铜匕柄部，采自陈振裕：《中国古代青铜器造型纹饰》63页，湖北美术出版社2001。图6-17.4，竹园沟BZM7：1圆鼎，采自《宝鸡强国墓地》上册98页，文物出版社1988。图6-17.5，1963年陕西宝鸡贾村出土的西周早期何尊，采自张小丽：《出土商周青铜尊研究》，西北大学2004硕士论文。图6-17.6，弗利尔藏青铜彝，采自《弗利尔美术馆藏中国青铜器图录》4页图30.54，华盛顿1946。图6-17.7，扶风庄白村一号西周青铜器窖藏出土折方彝腹部，采自曹玮：《周原出土青铜器》567页，巴蜀书社2005。

图6-18　脱离龙身的山形龙星纹

图6-18.1、2，出处见前。图6-18.3，大甸子M12：2陶罐，采自中科院考古所辽宁工作队：《敖汉旗大甸子遗址1974年试掘简报》，《考古》1975年2期。图6-18.4，和尚岭M1：4铜鼎，采自《淅川和尚岭与徐家岭楚墓》13页，大象出版社2004。图6-18.5，殷墟铜器纹样，采自《殷墟青铜器》104页，文物出版社1985。图6-18.6，XDM：66铜铙，采自《新干商代大墓》89页，文物出版社1997。图6-18.7，商代陶簋，采自《滕州前掌大墓地》151页，文物出版社2005。图6-18.8，商代勾连雷纹铜鼎，采自严一萍：《金文总集》160页，台北艺文印书馆1983。图6-18.9、10，河南固始侯古堆春秋墓出土三足壶（俯视图），华盛顿弗利尔美术馆藏商代勾连雷纹壶（下腹），采自陈振裕：《中国古代青铜器造型纹饰》223、72页，湖北美术出版社2001。

图6-19 脱离龙身的月形龙星纹：重环纹之一

图6-19.1, 出处见前。图6-19.2, 陕西扶风庄白村二号窖藏出土西周晚期重环纹匜, 采自曹玮：《周原出土青铜器》986页, 巴蜀书社2005。图6-19.3, M31：8鸟形盉（腹部）, 采自《天马曲村遗址北赵晋侯墓地第三次发掘》,《文物》1994年8期。图6-19.4, 安徽宣城出土西周重环纹鼎, 采自《皖南商周青铜器》45页, 文物出版社2006。图6-19.5, 西周铜鬲, 采自严一萍：《金文总集》812页, 台北艺文印书馆1983。图6-19.6—8, 西周铜盉、铜簋、铜簋, 采自《天马曲村：1980—1989》第2册448、387、447页, 科学出版社2000。

图6-20 脱离龙身的火形龙星纹：重环纹之二

图6-20.1、2、4, 出处见前。图6-20.3, HPKM1005龙星纹铜镜, 采自《殷墟的发现与研究》307页, 科学出版社1994。图6-20.5、9, 陕西扶风齐家村出土西周晚期重环纹盂耳, 陕西扶风黄堆出土西周中期重环纹鼎, 采自曹玮：《周原出土青铜器》15、1943页, 巴蜀书社2005。图6-20.6—8, M6384：5盘耳, M6081：2盘耳, M5189：3重环纹匜, 采自《天马曲村：1980—1989》第2册501、342、388页, 科学出版社2000。图6-20.10, M7：11西周铜簋, 采自《三晋考古》第一辑78页,《洪洞永凝堡西周墓葬发掘报告》, 山西人民出版社1994。

图6-21 脱离龙身的两种龙星纹交错：重环纹之三

图6-21.1, 西周铜鼎, 采自《三晋考古·第一辑》102页,《闻喜上郭村古墓群试掘》, 山西人民出版社1994。图6-21.2、6、8、9, 采自《曾国青铜器》276、178、98、251页, 文物出版社2007。图6-21.3, 西周铜盨, 采自吴镇烽：《商周青铜器铭文暨图像集成》第12卷图版05502, 上海古籍出版社2012。图6-21.4, M502：93西周早期铜钺, 采自《梁带村芮国墓地：二〇〇七年度发掘报告》20页, 文物出版社2010。图6-21.5, 西周晚期重环纹盂, 采自曹玮：《周原出土青铜器》473页, 巴蜀书社2005。图6-21.7, 河南辉县琉璃阁铜鉴（M55：40）耳部, 采自《河南商周青铜器纹饰与艺术》210页图707, 河南美术出版社1995。

图6-22 波带纹中的三种龙星纹

图6-22.1, 湖北京山苏家垅遗址出土曾仲斿父壶, 采自《曾国青铜器》35页, 文物出版社2007。图6-22.2—4, 陕西扶风庄白李村出土西周晚期窃曲纹鼎, 陕西扶风云塘村出土西周晚期伯公父匜, 陕西岐山京当乡乔家村出土西周晚期环带纹鬲, 采自曹玮：《周原出土青铜器》2079、2159、2109页, 巴蜀书社2005。

图6-23 月形龙星纹纵向叠加：所谓"垂鳞纹"

图6-23.1, 美国华盛顿赛克勒博物馆藏垂鳞纹壶, 采自陈振裕：《中国古代青铜器造型纹饰》216页, 湖北美术出版社2001。图6-23.2, 霸伯簋（M1017：66）, 采自谢尧亭等：《山西翼城大河口西周墓地1017号墓发掘》,《考古学报》2018年1期。图6-23.3, 陕西扶风庄白村出土散车父壶, 采自曹玮：《周原出土青铜器》193页, 巴蜀书社2005。图6-23.4、5, 西周垂鳞纹壶、鼎,《曾国青铜器》128、231页, 文物出版社2007。图6-23.6, 西周垂鳞纹盖, 采自吴镇烽：《商周青铜器铭文暨图像集成》第10卷图版04834, 上海古籍出版社2012。

图6-24 龙星纹、龙鳞纹、脱离龙身的龙鳞纹

图6-24.1，侯家庄M1001骨匕，采自《殷墟的发现与研究》388页，科学出版社1994。图6-24.2，M1：238骨匕，采自《鹿邑太清宫长子口墓》188页，中州古籍出版社2000。图6-24.3，殷墟出土雷纹鼎GM1125：3，采自《殷墟青铜器》418页，文物出版社1985。图6-24.4，安阳小屯采集龙纹石磬，采自孙机：《神龙出世六千年》，《仰观集：古文物的欣赏与鉴别》21页，文物出版社2012。

图6-25　脱离龙身的心型龙星纹：卷云纹B型

图6-25.1，见上图6-12.2。图6-25.2、3，铜面具（XDM：67）、铜钺（XDM：333）俯视，采自《新干商代大墓》132、100页，文物出版社1997。图6-25.4，M3：5铜罍，采自《吴城：1973—2002考古发掘报告》366页，科学出版社2005。图6-25.5，M7：1铜壶，采自《三晋考古》第一辑78页，《洪洞永凝堡西周墓葬发掘报告》，山西人民出版社1994。图6-25.6，南京博物院藏战国陶壶，采自吴山：《中国历代装饰纹样》第2册201页，人民美术出版社1988。图6-25.7，铜铃，采自《1992年春天马曲村遗址墓葬发掘报告》，《文物》1993年3期。图6-25.8，M6：202漆盒残片，采自《战国中山国灵寿城：1975—1993年考古发掘报告》131页，文物出版社2005。图6-25.9，扶风庄白村出土铜壶，采自曹玮：《周原出土青铜器》1390页，巴蜀书社2005。图6-25.10，1965年江苏涟水三里墩西汉墓出土战国错金银盖鼎，南京博物院藏，采自马承源：《中国青铜器全集》，文物出版社1996。

图6-26　半个心形龙星纹：谷纹

图6-26.1，见上图6-12.5。图6-26.2、3，湖北省博藏曾侯乙墓玉珩、河北省文物所藏中山王墓玉珩，采自杨伯达：《中国玉器全集》270、296页，河北美术出版社2005。图6-26.4，山西太原金胜村春秋赵简子墓玉珩，山西省考古所藏，采自马自树：《中国文物定级图典·一级品》下卷238页，上海辞书出版社1999。图6-26.5，江苏无锡鸿山越王墓玉璧，采自《鸿山越墓发掘报告》图版一四五，文物出版社2007。图6-26.6—8，陕西长武亭口乡樊罗村出土战国谷璧，山西长子牛家坡M7出土战国谷璧，河南洛阳金村出土战国谷璧，采自古方：《中国出土玉器全集》第14卷113页、第3卷220页、第5卷201页，科学出版社2005。图6-26.9，战国玉龙，采自侯毅、渠川福：《太原金胜村251号春秋大墓及车马坑发掘简报》，《文物》1989年9期。图6-26.10、11，湖北荆州熊家冢战国墓、湖北随州曾侯乙墓出土战国玉龙，采自常素霞：《中国古代玉器图谱》489、500页，金城出版社2013。图6-26.12，湖北襄阳王坡东周秦汉墓出土谷璧，采自《襄阳王坡东周秦汉墓》180页，科学出版社2005。图6-26.13，西安西郊汉墓出土西汉玉剑首，西安市文物园林局藏，采自马自树：《中国文物定级图典·三级品》183页，上海辞书出版社2001。

图6-27　山形龙星纹等价于龙纹

图6-27.1、2，上博藏战国四龙镜，采自孔祥星、刘一曼：《中国铜镜图典》85、84页，文物出版社1992。图6-27.3，陕西西安长安城遗址出土秦国瓦当，采自王力主编、刘乐园修订：《中国古代文化常识》插图修订第4版164页，北京联合出版公司、后浪出版公司2014。图6-27.4，西汉瓦当，采自《西汉礼制建筑遗址》180页，文物出版社2003。

图6-28 重环纹等价于龙纹

图6-28.1，陕西岐山清华镇出土西周早期外叔鼎鼎耳，采自曹玮：《周原出土青铜器》2053页，巴蜀书社2005。图6-28.2，商代中期XDM：17虎耳鼎鼎耳，采自《新干商代大墓》23页，文物出版社1997。图6-28.3、5，东周盘耳、鼎耳，采自《曾国青铜器》290、87页，文物出版社2007。图6-28.4，M6081：2春秋蟠龙纹盘，采自《天马曲村：1980—1989》第2册342页，科学出版社2000。

图6-29 西周编钟：心形龙星纹等价于两龙纹

图6-29.1，西周重环纹钟，采自陈梦家：《西周铜器断代》下册847页，中华书局2004。图6-29.2、3，陕西扶风庄白出土西周晚期五祀𩵦钟之正反两面，采自曹玮：《周原出土青铜器》2028页，巴蜀书社2005。

第七章 西周窃曲纹，源于太极图

图7-1 山西石楼出土商代晚期龙纹觥：天鼋、地鼍（鳄鱼）

图7-1，1959年山西石楼桃花庄商代晚期龙纹觥，现藏山西博物院。采自朱凤瀚：《中国青铜器综论》1099页，上海古籍出版社2009。

图7-2 商晚周早"饕餮纹"之侧面独足夔

图7-2.1，弗利尔藏青铜彝，采自《弗利尔美术馆藏中国青铜器图录》4页图30.54，华盛顿1946。图7-2.2，陕西扶风庄白村出土折方彝（腹部），采自曹玮：《周原出土青铜器》567页，巴蜀书社2005。图7-2.3，山东滕县商代晚期四足鼎，采自陈振裕：《中国古代青铜器造型纹饰》105页，湖北美术出版社2001。图7-2.4，河南安阳妇好墓出土大方尊，采自《殷墟青铜器》357页，文物出版社1985。

图7-3 夔龙纹的四种龙足数量

图7-3.1，陕西扶风海家村西周铜龙，采自《吉金铸国史：周原出土西周青铜器精粹》236页，文物出版社2002。图7-3.2，陕西岐山丁童家村西周早期外叔鼎鼎耳，采自曹玮：《周原出土青铜器》2053页，巴蜀书社2005。图7-3.3，巴黎赛努奇博物馆藏商代虎食人卣器底纹饰，采自陈振裕：《中国古代青铜器造型纹饰》41页，湖北美术出版社2001。图7-3.4、5，M1：7铜卣（肩部、腹部），采自《高家堡戈国墓》24页，三秦出版社1995。图7-3.6，商代中期XDM：14虎耳虎形扁足铜圆鼎鼎耳，采自《新干商代大墓》24页，文物出版社1997。

图7-4 商周夔龙纹的三大天文历法图式

图7-4.1、2，见图7-3.1、2。图7-4.3，安徽繁昌汤家山春秋龙纹盘，采自《皖南商周青铜器》104页，文物出版社2006。图7-4.4，上博藏西周晚期鱼龙纹盘，采自《商周青铜器纹饰》147页，文物出版社1984。图7-4.5，妇好大方壶肩部，采自陈振裕：《中国古代青铜造

型纹饰》41页，湖北美术出版社2001。

图7-5　商周夔龙纹的三大宗教神话图式

图7-5.1，西周早期"饕餮纹"鼎（腹部），采自《商周青铜器纹饰》49页，文物出版社1984。图7-5.2，殷墟花园庄宫殿区M54：262亚长戈，采吴镇烽：《商周青铜器铭文暨图像集成》30卷图版16320，上海古籍出版社2012。图7-5.3，M303：81簋腹，采自《殷墟大司空M303发掘报告》，《考古学报》2008年3期。图7-5.4，竹园沟M7：3夨公鼎腹部，采自《宝鸡強国墓地》上册100页，文物出版社1988。图7-5.5，妇好三联甗之甑（颈部），采自《河南商周青铜器纹饰与艺术》52页图108，河南美术出版社1995。图7-5.6，M52：12车軎，采自《安阳殷墟郭家庄商代墓葬：1982年—1992年考古发掘报告》131页，中国大百科全书出版社1998。

图7-6　周中春早新型两龙纹：顾首两龙纹

图7-6.1，陕西扶风刘家村西周中期夔纹鼎（颈部），采自曹玮：《周原出土青铜器》1717页，巴蜀书社2005。图7-6.2—4，上博藏西周恭王趞曹鼎（口沿）、西周中期匽侯盂（腹部）、西周孝王瑒生甗（腹部），采自《商周青铜器纹饰》113、112、114页，文物出版社1984。

图7-7　上古、西周、陈抟后太极图

图7-7.1，伏羲十二辟卦太极图（张远山原创），详见张远山：《伏羲之道》。图7-7.2、5，甘肃省博藏甘肃东乡林家马家窑文化彩陶盆，兰州文化馆藏甘肃兰州红山大坪马家窑文化彩陶盆，采自张朋川：《中国彩陶图谱》图版165、208，文物出版社1990。图7-7.3、6，陕西扶风云塘村西周晚期伯公父壶盖（一对，分藏陕西宝鸡博物馆、台北陈柏之台湾华夏堂），陕西岐山董家村西周晚期仲枏父壶盖（一对，均藏岐山县博物馆），采自曹玮：《周原出土青铜器》484、376页，巴蜀书社2005。图7-7.4、7，天盘太极图、地盘太极图，张远山绘。

图7-8　西周双龙、双凤太极图四例

图7-8.1，西周晚期杨姞壶一对（M63：81、82），采自《天马曲村遗址北赵晋侯墓地第四次发掘》，《文物》1994年8期。图7-8.2、3，湖北枣阳熊集段营春秋早期环带纹壶一对（襄樊市博物馆藏），湖北随州熊家老湾西周晚期曾伯文簋一对（分藏湖北省博、襄樊市博），采自《曾国青铜器》62、146页，文物出版社2007。图7-8.4，上博藏西周晚期虎簋（簋盖），采自《商周青铜器纹饰》264页，文物出版社1984。

图7-9　双龙太极图化圆为方＝双龙窃曲纹原型

图7-9.1，即图7-7.6。图7-9.2、3，西周晚期陕西扶风云塘村伯公父簋（器盖、器底），采自曹玮：《周原出土青铜器》2161、2162页，巴蜀书社2005。

图7-10　窃曲纹原型衍生标准窃曲纹第一图式：双龙首居中

图7-10.1，即图7-9.2。图7-10.2、5，上博藏山东曲阜鲁国故城M48西周晚期窃曲纹壶（颈部）、河南三门峡虢季墓西周晚期窃曲纹盨（盖顶），采自陈振裕：《中国古代青铜器造型纹饰》144页，湖北美术出版社2001。图7-10.3，西周晚期虢叔簋（盖顶），采自《商周青铜器纹饰》262页，文物出版社1984。图7-10.4，陕西扶风云塘村西周晚期伯多父盨（盖顶），

采自曹玮:《周原出土青铜器》510页，巴蜀书社2005。

图7-11　标准窃曲纹第一图式：双龙首居中

图7-11.1，陕西扶风庄白村西周中期三年瘷壶（盖沿），采自《吉金铸国史：周原出土西周青铜器精粹》167页，文物出版社2002。图7-11.2、5，上博藏西周晚期梁其簋（口沿）、春秋中期昭王之諻簋（腹部），采自《商周青铜器纹饰》264、268页，文物出版社1984。图7-12.3，湖北京山苏家垅春秋早期曾胯仲父壶（口沿），采自《曾国青铜器》32页，文物出版社2007。图7-12.4，河南光山宝相寺黄君孟夫妇墓春秋早中期窃曲纹盘（腹部），采自陈振裕:《中国古代青铜器造型纹饰》214页，湖北美术出版社2001。

图7-12　标准窃曲纹第二图式：双龙首居边

图7-12.1，即图7-10.3。图7-12.2、6，陕西扶风召陈村西周晚期散车父壶（盖顶），陕西扶风云塘村西周晚期伯公父盨（盖顶），采自曹玮:《周原出土青铜器》193、479页，巴蜀书社2005。图7-12.3、4，上博藏春秋早期商丘叔簠（盖顶），上博藏春秋早期山奢虎簠（盖顶），采自陈佩芬:《夏商周青铜器研究·东周篇》57、60页，上海古籍出版社2004。图7-12.5、7—9，上博藏春秋早期鲁伯愈父簠（盖顶）、西周宣王杜伯盨（盖顶）、西周晚期梁其盨（盖顶）、春秋早期滕侯鲦盨盖（盖顶）；采自《商周青铜器纹饰》263、261页，文物出版社1984。图7-12.10，上博藏春秋早期波曲纹鎛，采自陈佩芬:《夏商周青铜器研究·东周篇》65页，上海古籍出版社2004。图7-12.11，湖北随州周家岗春秋早中期铜壶（颈部），采自《曾国青铜器》287页，文物出版社2007。

图7-13　上古至夏商周：S形太极纹

图7-13.1、2，河南郑州大河村仰韶文化彩陶罐，江苏邳县大墩子仰韶文化彩陶盆，采自张朋川:《中国彩陶图谱》图版1711、1860，文物出版社1990。图7-13.3，上海福泉山M101：90良渚文化陶豆（肩部），采自《福泉山：新石器时代遗址发掘报告》104页，文物出版社2000。图7-13.4，河南郑州新密新砦2000T13G2③：1新砦二期龙纹陶片，采自《新密新砦：1999—2000年田野考古发掘报告》349页，文物出版社2008。图7-13.5、6，二里头二期陶片，采自《偃师二里头：1959年—1978年考古发掘报告》95页，中国大百科全书出版社1999。图7-13.7，河南安阳鲍家堂仰韶文化陶片，采自《河南史前彩陶》116页，河南美术出版社1996。图7-13.8，妇好墓M5：322玉簋，采自《殷墟妇好墓》132页，文物出版社1980。图7-13.9，陕西扶风刘家村西周中期甬钟（鼓部），采自曹玮:《周原出土青铜器》2010页，巴蜀书社2005。

图7-14　S形窃曲纹第一图式：太极互抱图式

图7-14.1—4，陕西岐山董家村西周中期五祀卫鼎（颈部）、九年卫鼎（颈部），陕西扶风齐村西周晚期䟒簋（颈部、圈足），采自曹玮:《周原出土青铜器》337、341、2142页，巴蜀书社2005。

图7-15　S形窃曲纹第二图式：太极对置图式

图7-15.1、2、4、6、8，上博藏西周晚期孟姬安甗（口沿）、春秋早期芮子鼎（口沿）、

西周晚期筍伯大父盨（口沿）、西周中期夔簋（口沿）、春秋早期鱗纹壶（肩部），采自《商周青铜器纹饰》266、272、275页，文物出版社1984。图7-15.3，湖北枣阳郭家庙春秋早期窃曲纹鼎（M17：2），采自《曾国青铜器》95页，文物出版社2007。图7-15.5，春秋早期M4：9铜盘（腹部），采自《河南桐柏月河墓地第二次发掘》，《文物》2005年8期。图7-15.7，山东沂水刘家店子M1：46春秋早期铜鬲（腹部），采自陈振裕：《中国古代青铜器造型纹饰》213页，湖北美术出版社2001。

图7-16　S形窃曲纹太极对置图式变体

图7-16.1—4，上博藏西周晚期番仲匜（口沿），春秋早期鲁伯愈父盘（口沿）、鲁伯愈父匜（口沿）、鲁伯愈父簠（圈足），采自《商周青铜器纹饰》282、283页，文物出版社1984。

图7-17　S形顾首龙第一图式：太极互抱图式

图7-17.1、3、5，上博藏西周中期龙纹禁（禁面）、春秋早期卷龙纹钟（篆带）、春秋早期两头龙纹瓿（腹部），采自《商周青铜器纹饰》133、138页，文物出版社1984。图7-17.2，陕西扶风召陈村西周晚期楚公钟（篆带），采自曹玮：《周原出土青铜器》2037页，巴蜀书社2005。图7-17.4，湖北随州黄土坡M1：8春秋早期龙纹鼎（颈部），《曾国青铜器》378页，文物出版社2007。图7-17.6，河南新野春秋早期铜盘（腹部），采自郑杰祥：《河南新野发现的曾国铜器》，《文物》1973年5期。

图7-18　S形顾首龙第二图式：太极对置图式

图7-18.1—3，上博藏西周恭王趩曹鼎（口沿）、西周厉王鄂侯方鼎（口沿）、西周晚期龙纹大钟（舞部），采自《商周青铜器纹饰》113、115、117页，文物出版社1984。

图7-19　周中三年瘭壶：一个S形窃曲纹，解析为一对G形窃曲纹

图7-19，陕西扶风庄白村一号窖藏出土西周中期三年瘭壶（76FZJ1：19），采自曹玮：《周原出土青铜器》662、663、666页，巴蜀书社2005。

图7-20　G形窃曲纹第一图式：太极互抱图式

图7-20.1、2，上博藏西周宣王杜伯盨（口沿）、铜簋（盖沿），采自《商周青铜器纹饰》281页，文物出版社1984。图7-20.3、5，湖北随州何家台春秋早期窃曲纹簠（颈部），湖北随州熊家老湾西周晚期龙纹黄季鼎（腹部），采自《曾国青铜器》220、160页，文物出版社2007。图7-20.4，河南新郑金城春秋中期编镈（篆带），采自陈振裕：《中国古代青铜器造型纹饰》214页，湖北美术出版社2001。

图7-21　G形窃曲纹第二图式：太极对置图式

图7-21.1、2，陕西扶风云塘村西周晚期伯多父盨（盖沿）、扶风庄白李村西周晚期窃曲纹鼎（颈部），采自曹玮：《周原出土青铜器》510、2080页，巴蜀书社2005。图7-21.3，河南陕县上村岭春秋早期窃曲纹鼎（腹部），采自陈振裕：《中国古代青铜器造型纹饰》213页，湖北美术出版社2001。图7-21.4、6，湖北京山苏家垄春秋早期窃曲纹鼎（颈部），湖北随州熊家老湾西周晚期龙纹黄季鼎（颈部），采自《曾国青铜器》17、160页，文物出版社2007。图

7-21.5，M48：2西周晚期铜簠（口沿），采自《曲阜鲁国故城》145页，齐鲁书社1982。图7-21.7，上博藏春秋早期鸟纹匜（流部），采自《商周青铜器纹饰》273页，文物出版社1984。

图7-22　G形顾首龙第一图式：太极互抱图式

图7-22.1，湖北随州熊家老湾西周晚期龙纹黄季鼎（腹部），《曾国青铜器》160页，文物出版社2007。图7-22.2、3，湖北襄阳山湾春秋中期车軎、鼎耳，采自陈振裕：《中国古代青铜器造型纹饰》204页，湖北美术出版社2001。图7-22.4，上博藏春秋中期陈侯簠（盖顶），采自《商周青铜器纹饰》214页，文物出版社1984。

图7-23　G形顾首龙第二图式：太极对置图式

图7-23.1、2，上博藏西周厉王邢人钟、西周晚期龙纹钟（鼓部），采自《商周青铜器纹饰》121、122页，文物出版社1984。图7-23.3，M4：1春秋早期铜罍（腹部），采自《河南桐柏月河墓地第二次发掘》，《文物》2005年8期。图7-23.4，上博藏春秋早期鲁伯愈父鬲（腹部），采自陈佩芬：《夏商周青铜器研究·东周篇》36页，上海古籍出版社2004。

图7-24　S形窃曲"饕餮纹"第一图式：鼻祖纹天帝+S形窃曲纹之太极互抱图式

图7-24.1、2，西周中期两头龙纹尊（腹部）、上博藏西周晚期邢姜簋（口沿），采自《商周青铜器纹饰》133、265页，文物出版社1984。图7-24.3，上博藏西周晚期齐巫姜簋，采自陈佩芬：《夏商周青铜器研究·西周篇》485页，上海古籍出版社2004。图7-24.4，安徽马鞍山含山县林头镇春秋墓圆鼎，采自李伯谦：《中国出土青铜器全集》第8册119页，龙门书局2018。图7-24.5，湖北京山苏家垄春秋早期曾庎仲父壶（肩部），采自《曾国青铜器》36页，文物出版社2007。

图7-25　S形窃曲"饕餮纹"第二图式：鼻祖纹天帝+S形窃曲纹太极对置图式

图7-25.1，安徽南陵县三里乡西枫村西周晚期铜鼎（腹部），采自《皖南商周青铜器》35页，文物出版社2006。图7-25.2—4，陕西扶风黄堆乡西周中期戜簋（颈部），陕西扶风任家村西周中期夒纹鼎（颈部），陕西扶风刘家村西周中期夒纹鼎（颈部），采自曹玮：《周原出土青铜器》1702、2068、1717页，巴蜀书社2005。

图7-26　G形窃曲"饕餮纹"第一图式：鼻祖纹天帝+G形窃曲纹太极互抱图式

图7-26.1，M1017：6西周中期霸伯盂（腹部），采自谢尧亭等：《山西翼城大河口西周墓地1017号墓发掘》，《考古学报》2018年1期。图7-21.2、6，陕西扶风庄白村西周中期窃曲纹簋（口沿），陕西扶风齐家村西周中期师口口鼎（口沿），采自曹玮：《周原出土青铜器》973、2076页，巴蜀书社2005。图7-21.3、5、7，上博藏西周中期杜伯盨（口沿），西周晚期变形"饕餮纹"簋（口沿），西周中期仲殷父簋（口沿），采自《商周青铜器纹饰》281、93、92页，文物出版社1984。图7-21.4，湖北江陵万城西周中期北子鼎（口沿），采自陈小三：《长江中下游周代前期青铜器对中原地区的影响》，《考古学报》2017年2期。

图 7-27　G 形窃曲"饕餮纹"第二图式：鼻祖纹天帝 + G 形窃曲纹太极对置图式

图 7-27.1、2、5—7，上博藏西周孝王大克鼎（口沿）、小克鼎（口沿）、西周中期铜鼎（口沿）、西周中期匽侯盂（腹部）、西周孝王瑚生鬲（腹部），采自《商周青铜器纹饰》93、92、112、114 页，文物出版社 1984。图 7-27.3、4，陕西岐山董家村西周中期窃曲纹鼎（颈部）、亚鼎（颈部），采自曹玮：《周原出土青铜器》345、348 页，巴蜀书社 2005。图 7-27.8，上博藏西周晚期芮公鬲，采自陈佩芬：《夏商周青铜器研究·西周篇》433 页，上海古籍出版社 2004。图 7-27.9，湖北枣阳郭家庙出土春秋早期圆壶（M17：4、5），采自《曾国青铜器》103 页，文物出版社 2007。

图 7-28　G 形窃曲"饕餮纹"第二图式之省略龙尾图式

图 7-28.1，大克鼎，出处见前。图 7-28.2，陕西扶风庄白村西周中期刖足人守门鼎（颈部），采自曹玮：《周原出土青铜器》930 页，巴蜀书社 2005。图 7-28.3，上博藏西周晚期鸟纹盂（肩部），采自《商周青铜器纹饰》94 页，文物出版社 1984。图 7-28.4，西周晚期霸伯豆 M1017：11 豆柄腹部（M1017：14、17 基本相同），采自谢尧亭等：《山西翼城大河口西周墓地 1017 号墓发掘》，《考古学报》2018 年 1 期。

图 7-29　G 形窃曲"饕餮纹"第二图式之省略龙首图式

图 7-29.1，大克鼎，出处见前。图 7-29.2—5，陕西扶风齐镇村 M3：53 西周中期不指方鼎，陕西扶风强家村 M1：13 西周中期窃曲纹鼎（颈部），陕西扶风黄堆乡 M1：6 西周中期车 軎（外壁），陕西扶风庄白村西周晚期（恭王）史墙盘（圈足），采自曹玮：《周原出土青铜器》1135、1/36、1641、649 页，巴蜀书社 2005。图 7-29.6，上博藏春秋早期波曲纹豆（口沿），采自《商周青铜器纹饰》273 页，文物出版社 1984。图 7-29.7，上博藏山东新泰春秋早期杞伯每亡壶（腹部），采自陈佩芬：《夏商周青铜器研究·东周篇》71 页，上海古籍出版社 2004。

第八章　春秋蟠螭纹，微型窃曲纹

图 8-1　标准蟠螭纹螭首居中图式：标准窃曲纹龙首居中图式之微型化

图 8-1.1、2，上博藏西周晚期虢叔簠（盖顶）、双体龙纹鼎（腹部），采自《商周青铜器纹饰》262、263 页，文物出版社 1984。图 8-1.3，侯马陶范 Ⅱ T81H126：34，采自《侯马陶范艺术》208 页，普林斯顿大学出版社 1996。参见《侯马铸铜遗址》上册 209 页，文物出版社 1993。图 8-1.4，山西太原金胜村 M251：579 莲盖方壶（颈部），采自《侯马陶范艺术》208 页，普林斯顿大学出版社 1996。

图8-2 标准蟠螭纹螭首居边图式：标准窃曲纹龙首居边图式之微型化

图8-2.1，上博藏山奢虎簠（上器顶部），采自陈佩芬：《夏商周青铜器研究·东周篇》60页，上海古籍出版社2004。图8-2.2、3，上博藏两头龙纹瓿（腹部、肩部），采自《商周青铜器纹饰》135、136页，文物出版社1984。图8-2.4，河南辉县琉璃阁出土蟠螭纹鉴（颈部），采自陈振裕：《中国古代青铜器造型纹饰》269页，湖北美术出版社2001。图8-2.5，湖北宜城出土蔡大膳夫簠（上器顶部），采自阎金安：《湖北宜城出土蔡国青铜器》，《考古》1988年11期。图8-2.6，M1022：3铜簠（上器顶部），采自王伟：《湖北襄阳沈岗墓地M1022发掘简报》，《文物》2013年7期。

图8-3 S形蟠螭纹太极互抱图式：S形窃曲纹太极互抱图式之微型化

图8-3.1，1975年陕西岐山董家村出土五祀卫鼎（颈部），采自曹玮：《周原出土青铜器》337页，巴蜀书社2005。图8-5.2、3，保利博物馆藏蟠螭纹（鼓座），美国华盛顿赛克勒博物馆藏凤纽镈（篆带），采自李夏廷、李劭轩：《晋国青铜艺术图鉴》152、153页，文物出版社2009。

图8-4 S形蟠螭纹之太极蟠腰图式（1—6）、太极蟠舌图式（7、8）

图8-4.1、3、5—7，侯马陶范，上博藏交龙纹壶（腹部），故宫藏龟鱼蟠螭纹方盘；采自李夏廷、李劭轩：《晋国青铜艺术图鉴》208、209、224、265、162页，文物出版社2009。图8-4.2、4、8，侯马陶范，采自《侯马陶范艺术》290、266、236页，普林斯顿大学出版社1996。

图8-5 S形蟠螭纹太极对置图式：S形窃曲纹太极对置图式之微型化

图8-5.1，上博藏孟姬安甗（口沿），采自《商周青铜器纹饰》266页，文物出版社1984。图8-5.2，M4：9铜盘（腹部），采自樊温泉：《河南桐柏月河墓地第二次发掘》，《文物》2005年8期。图8-5.3、5，侯马陶范，瑞典国立博物馆藏1923年山西浑源李峪出土蟠螭四蒂纹盂（腹部），采自李夏廷、李劭轩：《晋国青铜艺术图鉴》282、65页，文物出版社2009。图8-5.4、6，侯马陶范ⅡT36H93、XXⅡT2054，采自《侯马陶范艺术》226、204页，普林斯顿大学出版社1996。图8-5.7，美国华盛顿赛克勒博物馆藏春秋中期虎纽镈钟（鼓部），采自李夏廷、李劭轩：《晋国青铜艺术图鉴》78页，文物出版社2009；参看侯马陶范ⅡT9F30，《侯马陶范艺术》253页，普林斯顿大学出版社1996。

图8-6 G形蟠螭纹之太极互抱图式、太极蟠腰图式

图8-6.1，上博藏西周宣王杜伯盨，采自《商周青铜器纹饰》281页，文物出版社1984。图8-6.2，1972年湖北随州熊家老湾出土西周晚期龙纹黄季鼎（腹部），采自《曾国青铜器》160页，文物出版社2007。图8-6.3—9，2003年出土侯马陶范，侯马陶范ⅡT50H138：4，2003年侯马出土陶范，美国华盛顿赛克勒博物馆藏虎纽镈钟（钲部、鼓部），侯马陶范ⅡT86F15，1923年山西浑源李峪铜器，采自李夏廷、李劭轩：《晋国青铜艺术图鉴》282、144、223、78、185、70页，文物出版社2009。图8-6.10，河南淅川下寺楚墓出土春秋晚期

M1：55蟠螭纹鼎（口沿），采自陈振裕：《中国古代青铜器造型纹饰》206页，湖北美术出版社2001。图8-6.11，战国早期曾侯乙墓C98镬鼎，采自张昌平：《曾国青铜器研究》235页，文物出版社2009。

图8-7　G形蟠螭纹之太极蟠腰连续式变体：太极蟠舌连续式

图8-7.1—6，侯马陶范Ⅱ T9F30：52，侯马陶范，巴黎吉美博物馆藏1923年山西浑源李峪出土春秋晚期蟠螭纹甀（甀部），2003年出土侯马陶范，侯马陶范Ⅱ T81H429，侯马陶范Ⅱ T213H243：1，采自李夏廷、李劭轩：《晋国青铜艺术图鉴》158、171、67、168、149页，文物出版社2009。

图8-8　G形蟠螭纹太极对置图式：G形窃曲纹太极对置图式之微型化

图8-8.1，陕西扶风庄白李村出土西周晚期窃曲纹鼎（临1963），采自曹玮：《周原出土青铜器》2080页，巴蜀书社2005。图8-8.2，上博藏春秋早期鸟纹匜（流部），采自《商周青铜器纹饰》273页图780，文物出版社1984。图8-8.3—6，2003年出土侯马陶范，侯马陶范ⅡT47③：4，侯马陶范Ⅱ T35H103，万荣庙前晋墓出土春秋晚期铜鼎（腹部），采自李夏廷、李劭轩：《晋国青铜艺术图鉴》300、283、165、154页，文物出版社2009。

图8-9　春秋蟠螭纹之S形G形混合图式、密合图式

图8-9.1，陕西扶风齐村出土西周晚期默簋（颈部），采自曹玮：《周原出土青铜器》2142页，巴蜀书社2005。图8-9.2、3，侯马陶范Ⅱ T81H126：72、Ⅱ T83F6：8，采自《侯马铸铜遗址》上册269、265页。图8-9.4、5，侯马上马墓地出土春秋晚期云雷纹盖鼎（M5218：12），华盛顿赛克勒博物馆藏春秋晚期云雷纹盖鼎（S1987.319），采自李夏廷、李劭轩：《晋国青铜艺术图鉴》278页，文物出版社2009。相同纹样又见山西上马墓地M5218铜鼎、山西浑源李峪盖豆、山西定襄中霍村M2铜鼎、铜甀、河北灵寿中山墓战国铜鼎等。图8-9.6，春秋晚期K：7铜勺，采自《当阳曹家岗5号楚墓》，《考古学报》1988年4期。

图8-10　蟠螭纹密合图式之变体

图8-10.1，战国早期河南辉县赵固镇M1：5铜壶，采自《辉县发掘报告》115页，科学出版社1956。图8-10.2、3，上博藏战国早期变形龙纹鼎（鼎盖、鼎腹），采自陈佩芬：《夏商周青铜器研究·东周篇》287页，上海古籍出版社2004。

图8-11　埃舍尔：平面规则分割（3号）

图8-11，［荷］埃舍尔《平面规则分割（3号）》，采自网络。

图8-12　三类蟠螭纹同见一器

图8-12.1，山西太原金胜村M251赵简子墓鼎耳，采自陈振裕：《中国古代青铜器造型纹饰》204页，湖北美术出版社2001。图8-12.2、3，1923年山西浑源李峪晋墓出土春秋晚期椭方形蟠螭纹鼎（巴黎吉美博物馆藏）、蟠螭纹四虎盖豆（纽约大都会博物馆藏），采自李夏廷、李劭轩：《晋国青铜艺术图鉴》56、58页，文物出版社2009。

图8-13　北斗角蟠螭"饕餮纹"

图8-13.1，上博藏殷墟晚期铜鼎（腹部），采自《商周青铜器纹饰》51页，文物出版社1984。图8-13.2—4，侯马陶范Ⅱ T81H126：52，瑞典斯德哥尔摩远东博物馆藏龙虎纽镈钟鼓部，山西太原金胜村M674出土蟠螭"饕餮纹"镈钟，采自李夏廷、李劭轩:《晋国青铜艺术图鉴》104、207、90页，文物出版社2009。

图8-14　北斗角蟠螭"饕餮纹"：1—3简化图式，4抽象图式

图8-14.1—4，侯马陶范XXⅡT2133H2844，山西万荣庙前晋墓出土编钟（鼓），上博藏1923年山西浑源李峪晋墓出土春秋晚期蟠螭纹罍（腹部），采自李夏廷、李劭轩:《晋国青铜艺术图鉴》76、75、68页，文物出版社2009。

图8-15　黄牛角蟠螭"饕餮纹"

图8-15.1，安阳妇好墓出土方壶（M5：807）圈足，采自《河南商周青铜器纹饰与艺术》33页图50，河南美术出版社1995。图8-15.2、7，山西曲沃出西周早期晋国初祖唐叔虞方鼎（M114：217）腹部，山西万荣庙前春秋中晚期编钟（58M1：5）鼓部，采自李夏廷、李劭轩:《晋国青铜艺术图鉴》72、79页，文物出版社2009。图8-15.3、5、6、8，侯马陶范Ⅱ T81H126：13，Ⅱ T81H126：46，Ⅱ T19③：15，HB，采自《侯马陶范艺术》116、385、214、395页，普林斯顿大学出版社1996。图8-15.4，湖北襄阳山湾春秋中期楚墓出土铜匜（M6：6）鋬部，采自陈振裕:《中国古代青铜器造型纹饰》178页，湖北美术出版社2001。

图8-16　双牛角蟠螭"饕餮纹"

图8-16.1，出处见前。图8-16.2，采自《洛阳北窑西周墓》77页，文物出版社1999。图8-16.3，侯马陶范Ⅱ T86③：23，采自李夏廷、李劭轩:《晋国青铜艺术图鉴》21页，文物出版社2009。

图8-17　野牛角蟠螭"饕餮纹"

图8-17.1、2、4，侯马陶范Ⅱ T81H126：53，山西太原赵简子墓（金胜村M251）出土编钟（鼓部），侯马陶范Ⅱ T81H126：58，采自李夏廷、李劭轩:《晋国青铜艺术图鉴》86、21、84，文物出版社2009。图8-17.3，1994年山西太原金胜村M674赵墓出土龙纹镈钟，采自李建生:《辉县琉璃阁与太原赵卿墓相关问题》，《中国国家博物馆馆刊》2012年2期。

图8-18　羊角蟠螭"饕餮纹"

图8-18.1，妇好大方尊腹部，采自《殷墟青铜器》357页，文物出版社1985。图8-18.2，陕西扶风庄白村出土铜尊（腹部），采自曹玮:《周原出土青铜器》567页，巴蜀书社2005。图8-18.3、4，山西翼城大河口西周墓出土西周中期霸伯豆（M1017：14，M1017：34）豆柄中部，采自谢尧亭等:《山西翼城大河口西周墓地1017号墓发掘》，《考古学报》2018年1期。图8-20.5、6，侯马陶范Ⅱ T81H126：63，Ⅱ T81H126：101，采自《侯马陶范艺术》121、145页，普林斯顿大学出版社1996。

图8-19　牛羊角蟠螭"饕餮纹"

图8-19.1、2，出处见前。图8-19.3、4，侯马陶范Ⅱ T81H126：61，HP，采自《侯马陶范艺术》117、152页，普林斯顿大学出版社1996。

图8-20 蟠螭肥遗纹、蟠螭肥遗"饕餮纹"

图8-20.1、7，河南安阳妇好墓大方壶（肩部），北京故宫博物院藏战国早期螭梁盉（腹部），采自陈振裕：《中国古代青铜器造型纹饰》41、274页，湖北美术出版社2001。图8-20.2，陕西泾阳高家堡M1：7铜卣（肩部），采自《高家堡戈国墓》149页，三秦出版社1995。图8-20.3，侯马陶范Ⅱ T81H126，采自《侯马陶范艺术》245页，普林斯顿大学出版社1996。图8-20.4—6，侯马陶范Ⅱ T9F30：36，上博藏春秋晚期铜壶（腹部），2003年出土侯马陶范，采自李夏廷、李劭轩：《晋国青铜艺术图鉴》139、141、136页，文物出版社2009。

图8-21 春秋蟠螭纹：太极生两仪，两仪生四象，四象生八卦

图8-21.1，1975年陕西岐山董家村出土仲南父壶（盖顶），采自曹玮：《周原出土青铜器》376页，巴蜀书社2005。图8-21.2、3、7，侯马陶范PXH，92H4T9H79，上博藏龙纹盖鼎（盖部），采自《侯马陶范艺术》180、182、43页，普林斯顿大学出版社1996。图8-21.4、8，1965年山西长治分水岭春秋中期晋墓（M53、M126）出土铜当卢，采自《晋国青铜艺术图鉴》222页，文物出版社2009。图8-21.5、6，河北平山战国中山王墓出土蟠螭纹盆座，上博藏战国四龙蟠螭纹镜，采自陈振裕：《中国古代青铜器造型纹饰》273、239页，湖北美术出版社2001。

图8-22 蟠螭六龙纹：对应《周易》乾卦六龙

图8-22.1，山西太原赵简子墓出土春秋晚期六螭铜镜（金胜村M251：400），采自李夏廷、李劭轩：《晋国青铜艺术图鉴》125页，文物出版社2009。参看1977年山西长子春秋晚期晋墓出土同款铜镜（M7：53）。图8-22.2，侯马陶范Ⅱ T35H103：2，采自《侯马陶范艺术》181页，普林斯顿大学出版社1996。图8-22.3，美国华盛顿弗利尔美术馆藏六螭铜镜（36.3），采自《弗利尔美术馆藏中国青铜器图录》68页，华盛顿1946。图8-22.4，1965年江苏涟水三里墩西汉墓出土战国错金银盖鼎（盖部），采自马承源：《中国青铜器全集》第9卷5页，文物出版社1996。

图8-23 战国六龙神纹、六龙耳纹：表达乾卦六龙时义、羲和六螭神话

图8-23.1，1980年陕西汉中城固县龙头镇出土商晚期銮口钺（铜3-2），洋县博物馆藏，采自曹玮：《汉中出土商代青铜器》241页，巴蜀书社2006。图8-23.2、3，万字符铜敦（M12：6）盖顶，错金铜盖豆（M126：277）盖顶，采自《长治分水岭东周墓地》238、301页，文物出版社2010。图8-23.4、5，河南汲县山彪镇出土战国莲花瓣纹鼎盖，采自陈振裕：《中国古代青铜器造型纹饰》286、285页，湖北美术出版社2001。

第九章　战国蟠虺纹，微型蟠螭纹

图9-1　S形蟠虺纹之太极互抱图式：同类窃曲纹、蟠螭纹之微型化

图9-1.1，陕西岐山董家村西周中期五祀卫鼎（颈部），采自曹玮：《周原出土青铜器》337页，巴蜀书社2005。图9-1.2，侯马陶范Ⅱ T9F30，采自《侯马陶范艺术》253页黑白图版462，普林斯顿大学出版社1996。图9-1.3，山西太原金胜村赵简子墓出土蟠虺纹铜盖豆（腹部），陈振裕：《中国古代青铜器造型纹饰》204页，湖北美术出版社2001。

图9-2　S形蟠虺纹之太极蟠腰图式：同类蟠螭纹之微型化

图9-2.1、2，侯马遗址2003年出土龙凤纹铜范，图9-2.3—5，春晚战早蟠虺纹单元纹样三例，图9-2.6，上博藏山西浑源李峪出土春秋晚期蟠虺纹鬲鼎（腹部），图9-2.7，万荣庙前东周墓出土春秋中期58M1：33，采自李夏廷、李劭轩：《晋国青铜艺术图鉴》208、209、217、216、213页，文物出版社2009。图9-2.8、9，湖北襄阳沈岗铜鼎（M1022：1）鼎耳、铜句鑃（M1022：29），采自王伟：《湖北襄阳沈岗墓地M1022发掘简报》，《文物》2013年7期。图9-2.10，安徽蚌埠春秋铜盒（M1：19），采自阚绪杭等：《安徽蚌埠双墩一号春秋墓发掘简报》，《文物》2010年3期。

图9-3　S形蟠虺纹之太极蟠腰连续式：同类蟠螭纹之微型化

图9-3.1，侯马陶范，采自《侯马陶范艺术》266页，普林斯顿大学出版社1996。图9-3.2，侯马陶范Ⅱ T22H32：2，采自李夏廷、李劭轩：《晋国青铜艺术图鉴》224页，文物出版社2009。图9-3.3，1974年北京顺义东海洪大队出土战国早期嵌松石蟠虺纹铜盖豆（腹部），采自《故宫青铜器图典》188页，紫禁城出版社2010。图9-3.4、5，湖北襄阳沈岗出土春秋晚期铜车軎（M1022：16）、铜鼎盖（M1022：1），采自王伟：《湖北襄阳沈岗墓地M1022发掘简报》，《文物》2013年7期。

图9-4　S形蟠虺纹之太极对置图式：同类窃曲纹、蟠螭纹之微型化

图9-4.1，上博藏西周晚期孟姬安甗（口沿），采自《商周青铜器纹饰》266页，文物出版社1984。图9-4.2、6—8，山东沂水刘家店子M1：46春秋早期铜鬲（腹部），山西太原晋国赵卿墓蟠虺纹带盖铜豆，河南淅川下寺春秋晚期楚墓出土中妃卫旅簠（口沿）、倗（湅＋皿）鼎（盖沿），采自陈振裕：《中国古代青铜器造型纹饰》213、204、203页，湖北美术出版社2001。图9-4.3—5，2003年出土侯马陶范，侯马陶范Ⅱ T36H93，山西原平刘庄塔岗梁出土战国早期几何纹铜舟纹饰，山西太原赵简子墓出土的铜豆（腹部）；采自李夏廷、李劭轩：《晋国青铜艺术图鉴》282、159、303页，文物出版社2009。

图9-5　G形蟠虺纹之太极互抱图式：同类窃曲纹、蟠螭纹之微型化

图9-5.1，上博藏西周宣王杜伯盨，采自《商周青铜器纹饰》281页，文物出版社1984。图

9-5.2，1972湖北随州熊家老湾出土西周晚期龙纹黄季鼎（腹部），采自《曾国青铜器》160页，文物出版社2007。图9-5.3—5，山西侯马铸铜遗址出土陶范，山西侯马上马墓地蟠虺纹盖鼎（腹部），采自李夏廷、李劭轩：《晋国青铜艺术图鉴》282、294、212页，文物出版社2009。图9-5.6，湖北随州曾侯乙墓出土战国早期蟠虺纹大尊缶（腹部），采自陈振裕：《中国古代青铜器造型纹饰》271页，湖北美术出版社2001。

图9-6　G形蟠虺纹之太极蟠腰图式：同类蟠螭纹之微型化

图9-6.1，侯马陶范（IIT50H138：4），采自《侯马陶范艺术》211页，普林斯顿大学出版社1996。图9-6.2，山西新绛柳泉晋幽公（死于前422年）夫人墓（M302：15）出土错金方壶盖（盖心），图9-6.3、5，1936辉县出土春秋中晚期蟠虺纹盖鼎（腹部一单元放大、腹部），河南省博物馆藏，图9-6.4、6，上博藏山西浑源李峪出土蟠虺纹鬲鼎（腹部一单元放大、腹部），采自李夏廷、李劭轩：《晋国青铜艺术图鉴》294、217、216页，文物出版社2009。图9-6.7，湖北江陵九店东周墓M712铜镜，采自张庆：《楚国纹样研究》192页，苏州大学2015博士论文［知网］。

图9-7　G形蟠虺纹之太极对置图式：同类窃曲纹、蟠螭纹之微型化

图9-7.1，山东曲阜鲁国故城出土西周晚期M48：2铜盨（口沿），采自《曲阜鲁国故城》145页，齐鲁书社1982。图9-7.2、3，山西侯马出土陶范，采自李夏廷、李劭轩：《晋国青铜艺术图鉴》300、165页，文物出版社2009。图9-7.4，长治分水岭M12：6铜敦外底，采自《长治分水岭东周墓地》238页，文物出版社2010。图9-7.5，湖南长沙战国晚期楚墓出土铜壶（M787：27），采自陈振裕：《中国古代青铜器造型纹饰》292页，湖北美术出版社2001；参看《长沙楚墓》上册159页，文物出版社2000。

图9-8　楚式失蜡法蟠虺纹之一：许公宁透空饰件

图9-8，河南叶县许灵公墓出土春秋中晚期许公宁透空饰件，采自李元芝：《许公宁透空蟠虺纹青铜饰件：先秦失蜡法之一器例》，《中原文物》2007年1期。

图9-9　楚式失蜡法蟠虺纹之二：曾侯乙尊盘

图9-9.1、2、3，尊盘、尊、盘彩图来自网络，尊、盘侧视图，盘口俯视图采自《曾侯乙墓》228、230页，文物出版社1989。图9-9.4、5，盘部件，尊颈透空饰件局部放大，华觉明：《中国古代金属技术：铜和铁铸就的文明》168、172页，大象出版社1999。图9-9.6、7，尊口俯视图、局部放大，采自陈振裕：《中国古代青铜器造型纹饰》277页，湖北美术出版社2001。

图9-10　楚式失蜡法蟠虺纹之三：河南淅川下寺铜禁

图9-10，淅川下寺蟠虺纹铜禁，图片采自谭德睿：《透雕云纹铜禁：早期失蜡铸件例证之一》，《特种铸造及有色合金》2010年4期；线描采自《淅川下寺春秋楚墓》上册128页，文物出版社1991。

图9-11　晋式错金银蟠虺纹

图9-11.1，1965年山西长治分水岭出土战国早期错金蟠虺纹铜盖豆（M126：277），山

西省文物局藏，彩图采自《中国文物定级图典·一级品》下卷299页，上海辞书出版社1999；线描采自李夏廷、李劲轩：《晋国青铜艺术图鉴》174页，文物出版社2009。图9-11.2，山西太原金胜村赵简子墓M251：576，采自《太原晋国赵卿墓》40页，文物出版社1996。图9-11.3，美国华盛顿弗利尔美术馆藏错金蟠虺纹铜盖豆（旧名：勾连云纹），传1928年洛阳金村出土，采自《弗利尔美术馆藏中国青铜器图录》图39.41，华盛顿1946。图9-11.4，M126：240错金铜舟，采自边成修：《山西长治分水岭126号墓发掘简报》，《文物》1972年4期。图9-11.5，长治分水岭M12：6铜敦外底，采自《长治分水岭东周墓地》238页，文物出版社2010。

图9-12　晋式错金银之蟠虺纹，模仿楚式玉器之蟠虺纹

图9-12.1，春秋晚期楚式十二龙玉玦管，彩图、拓片均采自姜涛、刘云辉：《熙墀藏玉》76页，文物出版社2006。图9-12.2，山西太原金胜村赵简子墓出土蟠虺纹铜盖豆（腹部），陈振裕：《中国古代青铜器造型纹饰》204页，湖北美术出版社2001。

图9-13　错金银蟠螭"饕餮纹"源头之一：范铸法蟠螭"饕餮纹"

图9-13.1，湖北襄阳山湾出土春秋中期铜匜錾上镂空纹饰之蟠螭"饕餮纹"，采自陈振裕：《中国古代青铜器造型纹饰》178页，湖北美术出版社2001。图9-13.2—6、8—10，法国巴黎藏战国早期错金壶，侯马陶范ⅡT81H126：46，美国华盛顿赛克勒博物馆藏战国早期错金壶，侯马陶范ⅩⅩⅡT2133H2844，美国克利夫兰艺术博物馆藏错金几何纹壶，上博藏1923山西浑源李峪出土春秋晚期蟠螭纹罍（腹部），美国洛杉矶藏高柄小方壶（下部），采自李夏廷、李劲轩：《晋国青铜艺术图鉴》291、186、290、76、293、324、68、293页，文物出版社2009。图9-13.7，侯马陶范，采自《侯马陶范艺术》395页，普林斯顿大学出版社1996。

图9-14　晋式错金银铜器之蟠虺"饕餮纹"：模仿楚式玉器之蟠虺"饕餮纹"

图9-14.1，河南淅川下寺春秋晚期蟠虺"饕餮纹"玉牌（M1：22），彩图采自《中国文物定级图典·一级品》上卷145页，上海辞书出版社1999；线描采自《淅川下寺春秋楚墓》上册100页，文物出版社1991。图9-14.2，曾侯乙墓出土战国早期大尊缶之蟠虺"饕餮纹"，采自陈振裕：《中国古代青铜器造型纹饰》270页，湖北美术出版社2001。图9-14.3、4，美国克利夫兰艺术博物馆藏战国早中期错金蟠虺"饕餮纹"壶（腹下部），美国华盛顿赛克勒博物馆藏战国早期错金蟠虺"饕餮纹"壶（腹部），采自李夏廷、李劲轩：《晋国青铜艺术图鉴》293、290页，文物出版社2009。

图9-15　战国早期三晋错金银铜壶：蟠虺"饕餮纹"

图9-15.1、3，美国华盛顿赛克勒博物馆藏战国早期错金蟠虺"饕餮纹"壶（整体、腹部）；图9-15.2、4，法国巴黎藏战国早期错金蟠虺"饕餮纹"壶，采自李夏廷、李劲轩：《晋国青铜艺术图鉴》290、291页，文物出版社2009。

图9-16　春晚战早：晋式错金银铜器之万舞纹

图9-16，1美国巴尔的摩藏春秋晚期错金万舞纹铜盖豆，2北京故宫博物院藏春秋晚期错红铜万舞纹青铜壶，3上博藏山西浑源李峪出土春秋晚期万舞纹铜盖豆，4美国洛杉矶藏战

国早期错红铜万舞纹高柄小方壶，5美国旧金山亚洲艺术博物馆藏战国早期错红铜万舞纹壶，6梅原末治《战国式铜器研究》图89之战国早期错红铜万舞纹壶，采自李夏廷、李劲轩：《晋国青铜艺术图鉴》317、268、272、293、324、323页，文物出版社2009。

图9–17　作为万舞标志的万字符

图9–17.1，采自侯毅、渠川福：《太原金胜村251号春秋大墓及车马坑发掘简报》，《文物》1989年9期。图9–17.2，巴黎私家藏战国早中期错红铜万字符万舞纹壶，原载梅原末治《战国式铜器研究》图87，转引自李夏廷、李劲轩：《晋国青铜艺术图鉴》321页，文物出版社2009。

图9–18　楚式错红铜万舞纹壶：河南淅川和尚岭楚墓出土

图9–18.1—4，河南淅川和尚岭二号墓出土春秋晚期万舞纹壶（M2：26），朱雀神、太一天帝、麒麟神，彩图采自《文物藏品定级标准图例·铜器卷》130页，文物出版社2006，线描采自《淅川和尚岭与徐家岭楚墓》41页，大象出版社2004。

图9–19　战国燕乐舞壶、攻战舞壶

图9–19.1、2，战国早期错红铜燕乐攻战舞壶，采自《故宫青铜器图典》196页，紫禁城出版社2010。图9–19.3、4，上博藏战国错红铜宴乐舞纹壶，1995山西侯马盗掘出土战国早中期错红铜攻战舞壶，采自李夏廷、李劲轩：《晋国青铜艺术图鉴》314、320页，文物出版社2009。

图9–20　战国三晋错红铜神兽纹铜器

图9–20.1、3，美国华盛顿赛克勒博物馆藏战国早期错红铜神兽纹壶，山西万荣庙前出土错红铜准绳朱雀纹壶（61M1：32），采自李夏廷、李劲轩：《晋国青铜艺术图鉴》270、271页，文物出版社2009。图9–20.2，北京保利博物馆藏战国早期神兽纹壶，采自《保利藏金》178页，岭南美术出版社1999。图9–20.4，北京故宫博物院藏战国早期错红铜帝星苍龙纹壶，采自陈振裕：《中国古代青铜器造型纹饰》260页，湖北美术出版社2001。图9–20.5，北京故宫博物院藏战国早期错红铜帝星苍龙纹瓿，采自《故宫青铜器图典》190页，紫禁城出版社2010。

图9–21　楚式错红铜神兽纹铜器

图9–21.1、2，2006年河南驻马店上蔡郭庄春秋晚期楚墓出土错红铜交午苍龙纹青铜敦（M1：268）、错红铜交午苍龙纹青铜豆（M1：272），《中国出土青铜器全集》第10册360、364页，龙门书局2018。图9–21.3—5，1978年河南固始侯古堆出土春秋晚期错红铜交午苍龙纹青铜方豆、三足壶、浴缶，采自《河南商周青铜器纹饰与艺术》140页图468、142页图475、143页图478，河南美术出版社1995。图9–21.6—8，1955年安徽寿县蔡侯墓出土春秋晚期错红铜交午苍龙纹蔡侯盥缶、蔡侯方鉴、苍龙纹兽足敦，采自《安徽省博物馆藏青铜器》258、263、262页，上海人民美术出版社1987。

图9–22　错金银青铜神兽：1苍龙，2、3朱雀，4、5白虎，6—9麒麟

图9–22.1、4、5、7，1974年河北平山魏属中山王墓出土战国中期错金银四龙四凤四麟铜方案、虎噬鹿铜插座、神虎尊、双翼麒麟尊，采自陈振裕：《中国古代青铜器造型纹饰》253、257、264、263页，湖北美术出版社2001。图9–22.2、6，台北故宫博物院藏战国中期

错金银鸟首虎身神兽尊，美国华盛顿弗利尔美术馆藏山西浑源李峪出土麒麟尊，采自李夏廷、李劭轩：《晋国青铜艺术图鉴》27、248页，文物出版社2009。图9-22.3，山西太原金胜村赵简子墓出土朱雀尊（M251：600），采自《太原晋国赵卿墓》55页，文物出版社1996。图9-22.8、9，河南淅川徐家岭出土一对春秋晚期苍龙乘麒麟镇墓神兽（M9：42、47），采自《淅川和尚岭与徐家岭楚墓》189、190页，大象出版社2004。

图9-23　太极图、窃曲纹、蟠螭纹、蟠虺纹的图法演变

图9-23，各图出处均已见前。

图9-24　伏羲族太极图四象≈玉器族万字符四象

图9-24，作者自绘。

图9-25　窃曲纹、蟠螭纹、蟠虺纹酷似万字符

图9-25.1、3、4，均已见上。图9-25.2，2002年山东枣庄小邾国贵族墓地出土春秋早期鲁宰觥簠盖顶（M2：12），采自李伯谦：《中国出土青铜器全集》第6册272页，龙门书局2018。图9-25.5，甲骨文"卍舞"（万舞），采自《甲骨文合集释文》第7册2703页，编号20974，中国社会科学出版社1999。9-25.6，山西太原金胜村赵简子墓出土春秋晚期高柄小方壶（M251：561）盖顶，采自《太原晋国赵卿墓》50页，文物出版社1996。图9-25.7，河北平山魏属中山王墓出土中山侯万字符钺，采自王克林：《"卍"图象符号源流考》，《文博》1995年6期；实物图片见马承源：《中国青铜器全集》第9卷166页，文物出版社1996。

参考文献

一　古籍

山海经，尚书，诗经，周易，周礼，礼记，大戴礼记，春秋左氏传，国语，吕氏春秋，鹖冠子，老子，庄子，淮南子，淮南道训，列子，史记，帝王世纪，路史，纬书集成

二　考古报告

1. 上古（夏代以前）

宝鸡北首岭，文物出版社1983

汝州洪山庙，中州古籍出版社1995

河姆渡：新石器时代遗址考古发掘报告，文物出版社2003

牛河梁：红山文化遗址发掘报告（1983—2003年度），文物出版社2012

凌家滩玉器，文物出版社2000

反山，文物出版社2005

瑶山，文物出版社2003

福泉山：新石器时代遗址发掘报告，文物出版社2000

石家河文化玉器，文物出版社2008

襄汾陶寺：1978—1985年考古发掘报告，文物出版社2015

2. 中古夏商周

【夏】

夏县东下冯，文物出版社1988

淅川下王冈，文物出版社1989

登封王城岗与阳城，文物出版社1992

新密新砦：1999—2000年田野考古发掘报告，文物出版社2008

偃师二里头：1959年—1978年考古发掘报告，中国大百科全书出版社1999

二里头（1999—2006），文物出版社2014

大甸子：夏家店下层文化遗址与墓地发掘报告，科学出版社1998

驻马店杨庄：中全新世淮河上游的文化遗存与环境信息，科学出版社1998

【商】

偃师商城，科学出版社2013

郑州大师姑（2002—2003），科学出版社2004

郑州商城：1953—1985年考古发掘报告，文物出版社2001

郑州小双桥：1990—2000年考古发掘报告，科学出版社2012

新郑望京楼：2010—2012年田野考古发掘报告，科学出版社2016

藁城台西商代遗址，文物出版社1985

盘龙城：1963—1994年考古发掘报告，文物出版社2001

吴城：1973—2002考古发掘报告，科学出版社2005

新干商代大墓，文物出版社1997

垣曲商城：1985—1986年度勘察报告，科学出版社1996

殷墟妇好墓，文物出版社1980

安阳殷墟郭家庄商代墓葬：1982年—1992年考古发掘报告，中国大百科全书出版社1998

安阳殷墟花园庄东地商代墓葬，科学出版社2007

灵石旌介商墓，科学出版社2006

滕州前掌大墓地，文物出版社2005

三星堆祭祀坑，文物出版社1999

三星堆出土文物全记录，天地出版社2009

朱开沟：青铜时代早期遗址发掘报告，文物出版社2000

【周】

上村岭虢国墓地，科学出版社1959

三门峡虢国墓，文物出版社1999

宝鸡强国墓地，文物出版社1988

上马墓地，文物出版社1994

高家堡戈国墓，三秦出版社1995

长安张家坡西周铜器群，科学出版社1965

张家坡西周墓地，中国大百科全书出版社1999

洛阳北窑西周墓，文物出版社1999

洛阳北窑庞家沟西周墓，文物出版社2002

鹿邑太清宫长子口墓，中州古籍出版社2000

少陵原西周墓地，科学出版社2009

梁带村芮国墓地：二〇〇七年度发掘报告，文物出版社2010

长治分水岭东周墓地，文物出版社2010

洛阳瞿家屯发掘报告，文物出版社2010

平顶山应国墓地，大象出版社2012

金沙淘珍：成都市金沙村遗址出土文物，文物出版社2002

晋中考古，文物出版社1999

天马曲村：1980—1989，科学出版社2000

印山越王陵，文物出版社2002

鸿山越墓发掘报告，文物出版社2007

曲阜鲁国故城，齐鲁书社1982

侯马铸铜遗址，文物出版社1993

太原晋国赵卿墓，文物出版社 1996

新郑郑国祭祀遗址，大象出版社 2006

山彪镇与琉璃阁，科学出版社 1959

淮阴高庄战国墓，文物出版社 2009

战国中山国灵寿城：1975—1993年考古发掘报告，文物出版社 2005

淅川下寺春秋楚墓，文物出版社 1991

淅川和尚岭与徐家岭楚墓，大象出版社 2004

当阳赵家湖楚墓，文物出版社 1992

寿县蔡侯墓出土遗物，科学出版社 1956

九连墩：长江中游的楚国贵族大墓，文物出版社 2007

长沙楚墓，文物出版社 2000

新蔡葛陵楚墓，大象出版社 2003

固始侯古堆一号墓，大象出版社 2004

荆门罗坡岗与子陵岗，科学出版社 2004

信阳楚墓出土文物图录，河南人民出版社 1959

随县曾侯乙墓，文物出版社 1980

曾侯乙墓（考古学专刊），文物出版社 1989

曾侯乙墓（谭维四），文物出版社 2001

随州擂鼓墩二号墓，文物出版社 2008

枣阳郭家庙曾国墓地，科学出版社 2005

襄阳王坡东周秦汉墓，科学出版社 2005

三　考古简报

濮阳市文管会：河南濮阳西水坡遗址发掘简报，《文物》1988年3期

濮阳西水坡遗址考古队：1988年河南濮阳西水坡遗址发掘简报，《考古》1989年12期

张岱海：山西襄汾陶寺遗址首次发现铜器，《考古》1984年12期

陕西省考古研究院：陕西神木石峁遗址皇城台地点发现精美石雕，中国考古网2018年12月28日

中国社会科学院考古研究所安阳工作队：殷墟大司空M303发掘报告，《考古学报》2008年3期

杨锡璋、刘一曼：河南安阳市梅园庄东南的殷代车马坑，《考古》1998年10期

夏名采、刘华国：山东青州市苏埠屯墓群出土的青铜器，《考古》1996年5期

四川省考古所：广汉三星堆遗址二号祭祀坑发掘简报，《文物》1989年5期

谢尧亭等：山西翼城大河口西周墓地1017号墓发掘，《考古学报》2018年1期

四川省博物馆：四川彭县西周窖藏铜器，《考古》1981年6期

山西省考古所：天马曲村遗址北赵晋侯墓地第四次发掘，《文物》1994年8期

山西省考古所：天马曲村遗址北赵晋侯墓地第六次发掘，《文物》2001年8期

侯毅、渠川福：太原金胜村251号春秋大墓及车马坑发掘简报，《文物》1989年9期

边成修：山西长治分水岭126号墓发掘简报，《文物》1972年4期

王伟：湖北襄阳沈岗墓地M1022发掘简报，《文物》2013年7期

阎金安：湖北宜城出土蔡国青铜器，《考古》1988年11期

吴山菁：江苏六合县和仁东周墓，《考古》1977年5期

阚绪杭等：安徽蚌埠双墩一号春秋墓发掘简报，《文物》2010年3期

马俊才、蔡全法：河南新郑市郑韩故城郑国祭祀遗址发掘简报，《考古》2000年2期

朱华：闻喜上郭村古墓群试掘，《三晋考古·第一辑》，山西人民出版社1994

郑杰祥：河南新野发现的曾国铜器，《文物》1973年5期

王家祐：记四川彭县竹瓦街出土的铜器,《文物》1961年11期

王明钦：王家台秦墓竹简概述,《新出简帛研究》, 文物出版社2004

四　陶玉铜纹饰研究资料

吴山：中国新石器时代陶器装饰艺术, 文物出版社1982

张朋川：中国彩陶图谱, 文物出版社1990

古方主编：中国出土玉器全集, 科学出版社2005

古方主编：中国传世玉器全集, 科学出版社2010

常素霞：中国古代玉器图谱, 金城出版社2013

杨伯达主编：中国玉器全集, 河北美术出版社2005

杨伯达：关氏所藏中国古玉, 香港中文大学文物馆1994

姜涛、刘云辉：熙墀藏玉, 文物出版社2006

姜涛、刘云辉：熙墀藏玉（续）, 文物出版社2012

中国社会科学院考古研究所：安阳殷墟出土玉器, 科学出版社2005

深圳博物馆、江西省博物馆：商代遗珍：江西新干大洋洲出土文物精品，文物出版社2010

北京特艺总厂：青铜器造型与纹样, 北京特艺总厂1972

周泗阳、万山：中国青铜器图案集, 上海书店出版社1993

上海博物馆青铜器研究组：商周青铜器纹饰, 文物出版社1984

马承源主编：中国青铜器全集, 文物出版社1996

李伯谦主编：中国出土青铜器全集, 龙门书局2018

陈振裕主编：中国古代青铜器造型纹饰, 湖北美术出版社2001

严一萍主编：金文总集, 台北艺文印书馆1983

钟柏生等：新收殷周青铜器铭文暨器影汇编, 台北艺文印书馆2006

吴镇烽：商周青铜器铭文暨图像集成, 上海古籍出版社2012

李建伟、牛瑞红：中国青铜器图录, 中国商业出版社2000

马自树主编：中国文物定级图典, 上海辞书出版社1999、2001

孔祥星、刘一曼：中国铜镜图典，文物出版社 1992

彭适凡等：长江中游青铜王国：江西新淦出土青铜艺术，香港两木出版社 1994

陕西省博物馆：青铜器图释，文物出版社 1960

中国社会科学院考古研究所：殷墟新出土青铜器，云南人民出版社 2008

曹玮：汉中出土商代青铜器，巴蜀书社 2006

河南省考古所：河南商周青铜器纹饰与艺术，河南美术出版社 1995

弗利尔美术馆：弗利尔美术馆藏中国青铜器图录，华盛顿 1946

陕西省博物馆：扶风齐家村青铜器群，文物出版社 1963

山西省考古所：晋国雄风：山西出土两周文物精华，万卷出版公司 2009

山西省博物馆：侯马陶范艺术，普林斯顿大学出版社 1996

李夏廷、李劭轩：晋国青铜艺术图鉴，文物出版社 2009

上海博物馆：晋国奇珍：山西晋侯墓群出土文物精品，上海人民美术出版社 2002

故宫博物院：故宫青铜器图典，紫禁城出版社 2010

绍兴博物馆、湖北省博物馆：江汉吉金：湖北省博物馆典藏商周青铜器，文物出版社 2012

安徽省博物馆：安徽省博物馆藏青铜器，上海人民美术出版社 1987

安徽省考古所：皖南商周青铜器，文物出版社 2006

北京大学考古文博学院：吉金铸国史：周原出土西周青铜器精粹，文物出版社 2002

曹玮：周原出土青铜器，巴蜀书社 2005

曹玮：陕北出土青铜器，巴蜀书社 2009

陕西省考古所：陕西出土商周青铜器，文物出版社 1979

本书编辑组：河南出土商周青铜器，文物出版社 1981

西北大学文博学院：城洋青铜器，科学出版社 2006

冀东山主编：神韵与辉煌：陕西历史博物馆国宝鉴赏（青铜器卷），三

秦出版社2006

梅宁华、陶信成主编：北京文物精粹大系·青铜器卷，北京出版社2002

湖南省博物馆：湖南出土殷商西周青铜器，岳麓书社2007

湖北省考古所：曾国青铜器，文物出版社2007

方辉：海岱地区青铜时代考古，山东大学出版社2007

玉溪地区行政公署：云南李家山青铜器，云南人民出版社1995

田广金、郭素新：鄂尔多斯式青铜器，文物出版社1986

保利艺术博物馆：保利藏金，岭南美术出版社1999

保利艺术博物馆：保利藏金（续），岭南美术出版社2001

常任侠主编：中国美术全集·画像石画像砖，上海人民美术出版社1988

吴山主编：中国历代装饰纹样，人民美术出版社1988

张道一主编：中国图案大系，美工图书社1995

李正光主编：楚汉装饰艺术集，湖南美术出版社2000

五　青铜器专著及论文

刘远晴：中国早期铜器研究，陕西师范大学2011硕士论文［知网］

白云翔：中国的早期铜器与青铜器的起源，《东南文化》2002年7期

安志敏：中国早期铜器的几个问题，《考古学报》1981年3期

王志俊：中国早期铜器的起源及发展，《文博》1996年6期

齐芳：我国科学家最新研究显示：中国冶金工艺起源本土，《光明日报》2012年5月12日

李大庆：我科学家证明中国冶金工艺起源本土，《科技日报》2012年5月14日

陈梦家：殷代铜器，《考古学报》1954年7期

陈梦家：殷虚卜辞综述，中华书局1988

陈梦家：西周铜器断代，中华书局2004

陈梦家：海外中国铜器图录，中华书局2017

李学勤、艾兰：欧洲所藏中国青铜器遗珠，文物出版社1995

郭宝钧：中国青铜器时代，生活·读书·新知三联书店1963

朱凤瀚：古代中国青铜器，南开大学出版社1995

朱凤瀚：中国青铜器综论，上海古籍出版社2009

张光直：中国青铜时代，生活·读书·新知三联书店1983

张光直：中国青铜时代（二集），生活·读书·新知三联书店1990

马承源：中国青铜器研究，上海古籍出版社2002

马承源：中国古代青铜器，上海人民出版社2008

杜廼松：古代青铜器，文物出版社2005

杜廼松：中国青铜器发展史，紫禁城出版社1995

杜廼松：青铜器鉴定，广西师范大学出版社1993

中国社会科学院考古研究所：中国早期青铜文化：二里头文化专题研究，科学出版社2008

水涛：中国西北地区青铜时代考古论集，科学出版社2001

杜金鹏、许宏主编：偃师二里头遗址研究，科学出版社2005

杜金鹏、许宏主编：二里头遗址与二里头文化研究，科学出版社2006

陈佩芬：夏商周青铜器研究，上海古籍出版社2004

王心怡：商周图形文字编，文物出版社2007

陈公柔、张长寿：殷周青铜容器上兽面纹的断代研究，《考古学报》1990年2期

王世民、陈公柔、张长寿：西周青铜器分期断代研究，文物出版社1999

中国社会科学院考古研究所：殷墟的发现与研究，科学出版社1994

彭裕商：西周青铜器年代综合研究，巴蜀书社2003

尹盛平主编：西周微氏家族青铜器群研究，文物出版社1992

陈曦：西周有铭铜器断代专题整合研究，北京语言大学2006博士论文（知网）

赵瑞民、韩炳华：晋系青铜器研究，山西人民出版社2005

刘彬徽：楚系青铜器研究，湖北教育出版社1996

张昌平：曾国青铜器研究，文物出版社2009

肖梦龙、刘伟：吴国青铜器综合研究，科学出版社2004

郑小炉：吴越和百越地区周代青铜器研究，科学出版社2007

李建生：辉县琉璃阁与太原赵卿墓相关问题，《中国国家博物馆馆刊》2012年2期

赵宾福：中国东北地区夏至战国时期的考古学文化研究，科学出版社2009

李维明：豫南及邻境地区青铜文化，线装书局2009

高崇文、安田喜宪：长江流域青铜文化研究，科学出版社2002

施劲松：长江流域青铜器研究，文物出版社2003

向桃初：湘江流域商周青铜文化研究，线装书局2008

［日］林巳奈夫：殷周青铜器综览（一、二），上海古籍出版社2017、2019

［日］松丸道雄：西周青铜器制作的背景（《日本考古学研究者·中国考古学研究论文集》261—324页，日本东方书店1990）

［法］列维－斯特劳斯：结构人类学：巫术·宗教·艺术·神话，陆晓禾等译，文化艺术出版社1989

陈刚、渭雄、梅建军：国外古代失蜡铸造工艺研究综述，《南方文物》2009年2期

华觉明：中西方失蜡法之同异，《考古》2010年4期

华觉明：中国古代金属技术：铜和铁造就的文明，大象出版社1999

赵世纲：春秋时期失蜡法铸造工艺问题探讨，《中原文物》2006年6期

赵世纲：淅川下寺春秋楚墓青铜器铸造工艺，《淅川下寺春秋楚墓》，文物出版社1991

谭德睿：透雕云纹铜禁：早期失蜡铸件例证之一,《特种铸造及有色合金》2010年4期

谭德睿：中国古代失蜡铸造起源问题的思考,《文物保护与考古科学》

1994年2期

李元芝：许公宁透空蟠虺纹青铜饰件：先秦失蜡法之一器例，《中原文物》2007年1期

［澳］N.巴纳：失蜡法和其它冶金技术在中国的传播，黄剑华译，《四川文物》1996年4、5期

孙稚雏：青铜器论文索引，中华书局1986

张懋镕、张仲立：青铜器论文索引（1983—2001）全三册，香港明石文化出版公司2005

六　天帝纹（"饕餮纹"）专著及论文

［宋］吕大临、赵九成：考古图·续考古图·考古图释文，中华书局1987

［宋］王黼：宣和博古图，上海书店出版社2017

［宋］赵明诚：金石录，中华书局1991

［宋］薛尚功：历代钟鼎彝器款识法帖，中华书局1986

［清］梁诗正：西清古鉴，上海古籍出版社1991

［清］梁诗正：宁寿鉴古，商务印书馆1913

容庚：商周彝器通考，中华书局2011

容庚、张维持：殷周青铜器通论，文物出版社1984

李济：殷墟青铜器研究，上海人民出版社2008

李泽厚：美的历程，文物出版社1981

马承源：商周青铜器纹饰综述，《商周青铜器纹饰》，文物出版社1984

孙作云：说饕餮：旧作《饕餮考》的总结及补遗，中国的第一位战神：蚩尤，蚩尤考：中国古代蛇氏族之研究·夏史新探，《孙作云文集（第3卷）：中国古代神话传说研究》上册，河南大学出版社2003

段勇：商周青铜器幻想动物纹研究，上海古籍出版社2003

杭春晓：商周青铜器饕餮纹研究，文化艺术出版社2009

黄厚明：商周青铜器纹样的图式与功能：以饕餮纹为中心，方志出版社2014

顾问、张松林：花地嘴遗址所出"新砦期"朱砂绘陶瓮研究，《中国历史文物》2006年1期

王青：镶嵌铜牌饰的初步研究，《文物》2004年5期

汤威、张巍：郑州商城"人兽母题"陶片图案复原图及相关问题探讨，《中国历史文物》2008年1期

刘敦愿：《吕氏春秋》周鼎著饕餮说质疑，《考古与文物》1982年3期

［日］林巳奈夫：神与兽的纹样学：中国古代诸神，常耀华等译，生活·读书·新知三联书店2009

［日］林巳奈夫：所谓饕餮纹表现的是什么，日本京都《东方学报》第56册，1984

［美］艾兰：商代饕餮纹及相关纹饰的意义，《甲骨文与殷商史（第七辑）》，上海古籍出版社2017

张庆：楚国纹样研究，苏州大学2015博士论文（知网）

李学勤：良渚文化玉器与饕餮纹的演变，《东南文化》1991年5期（收入李学勤：《走出疑古时代》，辽宁大学出版社1994）

李学勤：论二里头文化的饕餮纹铜饰，《走出疑古时代》，辽宁大学出版社1994

李学勤：异形兽面纹卣论析，《保利藏金》，岭南美术出版社1999

李学勤：新出青铜器研究，文物出版社1990

俞伟超：先秦两汉美术考古材料中所见世界观的变化，《古史的考古学探索》，文物出版社2002

俞伟超：楚文化中的神与人，《古史的考古学探索》，文物出版社2002

张光直：商周青铜器上的动物纹样，《中国青铜时代》，生活·读书·新知三联书店1983

［苏］列·谢·瓦西里耶夫：中国文明的起源问题，郝镇华等译，文物出版社1989

马承源：关于神面纹卣，《保利藏金》，岭南美术出版社1999

俞伟超："神面卣"上的人格化"天帝"图像,《保利藏金》,岭南美术出版社1999

王仁湘：石峁石雕：颠覆我们认知的发现,《光明日报》2019年11月3日

李零：说云纹瓦当：兼论战国秦汉铜镜上的四瓣花,《上海文博》2004年4期

李零：方华蔓长,名此曰昌：为柿蒂纹正名,《中国国家博物馆馆刊》2012年7期

李零：说龙,兼及饕餮纹,《中国历史文物》2017年3期

李零：山纹考：说环带纹、波纹、波曲纹、波浪纹应正名为山纹,《中国国家博物馆馆刊》2019年1期

李零：论中国的有翼神兽,《中国学术》2001年1期

孙机：神龙出世六千年,《仰观集：古文物的欣赏与鉴别》,文物出版社2012

刘志雄、杨静荣：龙与中国文化, 人民出版社1992

刘敦愿：美术考古与古代文明, 人民美术出版社2007

王朝闻：中国美术史, 齐鲁书社、明天出版社2000

杨泓：美术考古半世纪：中国美术考古发现史, 文物出版社1997

雷鸣：中国青铜器铭文纹饰艺术, 湖北美术出版社1992

［美］罗樾：中国青铜时代的礼器,《新美术（中国美术学院学报）》2016年1期

七　相关专著及论文

张远山：伏羲之道, 岳麓书社2015

张远山：玉器之道, 中华书局2018

徐旭生：中国古史的传说时代, 科学出版社1960

李济：中国文明的开始, 江苏教育出版社2005

夏鼐：中国文明的起源，文物出版社1985

苏秉琦：苏秉琦考古学论述选集，文物出版社1984

苏秉琦：中国文明起源新探，生活·读书·新知三联书店2000

张忠培、严文明：中国远古时代，上海人民出版社2014

杨宽：中国上古史导论，上海人民出版社2016

李学勤主编：中国古代文明与国家形成研究，云南人民出版社1997

李伯谦：文明探源与三代考古论集，文物出版社2011

井中伟、王立新：夏商周考古学，科学出版社2013

王震中：中国古代国家的起源与王权的形成，中国社会科学出版社2013

中国社会科学院考古研究所：中国考古学（夏商卷、两周卷），中国社会科学出版社2003、2004

王立新：早商文化研究，高等教育出版社1998

李伯谦编：商文化论集，文物出版社2003

荆志淳、唐际根、高嶋谦一编：多维视域：商王朝与中国早期文明研究，科学出版社2009

［美］班大为：中国上古史实揭秘：天文考古学研究，徐凤先译，上海古籍出版社2008

陈遵妫：中国天文学史，上海人民出版社1980

冯时：中国天文考古学，中国社会科学文献出版社2001

冯时：百年来甲骨文天文历法研究，中国社会科学出版社2011

陆思贤：神话考古，文物出版社1995

陆思贤、李迪：天文考古通论，紫禁城出版社2000

袁珂：山海经校译，上海古籍出版社1985

袁珂：中国神话通论，巴蜀书社1991

刘宗迪：失落的天书:《山海经》与古代华夏世界观，商务印书馆2006

马昌仪：古本山海经图说，山东画报出版社2001

中国先秦史学会：夏文化研究论集，中华书局1996

郑杰祥编：夏文化论集，文物出版社2002

詹子庆（李学勤主编）：夏史与夏代文明，上海科学技术文献出版社2007

中国社会科学院考古研究所：三代考古（全五卷），科学出版社2004—2013

邹衡：夏商周考古学论文集，文物出版社1980

邹衡：夏商周考古学论文集续集，科学出版社1998

邹衡：夏商周考古学论文集再续集，科学出版社2011

李学勤：夏商周年代学札记，辽宁大学出版社1999

许宏：最早的中国，科学出版社2009

谢维扬：中国早期国家，浙江人民出版社1995

北大震旦编：早期夏文化与先商文化研究论文集，科学出版社2012

郑杰祥：夏史初探，中州古籍出版社1988

辛德勇：历史的空间与空间的历史：中国历史地理与地理学史研究，北京师范大学出版社2005

杜金鹏：夏商周考古学研究，科学出版社2007

郭静云：夏商周：从神话到史实，上海古籍出版社2013

孙庆伟：鼏宅禹迹：夏代信史的考古学重建，生活·读书·新知三联书店2018

宋镇豪：夏商社会生活史，中国社会科学出版社2005

张之恒、周裕兴：夏商周考古，南京大学出版社1995

傅斯年：夷夏东西说，《傅斯年全集·第三卷》，湖南教育出版社2003

张天恩：关中商代文化研究，文物出版社2004

雷兴山：先周文化探索，科学出版社2010

杜金鹏、王学荣主编：偃师商城遗址研究，科学出版社2004

宋新潮：殷商文化区域研究，陕西人民出版社1991

杨宽：西周史，上海人民出版社1999

许倬云：西周史，生活·读书·新知三联书店2018

张光直：考古学专题六讲，文物出版社1986

张光直：考古人类学随笔，生活·读书·新知三联书店1999

张光直：商文明，辽宁教育出版社2002

张光直：美术、神话与祭祀，辽宁教育出版社2002

胡厚宣主编：甲骨文合集释文，中国社会科学出版社1999

中国社会科学院考古研究所：殷周金文集成，中华书局2007

李伯谦：中国青铜文化结构体系研究，科学出版社1998

李海荣：北方地区出土夏商周时期青铜器研究，文物出版社2003

闻一多：周易义证类纂，《闻一多全集（二）》，生活·读书·新知三联书店1982

李镜池：周易探源，中华书局1978

李镜池：周易通义，中华书局1981

裘锡圭主编：长沙马王堆汉墓简帛集成，中华书局2014

［美］艾兰：早期中国历史思想与文化，杨民等译，辽宁教育出版社1999

［美］夏含夷：周易乾卦六龙新解，《古史异观》，上海古籍出版社2005

［德］雷德侯：万物：中国艺术中的模件化和规模化生产，张总等译，生活·读书·新知三联书店2005

上古华夏至中古夏商周区域文化一览表

年代 B.C.	时代分期	华北				华中			华南
		长城以北	黄河上游	黄河中游	黄河下游	长江上游	长江中游	长江下游	闽江珠江
8000	新石器时代早期			南庄头		玉蟾岩	仙人洞、城背溪	上山	
7000	新石器时代早期			贾湖		彭头山		上山	广西甑皮岩
6000	新石器时代中期	兴隆洼、查海	大地湾	裴李岗、磁山	后李、薛家岗		高庙	跨湖桥	广西甑皮岩
5000	新石器时代中期	赵宝沟、新乐	大地湾	半坡、后冈	北辛、青莲岗		高庙	河姆渡、马家浜、崧泽	福建昙石山、台湾大坌坑
4000	新石器时代晚期	红山、海生不浪	马家窑	庙底沟	大汶口		大溪	河姆渡、崧泽	福建昙石山、台湾大坌坑
3000	新石器时代晚期	小河沿、朱开沟、石峁	齐家	陶寺	凌家滩	西藏卡若、宝墩	屈家岭、石家河	良渚	广东石峡、台湾卓南
2070	夏	夏家店下层	辛店、四坝	诺木洪、东下冯、新砦、二里头	岳石	西藏曲贡、宝墩	二里头型	钱山漾、广富林、马桥	广东石峡、台湾卓南
1600	商	魏营子	寺洼、火烧沟	二里岗、殷墟	岳石	三星堆、十二桥	盘龙城、大洋洲城、吴城	湖熟	
1046	西周	夏家店上层	沙井—卡约	周原—洛邑	齐鲁	巴蜀	荆楚	吴越	百越
770	东周	春秋战国							
221	秦	华夏一统							

欲读中国书，先识中国图

华夏八千年文化史，分为三大阶段。

新石器时代中期至晚期的上古四千年（前6000—前2000），华夏区域主要有四大族群：伏羲族的彩陶文化，成为华夏文化的总基因（详见《伏羲之道》）；黄帝族、东夷族、南蛮族的玉器文化，成为中国文明的源代码（详见《玉器之道》）。四大族群的彩陶文化和玉器文化相互影响，华夏区域初步形成了全球最大文化共同体的雏形。这是华夏文化共同体的第一阶段，亦即初级阶段。

上古中古之交"炎黄之战"以后的中古两千年（前2000—前221），华夏区域经历了黄帝族统治农耕三族的夏商周三大王朝。黄河中游的中原区域出现了成熟的国家形态，正式跨入了文明的门槛。夏商周国家的青铜文明，通过国家制度的建设，国家权力的推进，进一步融合上古华夏四族的文化要素，又从中原区域辐射华夏全境，华夏文化共同体的同质性得到了进一步提升。这是华夏文化共同体的第二阶段，亦即中级阶段。

秦汉以降的近古两千年（前221至今），华夏国家的统治范围又从中原区域向华夏四裔不断扩张，逐渐覆盖华夏全境，形成了语言、文字、文化、饮食、风俗等大量要素高度同质的全球最大文化共同体。这是华夏文化共同体的第三阶段，亦即高级阶段。

第三阶段的近古两千年中国文明，已为中国人和全世界所熟知。

第二阶段的中古两千年夏商周文明，中国人和全世界都了解有限，还有大量谜团。

第一阶段的上古四千年华夏文化，夏代至今四千年一直深埋于地层之下，为尧舜禹以后的绝大多数人所陌生，包括中国文化史上最为博学的老子、孔子、庄子、司马迁、扬雄、蔡邕、郑玄等人，也知之有限。因为直到最近百年的考古成果大量出现，上古华夏文化才初露真容。

解密中古夏商周的文化谜团，必须回到上古华夏的文化源头。贯通华夏八千年文化史，必须解密上古至中古六千年的文化总基因和文明源代码。

我把研究上古陶器纹样、上古玉器纹样、中古铜器纹样的华夏图像学，命名为"伏羲学"。伏羲学的基本宗旨是：贯通华夏八千年史，复原华夏知识总图。

华夏八千年文化史，分为两大阶段：第一阶段是夏代以前的四千年图像史（前6000—前2000），第二阶段是夏代至今的四千年文字史。第二阶段又分为两大时期：夏商周两千年是图文并存史，秦汉至今是纯文字史。所以我把华夏八千年史分为三大时代：夏代以前的上古四千年，夏商周的中古两千年，秦汉至今的近古两千年。

伏羲学的主要研究对象，是上古陶器纹样、上古玉器纹样、中古铜器纹样，即上古至中古的陶玉铜三大器物之纹样。华夏图像主要见于七种器物，我概括为两句十四字：华夏器物七个字，陶玉铜漆金银瓷。

伏羲学三书，每书解密一种器物纹样的图法。《伏羲之道》系统解密了上古四千年华夏陶器纹样的图法，并且认为伏羲族的陶器图法是华夏文化的总基因。《玉器之道》系统解密了上古四千年华夏玉器纹样的图法，并且认为玉器三族的玉器图法是中国文明的源代码。《青铜之道》系统解密了中古两千年铜器纹样的图法，并且认为"饕餮纹"天帝是华夏图像的终极密码。

伏羲学三书对华夏陶器纹样、华夏玉器纹样、华夏铜器纹样的图法解密，是解密华夏漆器纹样、华夏金器纹样、华夏银器纹样、华夏瓷器纹样之图法的基础。全面解密上古、中古、近古七大材质之器物的华夏图像，就能建立华夏图像学。华夏图像学和华夏文字学的知识总和，就是华夏知识总图。

理解华夏知识总图，可从两个关键词入手，一是"图书"，二是"图法"。

　　"图书"二字提示我们，华夏知识总图包括图像和文字两大系统，而且是先有上古之图，后有中古之书。中古文字系统成熟之前的上古四千年，有图无书，一切图像都有类似文字的记录功能、思想功能、精确内涵，很多功能属于文字无法替代、文字无法覆盖的独特功能。中古两千年，图与书长期并存，一切图像仍有记录功能、思想功能、精确内涵，很多功能仍然属于文字无法替代、文字无法覆盖的独特功能。秦汉至今的近古两千年，文字中心主义日益强化，于是上古四千年至中古两千年的六千年图像逐渐亡佚，后人不再了解残存上古图像和残存中古图像的记录功能、思想功能、精确内涵，全都视为仅有美学功能的"装饰纹样"，华夏知识总图因此而极度残缺，无数上古之谜、中古之谜难以索解。

　　伏羲学三书根据中古文献的相关文字，研究上古、中古的六千年陶、玉、铜纹样，解密其记录功能、思想功能、精确内涵，并与秦汉至今的近古两千年华夏知识体系全面接轨，致力于贯通华夏八千年史，复原华夏知识总图。

　　中古夏商周两千年的图像系统，源头是上古四千年的图像系统，比如《伏羲之道》解密的伏羲六十四卦和伏羲太极图，即从上古传承至中古、近古。《玉器之道》解密的华夏万字符，也从上古传承至中古、近古。《青铜之道》解密的华夏"饕餮纹"天帝，也从上古传承至中古、近古。

　　由于华夏图像系统是华夏文字系统的前身和源头，所以很多中古图像亦图亦文，很多中古文字亦文亦图，置于华夏图像系统即属图像，置于华夏文字系统即属文字。商周铜器的大量铭文，并非纯文字，而是兼为图像。夏代《连山》、商代《归藏》、周代《周易》，则是图文并存，而且图像（即卦象）居于主体地位，文字（即卦辞、爻辞）居于附属地位。《山海经》的前身《山海图》，同样是图文并存，也是图像居于主体地位，文字（即图像内的注释文字）居于附属地位。

　　正因中古夏商周两千年是图文并存时代，而且图像居于主体地位，文字居于附属地位，所以两者才会合称"图书"。秦汉以后，文字中心主义不断强化，上古至中古的华夏图像受到轻视，导致《山海图》等中古"图书"亡佚，仅存纯文字的《山海经》。夏代《连山》、商代《归藏》等中古"图书"亡佚，周代《周易》虽未亡佚，却被"得意忘象"的文字义理学独霸阐释权，而其文字义理偏离了、违背了、遮蔽了上古图像、中古图像的天文历法初义和宗教神话初义。伏羲六十四卦、伏羲太极图、华夏万字符等上古图像的天文历法初义和"饕餮纹"天帝、天文神兽纹等中古图像的宗教神话初义，逐渐沉入了历史忘川，仅被后人视为装饰纹样。四千年华夏文字史之前的四千年华夏图像史，逐渐退回了浑沌状态。

"图法"二字提示我们，研究华夏图像系统，必须包含两个层面：一是图像志层面的初阶研究，二是图像学层面的高阶研究。

图像志层面的初阶研究，是形而下的微观研究。必须精确阐释上古陶器、上古玉器、中古铜器的每一种纹样，解密其记录功能、思想功能、精确的天文历法内涵和宗教神话内涵。

图像学层面的高阶研究，是形而上的宏观研究。必须提炼、概括、复原上古陶器纹样、上古玉器纹样、中古铜器纹样的图像法则和图像法式，解密纹样群的演变过程和发展规律，以及华夏天文历法和华夏宗教神话的演变发展。

解密图法是图像学研究的最高目标。只有解密了图法，才能真正建立图像学。解密图法的关键是解密图式的要素和构件。每一图式均有数量固定的要素和位置固定的构件，每一要素和构件均有精确的宗教神话内涵及其植根的天文历法内涵。每一图式的任何变体，仅仅改变要素和构件的装饰细节即视觉外观，但不改变要素总量和构件位置及其内涵。一旦改变了某一图式的要素总量和构件位置，也就变成了内涵不同的另一图式。

不同时代的同一图式，由于地域、材质、加工技术、美学风格等因素的不同，视觉外观差异很大，但是只要要素总量和构件位置相同，就是内涵相同的同一图式。

同一时代的不同图式，为了美学风格的和谐统一，经常采用相同的装饰趣味，形成相近的视觉外观，但是只要要素总量和构件位置不同，就是内涵不同的不同图式。

仅有形而下的微观研究，容易见木不见林。兼顾形而上的宏观研究，才能执一御万。微观研究和宏观研究相互支持、融会贯通的完整体系，才能全息解密上古至中古六千年华夏图像的精确内涵及其图法规律，华夏图像学才能成为与华夏文字学同等重要的真正学术。

2015年出版的《伏羲之道》一书，2018年出版的《玉器之道》一书，虽未提出陶器图法、玉器图法，但是已为提炼、概括、复原陶器图法、玉器图法奠定了坚实基础。《青铜之道》则正式提出了商周铜器图法，系统解密了商周铜器的"饕餮纹"图法，以及导致西周窃曲纹、春秋蟠螭纹、战国蟠虺纹替代商周"饕餮纹"的西周中期图法之变。

伏羲学三书《伏羲之道》、《玉器之道》、《青铜之道》，是尝试建立华夏图像学的拓荒之作，通过解密上古陶器图法、上古玉器图法、中古青铜图法，初步建立上古至中古的华夏图像史基本框架，进而证明华夏八千年文化史可以分为上古四千年的图像史和中古、近古四千年的文字史，而中古夏商周两千年则是图像、文字并行的"图—书"史，所以华夏图像史共计六千年。秦汉以降的近古两千年，文字中心主义不断加强，图像才逐渐淡出历史视野，逐渐沉入历史忘川。

解密上古至中古六千年的华夏图像史，有助于扩大对中国文化的研究视野，有助于了解华夏图像是华夏文字的源头和前身，从而不再局限于仅仅寻找商代甲骨文之前的夏代文字、上古文字，也不再因为无法找到商代甲骨文之前的夏代文字、上古文字而错误认为夏代历史、上古历史无法实证。因为上古图像、夏代图像的实证力，并不亚于文字。

伏羲学三书是对上古至中古六千年华夏图像及其图法的系统研究。上古至中古六千年华夏图像及其图法，是上古至中古全球图像及其图法的重要组成部分。华夏图像学的研究成果和全球图像学的研究成果，将会充分揭示人类文字史之前的人类图像史，使人类"史前史"走出浑沌状态。

文字史以前的人类早期历史，通常称为"史前史"。人类图像史建立以后，文字史以前的人类早期历史将不再属于人类史前史，而是属于人类图像史。

人类图像史可以揭示人类上古文化和人类中古文明的无数起源之谜，

包括人类早期天文史之谜、人类早期宗教史之谜、人类早期神话史之谜、人类早期国家史之谜。单纯的文字史，无法揭示早期人类如何创建天文体系、宗教体系、神话体系、文化体系、文明体系，因为这一切全都属于人类文字史之前的人类图像史。因为人类文字史不足五千年，人类语言史则有至少五万年，甚至长达十万年。文字史以前的数万年，人类语言体系已经成熟，但是与之对应的人类文字体系尚未出现。所以早期人类语言体系所含的最高知识（主要是天文历法知识和宗教神话知识），无法记录于文字，只能记录于图像。

2020 年 11 月 18 日